北京师范大学新兴市场研究院 文库　胡必亮 主编

2050年的中亚

—— Central Asia 2050 ——

〔印〕拉贾特·纳格　　〔德〕约翰内斯·F.林

〔美〕哈瑞尔达·考利　主编

董幼学　马轶伦　译

陈默　校

中国大百科全书出版社

北京市版权登记号：图字 01—2016—9027

图书在版编目（CIP）数据

2050年的中亚／（印）拉贾特·纳格，（德）约翰内斯·F.林，（美）哈瑞尔达·考利主编；董幼学，马轶伦译．—北京：中国大百科全书出版社，2018.5

（新兴市场文库）

书名原文：Central Asia 2050

ISBN 978—7—5202—0264—0

Ⅰ.① 2…　Ⅱ.①拉…　②约…　③哈…　④董…　⑤马…
Ⅲ.①区域经济发展—中亚—文集　Ⅳ.① F136—53

中国版本图书馆 CIP 数据核字（2018）第 074465 号

策　划　人　郭银星
责任编辑　张　岚　徐文静
版式设计　程　然
责任印制　魏　婷
出版发行　中国大百科全书出版社
地　　址　北京市阜成门北大街 17 号　　　邮政编码　100037
电　　话　010—88390093
网　　址　http://www.ecph.com.cn
印　　刷　环球东方（北京）印务有限公司
开　　本　787 毫米 ×1092 毫米　　　1/16
印　　张　34.25
字　　数　380 千字
印　　次　2018 年 5 月第 1 版　2018 年 5 月第 1 次印刷
书　　号　ISBN 978—7—5202—0264—0
定　　价　99.00 元

本书如有印装质量问题，可与出版社联系调换。

本书翻译得到了中央高校基本科研业务费专项资金资助项目"新兴市场宏观综合研究"（No.2014KJJCB30）的资助。

从全球发展的视角来看，目前表现出的两类现象值得引起我们的高度重视和深入研究。

一类现象是：发展中国家从总体上讲，在发展经济、改善民生、消除贫困等方面都在持续地取得进展，尤其是其中的一些新兴市场大国如中国、印度、印度尼西亚、巴西、俄罗斯、墨西哥、土耳其、南非、波兰、马来西亚等国对驱动世界经济增长所起的作用越来越显著，仅中国一个国家对全球 GDP 增量的年贡献率，近年来每年都很稳定地保持在 30% 以上的水平。从维护世界和平的一个重要方面来看，发展中国家的作用也越来越大，目前中国已成为联合国安理会常任理事国中派遣维和军事人员最多的国家，也是缴纳维和摊款最多的发展中国家。根据我们这一文库中相关专著的乐观估算，到 2050 年时，亚非拉发展中国家将整体地得到进一步发展，按目前标准界定的贫困国家将基本不复存在，全球进入到一个没有绝对贫困的世界。这当然是好消息，是人类发展的福音。但新兴市场国家，以及其他发展中国家目前尚存在一些问题，譬如说有些国家的经济增长仍然主要是靠出卖自然资源而得以维持的，有的国家和区域长期处于政治、社会动荡之中，有些国家仍然面临着比较大的环境和气候变化压力，等等。对于有些国家、区域而言，进一步的可持续发展仍然具有一定的不确定性。

同时我们也发现了另一类现象，那就是：伴随着历史的发展和时代的进步，全球性的问题不是越来越少了，而是越来越多了；不是越来越简单了，而是越来越复杂了。其中一个十分重要的问题就是，全球化遇到了前所未有的挑战，抵制和反对全球化的力量变得比较大了，表现形式也多种多样，有的是大搞贸易保护主义甚至不惜发动贸易战、有的是反对产业全球化布局、有的是抵制和歧视外来移民，不一而论。如果反全球化浪潮大、维持时间长，将十分不利于新兴市场国家和发展中国家的进一步发展，以上所提到的乐观前景就会出现更大的不确定性，因为全球化对促进发展中国家的加速发展具有十分重要的意义。如果把握得好，利用全球化力量，发展中国家可以通过发挥"后发优势"和"比较优势"而实现积极的跨越式发展。此外，目前在地区冲突、国际恐怖主义、国际安全、难民、气候变化等全球性问题方面，形势也变得越来越严峻。更重要的问题在于，为解决这些全球性问题所构建的全球治理体系本来就有一些先天的缺陷，比如说发展中国家由于其代表性和参与度不够，一般就很难平等地参与全球治理过程，导致目前的全球治理体系并不是一个共治的体系，加上有些发达国家开始采取了以自我优先发展为中心的发展战略，减少了对全球治理的投入和责任，从而使本来就处于全球治理"赤字"状态的情况变得愈加严重。如果这一问题得不到及时解决，全球发展特别是新兴市场和发展中国家的进一步发展也会从这一方面受到制约。

中国是一个发展中国家，属于发展中国家中发展得比较快和比较好的一个国家，也是一个新兴市场国家。改革开放四十年来，中国始终坚持从自身国情出发，探索出了一条独特的中国特色社会主义发展道路：坚持党的领导、人民当家做主、依法治国三者有机统一；协调和处理好改革、发展、稳定三者之间的关系；积极推动，形成全面开放新格局和构建人类命运共同体。这些基本经验可供其他新兴市场国家，以及一些发展中国家参考，但每个国家都有很不相同的历史文化渊源，加上资源禀赋、经济发展基础、社会发展水平等都差异巨大，因此关键在于根据各自国家在这些方面的特点探索适合自己的发展道路。中国从来就不主张输出自己的"发展模式"（"中国模式"）；客观地讲，如果机械地学中国的"发展模式"，也是很难学成的。"中国模式"的价值与意义更多的是为其他国家提供新发展道路与新发展模式的探索参考，其他国家可以从中借鉴与自身发展相关的某些经验教训，而不应是机械地照搬。明白了这一点，"中国模式"的价值也就显而易见了，其他新兴市场国家和发展中国家的未来发展前景也就乐观可期了。我们编辑出版这一文库的一个重要目的，就在于通过比较亚非拉新兴市场国家和发展中国家的经验教训，探索其未来发展的成功道路，努力避免和克服以上提到的种种问题，力争实现美好前景。

经过改革开放四十年的发展，中国积累了一定的物质财富与制度财富，希望为更好地解决目前我们所面临的一些全球化问题做出自己的贡献。为此，中国适应时代发展需要，适时地提出了与世界各国共建"一带一路"的倡议，得到了许多国家和国际组织的积极响应；经过五年的努力，一批相关建设项目已经取得了早期收获。"一带一路"倡议的核心在于构建一个新的国际合作平台，也就是"一带一路"国际合作平台，以促进更好的国际合作和共同发展；"一带一路"倡议的基本理念在于共商共建共享；"一带一路"建设的重点在于构建更好的、以基础设施建设为主要内容的全球互联互通网络体系，同时提供更多、更好的全球公共产品，改进全球治理体系，提高全球治理效率；"一带一路"建设的最终目的在于共同构建人类命运共同体，把我们共同的世界建设成为一个持久和平、普遍安全、共同繁荣、开放包容、清洁美丽的世界。因此我们编辑出版这一文库的另一个重要目的，就是为了更好地交流和探讨与"一带一路"倡议和"一带一路"建设相关的重大问题，为促进"一带一路"发展提供智力支撑，通过推动共建"一带一路"而为更好地应对目前我们所面临的全球性挑战做出我们的贡献。

这一文库的出版，得到了北京师范大学校领导的直接指导与支持，党委书记程建平和校长董奇以及前任党委书记刘川生和前任校长钟秉林，还有其他各位校领导，都对该文库的编辑出版提出了很好的指导性意见，为文库出版指明了方向。中国大百科全书出版社的刘国辉社长和社科学术分社的郭银星社长、曾辉副社长就文库选题和编辑做了大量精细的具体工作。对此，我们表示最衷心的感谢！希望我们的共同努力对促进"一带一路"和新兴市场的理论创新也会起到一定的积极作用。

胡必亮

2018 年 4 月 6 日

目录

Contents

图表目录

前言

自从二十五年前，我们中亚五国（哈萨克斯坦、吉尔吉斯斯坦、塔吉克斯坦、土库曼斯坦、乌兹别克斯坦）作为新兴的独立国家出现在世界上以来，就不断面临着各种挑战。苏联解体导致经济混乱，也对社会福利造成严重影响。

不过，中亚凭借着韧劲和责任感，坚持不懈地进行了许多改革（虽然还并不全面），现在各国终于步入中等收入国家之列。尽管全球经济在 2007 年至 2009 年间十分混乱，还发生了大规模的金融动荡，但是所有中亚国家都表现出强劲的增长态势。总体上平稳地度过了转型期，这些都是非凡的成就。

中亚地区已成功地从苏联体制下转型，现在面临着巨大的机遇和严峻的挑战。许多挑战需要在国家层面上加以解决。还有一些则需要区域联动和合作。此外，鉴于该地区在地缘战略上的重要位置，处于欧亚大陆的心脏，是联通欧亚的桥梁，中亚在促进欧亚跨大陆一体化的进程中可以发挥重要而有益的作用。

事实上，对于中亚，进一步加强区域合作和协调，可以使得每个国家的经济发展和社会发展都得以加速，达到一加一大于二的效果。

如本书这样的研究，提供了以超越眼前之狭隘的目光去审视过去和未来的绝好机会，展望遥远的未来，不仅探索"何以如此"，更要研究"将能怎样"。

从这个角度展望未来，本研究认为，展望 2050 年，中亚在未来三十年间完全有理由希冀更加光明的未来。

然而，我们都会同意，此路并非坦途。一些国家和地区的问题必须尽快得到解决，而其解决有赖于政治家的才干，且必须着眼于该地区乃至全世界人民的福祉。

我认为，这项研究的主要结论是中亚 2050 年的设想"合理但前路并不确定"，这令人兴奋，却又很现实。我很高兴地看到，这项研究在评估未来的挑战时，一直是坦诚的。它并没有带着过于乐观的态度进行预测，而是采取了积极的态度，从目前紧迫的事项出发，注意到并欣赏中亚地区的巨大潜力，让我们得以窥见其发展的方向。

如果这本书能引发一场有益的辩论，尤其是在我们中亚人之间，讨论这条道路将是什么，以及在穿越这条道路上所面临的挑战和困难，它就完成了其使命。

本书的各位作者和三位编辑为讨论前进的道路提供了极好的基础。他们通过提供以实证为基础的角度讨论我们称之为家的这块地区，填补了研究的空白。我由衷地称赞他们并向他们表示祝贺。

卡里姆·卡西莫夫（Karim Massimov）

哈萨克斯坦总理

序

在 16 世纪之前的近五百年里，中亚处在被后世称为"黄金时代"的荣耀中。当时，该地区是欧亚大陆的贸易中心，其贸易伙伴为欧亚大陆上其他重要的经济中心和文化中心：中东、欧洲、印度、中国。中亚人从过去吸取的主要经验之一是：当他们对世界和彼此开放贸易、解放思想，保证知识和宗教的多元化和宽容时，他们就会实现繁荣。

2016 年，在苏联独立 25 年之后，该地区的国家已有巨大的潜力来加速其经济和社会的发展，实现全面共享的繁荣。自 1991 年以来，我们目睹了中欧和东欧向市场经济的成功过渡；如再加上中亚目前的转型，这将是全球经济史上最重要的转变之一。

本研究报告充分认识到该区域的潜力和挑战，大胆阐述了2050 年的宏伟设想。根据这一设想，该区域将实现普遍的繁荣，其 2050 年的生活标准为：绝大多数中亚人将成为中产阶级，享有与之匹配的收入和生活质量；人均收入将从 2014 年的 1 万美元跃升至 2050 年的 5 万美元（以 2011 年的购买力平价计算）。社会、制度、治理指标将先后获得改善，至少达到今天韩国和中欧国家的水平。

我发现，这项研究令人耳目一新的是，它并未盲目乐观地看待未来，也不回避该地区所面临的挑战，而是清楚地指出了这些问题。与此同时，研究的态度一直是积极的和谨慎的。不能应对这些挑战可能导致该地区陷入中等收入陷阱，而一旦陷入，中亚将停止向当今发达经济体的趋同。

这项研究正确地认识到，该地区未来的工作进程将取决于多项外部因素，中亚的领导人和人民对这些外部因素几乎无能为力。不过，也有许多重要因素能由中亚各国单独或作为集体来控制。本研究敦促区域领导人，单独或集体地做出承诺，带着紧迫感来努力获得这些要素。

我要向这项卓越研究的赞助者和作者表示祝贺，因为他们完成了这项困难但非常重要的任务。我要向学者、政策制定者、领导人，以及最重要的——该地区人民，特别是年轻人隆重推荐这本书。对于年轻人而言，2050 年不仅仅是一个遥远的时间点，而是他们将为自己和后代的命运负起的责任。

约瑟夫·戴斯（Joseph Deiss）

欧亚新兴市场论坛联合主席
联合国大会前主席
瑞士前总统

致谢

致谢

Acknowledgments

这项研究由一个国际专家小组完成，成员包括：西奥多·阿勒斯（Theodore Ahlers）、卡梅隆·赫本（Cameron Hepburn）、胜茂夫（Shigeo Katsu）、哈保尔·阿尔贝托·考利（Harpaul Alberto Kohli）、斯里尼瓦沙·马德哈尔（Srinivasa Madhur）、普拉迪·米特拉（Pradeep Mitra）、约翰·内利斯（John Nellis）、亚历山大·菲佛（Alexander Pfeiffer）、理查德·庞弗雷特（Richard Pomfret）、米歇尔·里布（Michelle Riboud）、史蒂芬·弗雷德瑞克·斯塔尔（S. Frederick Starr）、乔纳森·沃特斯（Jonathan Walters）。圣坦尼国际集团（Centennial Group International）的工作人员为本书的研究和编辑提供了支持。拉贾特·M. 纳格（Rajat M. Nag）、约翰内斯·F. 林（Johannes F. Linn）、哈瑞尔达·S. 考利（Harinder S. Kohli）为本书的共同编者。

我们编者对向本研究做出贡献、提供指导的多方人士表示深深的感谢。

随着研究的不断深入，我们曾在多个论坛发表过本研究的初步结果。经济合作与发展组织（经合组织，OECD）曾为我们提供一场论坛，作为欧亚竞争力项目评议的一部分，让来自中亚五国的代表在 2014 年 11 月 24 日汇聚巴黎，宣讲了本研究拟定的目标和大纲。三个月后，欧亚新兴市场论坛于 2015 年 3 月 2—3 日在瑞士的格岑塞安排了一次协商会议，于 2015 年 3 月 7 日举办了阿斯塔纳青年论坛。格岑塞会议由瑞士国家银行主办，主持人为约瑟夫·戴斯（Josef Deiss）博士（欧亚大陆论坛共同主席）；会上，中亚五国代表提出了有价值的见解，指导了研究的基本方向。随后，在阿斯塔纳的会议上，中亚青年积极讨论了他们眼中本区域的未来。青年论坛由纳扎尔巴耶夫大学主办。我们非常感谢这数场协商会议的与会者和主持人，感谢他们所提供的有价值的见解，我们努力在研究中体现他们的见解。

我们衷心感谢以下人士的睿智指导：哈萨克斯坦总理卡里姆·马西莫夫（Karim Massimov）、总统助理叶尔博·奥林巴耶夫（Yerbol Orynbayev）。在该研究的筹备阶段，纳扎尔巴耶夫大学校长胜茂夫（Shigeo Katsu）、纳扎尔巴耶夫大学国家分析中心（NAC）的阿克托提·艾特扎诺娃（Aktoty Aitzhanova）和阿纳拉·玛卡托娃（Anara Makatova）为该研究投入了大量的时间，做了宝贵的工作。

我们感谢同行评审专家小组的成员：迈克尔·艾默生（Michael Emerson）、罗曼·莫吉列夫斯基（Roman Mogilevskii）、谢尔盖·沙塔洛夫（Sergei Shatalov）。他们复审了研究手稿，提出了宝贵的反馈意见，提升了研究的质量。

我们特别感谢亚洲发展银行、欧洲复兴银行、国际货币基金组织、联合国发展计划署、世界银行。它们对中亚各方面所做的详细和深入的分析工作，对我们有很大的价值。

本研究的完成有赖于上述作者的专业知识和技能，因此我们编者向他们表示深切而真诚的感谢。

此外，圣坦尼国际集团的高效研究和编辑团队为我们提供了极好的支持，最终把本书各部分完美地组合在一起。这支团队包括安妮·贾米森（Anne Jamison）、姜晗之（Hanzhi Jiang）、奥尔登·勒克莱尔（Alden LeClair）、叶娃·维尔科莱特（Ieva Vilkelyte）、沃兰（Michael Whelan）。本书编者感谢编辑团队中所有人的出色贡献。

这项研究得到了纳扎尔巴耶夫大学研究项目和瑞士国家银行的资金支持。

第一章　简介

简介

拉贾特·M. 纳格（Rajat M. Nag）

背景

中亚是一块历史悠久之地，占据欧亚大陆地缘政治的重要中心。中亚地处欧洲和亚洲的十字路口，是贸易线路的交汇点，历来具有重要的战略意义。传说中的"丝绸之路"应是诸多贸易线路中最著名的一条。在过去的三个世纪里，这个地区所处的中心位置能确保其与欧亚大陆上的五个大型经济体，包括中东、欧洲、印度、俄罗斯、中国进行直接贸易联系。

中亚并不是贸易线路上的被动参与者。一千年前，在被后世誉为"黄金时代"的那段时期，这个地区就已掌握诸如织布、造纸、印刷等重要创新技术，并在此基础上发展了繁荣的制造业。同时，中亚在数学、地理、医药、天文、水文等众多领域也具有世界级的知识储备，其中，最重要的水文学使中亚能够有效管理本地区最稀缺的资源——水。

然而，中亚的地理位置也是这个地区的弱点。中亚遭受过来自东西两边的军队侵略，比如两千年前亚历山大大帝的东征军，以及蒙古和帖木儿帝国的铁骑。19 世纪英俄两国的"大博弈"最终导致中亚在 19 世纪成为俄罗斯帝国的一部分，在 20 世纪的大部分时期属于苏联。这段历史体现了中亚兼具战略重要性和脆弱性。

尽管中亚国家成为主权国家才 25 年，但中亚人民以合作的精神（尤其是在"黄金时代"早期）在这个地区已经生活了两千多年。然而，中亚人民有时也会因为争夺土地和水资源而互相竞争和敌视，尤其是在争夺维系农业和人民生活的水资源方面。

近现代，也就是中亚国家属于俄罗斯帝国和苏联的那一个半世纪，各国对土地、水、能源的需求和争夺有所缓解，或至少受到了遏制。这段时期，莫斯科最高当局通过协调（尽管通常效率不怎么样）共享和管理水资源、能源、交通设施，在中亚地区建立了一体化的经济空间和紧密的经济依存关系。

1991 年苏联解体，对中亚造成巨大冲击。总的来说，除了塔吉克斯坦在 20 世纪 90 年代经历了一场血腥内战，当时中亚其他国家取得独立和改革经济体制的过程都非常和平，令人瞩目。然而，中亚国家从昔日苏联时期继承的长期裂痕（尤其是以水资源为代表的自然资源共享问题）又重新涌现出来。以乌兹别克斯坦和哈萨克斯坦为主的各国领导人互相争夺行使地区领导权，再加上各国经济政策选择不同，导致这些裂痕进一步扩大。哈萨克斯坦、吉尔吉斯斯坦、塔吉克斯坦明显倾向于市场主导的改革，而土库曼斯坦和乌兹别克斯坦则坚持中央计划的经济体制。

尽管新近独立的国家已尝试适应重新获得的主权，但突然失去莫斯科巨额补助的经济现实也不容忽视。五个经济体的规模在独立后全都出现了剧烈缩小。在苏联时期，中亚国家与高加索地区的一体化（尤其是交通和能源连接）更多是与莫斯科的合作，而非彼此之间的合作。俄罗斯出于自身利益考虑，乐于维持这种连接和依存关系，且越长越好。中国和印度把中亚视为其巨大能源需求的重要来源、重要的安全缓冲区，因此两国都希望继续并进一步加强与中亚地区的联系，加大与中亚国家的贸易。

中亚国家成为主权国家后，欧盟和美国获得了这样一个机会：尝试吸引这些新近独立国家进入自己的利益圈，不仅可以获得中亚的能源，还有助于建立到达东亚和南亚（尤其是考虑到阿富汗因素）的陆上通道。

中亚与中东国家也有悠久的历史联系，尤其是与土耳其和伊朗两国。中亚国家成为主权国家后，提供了重启这些旧有贸易和连接通道的机会，也有了建立新管线、向新兴市场输送能源的机会。随着"铁幕"和"竹幕"的解除，中亚重新发现了其作为欧亚十字路口的重要性，可以成为欧亚大陆的桥梁，而非昔日苏联境内的一块南部边陲之地。

然而，如果中亚想要实现"欧亚大陆桥梁"这个重要角色，从其与周边国家及外部世界的潜在连接获益，进而改变自身命运，中亚各国之间的进一步合作将至关重要。因为中亚地区只有作为整体存在，才具有重要的地理政治和战略经济优势。

关于本书

本书的研究对象包括哈萨克斯坦、吉尔吉斯斯坦、塔吉克斯坦、土库曼斯坦、乌兹别克斯坦这五个中亚国家。

中亚地区的人口很少（约 6500 万人），但正如前文所述，地理位置使其占据了欧洲和亚洲的关键交汇点，且周边都是一些大国，这些大国的主要城市拥有巨大的人口基数和市场潜力。

像中亚这样的地区，周边国家对其未来至关重要。因此，本书所关注的是中亚如何与周边国家互动——中亚如何影响周边国家，而周边国家又如何反过来影响中亚。

出于本书的研究目的，中亚邻国的定义范畴较广，包括如下周边国家：俄罗斯、三个高加索国家（亚美尼亚、阿塞拜疆、格鲁吉亚）、土耳其、伊朗、阿富汗、巴基斯坦、印度、中国、蒙古。事实上，很难把中亚与邻近区域之间的边界清楚地划分开来，因为各国之间有着非常紧密交错的关系。举例来说，一些学者基于历史考量，认为阿富汗和这五个国家一样，属于中亚国家。

尽管具体国家的问题需要具体讨论，但本书主要从地区角度讨论下面三个主要问题：

1. 地区的未来远景可能是什么？尤其是到 2050 年，中亚的经济和社会状态会是什么样的？

2. 地区最主要的经济增长动力和潜在风险是什么？

3. 各国应单独和共同采取什么样的政策和制度改革与手段来实现共享繁荣的远景目标，并避免像过去三四十年间很多中等收入国家那样，陷入经济停滞的状态？

为解答这些问题，本书为 2050 年的中亚设定了一项首要目标，同时分析了那些影响中亚国家的主要问题和可能发展。鉴于各国不同的经济规模和重要性，一些国家（比如哈萨克斯坦和乌兹别克斯坦）比其他国家更具影响力，也将行使更多影响力——而它们的挑战就是如何协调所有国家的志向（及担忧），进而改善地区人民的经济和社会状况。

毫无疑问，中亚地区如此复杂，将会面对双重挑战，一方面是各国单独面对的，另一方面是地区作为整体所面对的。本书确立了在具体领域的几项挑战，并在后续章节中具体讨论。这些挑战包括：有效发展能源、农业、工业、服务业；全面的人类发展；应对气候变化；加深与全球和地区市场一体化；改善政府治理与制度。管理地区珍贵的水资源是一项贯穿各个章节的挑战。

根据中亚应对上述挑战的好坏情况，本书也探究了从现在到 2050 年间，中亚经济和社会发展的另一种可能情形。

本书传递的主要思想是，中亚这个地区具有巨大的潜力，并拥有促进经济和社会发展，达到全面共享繁荣的独特机会。然而，这需要中亚成功应对和解决很多挑战。尽管达成中亚 2050 年目标是可能的，但也并非百分之百能够实现。

本书的结构

本书从中亚的历史和地缘政治背景开始研究。第二章认为，仅仅参考过去的 25 年（后独立时期）、过去的一个半世纪（苏联和沙皇时期）、过去的 300 年（可汗时期），对中亚历史的评估是不完整的，也是过于悲观的。为从历史中的"有用过去"吸取教训，我们必须深挖过去，进一步研究一千年前那段被称为"黄金时代"的历史。在第二章里，我们认为，从那段历史中吸取的经验与中亚的未来显著地相关。

第三章首先简要回顾了中亚近期的经济表现。内容首先涉及苏联时期的遗产，其次是从独立到全球金融危机爆发的那段时期，最后是从那时至今的这段时期。随后，本章从中亚国家的外部和内部环境出发，评估了那些决定地区未来增长前景的关键因素：良好的宏观经济基础是经济抗压的必要条件，但不是充分条件；推动地区经济长期增长的五个主要动力是技术变革、全球化与连通性、人口、气候变化、制度。

第四章系统阐述了中亚 2050 年的远景目标：这个地区将实现全面繁荣，大部分中亚人民的生活水平到 21 世纪中叶将达到中产阶级水平，享有与之匹配的收入和生活质量；社会、制度、治理指标将获得相应改善，至少达到现在韩国和中欧的水平；消除地区的绝对贫困现象；中亚国家将融入全球经济之中，与中国、欧盟、印度、俄罗斯、美国等全球大国建立稳定的关系。

然而，尽管达成这个目标是可能的，但并非百分之百能实现。因此，如果中亚五个国家都陷入中等收入陷阱，无法像亚洲邻国那样实现增长，也是中亚的另一种可能情形。第四章正是对这种可能情况的思考。对中亚而言，中等收入陷阱可能由下面几个原因共同造成：国家及地区间的不平等现象日益严重；生产率增长乏力和民间投资不足；自然资源管理效率低；气候变化的不利影响；治理和制度不善；以及可能的战争和暴力冲突。

为应对这些挑战、降低风险及实现 2050 年远景目标，第四章设定了一套战略框架。根据这个战略框架，中亚国家将努力实现三个相互促进的目标：（1）提高经济增长和生产力；（2）促进融合及所有人的福祉；（3）确保环境和制度的可持续性。

本书的后续章节详细阐述了如何实现这些目标。内容包括，在三个行业（能源、农业、制造服务业），以及四个主要领域（人力资源、气候变化、全球与地区整合、制度发展）中采取哪些适当行动。

地区水资源的共享与管理问题贯穿于上述这些领域。中亚的未来取决于设计一套有效、公平的水资源共享与管理体系，但这是个非常敏感的政治问题，中亚国家迄今为止仍不愿或无法有效处理这个问题。因此，本书的主要挑战之一就是找到解决水资源问题的方法。这个方法必须结合下面几个特点：正确分析并诚实面对问题；有益于整个地区；了解地区的政治现实。水资源问题被视为一项多方位、多行业的挑战，涉及能源（水电）、农业（灌溉）、气候变化、地区合作等。因此，本书每个章节的内容都会涉及水资源问题。

第五章讨论了中亚的能源转型。中亚拥有丰富的石油、天然气、水资源、太阳能和风能。然而，这些资源在五个国家的分布并不均衡。举例来说，土库曼斯坦拥有世界已探明天然气储量的 4.3%，哈萨克斯坦拥有世界已探明石油储量的 3.2%，而乌兹别克斯坦虽然两种资源都有，但储量有限。吉尔吉斯斯坦和塔吉克斯坦拥有巨大的水力发电潜能，哈萨克斯坦拥有巨大的太阳能和风力发电潜能。中亚决策者在未来几十年内将主要思考下面两个问题：如何创建最佳的制度来开发这些资源，以及如何把这些资源输送到遥远的市场——在全球能源技术和市场前景还不稳定的背景下，大幅提升国内的能源使用效率。这两个问题是本章的重点。

第五章还描述了中亚石油和天然气资源的概况，并展望了全球能源技术的前景。本章回顾了昔日苏联能源政策对当今中亚能源业的影响，并重点评估了中亚能源业面临的几项具体挑战和机会：电力行业改革、石油和天然气资源开发、可再生能源开发，以及把气候变化的威胁转变为中亚优势的可能性。

第六章讲述了农业在中亚经济中扮演的重要角色。农业约占中亚 25% 的国内生产总值和 45% 的就业。棉花和小麦是中亚最重要的农作物，前者作为需大量用水灌溉的作物，对地区的水资源有很大需求。为达成中亚2050年远景目标，农业需要转型为现代、高产的行业。本章提出了农业改革面临的潜在挑战：生产率低、棉花生产的劳动力和水资源供应不足、童工使用问题、粮食不安全、全球市场的竞争。

农业和能源业毫无疑问是中亚国家的重要产业。然而，经济增长如果仅依靠开发自然资源和农业，是无法达成所设定的地区远景目标的。为了使中亚各国的经济能趋同于世界高收入经济体的水平，中亚国家需要促进生产效率的总体提升，而这将主要来自于制造业和服务业。第七章探讨了制造业和服务业在这个过程中所需扮演的重要角色。此外，本章还思考了实现制造业与服务业发展目标所需的必要政策，认为中亚实现长期生产力水平趋同和提高竞争力的两大关键支柱是：遵循多样化发展战略和建立现代知识型经济。

中亚需要教育良好、掌握技术、身心健康的劳动力来实现2050年的远景目标。第八章讨论了这项紧迫的挑战。教育和健康不仅直接影响着人民的幸福和生产力，同时能够促进更多的知识转移和创新，并提高中亚国家在知识型全球化世界的竞争力。因此，第八章重点探讨了构成人力资本的这两个主要组成部分。

中亚国家独立后经济衰退，用于教育、培训、健康方面的资源也随之减少，这导致所有五个国家的人力资本投入都大幅减少。尽管现在中亚国家的经济有所恢复，但各国恢复的进度并不一致，根据各国不同的改革步伐和投入的资源而不同。第八章从各国和地区角度探讨了如何建立有效的人力资本储备。这一人类发展计划的重要方面之一是必须具有包容性，同时公平地考虑所有人的使用权和覆盖率问题。

第九章关注的是气候变化将如何影响中亚的增长前景，以及中亚在应对全球气候问题时将扮演哪些可能的积极角色。从战略上来说，中亚巨大的天然气储量和大量的可再生能源（水电、太阳能、风能）可用于减少中国和南亚对高排放能源（尤其是煤和石油）的消耗。这给中亚提供了一个在全球气候变化舞台上扮演世界公民的机会。另外，国际社会也许可进一步支持中亚发展蓄水和水电，以换取中亚为缓解气候变化承担更大的责任。

第十章讨论的主题在前几章已经提及，就是确保中亚经济与周边国家及全球经济的有效连接和一体化。本章关注的是地区经济一体化与对外开放——通常被称为"开放的区域主义"——以及地区的贸易、资本流动、劳动力流动合作将会扮演的重要角色。中亚历来就有开放与合作的悠久传统，通过吸取历史经验，本地区可能展开进一步合作。

第十一章讲的是中亚为了达成 2050 年远景可能面对的最重要也最困难的挑战，就是达到基本的治理和制度条件，以实现地区可持续繁荣和人民高质量生活这个目标。这项挑战无处不在，贯穿全书。独立后，新的中亚国家必须建立一套新的体制。这套制度必须能够有效应对快速变化的全球和地区地缘政治与经济体系，剧变的技术和市场结构，以及中亚人民不断变化的价值观和目标。尽管过去 25 年有了巨大进步，但中亚在建立现代国家治理及制度方面仍需努力。本章从评估中亚当前的治理状况和制度能力出发，通过在广泛的范围内发现中亚治理和制度的挑战，提出一些必要的制度改革和能力建设措施。

第十二章是本书的结论。本书把中亚 2050 年的光明未来

（2050 年远景）作为一个大目标，提醒中亚不能自满，因为这个地区还面临着一系列复杂挑战。同时，本书也强调中亚的增长和发展机会，这些机会让中亚实现 2050 年远景变得有可能，但也绝不是毫无悬念。

第二章　寻找可借鉴的过去

寻找可借鉴的过去

史蒂芬·弗雷德瑞克·斯塔尔 (Stephen Frederick Starr)

苏联解体后，中亚地区不可避免地出现了种种扭曲，实在令旁观者痛心。研究中亚地区的专家，包括许多商人和学者，都对中亚各国间的分歧和相互敌对关系予以关注。他们正确地指出这些国家的分离敌对状态阻碍了中亚各国以及整个地区的发展。但是学者们意识到这个问题之后又给予怎样的建议呢？学者们敦促中亚政府共建区域内的相互了解和信任。但如果那么容易就能做到这一点，现在肯定已经实现了。所以，在本研究的一开始，重要的是确定阻碍中亚国家展开合作的主要因素，并且为中亚地区从现在到2050年的经济、社会、文化发展指出方向。

本章的主要观点是：中亚地区自1991年以来出现的国与国之间彼此孤立状态以及分裂趋向，始于最近一段时间。而且这样的问题在世界上的其他区域也能找到类似的案例。这些类似的经验告诉我们，孤立与分裂的态势将在未来几年趋于减弱。更进一步看，过去几百年里，中亚地区曾被强大的离心力撕裂，其中一些力量完全是负面的，因为它们阻碍了区域间，尤其是与外部世界之间的交流、贸易、往来。其他的一些离心力则是在国家形成过程中自然出现的，并且产生的是积极的结果，如乌兹别克的布哈拉汗国、希瓦汗国、浩罕汗国以及哈萨克的哈萨克汗国。这段"离心力时代"恰逢西方现代国家发展形成时期，为目前中亚地区的发展提供了经验教训与建议。

如果说中亚唯一"可借鉴的过去"只是之前的几个世纪，那么这实则贬低了中亚地区历史遗产的价值，尤其是公元 1500 年之前的千年历史。中亚是一片古老的土地，不仅在世界历史上占有非常重要的地位，而且近五百余年里也是现代社会经济、知识、文化形成的重要力量之一。一千年前，中亚地区经济文化蓬勃发展的历史时期正可谓中亚地区的"黄金时代"。

本章认为，黄金时代为现如今的中亚提供了宝贵的意见和指导。该地区的繁荣直接可以追溯到地区内频繁的商品交易，以及与欧亚大陆主要的经济文化中心，如中国、欧洲、印度的紧密联系。中亚人建立了稳固的政府，发行了可靠的货币，同时与欧亚大陆的其他国家保持着开放的贸易往来。中亚人不满足于仅作为贸易路线上的交叉点，而是利用原创的重要技术手段，包括造纸、织布、印刷、炼钢发展了强大的制造业，从而获取更大价值。由于这些行业所依赖的知识与技术手段非常先进，五百年来该地区在数学、地理、医学、天文学领域跃居世界领先地位。这一切都应得益于中亚人良好地利用和保护了水资源。的确，在水文这一重要领域，中亚长居世界领先地位。

关于 1991 年以来区域间交往与贸易壁垒的探讨，首先应当基于这一认知：中亚各国是新的主权国家。这并不是像俄罗斯总统普京所说的："哈萨克斯坦在历史上没有主权也没有国家地位。"[米歇尔（Michel），2014] 但是，如果排除 1917 年沙皇帝国瓦解后的短暂时刻，那么近代历史的中亚五国在任何时候都没有国家政府、现代法律制度、反映民意的立法机构，或由当地工作人员管理的行政机构。它们没有国家货币、金融机构，也不是主要国际组织的成员国。相反，与中亚五国相比，阿富汗有足够多的历史证据来宣称自己是中亚的一部分，而且在这些方面均有明显优势——尽管该国目前正身处困境。

1991 年后，中亚各国不得不从零开始建立起所有这些新的制度，同时应对从计划经济向市场经济的复杂转型，而高度集成、效率极低的苏联式的经济空间随之瓦解。这样一来，每个新的政府不得不从四种截然不同的选项中做出选择：简单地保持或扩大先前的统治者（俄罗斯）所实践的做法；重新去创造一切；采用或改造国外新的体制和做法；基于本国经验寻求某种发展。经济学家、战略家、政治家、规划者等，都需要寻找最合适的新政策，也都面临着同样的选择。

不可避免的是，每一个国家和作为整体的地区都需要将以上四个选项组合起来，从而得到最适合其能力和需求的方案。本章将探讨从中亚的历史中我们能得到哪些选项，并发现中亚在其最辉煌的时代有什么特点。换言之，这是为了弄明白中亚"可借鉴的过去"究竟是什么，并希望能够从中吸取经验教训。本研究整体关注的焦点将会集中在经济、体制、知识、文化等方面。这项工作有两个目标：第一，它将准确地描述过去的一些特点，当本地区以外的专家顾问预测未来 35 年该地区的前景时，应该牢记这些特点。第二，在同一时期，这些国家展望本国的前景与地区整体前景时，本工作将从这段更久远的历史中提供与中亚五国相关的经验教训。

殖民时代与后殖民阵痛

在 1991 年至 1992 年间，由于俄国近一又四分之一个世纪统治的终结（其间仅有一段短暂的中断），中亚五国赢得了国家主权。沙皇俄国统治在中亚的扩展显然是殖民时代欧洲扩张计划的一部分[①]。但是，马克思列宁主义者一直在努力解释，因为苏联统治是"无产阶级"性质的，根据定义，它显然就不是殖民性质的。[②]即使在今天，一些中亚人仍不认为过去沙皇俄国和苏联的统治是殖民性质的。然而，这个问题的讨论在很大程度上是由当代政治所驱动的，而不是一个历史分析，因此不纳入本研究的考虑范畴。我们的确可以承认，沙皇俄国和苏联除了带来明显的消极结果外，也给中亚地区的文化、卫生、基础设施建设、妇女部分解放等方面带来了好处，加深了中亚地区对欧洲文化的了解。然而，值得指出的是，在讨论其他地区，如北美、印度、南非、印度尼西亚迥然不同的殖民政权时，也有人以这些理由为依据为之辩护。

不过，有西方观察家在 20 世纪 90 年代声称中亚人不寻求或不看重独立，这是不对的。1986 年阿拉木图的示威，是继 1956 年的匈牙利革命和数月前波罗的海几个加盟共和国大规模支持独立示威游行之后，第一次大规模反对苏联统治的民变。[③] 与此同

---

① 关于沙皇殖民主义，请参见里伯（Riber，2014）、柳金（Rywkin，1988）的观点。

② 关于此点，请参见贝克（Becker，2000）的观点。

③ 哈萨克斯坦的杰勒托克桑事件（Jeltoqsan or Zheltoqsan Demonstration）曾于 1986 年 12 月 16—19 日在阿拉木图爆发。暴动的导火索是苏维埃共产党第一主席戈尔巴乔夫解职了长期担任哈萨克苏维埃社会主义共和国的国家领导人哈萨克人金姆哈梅塔·阿赫梅多维奇·库纳耶夫（Dinmukhamed Konayev），而换上了俄罗斯人盖纳季·瓦西里耶维奇·科尔宾（Gennadii Kolbin）。关于这次事件还没有明确的研究，而且该事件参与者的总人数和死亡人数仍旧未知。

时，整个 20 世纪 60 年代末和 70 年代，中亚五个苏联加盟共和国的共产党领导人成功地从苏联系统范围内划分出大片的自治区。这种微妙而有效的运动如今已很少为人所知，但它导致俄罗斯盟主和中亚五个加盟共和国领导人作为整体之间达成了某种"交易"。这意味着中亚人要向莫斯科提供自然资源和商品，满足其要求，并且它们需要接受莫斯科全权掌控中亚五个加盟共和国的外交事务。与此同时，作为回报，克里姆林宫则赋予中亚领导人高度的主动权和自主权。不可否认的是，这样的安排，按苏联当局的定义，就是彻底的腐败。但这种安排运作得很好，而且以一种"区域独立学校"运作并培养出许多精明的"毕业生"，他们中的许多人在 1991 年后担任了领导职务。①

苏联统治的另一个更为具体的手段，并不是殖民主义的西方变体，而是共产主义制度下经济生产的主要手段，即国家所有制。这依赖于共产党绝对垄断的政治生活和高度集权的苏联行政结构，以及保护它的法律制度。由于这种传统遗留，新国家的领导人不仅要建立新的机构，更重要的是，必须将经济领域的众多大型行业从国家转移到私人业主手中，并遵循与以往完全不同的路线，重新建立它们的政治和法律秩序。历史上，从来没有过哪种去殖民化，所需的改变如此根本、如此广泛。举一处实例，这种改变需要重新考察整个国家，以便确定财产界限并创造土地私有制的基础。人们应该惊讶于在短短的二十年里确实已经取得了这些成就，而不是执念于那些仍不完善的地方。

后苏联经验的第三个维度是，每个新的国家通过将本国和它

---

① 关于乌兹别克斯坦在苏联统治后期的半自治体制，参见克里奇洛（Critchlow，1991）的观点。

的邻国之间进行对比，从而寻求加强自身的身份构建。这个过程是自然的，就像选择国旗的设计和国歌的编曲一样不可避免。吉尔吉斯斯坦为实现这一目标，将多个民间故事编成一部民族史诗《玛纳斯》(*Manas*)；哈萨克斯坦则以游牧传统和民间宗教传统腾格里游牧文化作为本国定位；乌兹别克斯坦则将"世界征服者"——帖木儿视为自己本国的象征；同时，塔吉克斯坦宣称本民族的文化一直是整个区域的核心文化；土库曼斯坦则由首任总统本人亲自创作编纂了新的文件，形成了成文的本民族价值和认同。① 虽然各国的经历不同，但它们这些宣扬本民族伟大的过程，都是通过凸显"我们"与"他们"的对立，想与俄罗斯以及自己的邻国划清界限，从而在诸多地方加强国家认同。

这种民族自立的过程之前也发生过。我们在此有必要回想一下第一个后殖民社会——美利坚合众国的历史，尤其是在早期的联邦时期。和 20 世纪 90 年代的中亚人一样，美国人也有过同样的想法。康涅狄格州的词典学家诺亚·韦伯斯特 (Noah Webster) 就曾编纂了一部具有强烈民族主义色彩的《美国英语词典》。当欧洲投资者忙于说服美国人如何管理他们的经济时，美国人则想出了属于他们自己的"美国体制"，其中包括保护性关税，国家银行，由税收支持的道路、运河和铁路的投资，以求发展经济。② 不可否认，中亚人通过强调他们真实的或是所谓的国家身份认同制造了地区性的紧张局势。然而，任何一个中亚共和国都不曾侵

---

① 如今，在土库曼斯坦现任总统的领导下，这份文件得到的重视不如以往。

② "美式经济体制" (American System) 是指 19 世纪初的一项国家发展计划，主要关于保护性关税、国家银行以及对基础设施的建设支持（如，运河等）。该体制于 1824 年由美国前国务卿亨利·克莱 (Henry Clay) 提出。请参见莱弗利 (Lively, 1955) 的观点。

略邻国，不像年轻的美国曾入侵加拿大和墨西哥，宣称其承担了后殖民国家的使命。

苏联统治促进了全苏联范围内市场的发展，但同时以划定加盟共和国的边界为名，随意划定民族或种族界线，从而为解体后各种不同的后苏联身份埋下了种子。同样，苏联的交通图曾建立在辐射状交通系统的基础上，以莫斯科作为唯一枢纽，所有主要轴辐通过这一枢纽相互连接，而"轴辐与轴辐"之间接触很少。新生的中亚各国在这些和其他方面的彼此孤立，继承了后殖民统治的一般模式，这在美洲、亚洲、非洲也看到过。

在苏维埃制度下，除了那些以莫斯科为纽带的对外接触，所有对外交往几乎都被切断了。1991 年后，中亚新兴独立的国家及其首都遇到过不通过莫斯科彼此间直接沟通的困难。少数现存的首都与首都之间的区域公路、铁路早已年久失修，而急需的新路又未能及时建造。旧的国家电话系统已然崩溃，新生国家的系统间彼此还不能正常连接沟通。这些现实的障碍使得各国意识形态上的障碍愈加严重，区域间越来越难以协调与和睦共处。

这就是苏联制度带给这些中亚国家的直接遗留问题。和其他后殖民国家一样，中亚各国政府都将前殖民首府莫斯科的做法视为处理国家所有事务的"备选方案"。这就不可避免地导致了对先前制度的继承性，而非民族主义的豪言壮语所宣称的那样。这种继承性在实际事务中是难以察觉的，不合理的国界划分、内飞地和外飞地，以及相互依赖的水系统和运输系统，都是潜藏在内部的冲突的可能性。如果苏联解体后，俄罗斯在过渡时期为中亚五国提供支援，并作为他们的代言人让国际捐助者和金融机构为中亚五国提供资金，那么所有这些问题可能会得以缓和。英国、法国和其他前殖民国家就是这样做的，这种做法不仅使其前殖民地受益，同时也使本国受益。然而俄罗斯并没有这样做。

沙皇俄国从 1864 年到 1918 年的统治，其殖民主义方式表现得并不那么现代，尽管它在扩展到中亚地区时使用了现代的军事力量。和它的苏维埃继承者一样，沙皇俄国毫不犹豫地使用了"分而治之"的策略，也就是用一族人对抗另一族人。但在其他方面，沙皇政府官员往往忽视了新掠获领土中地区民族的语言差异。此外，他们还发起了单一枢纽的交通运输系统。该系统后来在苏联时期曾被完善，并且指定塔什干为中亚地区通往莫斯科的唯一铁路枢纽。

"汗国时期"——分裂和发展障碍

从这段对苏联和沙皇政策的简短描述中可以看出，中亚地区独立后的政权仍延续着之前统治者的经济制度和做法，而这更多是受到环境和习惯的影响，而不是各国政权的主动选择。这就在很大程度上解释了中亚新政府（和许多公民）在独立早期抵制改革的原因。但是，这并不意味着，独立后的领导人在苏联体制或者沙皇独裁制度中看到了独立后的各地改革者所寻求的"可借鉴的过去"。相反，它所反映出的只是纯粹的惯性力量。

那么，"汗国时期"的中亚，即从 16 世纪到 19 世纪俄国征服中亚之前，又是什么样的情况呢？这一时期能否为今天的中亚人提供可以借鉴的经验模式或灵感呢？"汗国时期"是指中亚被分裂为一个个半主权国家的时期，在这一时期各国为自己本国的

可汗（领袖）统治。这些国家包括 1533 年至 1598 年和 1785 年至
1920 年间存在的布哈拉汗国（后来的布哈拉酋长国），在 1511 年
和 1920 年间存在的希瓦汗国，存在短暂却十分强大的浩罕汗国
（1709 年至 1876 年），以及成立于 1456 年并延续到 1847 年、以
游牧民为主的哈萨克汗国等。①

　　汗国时期当地人有理由夸耀自己在各方面取得的卓越成就。
然而，汗国三个重要方面却是失败的：第一，他们未能重振早先
与外部世界在贸易和文化方面的紧密联系；第二，他们无法重建
此前在该地区内盛行的文化创新；第三，他们缺乏资源和意愿来
重建几千年来为整个中亚地区带来巨大财富的灌溉系统。

　　与此同时，他们也制造了许多种族之间的敌对情绪并且一直
持续到今天——如，浩罕国的乌兹别克族与北部和东部的哈萨克
族和吉尔吉斯族之间的对抗，希瓦汗国和布哈拉汗国与土库曼部
落的对抗。这些敌对情绪都源于某些具体的事件，如征战、领土
争端或要求对方进贡等。但是与此同时，在几个世纪以来的种族
和地区冲突中，也有一个重要的缓解冲突的因素：所有的可汗都
承认超国家的忠诚来自伊斯兰教信仰和共同的突厥身份。事实上，
整个中亚地区的老百姓都倾向于认为自己是"穆斯林"或"突厥人"。
在该地区人口最密集和多民族的区域——费尔干纳盆地，相对来
说，乌兹别克族、塔吉克族、吉尔吉斯族还算相处得和睦。后来，
布尔什维克提倡的一种新的超国家认同形式，即"苏维埃爱国主
义"（Soviet patriotism），淡化了种族和当地的区域文化。虽然这
种超国家认同在两种情况下都没能阻止冲突的发生，但至少缓解

――――――――――

①　关于可汗时代的概述请参见阿德勒（Adle）、哈比（Habib）的观点（2003）。

了这些中亚国家间的敌对情绪。

对近几个世纪的调查进行总结，我们可以得出四个结论。第一，尽管在汗国时期种族和民族冲突无疑是存在的，而且伴随着领土等争端且呈现越发激烈的态势，但由于他们处在沙皇和苏联人民委员的治理下，这些争端一直比较温和。第二，在可汗、沙皇和苏联人民委员的统领下，这些分歧都因为更大的身份认同而得到缓和。第三，在区域冲突最为激烈的时期——18世纪到20世纪初——争端主要源自争夺汗国的统治地位，而不是民众本身。第四，汗国时期的冲突是在整个地区经济落后的情况下发生的。几个世纪后，整个中亚逐渐落后于今天的主要经济体。鉴于此，今天的中亚人几乎不再歌颂汗国统治时期的成就，也就不足为奇了。但是哈萨克人算是个例外，他们的可汗曾努力阻挡俄罗斯、中国、乌兹别克的军队，虽然最终未能成功，但哈萨克人仍在称颂他们军队的英勇和顽强。

古老而繁荣的土地——中亚的"黄金时代"①

到目前为止，我们的焦点一直集中在离我们比较近的年代，特别是从1700年至今的这几个世纪。然而，中亚是一片更为古老的土地，拥有丰富的历史，其有记载的历史可追溯到三千年前。而根据考古学的发现，未被记录下来的历史至少还可以向前再延伸七千年。或许在那遥远的过去，可能也存在着相关的经验，值得该地区在未来的发展中学习借鉴。

---

① 这部分吸取了斯塔尔（Starr，2013）的研究成果。

繁荣（和文明一样）与城市的崛起和富有密切相关。苏联时期对人口流动的严格控制阻碍了中亚地区的城市化发展。今天，中亚国家与其他同等发展程度的国家相比，农村地区仍相对较多。不过，中亚的大城市已在吸引财富、创造财富。中亚正在经历大规模的城市化。自 1219 年至 1223 年成吉思汗对中亚城市的破坏开始，中亚经历了长期几乎不间断的"去城市化"过程，而现在这一过程已得到扭转。在此之前的两千年前，该地区的大城市曾经决定了本地区的人口和经济。可以说，在今天的土库曼斯坦境内的梅尔夫（Merv），是 12 世纪时世界上最大的城市，并与众多地区的竞争对手不断竞争，战胜了撒马尔罕（Samarkand）、布哈拉（Bukhara）、讹答剌（Otrar）、玉龙杰赤（Gurganj）[或称库尼亚·乌尔根奇（Kunya Urgench）]、伊朗东北部的尼沙布尔（Nishapur）和邻近近阿富汗的巴尔赫（Balkh）[1]。

被这些城墙围起来的大城市中心，周围都散布着小城镇和主要农业定居点，所有这些小城镇和主要农业定居点也被外围的城墙封闭起来。这些都市—农业综合体的规模可以根据梅尔夫的情况进行判断。梅尔夫的外墙向外延伸了 150 多公里。一千年前，地球上其他任何地区可能不曾有过如此多不胜数或精心修建的城市综合体。保存下来的实物证实，这些城市中心曾经非常富有。甚至中产阶级的住宅都是两三层的楼，拥有自来水和通过燃烧木炭供热的地暖管道。政府通过对城市经济产生的盈余进行征税，以投资公共事业、文化机构、贸易所需设施等。来自大马士革和

---

① 关于梅尔夫的人口峰值，请参见钱德勒（Chandler，1987）的观点。关于巴克特里亚城市的一项研究是马森（Masson，1966）做出的。而关于中亚城市的研究，请参见萨尔基相（Sargsyan，1973）的观点。

开罗等地区的旅客对这些中亚大都市心怀敬畏，并将其中一座中亚城市巴尔赫冠之以"城市之母"的美誉。

地理位置即命运

是什么造就了这些伟大的城市中心？今天，人们往往（错误地）认为中亚，即中国和印度以西、中东和欧洲以东、远离俄罗斯南部的区域，是边缘地带。1992年以前发行的大多数地图反映了这一看法。但欧亚大陆的完整地图一目了然地呈现出一个完全不同的故事。中亚，而且只有中亚，位于连接欧亚大陆中东、欧洲、印度、中国等四大经济和文化区域的最短点上。在三千年的历史进程中，中亚的地理位置决定了它是地球上唯一与所有上述其他地区有直接贸易联系的区域。

历史上，中亚地区在各个方向上的贸易规模超出了人们的想象。例如，撒马尔罕阿弗拉西阿勃（Afrosiab）宫殿墙壁上的壁画描绘了公元7世纪韩国商人向当地统治者朝贡的景象，而古埃及的壁画描绘了前往古埃及的中亚客商。那个时候通用的交通工具是驼队。一支规模不是特别大的驼队可能拥有上千头骆驼。虽然这样的驼队速度很慢，但他们携带的商品相当于今天小型货运列车的运输量。除了这些动物及饲料，驼队的固定成本几乎可以忽略不计。非常重要的一点是，正是中亚商人完成了大部分的贸易。中国商人只把货物带到中国新疆的边境地区，而余下的路途则由中亚人负责运送。印度人更喜欢冒险，并且拥有遍布整个区域的贸易商行网络。但是，中亚人占据了领导地位，他们在中国、印度、中东地区建立了自己稳定的交易中心。①

由于 19 世纪德国地理学家费迪南·冯·李希霍芬（Ferdinand von Richthofen）的一个错误，整个贸易网络被误称为"丝绸之路"。这意味着，这种叫法主要指在中国和欧洲之间进行的商务往来。在某些时期，中国的贸易确实很重要，但最古老、最频繁使用的运输通道，实际上是在印度和中东之间。这条路线，被格鲁吉亚裔乌兹别克学者爱德华·勒特维拉兹（Edvard Rtveladze）称为"伟大的印度之路"，从公元前 1000 年起便一直被频繁使用，比中国的路线早了 1000 年。② 多亏了这条伟大的贸易走廊，在巴达赫尚（在今天的阿富汗）开采和加工的青金石才可以直接穿过中亚到达埃及，这些青金石已在早期法老的坟墓中发现，以及向东到达印度、斯里兰卡、孟加拉、柬埔寨、越南。

发展和维持商业氛围，以支持这样的大陆贸易，是所有中亚各大型中转港统治者的主要政策目标。这样的商业氛围要求建设并维护大型的驿站，拥有沿主路的水源点、广泛而牢固的城市商业中心。城市中心的波斯民众和乡村的突厥游牧民族之间的协议保证了通道沿线的安全，而从这些突厥游牧民族招募来的士兵加强了沿路的安全。当地制图员通过收集和分析来自贸易人员的数据，满足了人们对路线图不断变化更新的需要，由此便形成了坐落在巴尔赫城市中心、世界领先的地理学派。当时，中亚的地图为世界地图设立了标准，并且被整个欧亚大陆地区的人所使用。

---

① 关于中亚粟特商人，请参见魏义天（Etienne De La Vaissiere）和瓦尔德（Ward，2005）、斯卡夫（Skaff，2003）的观点。

② 费迪南·冯·李希霍芬（1844—1905）在他 1877 年出版的著作第一卷中提出了"丝绸之路"（Seidenstrasse）的概念。爱德华·勒特维拉兹于 2012 年出版的著作是关于印度航线重要的研究著作。

最古老的日本地图出现在 11 世纪突厥学者马赫穆德·喀什葛里（Mahmud of Kashgar）有关人种学和语言学的研究中，也就并不奇怪了 [铁克利（Tekeli），1986；斯塔尔（Starr），2013]。

千年以前的大陆贸易是以知识为基础的产业。除了制作必备的地图，中亚人还发明了能够精确测量货物重量的秤。位于今天的哈萨克斯坦的一座名为塔拉斯的城市，便得名于称重台的秤。同样急需的是精确有效的会计方法、提货单制作方法，以及以不同的货币计算支付金额的方法。虽然这些记录没有保留下来，但可以肯定的是，这些方法在当时都得到了妥善管理，并且不断在贸易商和相关人员中流传开来。

如果所有相关货币价值不准确、数据得不到持续更新，这些交易都是不可能发生的。由于大多数交易是以金或银计价，这类价值也可以按重量计算。但是欧亚大陆的四大区域的大量未遭磨边的完整硬币已经在中亚地区的考古遗址中被发现，这说明人们当时对欧亚大陆主要货币的价值曾抱有很高的信心。

从很早开始，中亚的城市和帝国就铸造发行了自己的货币。特别是在更早的时候，这些货币经常以外来征服者的名义发行，比如希腊人、波斯人，以及来自印度的古普塔人或中国人。在任何情况下，当地人都能很快获得对这些帝国货币的完全掌控。因此，在中亚地区以波斯名义发行的货币上很快就出现了当地统治者的头像，而不是波斯国王的形象。而在中亚发行的许多"希腊"硬币上印有当地"巴克特里亚"统治者（baslieus 是希腊语中统治者的称谓）的形象。后来，当阿拉伯人征服了中亚，并在巴格达建立起阿巴斯政权，中亚人再次发行了自己的铸币，并在货币上使用了阿拉伯文。他们使用这些铸币的频率与使用来自巴格达的阿拉伯铸币一样多。即使是在小城镇，他们也有自己的铸币厂。来自现在的吉尔吉斯斯坦和新疆西部的突厥喀喇汗王朝的统治者，在十几个城镇建立了铸币厂。显然，这些铸币厂成了当地的骄傲。

中亚地区早期最成功的国家之一是在公元 850 年和 1000 年间由萨曼（Samani）家族建立起来的。萨曼王朝最初起源于阿富汗，在布哈拉建立其最重要的首都，并在中亚、阿富汗和伊朗东北部的呼罗珊建立了众多二级中心。萨曼王朝发行的金币不仅显示了他们的冶金和艺术实力，同时也反映了他们在财政管理和金融方面的强大技能。与萨曼财政相关的细节资料几乎没有被保存下来，但萨曼金币迪拉姆（dirham）却频繁出现在瑞典、丹麦、英国、摩洛哥、印度、斯里兰卡等地的考古挖掘中。这样的事实证明，这些金币曾经被广泛持有并使用过。

所有这些活动均得到了税收系统的高度支持。9 世纪或 10 世纪以前，大多数的中亚地区采用了伊斯兰的税收制度，其中规定了对财富征税，而不仅仅是对收入征税。伊斯兰律法也同样支持合作伙伴关系，但是却使得成功的合伙人或个体工商业者难以将他们的财产传给后代。有人可能会认为，这最终破坏了中亚经济。无论是否会造成这样的结果，有一点非常明确的是，在阿拉伯征服中亚以前的一千年里，中亚人就已经制定了自己复杂的税收系统，而且这些系统促进了商业和贸易的发展。毫不夸张地说，中亚地区的税收制度的确比西欧地区后罗马社会普遍适用的税收制度更加规范，也更加有效。

如果说中亚及其城市中心仅仅依赖贸易就能达到相当高的发展水平，这是不太准确的。从生产和加工中所获得的财富不少于运输和贸易，并且能够使该区域保持重要文明中心的地位。奢侈品，如切割和镶嵌的宝石或是高品质的刀和剑，都需要高超的技巧和手艺才能制造出来。其他产品，如精纺棉和印花棉、丝绸等面料，是由大企业在几乎接近工业规模的水平上生产出来的。地方矿井出产原材料矿石，在本地经过加工处理后，成为高度精制的铁、铜、铅。

这些行业通过新技术的系统化应用，在欧亚大陆市场上获得了竞争力。如，由奴隶进行开采的矿井通过捕风装置获得新鲜的空气。用于生产坩埚钢的技术出现在现在的巴基斯坦，但直到它在中亚巨大的城市中心应用后才达到工业化生产的规模。即使是农产品，也得益于农业技术的发展——如，农民使用装有冰块的铅容器来装运出口瓜果 [格里菲思（Griffiths）、费尔巴哈（Feuerbach），1999 ；哈基莫夫（Hakimov），2003 ；阴山（Kageyama），2003]。

很少有人意识到，古代和中世纪时代的中亚人在大型制造业方面的成就已经超越了技术文献中的记载。通常，普通的经济书籍都在反复强调运输和贸易方面的成就，却没有表明中亚人实际上控制和主导了这些产品在整个欧亚大陆上的交易。这些遗漏，本身令人遗憾，同时也说明本地制造业和贸易之间存在的关键环节常被明显忽视。显然，将制成品销往遥远的市场，运输和贸易是必需的。但是，中亚人并不是单纯的货运代理或仅仅是被动的物流专家，并不是毫不关心他们所运载的货物。相反，他们会系统地检测和查验所有流经他们区域的产品，并精明地辨识出那些他们自己能生产得更好的产品或能以更低成本生产的产品。

这种生产方式在纸张方面也取得了令人瞩目的成就。纸张最早是由中国人发明的，经由新疆出口到中亚。但中国的纸张是用干桑叶和竹制成的，很厚、易碎，而且纸张表面粗糙不利于书写。中亚人很快就觉察到，他们自己利用本国丰富的棉纤维能够生产出更好的纸张产品。这种纸张在该地区的大型工厂进行制造，然后中亚人将它们运往西部。这种纸张被称为"撒马尔罕纸"。它在中东和欧洲拥有巨大的市场，过去大多数最重要的文件都是使用这种纸张书写的。而今天仍然可以在图书馆和大教堂的档案室里见到这种纸张。

即使中亚人不加修改地采用新技术，他们也会充分利用当地的地理位置和大规模生产技术并从中获利。因此，当蚕在七八世纪从中国传到中亚后，中亚人很快就意识到，他们可以和中国人一样生产出同样的丝绸，并且可以生产出相当大的规模。此外，中亚地区位于欧亚大陆的心脏地带，这使得他们能够减少运输成本，从而在中东、欧洲、印度市场削弱中国生产商的竞争力。

所有这些生产过程以及它们所生产出的成品——无论是在中亚发明的还是改造的——都反映了经济学家所说的"集约型"的生产方式。它们与"粗放型"经济体形成了对比。"集约型"和"粗放型"经济体之间的区别在于提高产量的方式不同：前者保持投入不变，获得更多和更好的产出，而后者只能通过更多地投入，无论是土地、原材料，还是劳动力的投入，来提高产出。苏联的经济在本质上是"粗放型"的，不仅浪费了投入而且生产出的产品也都是劣质产品。而相比之下，古代和中世纪的中亚地区，集中体现了集约型的生产方式，谨慎高效地利用资源，从而带来了最高品质的产品。

在中亚，这种"集约型"的生产方式是如此普遍，以至于我们必须探究它的源头，并确定其持续多个世纪的社会影响力。这两个问题的答案其实非常简单，那就是灌溉。几乎中亚地区的所有大城市都位于孤立的绿洲上，被沙漠、半沙漠或草原及其他附近城市隔离开来。水是最稀缺的资源，因此也是最宝贵的。

在共同时代开始之前的几千年，中亚人就已掌握水文学的科学技术。他们挖掘地下通道，将水从一个地方转移到另一个地方，钻孔深达一百米，绵延数公里。他们还挖掘了地面渠道，并细心地安装了内衬覆盖这些渠道，以减少蒸发。他们修建了巨大的水坝、水库和蓄水池，以保证水的常年供应。同时，他们发明了新机器，用以抽水，其中包括后来被中国和西方采用的风车。没有其他文明能够在灌溉系统的效率和复杂性方面超越中亚人。[①]

建设和维护如此庞大的水资源需要人力资源的大规模调动。[②]仅仅梅尔夫一座城市的灌溉系统就需要一万两千名工人。虽然大多数只是普通工人，但是也有许多人是水坝、水闸、水泵、地下渠道等建设方面的专家。他们中甚至有擅长在危险情况下进行维修的潜水员。绿洲将人们固定在一块封闭的土地上，这促进了组织人民的进程。这也形成了自上而下的管理和治理模式以及金字塔结构。而位于金字塔顶部的是拥有无限权力的领袖。

所有这些活动都发生在单个绿洲。换句话说，绿洲的崛起或败落更多的是基于当地领导人的权力和技能，而不是地区或"国家"政治结构的大小。可以肯定，较大的权力结构是存在的，不论是基于地域的"国家"形式，如萨曼王朝、喀喇汗国、帕提亚人或花剌子模王朝，还是来自外部区域的征服者所建立的王国，如希腊、贵霜帝国、突厥或阿拉伯王朝。不过，到了蒙古，从中

---

① 关于中亚和相关的水源灌溉系统，参见斯塔尔（Starr，2013）的观点。
② "水利文明"这一概念由卡尔·魏特夫（Karl A. Wittfogel）在其1956年的著作中提出。

亚以外来的进攻者很快发现，如果他们干涉当地绿洲的统治者，他们便冒着摧毁他们的贡金之源的危险，而这正是一开始促使他们进行征服的动机。

这一现实，与其他任何因素一样，说明了中亚地区稳定持久的政治实体不发达的原因。征服者来了又去。大城市与征服者达成协议，然后巧妙地破坏这些协议。这是他们在面临危机四伏的外部环境中生存的关键。通过这一过程，他们推翻了所有那些来自外部，企图控制他们的进攻者，而不必直面强硬的力量。该结果在这项研究中被称为"开放的地区主义"，这种主义已延续了几千年。

人们由此可能会认为中亚不断地遭受到外部势力的攻击和入侵，然而值得注意的是，由中亚地区兴起的大帝国远远超过其本身的实力，其中有几个大帝国深刻地影响了其欧亚大陆上的邻国的文明。不须赘述，人们可再次举出以下例子：萨曼王朝将他们的统治从阿富汗扩张到了波斯；马赫穆德苏丹的加兹尼帝国，这位苏丹出生于现吉尔吉斯斯坦，征服了印度西北部和波斯东部的大部分地区；在中亚西北部崛起的塞尔柱帝国，夺得了他们的家乡所在区域的控制权，进而控制了中东和土耳其大部分区域；巴布尔，安集延（现乌兹别克斯坦）的王子，统治了阿富汗，继而征服了印度的大部分区域，并建立了莫卧儿帝国，直到 1857 年；或者，再拉长时限，帖木儿的军队征服了中东及土耳其，在他去世的时候，正准备侵略中国的边境。这些征服者绝不是中亚地区经济发展史的主角，但是他们非常成功，而且他们在实现这些目标中所体现出来的凶猛，表明该地区并不只有聪明的贸易商和制造商。

绿洲灌溉对中亚经济和政治文化的重要性是不言而喻的。如果不是因为这些绿洲地带对科学和知识文化的促进，该地区绝不可能获得如此伟大的成功。正是这种氛围，使得中亚地区在古代和中世纪达到了最辉煌的时刻，这使得它在大约从 6 世纪到 12 世纪，成为世界上在智慧方面最多产和最具创造性的文明。

地理再次成为关键的驱动力。因为中亚地区不仅是与欧亚大陆所有其他生产和交换中心进行直接贸易的经济体；也是思想交流的聚集点。在其繁盛的世纪中，中亚作为智慧传播者，是欧亚大陆宣传吸收和传播包括医学、数学、天文学等不同领域最新思想的主要中心。它在这些和其他领域的贡献仍然是该地区最经久不衰的成就。

正如中亚人交易商品一样，他们也交易思想。对于中亚而言，印度是智慧灵感的主要来源，其重要性远超中国。伟大的印度之路将中亚北部地区与印度的学术中心直接相连。由于这一点，花剌子模民族，即现在的乌兹别克斯坦西部和土库曼斯坦北部地区的一部分，是第一个明白印度系统中的数字、十进制、零和负数概念的重要民族。数学家花拉子米（Al-Khwarazmi）极力拥护这些著作中的创新，使得其广泛传播到遥远的中东地区。因为欧洲人从阿拉伯人那里学到了印度数字，他们错误地将其称为"阿拉伯数字"。

与印度数学和科学的直接接触，催生了另一位伟大的中亚思想家比鲁尼（Biruni），他探寻了印度创新的社会根源 [萨浩（Sachau），1887][1]。尽管比鲁尼是穆斯林，但他毫不犹豫地将印度学问的繁荣归功于印度教，并着手编写了一本详细介绍关于这个

① 参见斯塔尔（Starr，2013）的观点。

问题的书。比鲁尼的研究著作《印度志》，是比较宗教和跨文化人类学最伟大的前现代作品。这个天才也发现了这样一个事实，那就是，他所接触过的各种文化都有自己的日历系统，而这些都不相吻合。因此，他设计了第一套设定日期的通用系统，甚至建立了一种机械计算装置来转换日期模式，比方说，从犹太日期转换为罗马日期。因此，毫不夸张地说，比鲁尼创造了普世历史。

中亚人面临着水资源压力问题，分析这些问题对中亚人的启发不亚于跨文化接触所带来的挑战。例如，计算将一英亩土地灌溉半米深，所需的水的体积。花拉子米（Al-Khwarazmi）思考这个问题和其他实际问题，如遗产的划分。基于古希腊数学家的经典著作（由叙利亚基督徒翻译成阿拉伯文），花拉子米加入了自己的许多想法，撰写一本名为《代数学》的著作，数学中代数这一分支便来源于该书名。当人们一提到术语"算法"，就会涉及他的名字。

中亚地区的花拉子米、比鲁尼以及其他几十位博学的人所取得的巨大成就表明，中亚并不仅仅是想法交换交流的地方，同时也是思想的生成器。在医学领域，中亚人不仅编纂过去从多个文化中（比如希腊和印度）所学习到的知识，而且也通过深入细致的临床研究大大扩展了这些知识。在这方面最突出的是医生伊本·西纳（Ibn Sina）。他是阿富汗的一名小官员的儿子，居住在布哈拉。伊本·西纳的伟大著作《医学圣经》一经出版，就被认为是医学知识的最终来源，同时也是欧洲和中东地区第一所医学院校的课本。在印度，基于他的学说所建立起来的一所医学院仍然很受欢迎。

一份极短的中亚"第一"名单中将包括：精确度直到 17 世纪

才被超越的对地球周长的测量、正弦规律的发展、球面几何和三角法、亚里士多德逻辑的编撰和发展。通过严谨细致的分析，他们设想了非欧几何的可能性，接受了日心宇宙的数学可能性，承认了地球随着时间推移经历了进化，假设了北美和南美的存在。

所有这些惊人的成就，没有异常高水平的读写能力和计算能力是不可能实现的。鉴于此，中亚9世纪的一位统治者，尼沙布尔（Nishapur）的阿卜杜拉赫（Adballah），甚至提出要通过在每个村庄建立学校来普及识字［巴托尔德（Barthold），1928］。阿卜杜拉赫未能实现这项任务，但中亚教育仍然达到了很高的水平。值得注意的是，这可以直接归结于贸易和商业的实际需求。早在公元7世纪，一个到布哈拉的中国游客面对这样的事实感叹道：“那里的孩子们五岁就开始学习阅读，当他们已经学会阅读后，他们就开始学习做生意。”这表明，这在当时的中国也算是先进的。四百年后，伊本·西纳的父亲也要求他的两个儿子学习相同的课程。他安排他的儿子在家里学习各种各样的知识，比如哲学、神学、伦理学，他将年轻的伊本·西纳送到一位蔬菜商人那学习应用数学和会计。这一学习传统最终逐渐消逝，但到了15世纪，帖木儿的孙子、中亚的统治者乌鲁伯格（Ulughbeg）建立了10所学校，其课程强调数学和天文学。在学校创始人被其子杀害之前，这些学校招收了几千名学生，其中五百人专门学习数学。

庞大的支持系统维持这一文化，该文化注重实践和理论学习、开放探究、大胆调查敏感领域、撰写书籍和报告。到了11世纪，中亚的图书馆藏书巨多且闻名于世，以致阿拉伯世界的学者纷纷前来阅读这些书籍和宝贵的手稿。仅梅尔夫就拥有12座公共图书馆，其中一座就收藏了12000册书籍，更何况各个地方还有许多私人图书馆。伊本·西纳声称他真正受到教育，始于少年时期在萨曼统治下的布哈拉的一座图书馆研读的那几年时光。每个城市有图书销售商，他们广泛交易书籍和手稿。这些书籍和手稿一部分是当地生产的，一部分是客商从外地带来的。

然而，这些在其他方面令人印象深刻的探究和分析过程，并未渗透到治理的领域。尽管翻译了大量希腊关于科学、逻辑、哲学的古典著作，中亚地区（或阿拉伯世界）并没有人接触到亚里士多德的《政治学》，更不用说希罗多德和修昔底德具有严厉警示意味的《历史》。中亚地区也没人曾自主产生任何可以媲美这些经典的思想。良好的治理和有效的管理当然可以在没有政治理论的情况下存在，但值得注意的是，中亚人从未在这个领域形成思辨传统。

语言的因素，种族和宗教

在这里我们的读者可能会问，为什么中亚拥有如此丰富的理论和实践成果，却在很大程度上并未得到全世界的关注。原因很简单，大多数情况下（虽然并非全部）这一地区的思想家以阿拉伯语写作，阿拉伯语曾是中亚地区的通用语，就像拉丁语是西方的通用语一样。正因为如此，人们常常将那些作者误以为是阿拉伯人。然而，正如一位用拉丁语写作的爱尔兰人并不是罗马人，那么用阿拉伯语写作的波斯或突厥民族的中亚人也便不是阿拉伯人。

然而，在那个时代难道阿拔斯王朝的首都巴格达不是最伟大的学术中心吗？公元 750 年之后，巴格达的确曾是伟大的学术中心，但在巴格达最有创造力、成果最丰富的一批思想家是中亚人。这些中亚的思想家在那时被巴格达提供的支持吸引到那里。他们的资助者马蒙哈里发（Caliph Mamun）虽然是阿拉伯人，但在中亚生活了许多年。当他终于在战争中击败他的兄弟继承王位时，他带领了一大批他熟识的优秀中亚学者回到巴格达。他的随从包括富裕的巴尔马克（Barmak）家族成员。巴尔马克家族曾在阿富汗巴尔赫附近拥有大型的佛教寺院，又将自己家族无限的财富用来支持来自中亚的思想家。巴尔马克家族的支持使得巴格达吸引了中亚学者，他们成为中亚学术的前哨，然而之后有越来越多伟大的科学家和博学者还是选择留在中亚或是回到中亚 [布韦（Bouvat），1912；布拉德尔（van Bladel），2010]。

到目前为止，本文几乎还没有触及宗教问题，有以下几个原因：第一，由贸易和制造业财富带来的中亚文艺复兴在伊斯兰教崛起之前的几个世纪有着深厚的根基。正如比鲁尼（Biruni）悲怆地讲道："阿拉伯征服者所经之处，摧毁了大部分的图书馆和书籍，但严谨的治学传统却依旧留存了下来。"阿拉伯征服者倡导阿拉伯语言和自由贸易精神的复兴扩展了这种传统观念，但并不是阿拉伯人创造了这种治学理念。第二，虽然来自中亚的学者大多数是穆斯林，他们中的一部分人还是非常虔诚的信徒，但还有很多人并不是穆斯林，他们有些是基督教徒，有些是祆教徒，有些是犹太教徒和佛教徒，甚至还有很多人是宗教怀疑论者，或是彻底的无神论者。尤其需要指出的是，伊斯兰教在一些方面允许并鼓励知识分子的争论。但这个黄金时代的主要特征是它的宗教多元化，这个时代主要的穆斯林统治者也认为多元化是正常的。而这个伟大的知识时代伴随着思想信仰多元化的和包容性的愈发褪减，最终走向低潮。

另外一个有关中亚地区曾经的经济和文化繁荣的问题是，这发生于当地可汗兴起之前的几个世纪，那么游牧民族突厥人在这方面的发展中，起到作用了吗？起到了什么样的作用？的确，大城市里定居的主要人群是当地的波斯族群。但城市的繁荣从来都不能脱离农村，必须与在空旷的农村地区占主导地位的游牧民族展开密切、频繁、积极的联系互动。当然同时游牧民族也不可能脱离与城市的联系而生存下来。这种相互依赖的关系存在多种形式。游牧民族是使大陆贸易得以持续的骆驼和马最的主要来源。同时，游牧民族还需要依靠城市的市场来出售他们的许多产品，并且通过市场交易来获得那些在农村无法获得的基本物资。除此之外，城市以及更大的帝国（包括哈里发国）都要依靠中亚的突厥战士来保障他们的安全。另外，大批突厥人走入了城市生活，而那些突厥统治者，如来自新疆的维吾尔族、喀喇汗国、伽色尼王国、塞尔柱王朝的统治者，他们自己也建设了伟大的城市，适应并采用了城市的经济和政治传统，并且延续了几个世纪。突厥学者也在学界占据了非常重要的地位，其中最著名的有生于喀什的维吾尔族人种学家、语言学家麻赫穆德·喀什噶里，生于喀喇汗国首都八剌沙衮的伦理学家和诗人玉素甫·哈斯·哈吉甫以及数学家、天文学家阿尔·法哈尼等。

中亚黄金时代的消逝

中亚的黄金时代出现在马其顿王国的亚历山大统治后的几个世纪中，在公元 750—1200 年达到了最繁盛的巅峰时期。有人质疑，曾经的那个黄金时代值得今天中亚的国家领导人、经济战略家、普通市民作为效仿典范进行研究学习吗？诚然，这样的效仿是可能的，但在跳到这样的结论之前，由于中亚地区曾经是贸易、制造、金融、技术、科学、知识文化、安全的中心，因而必须对其最终衰败的主要根源进行分析。对这些原因的理解，可能使中亚黄金时代的故事不仅仅停留在繁荣的范例上。也许这也是对现在急需的、有警示意义的提醒。

中世纪晚期中亚地区急剧衰退的两个最普遍的解释都将该地区的衰落归咎于外部因素。第一种解释称，当达伽马和他的葡萄牙海员开通了直达东方的海上航线时，他们也决定了横跨欧亚大陆陆路贸易的命运。这充其量只有一半正确。达伽马之所以一直在寻找一条通往东方的海上航线，正是因为中亚统治者对途经他们境界的货物强加关税，而同时又几乎不提供安全保障。衰败的外部原因实际上应归结于内部原因。

第二个观点是将这个责任归咎于蒙古人，他们在 1219 年和 1223 年之间的毁灭性攻击使得该地区成为废墟。这既夸大又低估了蒙古人的罪责。说夸大它，是因为一旦蒙古人完成了他们的征服，他们就开放境内自由贸易，这使得大部分地区迅速复苏。说低估了它，是因为两方面原因。首先，蒙古大军系统地摧毁了精心制作的和广泛存在的灌溉系统，这些灌溉系统维持着那些作为经济生活中心的中亚大城市。而由于蒙古人杀害或使得数以百万计的居民流离失所，因此城市缺乏后续重建他们的水利基础设施所必需的人力资源。其次，蒙古大军对该地区的肆虐和破坏扩展到图书馆和文化公共机构，更不用说那些拥有土地的贵族和富商，而正是这些贵族和富商帮助维持着当地的科学和知识生活。

除了这些掠夺之外，早期维持中亚黄金时代的科学、技术以及其他文化生活领域的衰落，不能归咎于蒙古大军。因为，几个世纪来已渗透到该地区商业中心的探究和公开辩论的精神，在成吉思汗到达之前的一个世纪前，就已经急剧消逝。无疑，许多因素促成了这一进程，但没有任何一个原因比褊狭和宗教冲突更加突出。

在这个本来很宽容的地区，宗教冲突的早期表现之一，是阿拉伯军队因为佛教徒对圣像行礼，对佛教进行系统地压制，以及对佛教寺庙和学术中心进行破坏。但是，即便在阿拉伯人征服后的两个世纪里，穆斯林人数还是不足总人口的十分之一。穆斯林统治者实行部分宽容变成了实际需要和宗教义务。但这种状况并没有持续多久。等伊斯兰教一蔓延到大部分人口，不同派别的穆斯林便开始互相攻击。起初是经文直译派和传统主义者攻击那些声称世俗的学习与信仰一样重要的人。到了 11 世纪逊尼派和什叶派之间发生了第二次分裂。

逊尼派受到塞尔柱统治者的保护，拥护经文直译派和传统主义者，攻击那些认为理智也是通往信仰的路径的人。塞尔柱的主要神学家和教育家是中亚之子阿布·哈米德·穆罕默德·加扎利（Abu Hamid Mohammad Ghazali）[加扎利（Al-Ghazali），1997；米撒（Mitha），2001；奥姆斯比（Ormsby），2008；斯塔尔（Starr），2013]。虽然他本人曾有深厚的世俗学习背景，但他写了一本演讲辩论集，猛烈地攻击了他所谓的"哲学家无条理"的观点。他在书中谴责伊本·西纳（Ibn Sina），比鲁尼（Biruni）和所有的科学家、逻辑学家、独立思想家，称他们是信仰的敌人和变节者。如果说某一个人应该对中亚黄金时代的衰退负责，这显然是夸大其词的。但加扎利的狂热使所有捍卫科学和理性的人不得不被动防守。几百年过后，终于有人鼓起勇气进行系统的反击，但那时为时已晚。

这些斗争及其后果——对科学、理性、逻辑、批判性思维的诋毁，并没有立即导致欧亚大陆中心的经济和文化空间的解体。事实上，在帖木儿的继承人统治之下，中亚还经历了最后的一段短暂繁荣。但是，经济生活曾经由于财务、管理、技术等创新而不断展开、不断前进，而现在的繁荣不过是因为惯性而已。这股力量逐渐减弱，并没有新的创新和运动出现以扭转其衰退的趋势。

中亚从"可借鉴的过去"里得到的教训和警示

中亚的历史可以被划分为数个阶段或时代，这完全取决于划分时代或阶段的人寻求什么。若是致力于弄清过去所呈现出的选项范围以及每个阶段的主要经验教训，那么这个对历史的简要回顾我们可以划分为三个主要时期：沙皇俄国和苏联的殖民统治时期，当地汗国统治的数个世纪，更早更长的、在公元 1100 年左右达到顶峰的繁荣时期。每一段时期都给予了中亚人机会和阻碍。

从沙皇俄国和苏联时期俄国人对该地区的控制中可以得出不同的经验教训，不过有一个共性问题是相通的。概括地说，沙皇俄国主要实行的是软控，而苏联人则试图寻求转型变革。沙皇俄国对现代教育、现代科学技术、妇女解放都无动于衷［与现代教育相关的任务，留给了中亚地区穆斯林知识分子中的伊斯兰现代主义者掀起的革新（Jadid）运动］，而苏联的统治则给所有这些领域带来了革命性的变化，同时，也带来了对大多数私人财产的破坏。这些革命性的变化是以牺牲中亚两千多年作为主要商业贸易要道所积累的财富为代价实现的。这同时也使中亚地区同世界在商业和知识领域的接触和交流急剧减少。

在当地汗国统治的早期，定居的中亚人和游牧的中亚人都成功地保留了他们的文化身份，却是以经济和知识水平的落后以及国家主权的最终损失为代价的。他们所全力专注的防御策略的实际问题，阻碍了汗国与外部世界进行更广泛的互动。这便导致了中亚地区的高关税，以及对新知识，甚至是新的印刷技术进行抵制的封闭社会。这些政策的实施名义上是出于安全性的考量，实际上导致了致命的不安全因素。

在汗国统治之前的那段遥远而多元化的时期对于中亚的城市居民和游牧民族而言都称得上是黄金时代。特别是公元 1100 年之前的数个世纪，该地区力图将自身建设成为跨欧亚大陆贸易系统的顶点，以及技术驱动型制造业的焦点。这些都为中亚地区带来了巨大的财富和相当丰沃的具有创新力的知识生活。几个世纪间，中亚地区受到了强大的外部军事力量和政治力量的冲击，但与此同时也产生了许多曾在欧亚大陆内的大部分地区短暂地行使霸权的强大帝国。然而，最后带来繁荣的并不是这些国家的雏形，而是精心开发、管理、维护的绿洲城市中心。由此产生的"开放地区主义"，开创了平等、开放、多样的科学和智慧生活，而当这种生活的多元性被教派排他性和冲突所禁锢时，往日的繁荣也便不再延续。

最后，这些情况各异的时代，都不能说为当今这个瞬息万变的世界的未来发展提供了实际的模式。从这个意义上讲，"过去不

是序幕",也永远不会是序幕。尽管如此,中亚复杂而矛盾深厚的历史的确为现如今的发展提供了一些经验和教训:

1. 地理位置即命运。中亚的确占据中心地位,但当中亚地区允许它自身成为中心时,它才能是中心。保持这种地位的最佳方式便是实行该地区在黄金时代沿用了很长时间的"开放地区主义"。这意味着中亚地区不允许它自身处于任何外部经济或政治强国的边缘位置。

2. 当中亚不仅仅充当被动的"文明的十字路口",而是将自身提升到"十字路口的文明"的位置时,是中亚发展最好的时候,也就是说,当中亚既是欧亚大陆经济文化力量的收集者又是转换者的那个时候。

3. 实现这一状态的关键并不是区域治理或是"一体化",而是区域内有效的协同合作。这种"软"的办法是承认区域内彼此之间的差异,以及产生足够的向心凝聚力,从而能够抵消不断困扰着中亚地区的强大离心力。

4. 区域内接触和交流的贸易壁垒,使得中亚区域以外的贸易商和制造商设法远离该区域。更糟的是,他们邀请外部势力,使区域内的经济体和各主权国家之间互相对抗,甚至希望他们自己可以从外部对该区域进行组织管理。

5. 外部势力尝试组织管理该区域的努力,无论是经济上还是政治上从来都没有任何可持续性。安全,如果存在,从来都源于内部而非外部。而内部力量为贸易、制造业、文化的蓬勃发展创造了必不可少的条件。外交上最好的成就就是防止外部势力在中亚地区相互碰撞。

6. 区域经济和政治自决能行之有效的关键,就是政府在自己的领土里能够提供有效的财政管理能力，并且能够公正公平地收税。这就要求官僚机构应该做到反应迅速、公正、纪律严明。

7. 中亚人对地缘状况的高度掌握并不依赖于物质力量，而是通过他们在经济、政治领域精明的外交所获得的。

8. 城市不可避免地成为科技和商业贸易进步的核心地带。然而，中亚地区的力量并不来自于孤立的个体运作，而是来自于成为更大的区域性网络中的一部分。

9. 过去，中亚地区作为强大的经济文化中心的确有赖于对自然资源，尤其是水资源的有效管理。水和能源如今占据同等重要的中心角色。过去，这种有效性源于很多方面，如大规模的调动并整合科技、组织、政治力量。今后，这些方面的因素也还将继续对中亚地区的资源发挥作用。

10. 保持并维系经济力量只能通过教育，并且不限于精英教育，更需要依靠全民教育。全民教育的核心应当是提升实际的专门技能。

11. 中亚"黄金时代"的经验再次证明人才能在地理上流动，并且一定是这样。国家和城市应当少防范"人才流失"，而应当为人才开放国内渠道，让他们走出去。

12. 使得中亚在科技等其他知识文化领域占据世界领先地位的这种大环境，有赖于对大胆思想的开放态度，以及对知识观念和宗教多元性的认同。而宗教的与世俗的狂热则永远是科技文化发展的敌人。

13. 纵观历史，中亚地区面临的最大的问题就是政府管理。城市层面的政府管理虽然有效，但到了更大的层面上，政府管理便往往显得薄弱不足。中亚地区没有一个超大国家存活超过几代的。

最具持久力的组织形式是地方性的、非正式的，并且基于面对面的谈判和文化沟通。中亚地区大型政体的形式与构建方式仍是该地区亟待解决的挑战。

趋同的前景

本章以中亚地区目前呈现出的令人痛心的局面开端，并在文中对未来给予展望。中亚区域内国家的内部分裂已经对经济发展构成了阻碍与威胁。然而，难道这就是中亚地区的全貌了吗？

对中亚历史的回顾为我们提供了非常不同的视野。过去20年来国家间相互猜疑的紧张关系是源于近些年的问题。诚然，在早先的几个世纪里，中亚地区某些汗国曾经推行过一些激进的政策，导致了民族冲突，甚至引发了流血事件。然而，这仅仅是少数情况，更多的是国与国之间的互信互容，地区国民间的相互往来。即使在苏联时期曾经在中亚地区设立并划定了边界，引起了区域内的紧张关系，但在中亚地区殖民统治时期，紧张关系仅保持在最低限度。

在一些外国观察家看来，族群间难以调和的重大差异，基本上都源于后殖民国家建设中不可避免的过程。从其他后殖民的社会经验中可以观察到，只要中亚人能够将自己的政治利益理清，并且不充当大型邻国或世界强国地缘政治冲突的代理人，那么邻国间的敌对情绪就能够随着时间的推移而消减。重要的一点是，中亚人自己比区域外的人更能很好地彼此理解。因此，有理由相信，中亚人将会找到相互之间的依托和共同利益，从而解决目前充满争议的局面。

那么历史经验又为如今中亚的经济融合提供了什么样的前景与建议呢？随后的章节将会展现中亚地区的不同未来图景。

对后殖民时代简要的分析可以得出这样的结论：未来最有可能出现的情况是以现在的某种形式或者更糟糕的形式出现。如需对这种黯淡的前景进行历史确认，可以通过对汗国时代的研究找到一些证据。但在该地区，众人皆知的事实是，整个中亚地区在这几百年间一直处于衰退状态，并逐渐落后于大多数发展中国家。很少有中亚人（如果有）认为那个时代是未来的典范。大多数人都认为这最多只是对目前的警示。

相比之下，衰退之前的千年确实是真正的黄金时代。在此期间，中亚地区在经济发展、技术、生产和知识生活方面，都处于世界前列。在许多代人不断发展的过程中，中亚地区经常被外来侵略者蹂躏，即便如此，中亚人还是找到了合作的基础。

中亚地区非凡的黄金时代，很可能仍是历史上的一个十分有趣的现象，尤其是对那些从未将中亚历史与当今社会，甚或未来联系起来的人而言更是如此。它可能会启发一些人，包括中亚人与区域以外的人，但在其他方面，它仍然是"惰性的"，无法与目前的信息结合起来，来启发或是警示今天的决策者和广大国民。

至少有一些受过良好教育的外国人开始更深刻地学习中亚的历史，并在此基础上，不断向乐观的方向调整其对该地区未来的期望。但截至本文截稿，这个学习了解的过程才刚刚开始。专注于中亚研究的社会科学家和商人更倾向于实用性，喜欢实实在在的统计而不是历史的"软"证据。但是这种状况可能会改变。新的著作可能会引发区域外的人们更深入地研究中亚地区，促使他们去思考中亚失去了什么，并探索是否可以找回。

至于中亚人自己，他们对自己的看法以及对区域发展前景的观点正发生着深刻的变化。除了中亚问题研究专家，人们对中亚地区的"黄金时代"甚至连粗浅的了解都没有，这是汗国时代和俄罗斯统治的可悲后果。然而，中亚人通常只有一个模糊但又十分确凿的印象，就是他们过去的确存在过一段黄金时代。因此，吉尔吉斯斯坦国立大学和哈萨克斯坦国立大学都以黄金时代的思想家命名。同时，为了纪念那个时代的其他著名人物，他们的头像往往被印刷在国家货币上或用作国家主要文化机构的名称。这一切都是因为一些最基本的历史知识在俄罗斯和苏联统治时期还得以保存，有时这些历史知识甚至得以扩展。

如今，这种对中亚历史的意识开始由有限的知识转向更为深入、更为积极的了解与研究。值得注意的是，这种新的趋势在中亚地区各个国家都是显而易见的，到处都可以发现它们的共同点。最近土库曼斯坦在首都的公园里建造起巨大的雕塑来纪念黄金时代的思想家和作家。公园的设计筹划者们在选择这些一千年前智力和文化的创新者时，完全是基于这些思想家和作家的成就，而并非他们的种族或国籍。最近在撒马尔罕召开的国际会议汇集了超过三百名的科学家、学者和来自四十多个国家的公职人员，为纪念这些中亚思想家的成就以及他们所带来的科技进步。会议上，乌兹别克斯坦总统盛赞这些历史上的杰出人物，并指出这是"我们共同的祖先，我们共同的遗产"。同时，中亚地区的出版商开始醒悟，意识到他们的国家曾经是中亚区域非常成功的经济的重要部分，并支持了那个辉煌时代的科技创新。各国媒体报道中承诺将会向更多的人普及这种观点。

然而，中亚的大部分历史可能已经无法挽回地丢失了。不过由于中亚地区的纪念活动，保留下来的这部分历史被认为是真实的历史，并且由于本地区的运动，这些历史迅速获得了力量与活力。伯纳德·刘易斯（Bernard Lewis）在他 1975 年发表的著作中主要论述了过去的历史是如何向如今的现代人传达信息，又是如何欺骗他们的。后殖民发展的动力已经激活整个地区的历史记忆。由于 20 世纪建立了坚实的学术基础，过去中亚被遗忘了的那些元素也正在被恢复。在这个过程中，许多在独立早期出现的更狭隘、更奇幻的民族历史版本正在被悄然搁置在一边。取而代之的是中亚繁荣时期更加深刻的历史。这段历史正逐步从遗忘的角落走入大众的视野。

当这些发生时，中亚的过去就有可能预示、启发、提醒那些现在掌握着中亚地区命运的人。随着进一步的发展变化，我们可以合理预测的是，基于连通性、贸易性、开放性、现代知识的未来将成为最具吸引力、基于历史的目标，而并非那些曾一度导致中亚"黄金时代"消亡的狭隘做法和政策。

第三章 近期的经济表现与长期增长的驱动因素

近期的经济表现与长期增长的驱动因素

普拉迪普·米特拉（Pradeep Mitra）

简介

上一章从长远角度阐述了中亚的经济、社会历史以及历史对未来的启示，现在我们思考近期的经济发展，并讨论全球和地区的近期与未来经济发展趋势对中亚 2015 年至 2050 年增长前景的影响。

1999 年以前，苏联解体后，独立国家联合体（独联体）[①] 成立，中亚陷入严重的经济衰退。1999 年后，衰退结束，中亚经济开始飞速增长。从 1999 年到 2003 年，中亚各国的年国内生产总值增长率从 4.2% 到 8.5% 不等：吉尔吉斯斯坦 4.2%、乌兹别克斯坦 7%、哈萨克斯坦 7.5%、塔吉克斯坦 7.6%、土库曼斯坦 8.5%。尽管数据令人鼓舞，但并不能确保 2015 年至 2050 年间中亚经济还能保持这样的增长率。部分是因为这些数据反映的是中亚经济从转型时期的衰退到开始复苏——尽管各国衰退的深度和时间不

[①] 当时独联体包括亚美尼亚、白俄罗斯、阿塞拜疆、格鲁吉亚、哈萨克斯坦、吉尔吉斯斯坦、摩尔多瓦、俄罗斯、塔吉克斯坦、乌克兰、乌兹别克斯坦。

同。从更根本的角度讲，对各国经济增长的实证研究表明，一个国家的增长率仅反映了随机冲击、政策、制度的互相影响，而增长率在几十年间的关联性十分微弱。[①] 然而，如果一个国家的增长率在数十年间发生了巨大的变化，中亚的决策者将会如何思考未来的增长？具体而言，中亚长期发展的内部和外部驱动因素是什么？这一章的任务就是讨论这个问题。

本章第一节简要地阐述了中亚五国退出计划经济后的经济情况，包括这些国家从计划经济向市场经济的改革幅度以及苏联制度对经济的影响程度。后续部分讨论了实施可靠的宏观经济政策框架的重要性，因为这对实现必要的结构改革、保持经济长期增长至关重要。不过，良好的宏观经济虽是必要条件，但不是充分条件。

下一节从长期经济增长的主要驱动因素展开讨论。经济史显示，人均收入和人口在过去两千年的大部分时间里变化很小。上两个世纪，现代经济增长率的主导因素是科技进步。当下的国际证据表明，国家的经济增长率与国际知识传播有强烈的相关性。因此，科技进步是经济增长的重要推动力之一。此外，国际知识传播通过贸易、移民、外国直接投资等方式进行。作为与全球经济连接最不紧密的地区之一，中亚国家推动经济增长的关键形式是商品与服务、资金、信息、人口的跨国流动。接下来的一节探讨人口转变与人口红利对经济增长和就业的积极作用。之后一节的内容指出，作为对过去经济增长付出的环境代价的补偿，减缓气候变化措施会阻碍中短期的经济增长。不过，如果科技迅速发展，使世界经济脱离对化石燃料的依赖，而转向可再生能源，那

---

① 早期研究，参见伊斯特利（Easterly）、克雷默（Kremer）、普利切特（Pritchett）、萨默斯（Summers）的论文（1993）。

么这些举措对经济增长的负面影响则可减少。倒数第二节以中亚的实际商业环境的演变为例，简单介绍了制度对实物资本累积和经济增长的重要性，这一重要性已日益得到认可。最后一节是本章的结论。

后苏联时代

苏联的解体以及哈萨克斯坦、吉尔吉斯斯坦、塔吉克斯坦、土库曼斯坦、乌兹别克斯坦这五个新国家的诞生，使中亚地区发生了严重的动荡。计划经济国家的大多数经济活动原本以补贴价格进行交易，这是因为这些国家实行低价能源政策，并补贴贯通苏联辽阔地区的运输链。价格自由化使家庭和公司都必须以国际价格买卖商品。此外，中央计划经济体制原本组织安排生产和贸易，现在也不再安排，再加上国家独立后产生的新国界问题，意味着从苏联时代保留下来的很多企业会没有活路。[①] 此外，莫斯科停止了对中亚国家的财政补助，这笔资金曾帮助中亚的国企获得超出其自身产能的资源，一旦中断，就促成了所谓的"转型衰退"，这期间所有中亚国家的人均国民总收入急剧下滑（图 3-1）。事实上，到 1996 年，吉尔吉斯斯坦的人均国民总收入只有 1992 年的 50%，塔吉克斯坦只有 1992 年的 40%，且塔吉克斯坦的情况因内战而进一步恶化。[②] 生产力随着经济的重建开始逐渐恢复，

---

① 对生产和贸易的损害以及导致协调的严重问题，布朗夏尔（Blanchard）、克雷默（Kremer）有正式的讨论（1997）。林（Linn, 2004）讨论了苏联的统一空间崩溃造成的影响。

② 这些数字并非没有争议。早期的数据集中考虑了大型企业，而这些企业的产量正处于下滑状态，同时未能充分汇报新的企业和非正式经济的兴起，从而有可能高估了转型衰退的严重程度。不过，这并不能否认文中观察的定性分析的基本意义。

新企业也逐渐变得更重要。然而，吉尔吉斯斯坦的人均国民总收入直到 2009 年才恢复到 1992 年的水平，塔吉克斯坦直到 2012 年才恢复到 1992 年的水平，这一点凸显了转型衰退的严重和漫长，尤其是在这两个中亚最贫困的国家。[①]

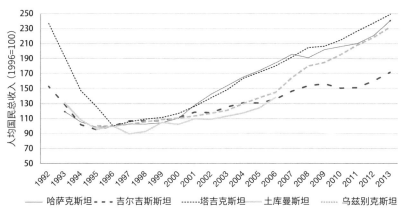

图 3-1：从 20 世纪初起，大多中亚国家的人均国民总收入已翻倍

来源：世界银行（2015b）。

价格自由化是转型的一项关键特征，而第二个重要特征是一些诱发供给回应、恢复产量的政策和制度措施。它们包括：（1）限制国家对企业的援助（例如免税、财政补贴、预算和税收抵扣、定向信贷），进而促进企业重组或关闭，使资产和劳动力转移到更有活力的企业；（2）通过在私有制经济国家实行私有化和一系列可强制执行的财产权，或在中央集权政治结构仍大体完整的国家采取行政手段，避免国家资产被窃取；（3）创造良好的

①　人均国民收入是生活水平的代理变量。最早有数据的年份是 1993（哈萨克斯坦和土库曼斯坦）和 1995（乌兹别克斯坦）。由于在更早的年份，各国人均国民收入应该更高，所以无法将这三国与吉尔吉斯斯坦和塔吉克斯坦比较。

商业环境，不歧视旧公司、重组公司或新公司，并包含以下几个要素：企业登记和注册制，税收政策与管理，以及能够保护产权的法律体系。①

转型的进程

转型带来的改变意义深远，企业改革面临的挑战就是一个很好的例子，这意味着中亚在制度改革上面临一项艰难的工作。尽管对这一点早有认识，但是市场经济制度的创建进程仍很迟缓，有些能够通过简单的政策改变来进行的改革仍没有实施。欧洲复兴开发银行（EBRD）的私营部门转型年度报告指出了这一特征。欧洲复兴开发银行定义的第一阶段改革包括小规模私有化、价格自由化与贸易、外汇交易自由化。第二阶段改革包括大规模私有化、治理与企业重组、竞争政策。第二阶段的改革需要进一步推进制度改革。②

图 3-2 是欧洲复兴开发银行评定的中亚转型指数，这个指数从"1"到"4+"浮动。"1"代表以前的体系发生了些许变化或没有变化，"4+"代表体系标准大致达到工业化市场经济水平。③ 这些指数的原理在欧洲复兴开发银行的年度报告（1999；2009）中有所阐明，当然最好把它们视为对转型进程的概括性评估而非精准的测量结果。1992 年到 2012 年被分成了三段各长达七年的时期。第一阶段从 1992 年开始，1992 年是苏联成员国独立后的第一个

---

① 本段和下段中的论述基于米特拉（Mitra, 2009）的观点。

② 各国的转型指数也包括了银行业和非银行业的转型，但后来这些被从总指数中拆分出去，与能源、基础设施一起，以行业转型指数的形式汇报，因此，文中只阐述了私营经济部门的指数。

③ "+"指加上 0.33 分，"−"指减去 0.33 分，所以 4+ 即 4.33 分，4− 即 3.67 分。

整年；第二阶段从 1999 年开始，前一年俄罗斯爆发了债务违约事件，这件事对所有苏联成员国都产生了重大影响；第三阶段从 2006 年开始，2007 年哈萨克斯坦爆发了金融危机，随后中亚的其他国家在 2008 年也受到了全球金融危机的冲击。[1]

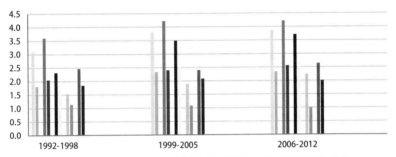

图 3-2：所有国家的第二阶段改革均落后于第一阶段

来源：欧洲复兴开发银行（1999；2009）。

图 3-2 强调了四个要点：第一，中亚所有国家的第二阶段改革均落后于第一阶段，就像所有的转型国家那样，包括中欧和波罗的海国家这些改革的先行者。如前所述，这反映了第二阶段对制度改革更高的要求，以便在大规模私有化、法治与企业重组、竞争政策方面取得进展。第二，哈萨克斯坦和吉尔吉斯斯坦是中亚早期的改革国家，在随后的几年也一直保持着优势，尤其是吉尔吉斯斯坦。事实上，吉尔吉斯斯坦从 2006 年到 2012 年的改革可以与格鲁吉亚的改革相比（后者被视为南高加索和中亚地区

---

[1] 第一阶段的转型指数为小型私有化、价格自由化、贸易和外汇自由化的算术平均值。第二阶段的转型指数为大型私有化、治理和企业重组、竞争政策的算术平均值。

的改革领导者），而之后第二阶段的改革在同一时期里也仅稍微落后于格鲁吉亚。第三，吉尔吉斯斯坦与塔吉克斯坦的改革步伐在第二阶段慢了下来，而哈萨克斯坦和乌兹别克斯坦在 1999 年至 2005 年及 2006 年至 2012 年期间的改革进程相较于 1992 年至 1998 年及 1999 年至 2005 年期间的表现，可以说是陷入停滞。第四，乌兹别克斯坦这段时期从计划经济向市场经济的转型进程非常有限，土库曼斯坦更是如此。举例来说，土库曼斯坦在整个第二阶段的转型指数都维持在 1 左右，这意味着中央计划的经济体制基本上没有变化。

经济结构

与其他从计划经济向市场经济转型的国家一样，中亚国家的生产结构发生了巨大的变化，尤其是中央计划经济体制下被抑制的服务业占比，在所有五个国家都已大幅增长（图 3–3）。

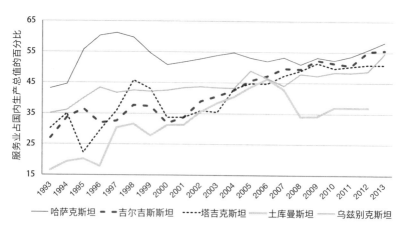

图 3–3：中亚国家独立后，各国的服务业在国内生产总值中的占比大幅增长

来源：世界银行（2015b）。

吉尔吉斯斯坦各行业就业率占比的演变，很好地说明了转型期间结构变化的意义，这种演变在那些欠发达的苏联成员国中非常典型（图 3-4）。与国际价格挂钩、去工业化后，工业的就业率则出现了大幅度下降，从 1991 年的 25% 下降到 2001 年的 10%，之后则恢复到同一收入水平的市场经济体中的工业就业率。由于国企不再盈利，导致公共收入减少，正规的社会保障网开始瓦解，因工业崩溃而下岗的工人开始转向自给农业谋生。农业的就业率占比在这期间从 30% 上升到 50% 以上，之后才又下降到独立前的水平。①

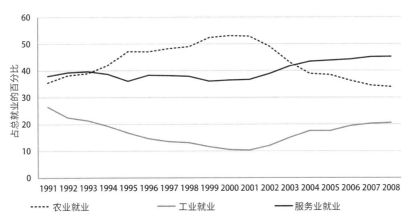

图 3-4：近年来，吉尔吉斯斯坦经济的就业从农业转向了工业和服务业

来源：世界银行（2015b）和吉尔吉斯斯坦国家统计委员会。

计划经济遗留的影响

从历史角度看，苏联解体时期工业的就业率占比相对较高是

① 中亚农业占总就业比例持续过高可部分归因于错误的统计分类，将出国务工人员算入农业劳动者［R. 莫吉列夫斯基（R.Mogilevskii），私人交流］。

十分容易理解的。1917 年十月革命后，苏联开始逐渐向计划经济转型，并在 1928 年形成了计划经济的基本结构以及开始实施第一个五年计划。苏联的各个成员国代表着各种不同的经济模式。尽管俄罗斯已经开始了工业化，但中亚国家是所有成员国中最贫困的，尤其是哈萨克斯坦、吉尔吉斯斯坦、塔吉克斯坦、土库曼斯坦，而乌兹别克斯坦稍好一些。因此，有关强制贫困国家进行工业化所需付出的经济代价与获得的利益不成正比的争论，在中亚国家尤其能产生共鸣。通过提高人力和实体资本的投资率，工业化使原本贫困国家的经济飞速增长。然而，随着各国的经济逐渐赶上其他国家水平，资本增长不再高于产出，各国的经济增长开始放缓。在这个时候，中央计划经济自带的静态低效现象愈加严重，且这些国家陷入了均衡状态，它们与发达的市场经济国家之间的生产力差距不再变化。

实际上，与那些在一战前人均国内生产总值差不多的国家相比，中亚国家在计划经济下的强制工业化对各国的人均国内生产总值是有利的。到 1988 年，那些采取中央计划经济体制的最贫困国家（包括中亚各国在内），与那些和它们在采取计划经济前收入水平相当的国家相比，状况不好也不坏。[①] 此外，这个规律在中央计划经济结束后也没有消失。尽管由于转型时衰退的加深和延续，在 2008 年再看时，与 1988 年相比已经不那么明显，但我们还能发现那些历史上最贫困的中亚国家的收入水平，与那些在采取计划经济前收入水平相当的国家相差无几。而且，从中央

---

① 这一分析基于卡林（Carlin）、谢弗（Schaffer）、西布赖特（Seabright）的观点（2012）。该研究提供了具体比较的细节。苏联早期的人均收入数据主要来自麦迪逊（Maddison，2010），其他来源有所补充。

计划经济时期遗留下来的实体基础设施与人力资本优势直到 1988
年——中央计划经济结束的前夕——还是很明显。实体基础设施
的组成因素包括发电量、铁路网、固定电话覆盖率、人力资本即
在册中学生人数。根据对这些因素的测评，中亚国家的基础设施
水平要高于那些相同发展水平的市场经济国家。这一点直到 2008
年还是如此。尽管这些资产对于包括中亚国家在内的转型国家是
有用的，但是它们的有利影响还是被各种因素所限制。这些因素
包括：这些资产主要是用于支持莫斯科主导下的中央计划经济；
中亚国家独立后许多资产因为缺少维护与新的投资贬值了；缺乏
必要的制度和商业环境来支持和发展具有活力的私营部门。

建立可靠的宏观经济框架 [①]

本章设想中亚经济保持持续的长期增长，但这需要中亚建立
一套可靠的宏观经济框架。中亚的实际状况是如此吗？在正式讨论
宏观经济框架之前，我们先来看一些相关方面的内容作为导读。通
过比较各国外汇存款占全部存款的比例以及外汇贷款占全部贷款的
比例，我们就可以发现吉尔吉斯斯坦和塔吉克斯坦这两个中亚较
贫困国家的金融美元化程度在新兴市场和发展中国家是最高的（图
3-5）[②]。哈萨克斯坦的贷款美元化程度（32%）低于南高加索地区国
家和中亚地区的其他国家，除了阿塞拜疆和土库曼斯坦（这两个国
家与国际金融市场的连接有限），同时也稍微低于所有新兴市场和

---

① 本节基于国际货币基金组织（2014b）。
② 乌兹别克斯坦外汇储备相对较低，反映了该国对外汇的严格管控（国际货币
基金组织，2013c）。

发展中国家的平均水平。不过，哈萨克斯坦的贷款美元化程度要高于中上收入水平国家，例如巴西（16%）、墨西哥（31%）、土耳其（27%）。高度的贷款美元化与存款美元化对中亚有三个主要影响。第一，金融系统美元化程度过高降低了货币政策的效力，因为美元化资产利率不由中央银行控制，进而削弱了标准的传导机制。第二，美元化过高增加了资产负债表和流动性风险，因为美元资产和私营部门在资产负债表上的债务之间可能不匹配。第三，和很多新兴市场和发展中国家不同，大多数中亚国家维持着固定或管控的汇率制度，因此美元化过高也可能增加汇率变化对通货膨胀的影响。而且，从更根本上来说，美元化过高也反映出宏观经济管理体系的可靠性有限。

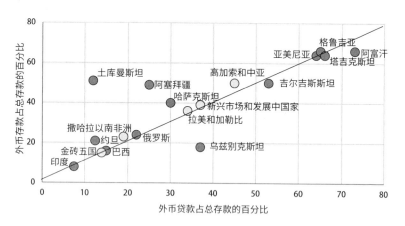

图 3-5：中亚的外汇存款对外汇贷款比率全球最高

来源：国际货币基金组织（2015b）。

国际货币基金组织对南高加索和中亚在 2001 年到 2014 年外汇存款和贷款的决定因素展开实证研究，发现不稳定的通货膨胀、货币贬值、不对称汇率政策（允许本国货币贬值但不让增值）、低金融深度极大地促进了中亚的金融美元化。[①] 根据这些研究结果及拉丁美洲和欧洲新兴国家的成功去美元化经验，中亚国家去美元化应依靠可靠的货币与汇率政策框架、稳定的低通胀以及深化国内金融市场。以稳定通胀为目标且具有汇率灵活性的体制，再加上不需要中央银行印钞来填补政府赤字的财政政策，是市场条件下金融去美元化的最佳框架。在那些汇率较不灵活的国家，例如中亚国家，逐步扩大汇率变动幅度，提高流动性管理效率，运用政策利率将有助于改善货币传递机制。中央银行官员的信息传递必须更透明和更高效，这对建立货币政策的可靠性非常重要。

从中长期的角度来看，金融行业的发展对实现去美元化至关重要。[②] 有许多措施有助于去美元化：引进以本国货币计价的证券及可靠的指数化制度；发展具有对冲货币风险能力的市场；强化非银行金融机构和资本市场；改善信用信息系统；加强监管；利率去行政化；给予国内外资产收入同等的税收待遇。

成功的去美元化以及更普遍地在宏观经济政策下建立信用记录系统，这些都需要时间。短期内，中亚国家可以先着重采取一些措施来提高本国货币的吸引力，以及降低汇率政策的不对称程度。以下是其他国家的一些成功举措：用本国货币作为外汇存款的准备金；提高外汇存款的准备金；为本国货币存款利率提供高于外汇存款利率所需的准备金；提高外汇存款的保险费；限制向不具有对冲效应的借款人提供外汇贷款；要求银行实施定期货币

---

① 金融深度可由以下指数衡量（均为占国内生产总值比例）：银行向私营经济部门的贷款、未偿付的银行债务、股票市场资本、交易额。

② 发展高效的金融服务业，同时也是更广泛的发展多元化现代经济的一部分（见第七章）。

风险评估。在实施这些措施时，决策者需要考虑潜在的金融非中介化、不稳定性、资本外逃的风险。

良好的宏观经济框架还包括财政政策的管理。[1] 举个例子，吉尔吉斯斯坦的国债是中亚地区最高的，约占国内生产总值的 50%。把国债降低到可持续水平是财政政策的关键工作。根据吉尔吉斯斯坦的情况，它的财政政策的工作重点就是通过取消免税来增加税收，削减低效的支出并降低预算对国外借款的依赖。尽管塔吉克斯坦的中期财政政策与国债的可持续性一致，但它的财政状况还是存在着巨大风险，需要及时处理。这些风险大部分来源于国有企业持续亏损，税收系统存在漏洞，以及罗贡水电站项目计划存在不确定性——预计水电站的建造成本是当前国内生产总值的 55% 至 65%。在哈萨克斯坦，良好的实践需要在财政收支账目中邀请国家的主权基金（哈萨克斯坦共和国国家基金，NFRK）和国企参与。

总而言之，为保持宏观经济的稳定和韧性，改革应该包含以下三个中心因素：

- 货币政策需要以维持稳定的低通胀、加强公开市场操作与流动性管理为目标，进而深化国内金融市场，并利用政策利率调节经济活动；
- 汇率政策从固定汇率制转向双向浮动汇率制；
- 财政政策需包含预算外运营，并使国债占国内生产总值比重保持低位（对于一些当前比重较高的国家，例如吉尔吉斯斯坦，则应促使其逐渐下降），除非当短期总需求不足，需要财政刺激且政府能够提供所需的融资时。

---

① 本段基于国际货币基金组织（2013c，2013b，2014c，2014a）。

这些改革非常重要，因为可靠的宏观经济政策框架加上强有力的执行力，是实现经济长期增长和 2050 年高收入目标的必要条件。然而，这还不够。下文我们将思考推动经济长期增长的最重要因素，首先从技术变革开始。

技术变革

生产投入和生产效率的增长促进人均收入的长期增长，这是技术进步带来的典型变化。改变一直以来的做事方法，这一概念是技术进步的基本组成内容。如果想法一成不变，长期的经济增长就难以实现，因为投入的回报会逐渐减少。然而，随着人口增长，越来越多的人能够接触到当前大量的概念，这些概念互相碰撞很有可能触发新概念的产生，并转而促进收入和人口的进一步增长。经济史验证了科技的重要性（图 3-6）：人口和人均收入几乎停滞了近千年，大约从公元 1000 年开始，人口有较大幅度的提升，极大地增加了新思想产生的机会并提高了产生的速度，转而提高收入，引发人口的进一步增长。这就形成了一个逐步加速增长的良性循环。只要新概念提供的收益能够持续弥补土地受限导致的收益递减，人口的加速增长就会引发规模效应，使人均收入加速增长。最终在 19 至 20 世纪，科技进步使经济发展到十分富裕的程度，生育能力无法跟上收入增长，于是社会进入人口转型期，导致经济以异常的增速飞快发展。[①]

---

① 更详细的讨论，参见琼斯和罗默的观点（2009）。

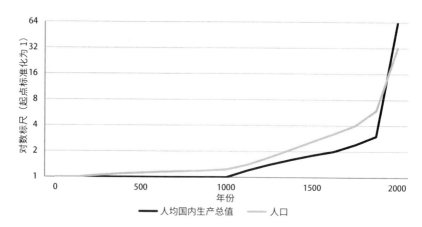

图 3-6：人口总数和人均国内生产总值在过去的两个世纪急剧增长

来源：琼斯（Jones）、罗默（Romer）（2009）。

上文包括了三个关键思想。第一，没有科技进步，长期的经济增长就会慢慢停滞。第二，国际前沿的科技进步是由世界人口增长促发的，因为大规模人口可以增加新技术的产生机会并提高其产生速度。第三，一个国家的科技进步不是由本国人口总数决定的，这个国家可以与其他国家互动，进而了解全世界的想法。这凸显了大规模人口进行互动所能带来的好处，并重点说明了为什么中亚国家应该采取能够吸收全球知识的政策与制度框架。

从 20 世纪以来，美国就是科技最为领先的国家，美国的技术变革对中亚经济的增长有两方面独特的影响。第一方面是全球科技前沿的发展，尽管这基本上与中亚的作为无关，但是随着国际领先科技向全球拓展，中亚有机会接触更多新的想法，从而促进经济的长期增长。前沿科技发展得越迅速，对中亚和其他后进国家的发展就越有利。而且，一个国家的科技水平越落后，它的发展速度就会越快。[①] 第四章的经济模式描述了这些因素，并在此基础上预测了中亚 2050 年的发展前景。第二方面是中亚国家的政策与制度框架建设，需要满足科技的研究与开发需求、对全球知识的吸收需求，这会促进中亚经济的长期增长。中亚的科技发展与中亚领导者的举措息息相关，本书的后续几节会进行更详细的讨论。

基于本书对中亚 2050 年的研究目的，人们预测中的 2050 年前全球技术发展状况是什么样的？在有关全球科技未来发展的文章中，有"技术乐观派"［布罗克曼（Brockman），2002，2011］和"技术悲观派"［戈登（Gordon），2012，2014］的两派文章。

技术乐观派

技术乐观派指出了好几项能够带来显著革新的技术。比如说，实时语音翻译技术已基本成熟，这个技术能够让那些完全讲不同语言的人自由对话。生物学方面，人类基因组测序成本的大幅下降可以使医疗实践发生革命性的变化，医生可以通过建立人工免疫系统来抵抗各种病毒，提供工程化的疾病诊疗方案。到 21 世纪中叶，地面交通的发展可能会出现某种静音、三栖（陆、海、空）的个人交通工具，大量缩短出行时间。

技术悲观派

美国经济学家罗伯特·戈登（Robert Gordon）作为最著名

---

① 比如，在 1950 年至 1980 年间，日本的年均增长率为 6.5%。中国的追赶增长速度更快，在 1980 年至 2004 年间年均增长 8.2%。不过，"一国离科技前沿越远，其追赶增长的速度就越快"这一趋势，并非一成不变。有些低收入国家并未经历高速追赶增长。

的技术悲观派代表对三次工业革命的重要成就进行了归纳：（1）1750 年到 1830 年的第一次工业革命的标志是蒸汽机、棉纺、铁路。（2）1870 年到 1900 年的第二次工业革命是电力、内燃机、自来水、室内厕所、通信技术、娱乐、化学药品、石油。（3）1960 年至今的第三次工业革命是电脑、网络、手机。戈登认为第二次工业革命最为重要。从 1891 年到 1972 年这 80 年间，第二次工业革命是生产力以较高速度发展的主要原因。当第二次工业革命的衍生发明都已经发挥功效后，第三次工业革命仅在 1996 年到 2004 年短暂地促进了生产力增长。技术悲观派认为未来的发明大部分都在预料之中，例如药物、小型机器人、3D 打印机、大数据、无人驾驶交通工具、可穿戴计算机，这些都不会超过 1972 年以来数字时代所带来的成就。

这并不是技术悲观派从生产力的增长前景中发现的唯一问题。戈登（2012）认为在步履蹒跚的创新之路上，美国会遭遇六类妨碍经济增长的阻力，分别是：

- 二战后生育高峰创造了人口红利，之后女性在 1965 年到 1990 年间开始参与工作，这进一步加强了人口红利，然而这种一次性的红利已经结束。
- 大约二十年前，美国在教育方面就已经进入停滞期。
- 日益加剧的不平等现象，导致实际收入的中位数增长速度大幅落后于实际收入的平均值增长速度，后者是我们讨论生产力的普遍依据。[①]
- 全球化与信息通信技术的互相作用，对工资水平较高国家

---

① 如果"我们在谈论'消费者福祉'时，我们谈论的是底层的 99%"（戈登，2012），那么这一趋势则是巨大的阻力。

的就业率具有负面影响。

- 气候变化和减缓气候变化的成本对美国的经济增长具有潜在的危害作用。

- 由于家庭和政府的高额负债，全球金融危机后的经济复苏十分缓慢，最后必将提高税收，或者减少政府支出，也有可能两种措施都需要。

为预测技术变革会如何影响经济增长，经济学家使用全要素生产率（TFP）这个概念来描述总投入与总产量之间的效率。全要素生产率是产量与劳动投入（劳动生产力）比值和产量与资本投入（资本生产力）比值的加权平均值，这两种投入已根据质量的变化而调整。就全要素生产率而论，美国的经济表现从1891至2010年这120年可以划分为三个阶段：（1）1891至1920年；（2）1921至1970年；（3）1971至2010年。在1891至1920年和1971至2010年这两个阶段，全要素生产率的年平均增长率大约在0.5%，但在1921至1970年这50年间，全要素生产率的年增长率高达1.5%，是另外两个时期的三倍（图3-7）。因此，在1891至2010年，全要素生产率的年平均增长率大约为0.9%。均衡考虑技术乐观派的光明展望与技术悲观派描述的六个阻力对技术发展的负面影响，本书第四章预测，到2050年，全要素生产率的年增长率需要维持在1%左右，才能确保中亚向全球前沿科技发展。

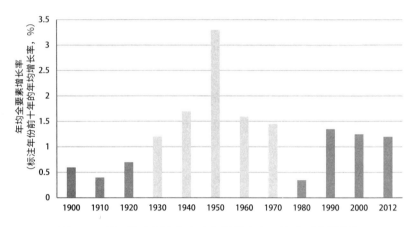

图 3-7：美国的全要素生产率年增长率在二战后到达巅峰值

来源：戈登（Gordon，2014）。

全球化和连通性

全球主要经济体的连通性迅速增强，促进了国际贸易、资金、劳动力流动、思想交流的全球化，这是推动经济长期发展的另一个潜在因素。

全球化

二战之后全球化进程进入高速发展阶段，直至 2008 年到 2009 年的全球金融危机才结束。这场危机导致全球化的步调急剧放缓，甚至一定程度上逆转了全球化的趋势。全球化能否从这场近期的危机中恢复还未可知。

20 世纪，全球贸易（定义为全球进出口总和的一半）在全球 GDP 中的比重在 1960 至 2000 年间，从低于 15% 上升到 25% 左右，2013 年达到 30% 以上。因此，全球贸易额达到顶峰是在 2008 年，

也就是 2009 年 "贸易大崩溃" 的前一年（图 3-8）。[①] 全球的外国
直接投资（FDI）净流入在 20 世纪 90 年代大幅度提升，2000 年
达到全球 GDP 的 4%，而之后开始呈现涨跌交互出现的态势（图
3-9）。21 世纪初的前几年，全球贸易额在全球 GDP 中的比重大
幅度下降，直到在全球金融危机爆发前，这一比重一直在向 2000
年的数值靠拢。2011 年开始，全球贸易从金融危机中恢复，原本
下降的比重开始回升，到 2013 年，全球外国直接投资占 GDP 比
重已经达到 2.2%。联合国贸易与发展会议预测，外国直接投资的
流量将从 2013 年的 1.45 万亿美元上升到 2016 年的 1.8 万亿美元
（联合国贸易与发展会议，2014）。全球金融危机前，全球资本流
动总额（包含股权和债务）在全球 GDP 中的占比从个位数飙升到
20% 以上，但 2008 年后该比值又直线下滑（图 3-10）。

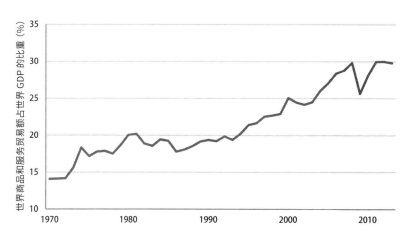

图 3-8：战后全球化开始前夕，世界商品与服务贸易额
在世界 GDP 中的比重稳步增长，直到经济大衰退期间开始直线下滑

注：世界商品与服务贸易（出口 + 进口 /2）在世界 GDP 中的比重。
来源：世界银行（2015b）。

———————————

① 世界贸易组织（2014）回顾了 2014 年之前十年的全球贸易。

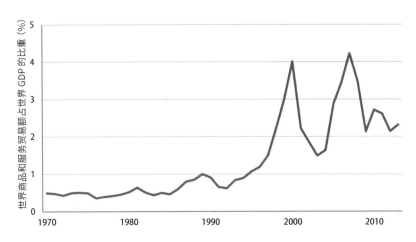

图 3-9：世界 FDI 占比在 20 世纪 90 年代后期大幅上升，
在 21 世纪初及"经济大衰退"期间直线下滑

来源：世界银行（2015b）。

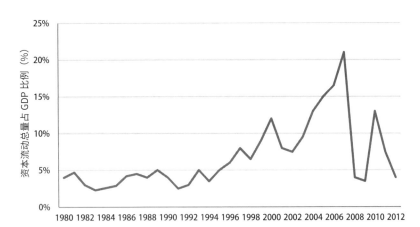

图 3-10：资本流动总额在 21 世纪初
大幅增长，在"经济大衰退"期间直线下滑

来源：盖玛瓦特（Ghemawat）、奥尔特曼（Altman）（2014），1980—2011 年数
据基于世界银行（2012a），2012 年数据基于《经济学人》（2013）。

连通性

近期一项针对 140 个国家——这 140 个国家占 99% 的世界 GDP 和 95% 的世界人口——进行的研究表明，在 2013 年，全球化的程度几乎达到 2007 年的最高值，这也是全球金融危机后全球化的发展第一次接近这个巅峰值［盖玛瓦特（Ghemawat）、奥尔特曼（Altman），2014］。德国邮政敦豪集团（DHL）连接性指数涵盖了四个主要的跨境流动：（1）贸易（包含商品和服务）；（2）股权资本（外国直接投资和组合股权的流进和流出）；（3）信息（互联网宽带、国际电话、印刷出版物贸易）；（4）人群（包含游客，学生、移民）。这不仅反映了国际连通性的深度，比如跨国经济活动与本国经济规模的比值是多少；也反映了国际连通性的广度，比如一个国家与贸易伙伴国之间商品流动的分布情况与同类商品在全球流动的分布情况匹配度有多高[1]。深度和广度的分值都是 0 到 50 分，而连通性则是这两个分值的总和，在 0 到 100 分之间。

在 2008 年和 2009 年，金融危机对全球连通性产生了巨大的消极影响。此后虽然下降的指数有了大幅回升，但是到 2013 年还没能够超越 2007 年的峰值（图 3-11）。2005 年后各类跨境流动的广度和深度趋势显示，信息的连通性一直处在上升中，这主要是因为国际互联网宽带和国际电话的持续发展（图 3-12）。贸易的连通性趋势最不稳定。金融危机爆发后，贸易的连通性指数直

---

[1] 不过，一国有可能与某些贸易伙伴地理距离更近，有其他方面的相似处，因此着重与这些伙伴发展关系更自然也更有效率。有些国家可能有过于广泛的国际连通，但未能充分有效地利用这些更近的伙伴关系。因此，广度更高到底是否有益，只能视各国的具体情况予以分析。

线下滑，直到 2011 年才部分恢复，但是之后又进入下降趋势。资本的连通性指数在 2005 年到 2013 年之间也显示出极不稳定的状态。就像贸易一样，资本的流通也受金融危机的严重影响，但是在 2010 年开始上升，尤其是 2013 年，世界的外国直接投资和组合股权投资总额在这一年都达到了最高水平（截至研究报告发布时）。然而，回看过去的广度和深度指数，资本流通水平仍低于前危机时代的峰值。相反，人口的连通性指数比其他各指数都更稳定，部分是因为移民和留学情况是根据一定时间内的出国人数（存量）来计算的，而不是一年内的流动人数（流量）。人口连通的深度和广度指数同时显现出小幅上升的趋势。

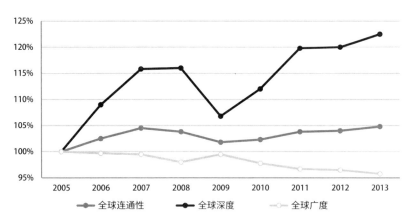

图 3-11：全球连通性在 2008 年和 2009 年受到金融危机的严重打击

来源：盖玛瓦特（Ghemawat）、奥尔特曼（Altman）（2014）。

各国全球连通性指数变化的三分之二以上可以用三个经济和地理因素来解释：人均国内生产总值、与全球市场的隔离性、人口。[①] 除了这三个主要因素以外，与其他主要经济体用同一种语

_____

① 隔离性指标基于离国外市场的远近，分数从 0 到 10。

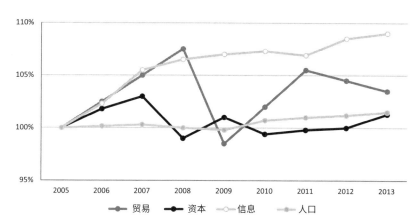

图 3-12：由于国际互联网宽带和国际电话的
深入发展，信息流动的连通性指数有所上升

来源：盖玛瓦特（Ghemawat）、奥尔特曼（Altman）（2014）。

言沟通、有直接入海口（即非内陆国家）等也与提高全球连通性
指数相关。[1] 因此，连通性最高的前十个国家中有九个都在欧洲，
这并不令人惊讶，毕竟欧洲各国在地理位置上接近，与大国也具
有高度的连通性，各国的隔断性是最低的。相反，十个连通性最
低的国家中有五个是撒哈拉以南的非洲国家，因为这里是与国际
市场隔断性最高的区域之一。[2]

　　现在来谈谈深度和广度。深度指数与国家人均国内生产总
值和语言通用性成正比，与人口和隔断性成反比，这两类因素对
深度指数的影响程度都相当大。[3] 深度指数最高的三个经济体是
中国香港、新加坡、卢森堡，这反映出那些国内市场较小，但与

---

① 不过，"地处内陆"对全球连通性指数的影响在统计学上不显著。

② 盖玛瓦特（Ghemawat）、奥尔特曼（Altman）列出了连通性最高和最低的国
家（2014）。

③ 国家人均国内生产总值、语言通用性、人口、隔断性这四项指标能解释各
国连通性深度指数的三分之二。不过，地处内陆对深度的影响在统计学上不显著。

全球其他市场隔断性较小的富裕地区普遍能够建立坚实的跨国贸易、投资和通信联系。上文提到的与深度指数相关的几个国家（地区）特性也是评估广度的重要因素，但是深度与广度最主要的不同是广度指数与国家（地区）人口成正比，而非反比。①

广度指数排在前列的国家大都地域辽阔且富裕。实际上，广度指数排名前 8 的国家都在世界最大的前 20 个经济体中（以美元市场汇率计算各国的国内生产总值）。10 个广度指数最低的国家中有 3 个在中亚，分别是吉尔吉斯斯坦、塔吉克斯坦、乌兹别克斯坦。

至于深度高、广度低的大型经济体模式，中国是最好的例子。中国拥有巨大的全球影响力，但深度指数在 140 个国家中排名 127 位，这是因为在中国，大量的流动主要发生在境内，这点对于所有大型经济体都一样，如美国、日本、印度这几个国家的深度指数分别是 99、112、126。相反，在广度指数方面，中国是 28，美国是 2，日本是 7，印度是 22。

中亚的贸易和全球连通性

回顾中亚与世界的贸易连接，大体上说，中亚主要出口初级产品（尤其是燃料）和一些制成品，从而换取进口的制成品、机器、运输设备（联合国贸易与发展会议，2014）。然而，中亚各国彼此差异很大。比如到目前为止，燃料出口由哈萨克斯坦和土库曼斯坦主导，而制成品出口相对而言是由塔吉克斯坦主导（主要是铝加工产品），吉尔吉斯斯坦和乌兹别克斯坦则占比较小。图

---

① 这四项指标能解释各国连通性广度指数的三分之二。不过，隔断性、语言通用性、地处内陆对广度的影响在统计上不显著。

3-13 显示了中亚的主要出口物品都集中在自然资源和非技术性劳动产业。不过，在吉尔吉斯斯坦和乌兹别克斯坦的出口中，绝大部分比例的出口产品都来自技术密集型和资本密集型产业。

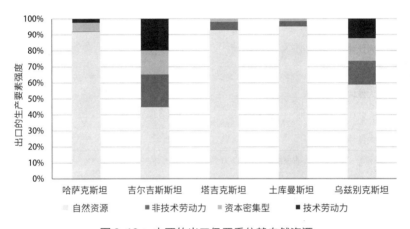

图 3-13：中亚的出口仍严重依赖自然资源

来源：联合国经济和社会事务部统计司（2014）。

　　就中亚贸易的地理分布而言，中亚与中国的贸易是最主要的（表 3-1）。中国是哈萨克斯坦、吉尔吉斯斯坦、塔吉克斯坦、乌兹别克斯坦最大的进口物资供应国。另一方面，中国也是哈萨克斯坦、土库曼斯坦、乌兹别克斯坦的主要出口市场，这反映了中国对能源和原料的强烈需求。此外，土耳其对于塔吉克斯坦和乌兹别克斯坦出口贸易的重要性也应该受到关注。由于中国和土耳其被认为是将来发展最快的两个国家，与这两个国家的出口贸易建立联系可以促进中亚的经济增长。随着出口多样化和南北走廊的发展，中亚可以加强与印度的进出口贸易，毕竟印度也是将来发展最快的国家之一。

表 3-1：中亚的贸易伙伴主要是中国和俄罗斯这两个周边大国

	哈萨克斯坦	吉尔吉斯斯坦	塔吉克斯坦	土库曼斯坦	乌兹别克斯坦
出口					
第一大伙伴	中国	哈萨克斯坦	土耳其	中国	中国
第二大伙伴	法国	乌兹别克斯坦	伊朗	土耳其	俄罗斯
第三大伙伴	俄罗斯	俄罗斯	中国	意大利	哈萨克斯坦
进口					
第一大伙伴	中国	中国	中国	土耳其	中国
第二大伙伴	俄罗斯	俄罗斯	俄罗斯	俄罗斯	俄罗斯
第三大伙伴	德国	哈萨克斯坦	哈萨克斯坦	中国	韩国

来源：国际货币基金组织（2015a）。

　　尽管中亚国家与俄罗斯的贸易十分重要，但俄罗斯不是任何一个中亚国家排第一位的出口目的国或进口国。在 1999 年，俄罗斯曾是哈萨克斯坦和乌兹别克斯坦最主要的出口目的国，在吉尔吉斯斯坦和塔吉克斯坦也分别占据了第二和第三重要的位置，而到 2013 年时，俄罗斯对乌兹别克斯坦的出口贸易重要性下滑到第二位，对哈萨克斯坦和吉尔吉斯斯坦的重要性则下滑到第三位。不过，俄罗斯在 2013 年仍是所有中亚国家第二重要的进口贸易伙伴国。[①]

---

　　① 表 3-1 与本章其他部分在引用标准国际数据来源时保持一致，是基于国际货币基金组织（2015a）。不过，一位匿名审稿人指出，表 3-1 中亚各国在 2013 年的贸易伙伴国排名与各国国内的贸易统计不符。不过，根据各国国内的贸易统计，中国仍是哈萨克斯坦、塔吉克斯坦、乌兹别克斯坦三国排名前三的出口目的国，与用国际数据的表 3-1 情况相符。在进口方面，无论使用各国数据还是表 3-1，各国排名前三的进口来源国国别不变，但排序有变。根据各国数据，2013 年俄罗斯是中亚最大的进口来源国，而中国是哈萨克斯坦、吉尔吉斯斯坦、乌兹别克斯坦的第二大进口来源国，是塔吉克斯坦的第三大进口来源国。不过，无论何种数据来源均确认了在 2013 年，中国正逐渐成为中亚主要的出口目的国和进口来源国。

　　贸易是影响众多国际经济关系的因素之一，也是一个国家与世界总体连通性的标志，对于驱动长期经济增长有着重要的影响。表3-2展示了中亚的四个国家的全球连通性综合指数，组成该项指数的深度和广度指数，以及四项连通性支柱指数。尽管中亚是全球连通性最低的地区之一，和处于内陆的撒哈拉以南非洲地区水平一样，但是中亚各国差异很大。不论从综合指数还是单项指数来看，哈萨克斯坦都是中亚国家中全球连通性最强的国家。哈萨克斯坦的连通性指数与土耳其相当，而土耳其虽然也是中高收入国家，但人口是哈萨克斯坦的四倍多，而且土耳其与世界的隔离程度更低，并拥有直接入海口。相较而言，乌兹别克斯坦是双重内陆国，即除了本身是内陆国家外，还被其他内陆国家包围着，不论从综合还是仅单项来说，是所有国家中连通性最弱的。乌兹别克斯坦的指数与撒哈拉以南非洲的布隆迪不相上下。布隆迪相对而言隔断性更强，人均GDP仅是乌兹别克斯坦的七分之一，人口也只有乌兹别克斯坦的三分之一。虽然吉尔吉斯斯坦与哈萨克斯坦在贸易连通性上差不多，但是吉尔吉斯斯坦的其他指数要比哈萨克斯坦低很多。吉尔吉斯斯坦的综合连通性指数与乌干达和津巴布韦差不多。塔吉克斯坦位于吉尔吉斯斯坦和乌兹别克斯坦之间，与赞比亚的全球连通性指数相当。实际上，吉尔吉斯斯坦、塔吉克斯坦、乌兹别克斯坦都在全球连通性广度指数排名最低的十个国家中。

表 3-2：中亚的全球连通性指数处于全球最低水平

	哈萨克斯坦	吉尔吉斯斯坦	塔吉克斯坦	乌兹别克斯坦
总分	48/100	26/100	22/100	14/100
深度	25/50	24/50	20/50	Aug-50
广度	23/50	2/50	2/50	5/50
贸易支柱指数	39/100	39/100	28/100	18/100
资本支柱指数	68/100	.	.	.
信息支柱指数	42/100	23/100	.	15/100
人口支柱指数	57/100	42/100	35/100	.

注：深度和广度的分值都是 0 到 50 分，而全球连通性则是这两个分值的总和，在 0 到 100 分之间。

来源：盖玛瓦特（Ghemawat）、奥尔特曼（Altman）（2014）。

然而，遥望 2050 年，无论是隔离处境还是内陆位置都不应该是中亚的命运。隔离造成的不利影响是可以被消减的，只要这个国家有一个经济活跃且临海的周边大国（比如中国），哈萨克斯坦的指数就证实了这一点。瑞士和卢森堡是排在全球连通性指数前十的两个国家，这表明了内陆位置造成的劣势，可以在一定程度上通过发展连接全球市场的制度性和实体性基础设施来缓解。虽然这项紧迫的任务在本书预测的 35 年是可以达成的，但需要中亚各国与周边国家进行更紧密的区域合作。

全球化和连通性的未来

2008 至 2009 年经济大衰退后，全球化出现了暂时性的恢复，这表明后续的发展并不必然向好，而全球化将来可能重新出现倒退。实际上，发达经济体缓慢且不平衡的经济增长以及技能偏好型技术进步导致的就业水平下降，都会点燃贸易保护者的情绪。

监督机构"全球贸易预警"（Global Trade Alert）的报告显示从
2008 年起，超过 70% 的全球贸易条例变化都是在限制贸易，而
非促进贸易（全球贸易预警，2015）。此外，俄罗斯的民族主义情
绪日益高涨，并随时准备入侵邻国，再加上他们与西方在贸易和
金融交易上的限制，以及对国内新闻媒体和公民社会的内部审查
制度，这些因素使全球化的未来不容乐观。如果俄罗斯走回苏联
老路，对中亚尤其不利，毕竟中亚已经是世界经济中参与度最低
的区域之一。[①]

人口

另一个推动经济长期增长的关键因素是人口增长。尽管那些
决定人口增长的因素变化很慢，但在一定程度也会发生变化，给
国家的人口模式带来重要变化，并转而大幅地影响增长。

中亚

联合国预测中亚的人口将增长三分之一，从 2010 年的 6200
万上升到 2050 年的 8600 万（联合国经济和社会事务部，2012）。
然而，平均数值掩盖了各国之间不同的情况，比如哈萨克斯坦的
增长幅度是四分之一，而塔吉克斯坦的增长幅度是其两倍。此外，
不同年龄群体的增长幅度也存在显著差异。

人口转型是指人口从高死亡率和高生育率向低死亡率和低生
育率转变的过程。英国和其他西欧国家从 1875 年就开始人口转型，

---

① 阿西莫格鲁（Acemoglu）、亚雷德（Yared）阐述了研究多国的实证证据，证
明贸易和军国主义之间存在负联系（2010）。

而世界最贫困国家——大部分都在非洲——今天仍在试图降低出生率。所有中亚国家的婴儿死亡率从 20 世纪 50 年代初就开始下降（图 3-14）。五个国家的人口预期寿命在过去 50 年大幅上升。但在转型衰退期，大部分国家出现了大幅下滑的情况（图 3-15）。

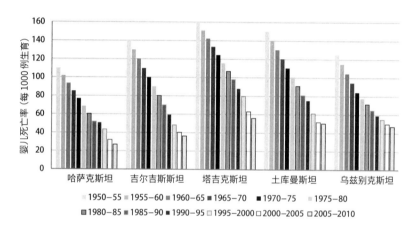

图 3-14：婴儿死亡率在过去 50 年下降了一半以上

来源：联合国（2012）。

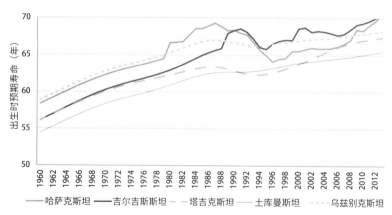

图 3-15：中亚的预期寿命在经历了转型时期的下降后，现已大幅回升

来源：世界银行（2015b）。

总生育率在死亡率下降了一段时间后才开始下降（图 3-16），这是世界各国的普遍情况。哈萨克斯坦的生育率从 1960 至 1965 年开始下降，吉尔吉斯斯坦、土库曼斯坦、乌兹别克斯坦（后两个国家从较高水平下降）是从 1965 至 1970 年开始下降，而塔吉克斯坦是从 1975 至 1980 年。

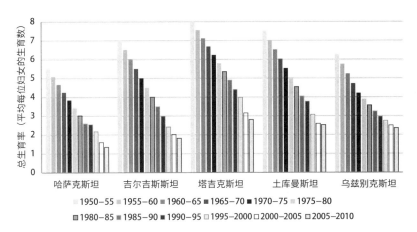

图 3-16：总生育率从 20 世纪 70 年代开始大幅下降

来源：联合国（2012）。

劳动年龄人口与被抚养人口比值是说明一个国家在人口转型中所处位置的关键指数。劳动年龄人口是指 15~64 岁的人口，被抚养人口包括 0~14 岁的儿童和 65 岁及以上的老年人（图 3-17）。中亚的劳动年龄人口与被抚养人口比值在 20 世纪 70 年代有所下降，反映了婴儿死亡率下降与之后的生育率下降之间有时间差，因为婴儿死亡率下降首先会提高儿童在人口中的比例。随后，由时间差带来的婴儿潮人口开始步入劳动年龄，使所有中亚国家的劳动年龄人口与被抚养人口比值普遍上升，同时也意味着被抚养人口减少。劳动人口增加导致潜在的人口红利，只要政府建设与之配套的政策框架，潜在的人口红利就能变成现实。最终，随着婴儿潮人口步入老龄化，人口转型开始出现老年被抚养人口多于劳动年龄人口的情况，而这种情况近年已在哈萨克斯坦出现。

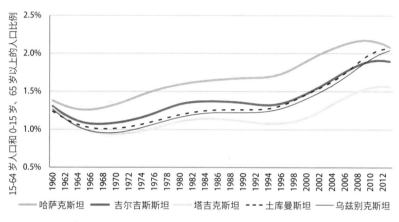

图 3-17：劳动年龄人口与被抚养人口的比值在独立后稳步上升

来源：世界银行（2015b）。

　　根据劳动年龄人口与被抚养人口比值的变化，我们可以把中亚国家分成两大组。一组是哈萨克斯坦，另一组是吉尔吉斯斯坦、塔吉克斯坦、土库曼斯坦、乌兹别克斯坦（图 3-18）。哈萨克斯坦的劳动年龄人口与被抚养人口比值从 1965 年起大幅上升，在 2010 年左右到达顶峰，预计之后除了在 21 世纪 30 年代会有一些上升外，会再次下降，直到 2050 年。这意味着哈萨克斯坦已经开始老龄化，所能获得的人口红利会很有限。另一组的劳动年龄人口与被抚养人口比值从 20 世纪 70 年代起大幅上升，预计在 2040 年左右达到顶峰（吉尔吉斯斯坦和塔吉克斯坦在未来的 5 到 10 年间会有小幅下降），然后开始下滑，直到 2050 年。因此，这四个国家在未来 35 年都能不同程度地从人口红利中获益。[①]

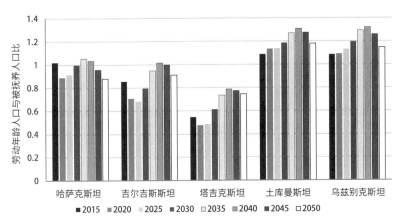

图 3–18：劳动年龄人口与被抚养人口的
比值会持续升至 2030 年，然后下滑直至 2050 年

来源：联合国（2012）。

人口红利的潜能相当重要。[②] 只要政府的政策和商业环境有
利于促进这类投资，由人口红利积累的储蓄可以被用于实体基
础设施和人力资本方面的投资，使潜在的红利变现。政策还需
要有助于提高金融中介的质量，以确保这些增加的家庭的个人
储蓄能够进入那些最高回报的实体和人力资本投资项目。这些
要素的积累会提高总劳动生产率，有助于把新增的劳动人口吸
引到高薪劳动力市场。然而，必须改革劳动力市场，以确保在
这个有限的机遇期向迅速壮大的劳动年龄人口提供更多更好的

---

① 在 2005 至 2010 年间，塔吉克斯坦的总生育率是中亚最高的（图 3–16），根
据联合国的估计，在 21 世纪 80 年代才会降到生育更替水平（每位妇女生育 2.1 个孩
子）。该国劳动力人口和被抚养人口比例在历史上就比其他中亚国家低，原因是年幼
的被抚养人口数迅速上升（图 3–17），会一直低于其他各国（图 3–18）。

② 布卢姆（Bloom）、威廉森（Williamson）提出，东亚国家从 1960 年到 1990
年的增长奇迹中，人口转型发挥了重要作用（1998）。

工作（参考第八章）。

七国集团成员国和中亚主要贸易伙伴国的人口结构

与中亚不同，七国集团成员国和中亚的某些邻国与贸易伙伴国正在快速老龄化，例如中国和俄罗斯。这会削弱全球与地区需求，导致未来几十年正处于一体化阶段的中亚经济增长放缓，而老龄化的影响几十年后才会开始消退。这段时期也正好处于本书预测的中亚未来 35 年时间段里。

老龄化对经济的影响主要通过三个渠道：劳动力规模改变；生产力增长率改变；储蓄模式改变。

劳动力规模的作用

除非以提高生产力作为补偿，否则劳动年龄人口增长放缓会导致经济的长期增长率降低。劳动年龄人口减少造成的影响可以通过鼓励老年人延长工作年限来调节。举例来说，德国 60~65 岁的老人有一半左右今天仍在工作，十年前这个比例是四分之一。另一个例子是美国，25% 的 65 岁以上老人现在仍在工作，而 2000 年这个比例是 13%。然而，这种情况主要发生在受过高等教育和掌握高级技能的工人之中，因为他们普遍较为健康和长寿，并从事着高薪工作，这些因素使他们更愿意延长工作年限。相反，低技能工人一般从事体力劳动工作，年纪越大越难以为继。此外，在德国，继续在工作的老年工人倾向于从事那些需要认知技能的工作。这部分劳动力——拥有高学历和高级技能——也更具有生产力。即便如此，受老龄化影响，总的劳动力很有可能会继续减少。

劳动生产力的作用

劳动年龄人口减少会使投资减少，这是因为工厂、机器和知识产权的投资需求随着工人的减少而下降。然而，这个假设对全球劳动力的发展不适用。中国和东欧及苏联国家参与全球经济后，给全球市场带来了几十年可供使用的廉价劳动力。这削弱了在资本密集型产业节约劳动力类型的创新积极性。此外，今天的创新可能不像以前那样需要大量的投资。这可能是"摩尔定律"造成的。摩尔定律认为，在计算机硬件的历史中，一个芯片上集成的晶体管数量大约每两年增加一倍。然而，摩尔定律对信息通信技术设备性价比变化最为适用是在 1998 年，因为在那一年，信息通信技术设备的价格下降得最多，而之后下降的速度就慢了下来，到 2012 年，价格几乎不再下降。因此，摩尔定律在几年前就已经失去了效用。劳动年龄人口下降，使全球劳动力市场从充沛转向短缺，企业通过提高劳动生产力来节约劳动成本的积极性比以前增强了。举例来说，日本的老龄化速度最快，使得日本企业在研发机器人照顾老年人方面走在世界前列。因此，在提高生产力的机器与设备方面的商业投资可能会继续增加。换而言之，尽管因劳动力减少导致维持稳定的资本劳动比率所需的投资有所下降，但在提高资本劳动比率和劳动生产力方面的投资将有所上升，以应对劳动力市场的紧缩。此外，教育的改善可以提高人力资本素质，这也有助于抵消劳动力减少造成的影响。

另外，在住房投资方面，房屋需求的收入弹性很高。随着收入增加，年轻人和老年人都更愿意与他们的父母或孩子分开住，而不是住在一起。因此，住房投资可能并不会因为老龄化而下降。

储蓄的作用

随着预期寿命的增长，即将退休的人员会存更多的钱为更长的退休生活做准备。那些延迟退休的老年工作者也可能会为以后的退休生活存钱。事实上，人们 60 多岁时存钱越多，80 多岁时就会花钱越多。即便那些高学历、高技能的富裕老人存下的钱比他们未来实际提取的要多，当他们真正退休后储蓄还是会下降。因此，即便是技能工人的老龄化使得个人存款在未来增加，但这个现象将在十年之后消失。由于劳动年龄人口与被抚养人口比值在一些国家出现反转，在德国、英国、美国这样的发达经济体，以及在中国、俄罗斯这样的中亚主要贸易伙伴国，积累的存款将被用光（图 3-19）。[①]

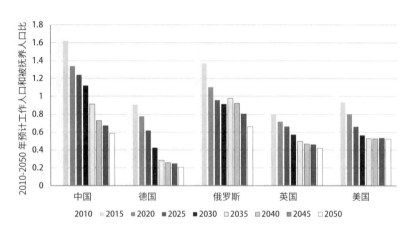

图 3-19：预计主要经济体的劳动年龄
人口与被抚养人口比值将大幅下降，直到 2050 年

来源：联合国（2012）。

---

① 古德哈特（Goodhart）、爱尔福特（Erfurth）详述了这一理论（2014）。

经济长期停滞

储蓄长期超过投资，导致总需求持续疲弱，增长愈加乏力，这是"经济大萧条"后几年出现的现象，被称为"经济长期停滞"[①]。2008 年至 2009 年全球金融危机爆发，至今已有 6 年，但是由于家庭和企业疲于偿还前危机时代积累的债务，以及受到老龄化的影响，导致世界大多数国家仍复苏乏力，于是"经济长期停滞"这个概念在 2013 年被重新提了出来［萨默斯（Summers），2014］。[②] 让储蓄与投资相等需要将实际利率变为负值。这对世界上任何一个经济学家而言都是相当棘手的，因为名义利率通常不能低于零，而中央银行的通胀目标一般是 2%，美国、欧元区、日本的实际通胀率甚至比 2% 还要低。换言之，常规的货币政策无法让发达经济体实现只有实际利率为负数时才能达到的充分就业，这时就需要采取一些非常规的措施了，例如提高通胀目标，以及实施持续性的财政刺激政策，这两个措施当时在美国和欧洲引起了诸多争议。然而，因为劳动年龄人口与被抚养人口比值持续下滑，意味着 10 年内储蓄过剩的现象就会消失，而企业面临全球劳动力市场紧缩，需要进一步投资来提高劳动生产力，进而控制劳工成本。人口老龄化导致的总需求量不足问题预计会在 2025 年前得到解决，这在本书对中亚 2050 年前景研究的范围内。

这对于政策而言有两个含义。第一，工业国家有责任通过调

---

① 可能有人觉得，如果额外的储蓄能够流往发展中国家，"经济长期停滞"就能够得到缓解。不过，实际可能出现的情况是，发展中国家会抵制这类资本流动，以管控其货币价值并保持竞争力。

② 特林斯（Teulings）、鲍德温（Baldwin）引用了一系列有关"经济长期停滞"的文章（2014）。

整货币政策和财政政策来刺激全球总需求，直到人口老龄化的影响消失。第二，中亚国家不能放缓与全球经济一体化的步伐，因为步伐放缓等于放弃发达国家和其他主要贸易伙伴国人口老龄化引发的知识扩散所带来的好处。这是因为我们有理由相信老龄化的影响可能会在 2025 年前消失。

总而言之，中亚人口带来的机遇，应该能够大于七国集团及中亚主要贸易伙伴国老龄化导致的出口需求放缓的后果，只要中亚国家能够实施恰当的政策，就能把潜在的人口红利变成现实。

减缓气候变化

全球气候变化的发生是因为人类活动，尤其是过去两个世纪碳排放的增加，世界对此已有广泛共识。如果不控制，全球变暖就可能对世界的未来及居住其中的人类造成严重影响（参考第九章）。尽管气候变化最严重的后果不太可能在 2050 年前出现，但气象专家建议现在就采取紧急行动限制大气碳含量的增长，以便到 2100 年将全球气温的升高控制在 2℃以内。不论这涉及对工业和主要发展中国家的碳排放进行定量控制，还是如大多数经济学家建议的那样，通过征收碳税来减缓全球变暖，都会拖累经济的总需求和总增长。[1] 然而，技术正在快速地向前沿的清洁能源转型并向世界各地扩散，这就会修正上面的结论。显然，向最好的技术实践开放可以缓冲气候变化减缓措施对增长的负面影响。[2]

---

[1] 碳税会拖累增长，除非该税收以总额退还的方式回到经济循环中。

[2] 本节后续段落总结了《经济学人》（2015）中的分析。

　　四种力量可以起到缓冲的作用（参考第五章和第九章）：第一，太阳能可能变得很便宜，能源不再稀缺。第二，太阳能虽可能充裕，但需要通过蓄能来提供可靠的供电。电动汽车的发展在一定程度上激发了蓄电池的发展，使蓄电池的容量变得越来越大，也越来越便宜，且可能继续朝这个方向发展。第三，物联网是因特网的发展，把日常物品与互联网连接起来，使它们能发送与接收数据。物联网在电网的应用就像人们熟知的互联网一样，为电网采集、储存、管理数据。第四，更节能的新型汽车和房屋有助于削弱经济增长与能源需求的关系。

　　如果这四个因素能够共同达成良性循环，就会形成一场真正的能源革命。通过前沿技术的革命，使气候变化造成的挑战变成从化石能源转向可再生能源的机遇。由于技术发展的不确定性，这样的未来并不一定能够实现，但是所需的因素已经具备。随着越来越多的新兴技术被开发出来且被商业化，最佳碳税的规模也会变小，进而减少长期增长的阻力。尽管目前的迹象令人鼓舞，但中亚国家不能视其为理所当然。它们必须与国际社会紧密合作，来减缓气候变化。

　　面向2050年，技术与金融资本带来的挑战和机遇将对中亚国家的能源业带来什么样的影响？在石油资源丰富的哈萨克斯坦，天然气资源丰富的土库曼斯坦和乌兹别克斯坦，以及水电资源丰富的吉尔吉斯斯坦和塔吉克斯坦，会有什么影响？这个问题的答案将取决于这些国家的政策与制度如何利用这些技术（参考第五章）。

　　此外，第九章我们会讨论到气候变化的影响范围将远不止能源业，它还会对整个中亚农业的水资源供应和需求产生重要的影响。第九章还将讨论中亚应对气候变化所需采取的步骤。

制度

制度作为经济长期增长的最后一个推动因素，扮演了关键的角色。一套广泛和包容的政治与经济制度，能够塑造国家发展的基础，其重要性可见一斑。我们对广泛和包容的政治与经济制度的定义是：中央集权型国家具有提供基本公共产品的能力，但受到权力分散原则的制衡。[①] 拥有"榨取型"制度的社会是指那些主要为精英创造利益，而不能赋予广大人民权利的社会。在这种社会，经济会增长，甚至会增长相当一段时间。创新——无论是本国的还是进口的——带来的创造性破坏可以解除当下经济活动面对的威胁。然而，"榨取型"社会的上层集团最终会成功地抵制创新。此外，人们无法挑战这些上层集团的权力。这就扼杀了创新，而创新本来可以抵消因土地、劳动力与资本收益减少而造成的经济放缓，且是唯一的途径。本章在技术革命部分就说过，想要在没有创新的基础上保持经济长期增长是不可能的。

第十一章全面审视了制度在中亚长期前景里扮演的角色，而第七章专门讨论商业环境在生产力和创新领域扮演的角色。第七章讨论了独立至今中亚国家的商业环境——它可以影响投资决定——在多大程度上转向了市场经济。[②] 商业环境由以下几个方面组成：规则、实体基础设施、技术工人的素质与数量，宏观

---

① 阿西莫格鲁和鲁滨逊（Robinson）给出了很多例子（2012）。

② 这一分析基于米特拉、泽洛斯基（Selowsky）、萨尔敦多（Zalduendo）的观点（2009）。文中以图的方式展示了结果。

经济条件、法治、安全保障。一个国家的所有企业普遍面对同样的商业环境，这意味着上述的各个方面具有公共或半公共产品的特征。为此，欧洲复兴开发银行与世界银行的"商业环境与企业绩效调查"（BEEPS，Business Environment and Enterprise Performance Surveys）连续在 1999 年、2002 年、2005 年、2008 年对中东欧和苏联国家展开调查，向这些从计划经济向市场经济转型的国家提出了下面的问题："诸如法规、实体基础设施、技术工人的素质与数量，宏观经济条件、法治、安全保障等这些商业环境的各个具体组成因素，分别会对企业的运营和增长造成多大的障碍？"被调查者根据各个因素的严重性，从"小障碍"到"非常严重的障碍"分四挡打分。对这些问题的答案的一个简单解释是，这些公司评估的是它们在公共投入的质量差异很大的不同环境中的运营成本。此外，世界银行的投资环境评估项目在 1999 至 2008 年间对大量的非转型经济体做了相同问题的调查，把前面的"商业环境与企业绩效调查"与世界银行的调查作比较，就能看出那些转型国家的商业环境在多大程度上留有计划经济的特征——与那些没有经历从计划经济向市场经济转型的国家相比。2008 年的"商业环境与企业绩效调查"在全球金融危机前夕做了一次调查，其结果表明，诸如在中亚国家这种相对贫困的转型国家，对基础设施和技术工人的打分显著提升，也就是说这两个因素显著提高了企业的运营和增长成本。中亚国家的这两项打分原本低于相同收入水平的非转型国家在 1999 至 2008 年间的打分，2008 年的提高意味着在低收入与中低收入国家（包括所有中亚国家），其国内商业环境受电力行业的约束程度比非转型国家受交通行业的约束稍低。[①] 企业对供电和交通方面的打分急剧提高，超过了就业方面。

中亚国家认为"技术工人不足是障碍"的打分在 2008 年有所提高，而且在"商业环境与企业绩效调查"的后续打分中继续提高，超过了非转型国家在 2008 年的水平。[②] 有关基础设施收紧和技术工人不足的报告，说明了前全球金融危机时代对快速经济增长的需求，与转型国家在基础设施和劳动力技术方面的投资不足不相匹配。它还反映了建于苏联时期、面向纵向一体化生产和销售网络的实体基础设施正在变得越来越不适应发展。此外，前全球金融危机时代的较高增长率显示，实体基础设施和技术缺陷主要集中发生在那些相对贫困的转型国家（比如中亚国家）的发达城市地区。

转型国家的企业在传统上要比非转型国家更关心法律体系这个因素。2008 年的调查显示，转型国家对这个市场经济要素的关注比以前有所提高。这种转变的驱动力来自中低收入国家（包括当时的哈萨克斯坦）。这些国家在 1999 年对法律体系的关注度还远低于非转型国家，但在后续几年的调查中开始高于非转型国家。这印证了一个说法，即转型进程会提高企业对不健全法律体系的认识。此外，对犯罪、盗窃、骚乱的关注水平比非转型国家

① 研究使用的是世界银行在这一比较研究初期（2005 年 7 月）的标准。按此标准，斯洛文尼亚是高收入国家。中高收入国家为克罗地亚、捷克、爱沙尼亚、匈牙利、拉脱维亚、立陶宛、波兰、俄罗斯、斯洛伐克。中低收入国家为阿尔巴尼亚、亚美尼亚、阿塞拜疆、白俄罗斯、波斯尼亚—黑塞哥维亚、马其顿、格鲁吉亚、哈萨克斯坦、科索沃、黑山、塞尔维亚、乌克兰。低收入国家为吉尔吉斯斯坦、摩尔多瓦、塔吉克斯坦、乌兹别克斯坦。在土库曼斯坦未做此调查。

② 米特拉、泽洛斯基、萨尔敦多（2009）以图表显示了技能瓶颈的演变。

低，且持续降低至 2005 年。然而，这个趋势在 2008 年出现了大
转折，相对贫困的转型国家的关注度高于非转型国家[①]。

不过，有证据显示苏联体制的影响开始减弱，这促使中亚国
家在某些制度领域的水平正在趋同。2008 年所有的调查都显示税
务管理和海关法正在成为转型国家关心的问题，关注度与相同收
入的非转型国家相当，这个转变的驱动力是低收入和中低收入国
家的发展。劳动法在 2008 年首次成为中低收入转型国家的关注点，
与相同收入水平的非转型国家一致。

总而言之，与收入水平相当的市场经济国家相比，相对贫困
的转型国家（比如中亚国家）最初反而受益于计划经济留下的大
量实体基础设施和人力资本，这个优势从向市场经济转型开始持
续了 15 年。然而，2008 年的调查显示，这些转型国家的公司认
为它们的商业环境对运营与增长的制约程度与非转型国家的同行
一致。此外，制度能力包括政府提供公共产品（比如法院）以及
在相对贫困的国家控制犯罪、盗窃、骚乱的能力，这些能力是企
业从市场经济机会中获益的根本。然而，中亚的制度能力已无法
满足企业的需求。除了企业为薄弱制度所需付出的代价有所提高
外，转型国家在税收管理和海关法方面所受到的制约程度也在与
相同水平的非转型国家趋同。

建立能够吸引投资和促进增长的商业环境和社会制度需要很
长时间。不过，本书认为在 2015 年到 2050 年的这 35 年间实现实
质性改善是可能的。举例来说，前文关于中亚经济发展的部分已
经提及，欧洲复兴开发银行的转型指数给中亚国家在治理、企业

①　米特拉、泽洛斯基、萨尔敦多（2009）以图表显示了犯罪、盗窃、骚乱对商
业环境的制约。

重组、竞争政策方面的评分很低，表明这三个方面都需要制度改革。即便政策改革的步骤缓慢，国家也要建立必要的制度来加强政策改革。这样一来，当国家具备实施政策改革的政治决心时，还未完善的制度不会制约改革进程。

总结

苏联解体已有 25 年，中亚国家在经济结构和政策环境方面各不相同。所有国家都遭受了转型期衰退时严重的产能下降，但各国复苏的程度和时长差别很大。尤其是吉尔吉斯斯坦和塔吉克斯坦，以历史标准评判，这两个中亚穷国的衰退程度和时长非常糟糕。今天，这五个国家处在从计划经济向市场经济转型的不同位置。吉尔吉斯斯坦在转型之路上走得最远，哈萨克斯坦紧跟其后。在落后的国家中，乌兹别克斯坦的改革进程最为缓慢且时进时退，而土库曼斯坦仍大量保留了计划经济的关键元素。

世界各地的经验证据表明，一个国家的增长率在一定时期内高度不稳定。国家增长率反映的是随机冲击、政策、制度之间的互动，它在几十年内的关联性很弱。因此，中亚国家在走向 2050 年的道路上要做好面对丰年和荒年的准备。由于外部冲击超出控制范围，中亚的决策者需要着重提高自身应对冲击的弹性，这就要求中亚国家改善政策与制度。此外，这也意味着所有中亚五国都需要完成第一阶段改革（根据欧洲复兴开发银行的分类），尤其是土库曼斯坦和乌兹别克斯坦与塔吉克斯坦。并且，它们要在第二阶段的改革上取得进展，尤其是制度改革。

一套可靠的宏观经济政策框架是成功实现经济增长和结构改

革的必要条件。这样的一个框架具有下面几个众所周知的因素：
（1）以维持低通胀为目标的货币政策，旨在利用政策利率调节经
济活动；（2）允许双向利率调节的汇率政策；（3）旨在把国债在
国内生产总值所占比重逐渐降低的财政政策，但当总需求出现不
足时，财政政策又能提供足够的融资来刺激需求。然而，中亚国
家的大量资产与负债主要以美元为主，这降低了宏观经济管理的
有效性，也表明建立可靠宏观经济框架的工作仍在进行。如果中
亚想要实现经济增长，就必须完成这项任务。

　　本章定义了四种影响经济长期增长的推动力以及一种阻力。
这些改变因素源于中亚国家在未来几十年所需面对的全球环境，
以及国内与地区的经济和社会趋势。

　　第一，全球科技进步在人类历史的进程中一直发挥着促进经
济增长的关键作用。此外，世界各国的证据显示，国家增长率与
知识传播之间有密切关系。如果中亚能够建立一套鼓励创新和知
识传播的政策框架与制度，那么即便中亚远离世界的前沿科技，
还是可以通过模仿最佳做法和利用一些国产发明，获得很多提高
生活水平的机会。这可以通过贸易、移民、外国直接投资来实现。
实际上，落后国家的追赶型增长比前沿国家要快得多。

　　第二，中亚是与全球经济一体化最不紧密的地区之一，但地
区各国的一体化程度有所不同。这五个国家应通过贸易、资本流
通、信息传播的方式进一步实现开放并加强与世界的一体化。值
得注意的是，资本流通应该以外国直接投资的方式进行，而不是
通过具有不稳定性风险的债券投资。通过与周边大国的跨国贸易、
投资、交流，中亚因地处偏远和内陆地区形成的劣势可以被部分
削减。即便这些措施不能很快见效，但到 2050 年应该能够收到成

效。然而，这要求中亚国家展开更紧密的地区合作。

第三，中亚的人口提供了巨大的机遇。大多数中亚国家因抚养比率下降出现存款增加，这使它们能够向教育和实体基础设施方面的重点投资提供资金。因此，这些国家能够向年轻人提供更多更高生产力的工作。中亚不用再向俄罗斯派遣大量的非技术工人就能在本国收获人口红利，尤其在俄罗斯经济衰退，可能导致大量中亚国家的年轻工人回到祖国的情况下。然而，这还是需要中亚国家进行政策与制度改革。

工业国家及中亚主要贸易伙伴国的人口发展趋势正好相反。这些国家面临人口老龄化问题，再加上投资疲软，进而拖累全球总需求，这个现象被称为"经济长期停滞"。劳动力短缺会逆转近几十年由中国和东欧进入全球劳动力市场所带来的充足劳动力状况，但我们对劳动力短缺的预期，会促进更多的投资进入劳工领域，并刺激退休人员的消费。减少储蓄和增加投资，在 10 年内就能提高全球的总需求，这个时长正好在本书预测的时间范围内。眼下经济出现长期停滞的风险，中亚要想实现长期增长，就不应该放缓与全球经济一体化的进程。

第四，在其他条件相同的情况下，减缓气候变化是长期增长的阻力。为减缓气候变化付出的代价是对过去"环境破坏型"增长的一种补偿。然而，其他条件并不一定相同。技术改革正在使世界经济从对化石燃料的依赖转向可再生能源。这种技术开发得越多，越具有商业可行性，世界各国和中亚就会应用得越多，经济增长越不会被减缓措施拖累。不过，除了寄希望于科技进步抵消这个潜在的大阻力外，中亚必须支持和参与国际社会就减缓气候变化所做的工作。

最后，建立能够实现结构改革和增长的制度也是中亚实现经济长期增长的重要驱动因素，本章以"商业环境"为例对这个因素的重要性做了充分说明。商业环境包括法规、实体基础设施、技术工人的素质与数量、宏观经济条件、法治、安全保障等。通过分析，我们发现低收入和中低收入转型国家（比如中亚国家）的基础设施和劳动技能对企业运营与增长的制约程度与那些相同收入水平的非转型国家相当。此外，制度能力包括政府提供公共产品（比如法院）的能力，以及在相对贫困的国家控制犯罪、盗窃、骚乱的能力，这些能力是企业从市场经济机会中获益的根本。然而，中亚的制度能力已无法满足企业的需求。改革商业环境会使一个国家吸引更多的国内与国外投资。正如美国前总统约翰·肯尼迪曾经在加州大学伯克利分校的一次讲话中所言："我想起伟大的法国元帅利奥泰的故事，他曾经请一个园丁种树。这个园丁拒绝，说树的生长非常缓慢，一百年都长不到成熟期。利奥泰元帅回答道，'这样的话，就不要浪费时间，今天下午就开始种。'"肯尼迪总统的这段话也是在告诉我们，为了实现经济的长期增长和发展，相关的制度建设越早越好。

第四章 2050 年远景——其他
可能和战略框架

第四章 | # 2050 年远景——其他可能和战略框架

哈瑞尔达·S. 考利（Harinder S. Kohli）、胜茂夫、哈尔珀·A. 考利
（Harpaul A. Kohli）

2050 年远景目标

中亚地区将在 2050 年实现普遍繁荣，其生活水平将使绝大多数中亚人成为中产阶级[①]，享有与之匹配的收入和生活质量。人均收入将从 2014 年的 10,000 美元跃升至 2050 年的 50,000 美元（以 2011 年的购买力平价计算）。社会、制度、治理指标将先后获得改善，至少达到今天韩国与中欧的水平（这些标杆国家也会进一步发展，到时以绝对价值计算很有可能仍比中亚富裕很多）。

鉴于不同的资源禀赋和历史，中亚国家之间的区别仍将存在，但所有国家到 2050 年都会成为中等收入或高收入国家，且本地区在 2050 年前会彻底消除绝对贫困。

根据上面的概述，2050 年的中亚将具有以下特征：

- 中亚人民将具有很高的教育水平，了解外面世界并与外面

---

① 定义为每日收入在 10 美元 –100 美元的人（以购买力平价计算）。

世界保持广泛的联系，把本地区的多样性作为力量的源泉，以此来互补。

- 地区的大多数人将生活在市区，住在宜居、绿色、运行良好的城市。公共安全将获得保障，法律和秩序得到普遍尊重，少数民族能融入社会。

- 经济结构将减少对自然资源的依赖，能够给所有人提供高薪和满意的工作。

- 人民将享有今天中欧和韩国水平的生活方式和个人自由。

- 在经济治理方面，中亚将实现市场经济转型，包括拥有完善、可靠的经济体制，并遵守法制原则。

- 国家有能力满足日益富裕的公民对高质量服务的需求，这将成为本地区的常态。

- 与经济治理水平改善同步，本地区将发展出包容、可靠、透明的政治决策体系，拥有制衡机制、问责机制、统治合法性。

- 中亚将有效应对气候变化，包括提高诸如水、能源等自然资源的利用率，并减少碳排放和温室气体。

- 在地方政府层面，人们将呼吸新鲜空气，饮用洁净水，拥有高标准的卫生条件和充足的公共绿地。

- 地区将拥有独立的财政资源。国内储蓄和投资率与 2015 年的水平相比将大幅提升。那些较不富裕的国家也无须依靠外界的发展援助。

- 私营经济将成为经济的首要推动力量，包括外商直接投资在内的私人资本流动将成为外来资本和技术的主要来源。

- 由于中亚的日益强盛，这个地区将成为周边邻邦稳定的基石，各国之间的分歧将通过友好、公平的方式解决。

- 由于经济稳步发展及安全获得保障，中亚国家在独立 60 年之际，将更充分、更真挚地认可合作的好处。

- 因此，中亚国家将成功实现"传送带"发展模式，即前面的较发达国家可以拉动后面那些发展滞后国家的经济发展，类似于 20 世纪 70 年代到 80 年代东亚的"雁行"发展模式。

- 中亚将成为一个开放、整合的地区。贸易、投资、服务、人员可以在地区内自由流动，并对外部地区一视同仁。

- 中亚国家将维护主权独立性，在有关的全球论坛中获得尊重。

- 中亚邻国的经济版图将被改写，中国成为世界最大的经济体，印度第三（甚至第二）。中国和俄罗斯将成为中亚最主要的两个经济伙伴，欧盟、印度、土耳其、伊朗也同样重要。

- 中亚将成为连接北（俄罗斯）、西（土耳其、海湾国家、欧盟）、东（中国、韩国、日本）、南（阿富汗、印度、巴基斯坦、伊朗）、东南（东盟国家）主要经济体之间的陆上桥梁。

- 中亚国家将与所有邻国以及诸如美国、日本、韩国等其他区域的全球性大国保持友好和互利的关系。

- 因此，中亚将与全球经济高度整合，与所有全球大国都保持平衡关系。

尽管这仅是概述性的远景目标，但它值得我们去实现。

2050 年中亚的其他可能情形

中亚能够实现上述的 2050 年前景目标，但这将是一项挑战。为实现这些前景目标，中亚国家将需要有效处理一系列涉及政治、经济、社会、环境方面的挑战。本章的后续部分会详细讨论。

中亚的 2050 年前景目标不是想要实现就能实现。历史告诉我们，长期的经济表现受制于许多不确定性和波动因素，比如国内政策出台速度和方向的变化、制度能力的建立、预期和非预期的外部推力等。因此，给未来 35 年的发展制定精确的规划是不理智的。不过，通过提出"如果……将会怎样"的问题，我们可以预测一系列的可能情形。本章描述了两种可能的情形，但它们不能被视为绝对意义上的推演。

我们概述了两种从根本上不同的情形——远大目标和中等收入陷阱——来说明可能结果的宽广范围。实际的结果极有可能落在这两种情形之间，这取决于各国推进和完成改革事项的程度和速度。不过，本章描述的悲观情形还不是最糟的结果。如果本章后续讨论的一些风险最终发生，那么结果可能更加糟糕。

这两种可能的情形来源于由圣坦尼集团（Centennial Group）研发的一个全球经济模型，这个经济模型评估了 187 个国家的国内生产总值的长期演变，把它表达为增长的传统源泉——劳动力、资金储备、全要素生产率（TFP）——的函数。[①]

---

① 考利等人（2012）详细解释了圣坦尼增长模型。该模型的结论在多项研究中展示，如《2042 年的墨西哥》[洛瑟（Loser）、费金巴姆（Fajgenbaum）、考利，2012]、《2050 年的非洲》[考利、夏尔马（Sharma）、索德（Sood），2009]、《2039 年的印度》（考利等，2009）、《2040 年的拉美》[阿诺德（Arnold）等，2013]、《2050 年的哈萨克斯坦》[艾特扎诺娃（Aitzhanova），2014]等。

这个模型使用柯布－道格拉斯生产函数，假定规模报酬不变。

这个模型首先参考国际货币基金组织《世界经济展望》（IMF World Economic Outlook）每年的评估（直到 2016 年），然后预估各国从现在到 2050 年的年均实际国内生产总值增长率。附件 1 中有对这个模型的进一步描述。

这个模型分别给乐观（宏伟设想）和悲观（中等收入陷阱）情形做了推测。这两种情形的区别在于各国被分为哪一类（趋同①、半趋同、非趋同或脆弱国家）、各国如何在各个类别中逐级转换、趋同系数是多少。模型以 2012 年 187 个国家的状况为起点：47 个国家被评为趋同，55 个国家被评为半趋同，60 个国家被评为不趋同，25 个国家被评为脆弱国家。根据乐观的情形，四个现在没有完全趋同的中亚经济体会首先经历投资增长，然后逐渐变成趋同国家，这个过程将从 2017 年或 2021 年开始。五年以后，每个中亚国家都会变成趋同国家。同时，根据悲观（中等收入陷阱）情形，所有中亚的趋同国家和半趋同国家都会陷入中等收入陷阱，然后逐渐成为非趋同国家。

乐观的情形

乐观的情形符合上述的 2050 年远景。根据这个情形，中亚会进一步改善近期的经济表现，在未来 35 年继续保持现有的较高增长水平，进而向发达经济体的生活水平逐步趋同。

各国需要提高全要素生产率增长速度以达到发达经济体的绝对全要素生产率，并且通过改善人力资源、深化资本来实现这种

---

① 本书使用的"趋同"一词是指某国家的人均 GDP 逐渐追上美国。

趋同。这种乐观的情形是假定中亚五个国家都成了"完全趋同国"，即它们的全要素生产率达到今天发达国家的水平。[①] 图 4-1 阐明了中亚国家为了与发达国家趋同，全要素生产率需要在 2050 年前获得显著提高，并将中亚的预期生产力增长与世界其他特定国家作了比较。此外，由于趋同经济体普遍投资率较高，生产力的增长将促使中亚国家获得并保持高于世界平均水平的经济增长率。

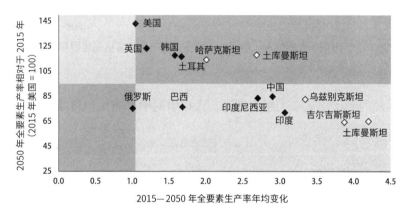

图 4-1：中亚国家为了与发达经济体趋同，需要显著提高全要素生产率
来源：圣坦尼国际集团（2015）。

根据乐观的情形，中亚的人均收入在未来 35 年将会翻四番以上，在 2050 年超过 50,000 美元（图 4-2）。2050 年中亚的人均收入将远远超过世界其他地方的平均水平，从今天只有世界平均水平的 75% 提升到 2050 年的 158%。

这种持续的增长会促进很多其他方面的改变，进而改善中亚

---

① 根据 2000 年至 2010 年间的表现，哈萨克斯坦被认定为"完全趋同国"，其他四国为"部分趋同国"。

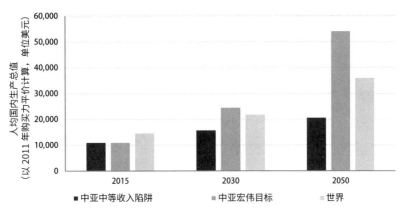

图 4-2：根据乐观的情形，中亚的人均国内生产总值将远超世界平均水平

来源：圣坦尼国际集团（2015）。

人民的生活。从个人层面来讲，人口中的中产 ① 比例将从今天的 45% 上升至 70%。

悲观的情形

我们还可以设想一种负面的情形，即五个国家陷入中等收入陷阱，停止向发达国家趋同。这个结果源于一系列外部和内部的不利发展因素：大宗商品价格长期下滑，全球经济衰退蔓延，劳动力素质低下和缺乏技能培训，商业环境恶劣加上高风险预判导致无法吸引私人投资（国内和国际），生产力停滞不前，碎片化的国内市场因为各种政策阻碍被全球和地区市场孤立，无效和陈旧的制度。这会终止近期地区的强劲增长，导致中亚陷入中等收入陷阱，增长率变得微不足道。这样的例子在世界其他地方层出不穷，比如拉美的阿根廷、巴西、墨西哥、委内瑞拉，非洲的南非

---

① 中产定义为每日收入高于 10 美元而低于 100 美元的人（以 2010 年美元购买力平价计算）。

和阿尔及利亚，亚洲的缅甸和伊朗等。

根据这种情形，中亚人均收入的增长每年不会超过 2%，到 2050 年最多只有 20,500 美元，不到乐观情形下人均收入的一半。鉴于世界其他地方增速较高，中亚的人均收入将只有世界平均水平的 60%。此外，大部分中亚人民的远大生活目标都无法满足。这样的结果将导致社会动荡和政治不稳定，因此绝不可接受。

图 4-2 进一步说明如果中亚国家无法实现乐观情形，中亚人民将需要面对巨大的机会成本。如果中亚陷入中等收入陷阱，人均收入会比乐观情形少 30,000 美元以上。

下一张图把中亚国家在乐观和悲观情形下的国内生产总值增长和经济规模，与发达经济体和周边主要国家进行了比较（图 4-3）。图 4-4 展现了 2015—2050 年的增长率。

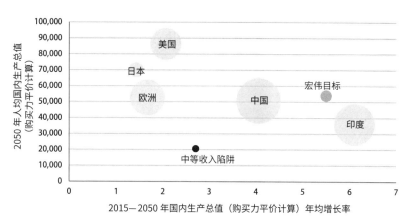

图 4-3：如果中亚陷入中等收入陷阱，就将远远落后于发达经济体

来源：圣坦尼国际集团（2015）。

总而言之，中亚实现乐观的情形是可信的，但不是百分之百能够实现。中亚必须坚定、持续地执行后续章节罗列的行动计划，

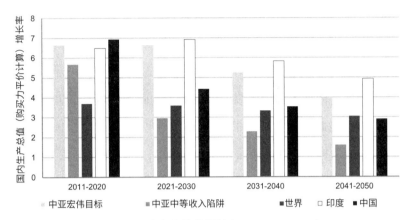

图 4-4：国内生产总值增长率，2011—2050 年

来源：圣坦尼国际集团（2015）。

才能实现目标。这个情形要求所有国家在未来 35 年都保持较高的投资率和生产力增长。其他地区的一些国家已经实现这种持续的生产力增长，但这类国家并不多。要成功实现这项长达 35 年的计划，取决于不间断的制度发展和政治决心，让政策和制度改革获得持续地执行，以及在中期做出不可避免的修正。

四项转型

为了实现目标，中亚国家需要成功完成自独立后就开始的四项关键转型（图 4-5）：

1. 从农村社会向城市社会转型；

2. 促进制造和服务业的发展，减少对农业和大宗商品的依赖，实现经济结构多样化；

3. 从苏联遗留的中央计划经济体系向市场主导的经济体系转型；

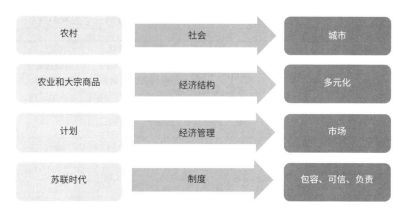

图 4-5：实现前景目标必须进行的四项转型

来源：圣坦尼国际集团（2015）。

4. 为经济治理的所有方面（包括防止各种市场参与者的反竞争或腐败行为）创建一套有效、透明、可靠的制度。

1991 年苏联解体，独立后的中亚国家就开始了转型之路，这个过渡期现在还在继续。除了打造独特的民族认同及建立国家的基础构成，所有五个国家都开启了转型进程，内容至少涉及图4-5 阐述的四个领域里的三个：改变经济结构，以提高矿业、制造业、服务业的生产力活动为重心；从中央计划和指导的经济管理体系向市场主导的经济体系转型；建立更独立和更可靠的制度，促进法治并监管各个潜在的市场参与者（参考第十一章对制度改革的详细讨论）。由于各国的内部动力不同，五个国家的转型速度也各不相同。因此，中亚各国现在处于不同的转型阶段。

表 4-1 是中亚各国在上述四个转型领域的进度指数。从这些指数可以看出，哈萨克斯坦和吉尔吉斯斯坦在转型之路上走在其他三个国家的前面。不过，中亚五国离现在中欧国家的水平都还有一段距离。

表 4-1：哈萨克斯坦和吉尔吉斯斯坦的转型速度比其他三个国家更快

	城市人口占总人口百分比（世界发展指数，2013）	制造业和服务业占国内生产总值百分比（世界发展指数，2013）	转型改革评级（欧洲复兴开发银行转型指数，2012）*		治理排名（平均百分位，世界治理指数，2012）**
			阶段一	阶段二	
哈萨克斯坦	53	70.2	3.8	2.3	30.1
吉尔吉斯斯坦	35	71.6	4.2	2.6	23.7
塔吉克斯坦	27	61.8	3.8	2	13.5
土库曼斯坦	49	n/a	2.6	1	13.1
乌兹别克斯坦	36	65.6	2.6	2	11.3
波兰	61	82.5	4.3	3.8	76.4
匈牙利	70	88.4	4.3	3.8	70.2
捷克	73	85.7	n/a	n/a	77
斯洛伐克	54	82.7	4.3	3.8	73.7

*: 评级 1 分代表进度最低，4.3 代表进度最高。
**: 数字代表该国在 215 个国家和地区中的平均百分数排位。
来源：a 世界银行（2015b），b 欧洲复兴开发银行（2012），c 世界治理指数（2015）。

　　与国际发展经验非常不同的是，中亚的农村人口和城市人口占比在过去 20 年间几乎没有变化。事实上，独立后的前几年，由于经济萎缩、失业工人从城市回到农村，从农村到城市的转型方向被逆转了。然而，世界经验显示，想要提高生产力，更多人需要离开低生产力的农业活动（在农村地区），去高生产力的制造业和服务业（在城市地区）找工作生活。此外，向城市地区的中产阶级提供高质的公共服务比向偏远农村地区更有效，也更经济。因此，要使得中亚更加繁荣和具有竞争力，五个国家需要加速城市化进程。

实现 2050 年前景的战略框架

从历史上来说，要想实现经济的长期增长，通常需要考虑三类增长源泉：劳动力（人类发展，人口增长）、资本的深化（投资水平）、生产力增长（或技术进步）。这三个增长源泉互相强化，引领经济高速增长。此外，它们也是上文讨论的全球经济模型的推动因素。

近来，决策者已认识到只关注增长还不够。为了确保在更长期内保持强劲增长，还有两个政策目标现在也被认为同样重要：促进社会所有群体的融合和幸福，确保环境和制度的可持续性。不过，决策者如果重点关注增长，只是外带象征性地承认其他两个目标（融合和可持续性），也不足以实现 2050 年的远景目标。相反，中亚国家需要采取综合性的政策和战略来同时实现这三个目标。

因此，中亚国家应采取一些政策行动，以试图同时实现多个目标。最低的原则是，不能采取那种有利于实现其中某个目标、但有损于其他目标的政策。很多时候，问题在于选择哪种具体的政策来实现某个具体的目标。举例来说，确保融合的首选政策同时有助于提高生产力，如农村基础设施建设，或确保可持续性（用有条件的现金资助替代化石燃料补助）。

本章设计了一套战略框架。根据这个框架，中亚国家将致力于实现三个互相强化、互相交错的目标，并将最终实现和保持长期繁荣作为终极目标。

1. 提高增长和生产力；

2. 促进融合和幸福；

图 4-6：为实现战略框架，必须先后达成三个互补的目标

来源：作者。

3. 确保环境和制度的可持续性。

这些互补目标是图 4-6 描述的战略框架的核心，下面是进一步的讨论：

为了实现这些目标，中亚国家将需要密切关注上文讨论的五个推动因素：技术进步、全球化、人口变迁（包括人力资源开发和城市化）、气候变化、制度因素（包括经济制度和政治制度）。中亚国家还面临两个挑战：内化全球化带来的技术进步和机会（及风险），以及通过人口变迁推动可持续增长。这两个挑战渗透于本书的各个章节。后续的章节将讨论其他推动因素的发展，从现状到 2050 年所需应对的挑战，以及相关的政策事项。

下文将逐一评估每个目标，并确定优先的政策行动。

提高增长和生产力

提高增长和改善生产力是中亚实现与发达国家的趋同、持续改善国民人均收入和生活水平的基本要求。不论一个国家的自然资源有多丰富，如果生产力不能获得持续改善，就不可能实现长期的增长和繁荣。

反过来，提高生产力需要多领域的政策行动，具体以哪几个领域为重，取决于各个国家的情况。对整个中亚地区来说，六个政策领域需要重点关注（图4-7）：

促进增长、提高生产率

提高效率，重组能源业（第五章）
农业（第六章）
水资源（多章）
发展制造业和服务业（第七章）
促进科技进步（第七章）
保障竞争（第七章）
提升商业环境（第七章）
打造人力资本（第七章）和实体资本（多章）

图4-7：提高生产力需要多领域的政策行动，
具体以哪几个领域为重，取决于各个国家的情况

来源：作者。

1. 重组几个经济行业并提高其效率：农业、能源、水资源；

2. 在已有的农业和其他自然资源领域的基础上，进一步发展制造业与服务业，实现经济结构的多样化；

3. 持续推动整个经济领域的技术进步；

4. 建立人力资本和实体资本（包括基础设施）；

5. 确保国内和国外的竞争优势（通过贸易政策）；

6. 改善商业环境（吸引更多的国内和国外投资）。

本书的第五章到第八章详细讨论了图 4-7 指出的政策领域。显然，在这六个政策领域中，具体以哪几个为重及采取什么行动，在不同的国家会不一样。

促进融合和幸福

全球经验显示，尽管提升人均收入很重要——尤其是当国家还未富裕的时候，但实现社会融合和提高人民的幸福感同样重要，这是因为这个目标有利于促进社会凝聚力、和谐和稳定。显然，当社会转型进入中等偏上收入和高收入形态时——如果中亚国家能够实现前景目标的话，融合和幸福会越来越被珍视（及被人民所要求）。因此，融合和全体人民的幸福必须成为首要的政策目标之一。

因此，中亚需要重点关注四个政策领域，但各个国家对各项领域的重视程度会有所不同（图 4-8）：

图 4-8：各群体的融合与全体人民的幸福必须成为首要的政策目标之一

来源：作者。

1. 改善社会全体成员——不论他们当前的收入水平与状态、地点（城市或农村）、种族与文化背景如何——的人力资源开发；

2. 促进一国内各地区、中亚各国的平衡增长；

3. 创建包容性体制，反映社会所有群体的需求且对社会所有群体开放；

4. 确保社会和谐与稳定。

本书的后续章节会继续讨论图 4-8 描述的这些政策领域。

确保可持续性

第三个首要政策目标包含了一套确保可持续性的战略框架。根据本书的定义，这个政策目标由两个不同的方面组成：确保环境可持续性，包括减缓和应对气候变化；确保制度的弹性和可持续性，用以应对未来经济结构和挑战的演变。

实现这个政策目标，将涉及六个主要政策领域的工作（图 4-9）。这些政策领域对上文讨论的其他两个政策目标也有支持作用：

图 4-9：保持环境和制度的可持续性是中亚实现转型的必要条件

来源：作者。

1. 重组农业，从而使它能够适应供水日益紧缺和可能的平均气温升高；

2. 大幅提升能源效率，进而减少碳足迹和提高经济竞争力；

3. 倡导绿色能源，减缓气候变化；

4. 应对气候变化；

5. 建立现代、可靠、可持续的经济体制；

6. 确保良好的治理，遵守法制。

根据最后两点，中亚工作领域的重中之重是：倡导法治，确保所有公民受到公平公正的对待，掌握向公众提供有效服务及建立政府和公众之间互信的能力。这些工作领域将会在图 4-9 指出的后续章节继续讨论。

总之，为了实现这三个互补目标——提高增长和生产力，促进融合和幸福，以及确保可持续性——中亚的决策者需要关注七个关键领域（图 4-10）：

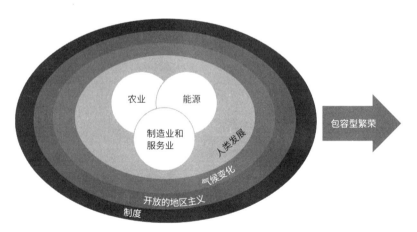

图 4-10：为了实现三个互补目标，中亚的决策者需要关注七个重点领域

来源：作者。

- 其中三个领域涉及具体的经济行业，对未来经济的成功至关重要：改革农业，提高生产力并促进社会融合；大幅提高能源业的效率和经济性，并通过降低能源强度和逐渐放弃化石能源减缓气候变化；通过促进制造业与服务业的发展实现经济多样化，进而提高经济的韧性并提供大量的高薪职位。

- 其他四个领域贯穿经济的各个方面：促进人类发展；减缓和应对气候变化；通过地区合作及向全球市场开放，扩大市场规模，并促进技术创新；为各类经济管理创建优越体制。

这七个政策领域会在后续的七个章节中进一步详细讨论：能源（第五章）、农业（第六章）、制造业和服务业（第七章）、人类发展（第八章）、气候变化（第九章）、地区合作与全球化（第十章）、制度与治理（第十一章）。

风险

本书预测的时间段长达 35 年。本章提出的前景目标的基本前提是：世界和地区将保持和平，没有可以毁灭或完全改变当前全球秩序的灾难性事件（比如核战争、大规模自然灾害，或致命疾病的暴发）。此外，当前中亚国家的主权将保持完整。

然而，除了这些预想之外的大变动，中亚经济还面临着其他外部和内部的巨大风险——即便所需的国内政策行动都获得执行，还有可能危及前景目标的实现。这些风险可能源于全球经济，地区社会与政治发展，或各国无法完成本章前文描述的、对实现前景至关重要的四项转型。

在日益合作的全球经济中，中亚面临着各种不利于发展、具
有负面效应的风险（大宗商品价格急剧下跌，另一场像 2008 年那
样的全球金融危机，或者一次严重而漫长的全球衰退）。为了抵御
这些风险，中亚不能再拖延向全球经济开放的进程，而是应该通
过采取稳健的宏观经济政策来加倍提高地区应对外部冲击的抵御
力，比如实现经济结构和贸易模式的多样化，而最重要的是发展
强有力的国家经济管理制度。换而言之，中亚应该尽快完成经济
和社会转型。

第二个主要的外部风险是关于一些周边地区（阿富汗、朝鲜、
中东）的政治环境和宗教环境。迄今为止，中亚巧妙地避开了周
边地区的长期内乱、流血冲突与原教旨主义的影响。短期来说，
避开这些风险需要保持持续不断的警惕心，但从长期来说，最好
的防御是推行更包容的政策，让人民进一步参与政治治理。此外，
加强地区国家间的安全政策合作，维护与俄罗斯、中国、伊朗、
印度等全球主要国家的良好关系，也是打击恐怖主义和原教旨主
义的有效武器。

无论如何，当面对这些外部风险时，有效的国内政策会加强
抵御能力。毫无疑问，本书认为影响前景目标实现的最大风险是，
各国是否能够保持足够的政治意愿和制度能力来实现这四项转
型。各国最高领导人的决心对国家经济、社会、政治的长期发展
目标至关重要，无人能及。他们必须有意愿且具有进行必要改革、
实现 2050 年前景的能力。因此，在未来 35 年不可避免的权力交
替中，最大的考验之一是那些承担责任的未来国家领导人是否具
有足够的能力和威信。

最后，中亚五国面临的最大挑战和风险是本书一直在强调的

国内问题。最主要的风险是中亚国家不具备及时完成四个转型的能力和意愿。现代的独立国家制度的创建与演变构成了最大的挑战（参考第十一章）。所有国家（除吉尔吉斯斯坦外）最重要的政治风险是，当前的政治领导人不可避免地要过渡到下一代领导人。成功、有序的过渡将极大地增加实现前景目标的可能性，而在可靠的领导人出现之前，如果权力继任斗争漫长并导致分裂，将使得国家更加可能陷入中等收入陷阱。

第五章　**实现能源转型**

实现能源转型

乔纳森·沃特斯（Johnthan Walters）

2050 年远景——进行能源转型，实现中亚繁荣

中亚拥有大量的一次能源，但这些能源在五个国家的分布并不平均（参考附录 2 的中亚基本能源数据）。哈萨克斯坦是最大的石油生产国。土库曼斯坦拥有大量的天然气储备，作为天然气出口国其长期潜能巨大。乌兹别克斯坦也拥有石油和天然气资源，但与哈萨克斯坦和土库曼斯坦比较，其储量相对有限。吉尔吉斯斯坦和塔吉克斯坦没有大量的石油或天然气资源，但拥有巨大的水力发电潜能，其中大部分尚未被利用，从长远来看，由于气候变化的不可预测性，融化的冰川将影响中亚江河的流量。中亚还拥有巨大的、但未大量开发和利用的太阳能和风力发电潜能，这些能源正在逐渐成为未来全球能源供给的重要来源。

中亚独立后遗留的能源体系不适应于全球经济竞争或世界环境保护。这套体系相对封闭于技术创新、技术成本的全球趋势、能源市场需求的转变。中亚能源体系建立的主要目的是为工农业生产提供大量廉价能源，却极少考虑经济价值、能源效率或环境

影响。从独立到 2050 年大约有 60 年，现在一半时间已过。在能源业中，关键的投资决定可以影响未来几十年，但能源业的改革进程仍然缓慢。

尽管能源业面临种种挑战，本章仍从 2050 年中亚能源业的远景目标出发，根据这个远景目标，中亚的能源资源到 2050 年将获得有效、可持续的发展。通过地区内跨国贸易，以及向中国、南亚、欧洲和其他地方出口大量清洁能源，能源之间的互补性将被有效利用。可再生能源和非可再生能源之间将被适当平衡。烃类资源将对经济的竞争性和多样性起到促进作用，而不是像以前那样被浪费。

能源将获得相对有效的利用，能源价格将通过内化环境外部性来反映机会成本。中亚国家将签署和执行国际气候变化协议，成为真正的全球公民。最重要的是，能源体制将具有灵活性，适应能源技术、市场需求、能源税的全球变化，并免受腐败和既得利益者的干扰。

中亚 2050 年的另一种情境是深陷中等收入陷阱，永久性地被苏联能源业遗留的体制所拖累。

中亚需要一次强有力的能源转型来实现繁荣设想，只是这并不容易。除了一些零星的改革动作，能源制度尚未发生根本性改变。本章提及的"能源制度"主要指那些对能源业的发展及能源业在整体经济中扮演的关键角色有重大影响的决策和执行机构，包括国家首脑和政府首脑办公室、政府部门（财政、经济、能源、环境等）、地方政府、监管机构、公用事业、国营石油和天然气公司、能源效率机构、再生能源署、民营公司。如果中亚国家想要逐步建立一套在经济、金融、环境方面均有可持续性的制度结构——尤其当技术进步或国际价格与税收发生变化时——进而实现必要的能源转型，这些机构就必须做出大幅改革。面对瞬息万变的全球环境，中亚能源业如果想要完全从一个缺乏竞争力的、阻碍经济增长的累赘转变为增长引擎的话，需要在未来几年里做出一些非常重要的政策和技术选择。

此外，能源业需要响应全球缓解气候变化的号召。这会大幅影响对化石燃料的征税，也会大幅影响那些已经成为经济累赘、昂贵的化石燃料资产。然而，这也是中亚的水电、太阳能、风能、天然气等诸多清洁能源向巨大市场出口的机会，尤其是向南亚、中国、欧洲市场出口。

中亚的能源制度将需要同时应对这些威胁和机会，灵活地做出有见地且客观的决定。这些制度必须对社会负责，不受既得利益者影响，从被动型模式向积极适应和创新型模式转变。在独立后的这二十多年里，中亚石油业的发展主要是为了巩固国家的独立，或保障冬季的能源供应；此外，能源的定价政策早就应以收回成本（以及相关的行业重组）为目标但实际仍未制定。如果把这二十多年视为实现 2050 年远景目标的前半程，那么在后半程里，能源业的重要决策将不再考虑这些目标。相反的，中亚能源制度的转型目标是适应互相依存的、替代能源经济正在发生革命的全球环境。这场革命已经席卷全世界，中亚越早接触到越好。

有些能源机构会成功度过这次转型，而其他的会失败。成功转型的机构会对整体经济和中亚的国际社会地位产生重大影响，但它们的发展还需要迫切提速。几乎所有现在建成的能源资产到 2050 年后仍将良好地运营。因此，中亚的能源转型还是太迟了。

本章所思考的是中亚如何能够实现 2050 年在能源业方面的远

景目标。下一节评估未来的能源技术会是什么样的，这是因为它
们的发展将对中亚能源转型的选择产生至关重要的影响。本章随
后思考苏联遗留的能源政策对能源业的影响，以及中亚将怎样成
功实现广义上的能源转型。后续小节分析了诸如电力、烃类能源、
可再生能源这些具体的能源领域，并提出一些中亚如何从全球气
候变化的可再生能源发展协议中获取收益的选项，以及一些涉及
地区在合作发展水电能力和有效蓄水方面的复杂挑战。本章的结
尾部分提出了一些重要的建议。

未来的能源技术是怎么样的？

回到 1980 年，几乎没人想得到 2015 年手机会让固定电话过
时，数码摄影会让胶卷成为历史，一个叫"因特网"的东西会让
报纸成为迅速衰落的产业，并进而改变了购物的本质。很多我们
一直很熟悉的技术将很快变成陌生的样本。我们将需要向孩子解
释它们实际是什么东西，以及我们为什么曾经拥有它们。

想象一下 35 年后的 2050 年，那时技术变革的速度可能比
2015 年更快。这会对下面几个方面产生影响：中亚的能源消费者
和生产者以及国际能源市场；中亚的能源转型及实现方式；中亚
在世界舞台的经济竞争力，而彼时其他国家也在快速适应能源环
境的变化。

与世界其他地方一样，中亚国家也面临着能源技术发展的高
度不确定性。举例来说，内燃机汽车到 2050 年可能会被电动或燃
料电池汽车取代。那时驾驶汽油或柴油汽车就像现在用打字机一
样过时。这会对全球的石油需求尤其是中亚较高成本的石油产生

重大影响。毕竟今天超过 60% 的全球石油需求是用于交通[①]，这部分的需求到 2050 年会大幅减少。能源消费大国，比如中亚的邻国中国和印度，可能不会再大量使用煤炭，而是转向相对清洁的能源技术，比如太阳能、水电、风能、天然气，好消息是中亚正好拥有丰富的这些清洁能源储备。这种转变对哈萨克斯坦的石油储备，或对土库曼斯坦的天然气和太阳发电潜能，或对塔吉克斯坦和吉尔吉斯斯坦的巨大水电潜能会产生什么样的影响，我们现在并不确定。

那些使用化石燃料发电的国家到 2050 年是否仍具有全球竞争力，或不断的技术进步和规模经济是否会让可再生能源占据主导地位，这些都是待商榷的问题。正如沙特阿拉伯前石油部长所言，石器时代的结束并不是因为石器的匮乏，石油时代的结束也不会是因为石油的匮乏，而是因为我们找到了更有效的技术[②]。这种情况在接下来的 35 年间很有可能发生。

中亚的决策者需要考虑全球变暖问题到 2050 年是否仍继续恶化，那时是否仍像今天这样每年给化石燃料 1.9 万亿美元的补助规模，来推动它的需求量，或者各国早就悬崖勒马，不再互相指责和推脱，达成某种地缘政治性质的气候变化协议，把全球气温升高控制在 2℃ 之内。这种协议通过对碳排放的有效征税来减少

---

① 参见美国能源信息署数据。相比之下，发电对石油的需求很小（石油发电只占电力的 5%，而且，天然气和其他能源可能逐渐地取代这一低比例中的一部分）。

② "石器时代的结束并不是因为石器的匮乏，而石油世纪会在石油用完之前就早早结束。"沙特 1962—1986 年的石油部长谢赫·扎基·亚马尼（Sheikh Zaki Yamani）说过［马斯（Maas），2005］。把这句话和下面这句对比就很有趣：沙特石油部长阿里·纳伊米（Ali Al-Naimi）在 2015 年说过："在沙特，我们意识到，最终某一天我们将不再需要化石燃料。"［克拉克（Clark），2015］当然，沙特的石油和天然气比中亚国家的油气生产价格更便宜。

排放，以及对化石燃料的征税来降低消耗，并会提出一套向发展中和转型国家转移清洁能源技术的融资框架。

根据这一份全球协议，发展中国家和转型国家到时就能在减缓气候变化问题上发挥更加重要的作用，它们的应对气候变化需求也将得到更多资金支持。面对这种情况，原来在气候变化问题上并不积极的中亚国家会开始开发清洁能源来减缓气候变化，并可能会在应对气候变化问题上获得更多的国际支持，尤其是改善用水紧张这个问题。

这是中亚能源制度需要面对的主要能源转型问题，而这些制度需要变得更具适应力，以便在如此不确定的条件下做出关键决定。中亚能够应对这些技术、地缘政治、市场变化给经济和治理带来的影响吗？中亚国家会像几年前的中国、印度、巴西、南非和经合组织国家那样开启能源制度改革之路吗？鉴于计划经济体制历史和地理位置，中国的案例对中亚尤其具有参考作用。框 5-1 介绍了中国实现能源转型的方法。这个例子展现了坚定的政治决心和坚决的执行能力可以在短期内取得什么样的成绩。

框 5-1　中国作为中亚的目标和市场 *

中国正在实现世界上最为宏大的能源转型，无论是从规模、内容、竞争力，还是对全球市场的影响来说。中国在 20 年前就明白要实现高增长、经济趋同，就不能有与时代脱节的能源业和高能源强度。

2014 年，中国 21 世纪第一次降低了煤炭的消耗和进口，并继续向天然气转型，同时与美国就 2030 年气候变化行动达成了一项雄心勃勃的协议。该协议以降低工业能源强度 20% 以上，把可再生能源和其他非化石燃料在一次能源的占比从原来的 8% 提高到 11% 为目标，中国正在顺利地（2010—2015 年间）推进这项工作，并宣布建设一套超高伏电网的主干网，用于更好地连接东部和西部的能源市场，以及更有效地把可再生能源接入国家电网体系。此外，中国太阳能技术的高速发展大幅降低了全球的成本，促进了太阳能的部署——在世界很多地方都极具竞争力。中国的能源转型到底将如何进行以及需要多长时间，我们还有待观察，但不能否认，中国的能源转型是全面和可持续的。[①]

中国现在是中亚天然气的主要市场，也会成为中亚电力的主要市场，尤其是中国现在正在大规模升级和整合国家电网。中亚已经在中国的能源安全和能源转型中发挥了重要作用，这个作用很有可能在未来几年会继续扩大：中国为了减少对海上能源进口渠道的依赖，已经承担建设新的能源管线。

中国可能还是中亚未来能源转型的最佳模板：两者

---

① 对如此复杂的能源转型的所有方面，当然都有正反两方的意见。例如，国际能源机构 2014 年 12 月的《中期煤炭市场报告》预测中国的煤炭需求还未见顶，至少在 2019 年之前还会上升，即便报告还预测能源从煤炭转型变得多样化、变为更低碳的形式（可持续能源、天然气、核能），其结果将是"巨大惊人的"（国际能源机构，2014a，中期）。

都是从僵化的中央计划体制转型，拥有类似的能源禀赋，类似的工业政策理论，而且两者的繁荣都严重依赖与全球市场的高度一体化。通过把自上而下的政府手段与市场信号相结合的方法，中国正在实现能源转型。

尽管如此，中国和中亚的能源体系还是有显著区别。不同于中国，中亚国家迄今为止难以提高能源效率，除了拥有巨大的太阳能和风力发电潜能外，在发展可再生能源方面（除了传统的大型水电站）几乎没有进展，而在全球气候变化的舞台上更是不见身影。简而言之，中亚的能源远景仍极其传统，既不是把成本竞争力和效率作为首要目标，也不是以清洁能源为主导，因此结果可能是能源体系变得日益不经济。然而，中亚不能变成世界能源密集型大国，也不能忽视全球可再生能源革命，或放弃参与全球气候变化的机会。否则，结果会让中亚难以承受。中亚可以从中国学到很多经验，但中亚的能源转型能在 2050 年跟上中国的步伐吗？

＊一份最新的有关中国能源政策的报告为《中国煤炭市场：北京能否驯服煤王？》[科尔诺特－冈多尔夫（Cornot-Gandolphe），2014]。另一份很好的参考是《使命：能源、安全、重塑现代世界》[叶金（Yergin），2011]。

来源：作者。

如何实现能源转型——从苏联旧制到 2050 年远景

实际上，中亚很大程度上正在用苏联风格管理从苏联继承的能源业——重基础设施但轻服务，面对市场力量时在金融方面不可持续，能源效率低下，严重缺乏环境保护意识，投资和制度在很大程度上由传统做法推动，只有零星的局部改革（比如在石油行业吸引外资方面）。除了这些零星的改革措施，中亚在技术、政策、制度方面几乎没有任何改变。另一方面，由于苏联遗留下来的能源基础设施已经老旧并贬值，服务的质量和可靠性不断下降。在一些重要方面，中亚的能源转型实际上是不进则退的状态。

独立 25 年后，中亚在某些方面的改革还是做得不错，比如把能源行业的具体环节与世界市场一体化，尤其是通过外国直接投资、技术转移、出口把烃类能源业与世界市场联系在一起，但其他类别的能源业仍相对封闭。然而，中亚地处十字路口，在中国、南亚、俄罗斯、伊朗与海湾国家、欧洲这些能源消费大国之间，这就给中亚的能源业和整体经济带来了大量的机会，也带来了重要威胁。要想实现 2050 年远景，中亚需要与世界能源市场进一步一体化。

随着能源消费的各大市场在不确定环境中的演变，以及这些国家对能源安全与气候变化的看法变化、彼此之间外交政策的变化，中亚在推动能源转型时需要具有超前意识和灵活性。最好的例子就是回答下面这些问题：土库曼斯坦应如何实现天然气出口市场的多样化，与世界其他天然气供应国竞争；哈萨克斯坦应如何应对全球能源从石油向天然气转型；塔吉克斯坦和吉尔吉斯斯坦应如何开发巨大的水电资源（与中亚下游国家达成协议），以便向南亚国家出口电力；从更广泛的地区层面来讲，中亚应如何拓展清洁能源的出口，将其作为气候变化协议的一部分；而在中亚地区之内，哪种类型的跨国能源贸易更可行，以及怎样才能让市场力量进一步发挥作用。

总的来说，核心问题就是：中亚可以及时赶上那些早已走在能源转型之路前面的国家吗？中亚可以摆脱苏联制度的影响吗？中亚将如何创建能源制度来实现追赶？时间对能源业来说极其重要——当下为应对技术、政治、市场转变做出的决定，或因体制缺陷做出的决定，对中亚的影响能够持续到 2050 年。能源资产显然能够存在那么久，甚至更久。因此，尽早对能源资产做出正确的投资至关重要，这样一来错误的能源资产就不会成为累赘，或成为地区生产力、增长与繁荣的长期阻碍。

转变苏联遗留的能源政策、机构与基础设施是一个漫长的过程。这个过程涉及从供应大量廉价能源（使用传统技术）的体系向以提高生产力、工业化、现代化为目标的经济模式转型，以及向基于创新、成本、效率、服务质量、需求响应、竞争力、市场一体化的体系转型。

这个世界可能没有一个国家像苏联的能源配置那样低效，而苏联模式的生产结构就建立在这种低效之上。这样的结构能够存在纯粹是因为有大量的廉价能源，而大量的廉价能源供应是因为石油和天然气出口的巨额收入对其进行补助。因此，这个体系在石油和天然气价格急剧下跌时会变得非常脆弱——正如在苏联解体之前所发生的。

此外，从苏联旧制转型时，首先发生的是接收原本与苏联高度一体化、而与世界其他地方隔绝的经济体系及其能源体系；随即，根据政治逻辑，而不是经济逻辑或能源关系与供应链逻辑，突然把它分成 15 个经济体。

这 15 个国家的独立对其人民来说是一项巨大的政治成就，任何事都不应否定这点。然而，苏联的解体显然不利于能源业，因为这 15 个经济濒临崩溃的国家很快就把能源业变成对其经济的巨大补贴渠道。这些国家经历了将近 10 年的经济直线下降，人民穷苦潦倒。

即便后来经济开始复苏，但能源业的复苏和改革还远远落在后头。能源业仍被用来支持经济的其他方面，在很多国家现在依旧如此。原本苏联时期只在内部交易的、几近免费的能源突然变成对外贸易产品，其价格要与国家市场挂钩、却没有适当的配套融资。解决这些财政失衡、经济失衡、外部失衡的过程，是缓慢且痛苦的行业调整过程。此外，这个体系的机能不良，尤其是会造成巨额租金，让既得利益集团乐于维护它——即便造成这种机能不良的扭曲存在时间之长已经超出了它们的初衷。精英阶层从这种制度扭曲中获得利益已成为常态，喜欢把改革对穷人的影响作为反对改革的借口，即便当提出的社会保护措施能够保护穷人甚至更有利于穷人之时。精英阶层对能源的"俘获"明显减缓了能源业和整体经济的调整速度。苏联能源业的政治经济极具挑战性，中亚显然也不例外。不过，格鲁吉亚提供了一则具有启发性的案例研究，这个国家的能源改革克服了既得利益集团的问题（框 5-2）

如果想要实现 2050 年远景目标，中亚现在就需要用持续的能源转型来解决这些苏联旧制的影响。本章的后续部分将讨论如何在几个关键领域，如电力行业改革、烃类能源业的政策选项、可再生能源的潜能实现必要的能源改革。最后，本章将讨论中亚通过签署一项气候变化"协议"来促进能源转型的可能性。

框 5-2 能源转型——中亚可以学习格鲁吉亚的反腐经验吗？ *

在苏联时期，格鲁吉亚具有全天候的可靠电力供应。电力甚至还能在苏联的统一电力公司框架下卖给其他加盟国。格鲁吉亚夏天多余的水电会被用来交换冬天所需的电力。

苏联解体 10 年后，格鲁吉亚的电力供应只有独立前的一半水平。格鲁吉亚没地方可以全天候供电，很多农村地区可以几天没电，甚至首都第比利斯的平均供电也只有一天 7 个小时。第比利斯人民会示威，不是为了获得全天候的供电，而是因为毫无预告的突然停电。夏天和冬天的能源交换制度崩塌——没有多余的水电可供出口，也没有钱进口冬天所需的电力。格鲁吉亚的晚上尤其冬天变得非常悲惨，甚至启发了一部电影——取了一个非常贴切的名字"权力炫耀（电力短路）"。

格鲁吉亚几乎尝试了所有的改革方法：关税调整，建立电力批发市场，成立"独立的"监管部门，实施电力与天然气法，从横向和纵向分拆垄断的公用事业公司，通过引进境外战略投资者对关键的电力公司私有化，用上亿美元的公共投资款"矫正"电力体系，等等。但没有一个改革办法有效。电力行业最后崩塌，格鲁吉亚的经济增长和就业率严重受损。

然而，有一个改革方法格鲁吉亚没有尝试，就是反腐。监守自盗与贿赂在每个层级——从燃油采购合同、燃油本身，到计量、计费、付款、电力，甚至电线无处不在。电力行业损失了大量的资金和电力，资产被大量掠夺或支离破碎，累积了巨额债务——供电能力急速恶化。作为最大的私营外国投资者，美国爱依斯电力公司（AES）在遭受了巨额的供电和发电资产损失后，放弃并离开了格鲁吉亚，从底层到高层、广泛存在于格鲁吉亚政治体系和社会中的腐败打败了它们。有人甚至认为，腐败就是用来专门打败这些外国公司的工具。

问题不是技术层面的，而是心理层面的。这是政治和人性问题。从这点来说，制度远比投资重要。由于问责制的缺失，政府的合法性受到威胁。格鲁吉亚人民既愤怒又绝望，渴望改变。

于是一些地方确实发生了改变。2003 年末"玫瑰革命"胜利后，格鲁吉亚建立了一个新政府。尽管很多关键人物直接来自前政府，但这个新政府到 2005 年还是开始了对能源业腐败的全面打击。一些腐败官员被起诉和判刑，3,000 名能源业的职员被解雇。新政府引进了付费奖励制度，职员对业绩负责，对拒不付款的客户必须解除合作关系（包括主要的政府客户和能源密集型国企），调整关税，以及推行具有针对性的新社会保障项目（重要线路的电价和用电代金券）。可能某些腐败"转移"到别处，且美国爱依斯电力公司离开格鲁吉亚后，一些相对具有政治意图的腐败行为也减少了，但腐败至少不再阻碍供电系统的可靠性。

结果不言自明。电力能够全天候供应，人们用电后支付电费，不支付电费的人受到惩罚，不会有特殊照顾，电费收回率上升至100%，"技术性"损失直线下降，需求方的效率提升，发电量增加，电力行业的私人投资回流，格鲁吉亚重新成为电力出口国，经济增长和就业率大幅上升。另外，这个制度在10年后仍旧能够发挥作用，取得较大成绩。当然，如果没有革命前的改革和投资打下的基础，格鲁吉亚要实现这些成绩会非常困难，但一旦有了政治意愿，实际的成果就变得可能。

政府要有提供优质公共服务的政治意愿，这是重点。打击腐败是成败的关键，但对于供电能力不足的中亚来说，没有什么是不能做的，且中亚不得不这么做。

* 有关格鲁吉亚电力改革的描述，可参见《在公共服务中与腐败做斗争：编年记录格鲁吉亚改革》[世界银行（2012）]，尤其可参考约瑟夫·梅里陶里（Joseph Melitauri）的《保障电力供给》一章。另一份描述改革前有价值的来源是《爱依斯—特拉斯：电力短路还是权力炫耀》，宾夕法尼亚大学沃顿商学院的案例研究。作者的个人回忆以及与格鲁吉亚官员、捐赠者、私营企业、普通民众的大量对话也是来源之一。

来源：作者。

自独立后，中亚五个国家的电力行业以不同的步伐在从苏联遗留的制度中进行转型，但总的来说这 25 年的改革并不十分广泛。在这点上，五个国家的相似性要远大于差异性。

典型的中亚电力行业——挑战与机遇

"典型的" 中亚国家电力行业具有以下几个特征 [①]：价格远低于成本，需求增长迅速，工业和家庭的能源浪费惊人（表 5-1）。

表 5-1：中亚在能源有效率方面的表现居世界最差水平

国家 / 组别	能源强度
哈萨克斯坦	17.6
吉尔吉斯斯坦	11.2
塔吉克斯坦	7.2
土库曼斯坦	23.8
乌兹别克斯坦	23.3
北美	7.3

① 以下是一些有关中亚电力行业可供参考的研究。它们给出了大量的跨国比较数据（包括中亚和相关地区），涵盖了这里讨论的各方面特征（也包括本章表 5-1—表 5-3 重要指标之外的指标）。主要有：《国际能源机构成员国之外的能源政策》[国际能源机构（IEA），2014]、《东欧、高加索、中亚》(国际能源机构，2014)、《乌兹别克斯坦能源电力行业问题摘要》(世界银行，2013)、《中亚：衰退和退步》(国际危机小组，2011)、《塔吉克斯坦冬季能源危机：电力供需的其他可能》(世界银行，2012)、《熄灯？东欧和中亚的能源展望》(世界银行，2010)、《东欧和中亚能源行业削减补贴、保护利润、加大投资》(世界银行，2012)、《2040 年的哈萨克斯坦》中的《可持续的能源业》一章（艾特扎诺娃等人，2014)、《吉尔吉斯斯坦电力行业政策摘要》[世界银行、能源部门管理援助计划（ESMAP），2014]、《塔吉克斯坦困难的发展道路》中第七章《塔吉克斯坦的基建能源危机》[卡耐基基金委，奥尔科特（Olcott），2012]、《中亚的全球化》中第十一章《发展动力之一：电力行业》[拉吕埃勒（Laruelle）、佩伊鲁斯（Peyrouse），夏普出版社，2013]、《塔吉克斯坦家庭能源不足评估》(世界银行，2014)。

（续表）

国家 / 组别	能源强度
欧洲	5
东欧	11.8
高加索和中亚	15.7
西亚	8.3
东亚	9.5
东南亚	8.2
南亚	8.2
大洋洲	6.8
拉美和加勒比	5.6
北非	6.4
撒哈拉以南非洲	12.4
世界	7.7
高收入国家	6.3
中等偏上收入国家	9.7
中等偏下收入国家	8.8
低收入国家	12.2

注：根据一次能源强度水平计算，如每单位国内生产总值（GDP）的能源使用量，以 2005 年购买力平价（美元）计算每单位国内生产总值的兆焦。数字越大表示能源效率越低。

来源：《人人享有可持续能源》（2015）。

由于电力行业的收入既不够支付运营成本，更不够支付维修费用、资本升级，或新投资、资本和实物资产被逐渐消耗。资产逐渐老化，由于缺少收入导致燃料供应不足，服务质量也下降。2012 年的一项研究发现，中亚 20 多年以上的发电资产约 77%—

88% 依靠国家补助。因此，仅设备更换方面的投资需求就十分巨大——预计在未来十年共需要 350 亿美元（没有包括潜在的南亚出口管线）［格伦瓦尔德（Grunwald），2012］。另一项研究发现，乌兹别克斯坦近 40% 的有效发电能力到 2017 年将达到或超过使用寿命，而由于无法正常供电，乌兹别克斯坦仅在 2010 年冬季就遭受了 5200 万美元的经济损失。技术和非技术的经济损失很大，而计费、收费、支付方面都做得不好。

停电变得越来越长且越来越随意，一些农村地区可能都放弃了依靠电网供电。电力短缺常常造成严重的腐败和偷窃现象，腐败成为一种金字塔式的政治保护。电力行业长久以来几乎没有投资。电力系统的储备余额很少或甚至是负数，非常不稳定且极易崩溃。即便中亚地区拥有跨国输电的基础设施，但跨国的电力贸易还是极少。主要原因是所有国家都面临电力短缺或脆弱的问题，因此没有多余的电力可以出口。

经济增长、投资、就业率受到电力服务质量低下的牵累，而民营经济的增长更是受到压制。很多国企消耗大量的电能，长期逾期付款，自身的调整因此被延误。实际上，电力行业——无论有意还是无意，但都非常低效——被作为准财政赤字（一般相当于国内生产总值的几个百分点），用来支持那些政治敏感的经济和社会部门。

这项赤字主要由资本消耗、劣质服务以及用于发电的低价燃油（只是把问题转嫁到能源供应链的其他部分）造成，因此不会像一般的财政赤字或金融业的准财政赤字那样引发各种紧迫问题。如果某个国家是石油和天然气生产国，其电力行业的准财政赤字主要是因为使用低价石油和天然气发电——由石油和天然气出口收入补贴。这样一来，出口收入就没了，而补贴金额很有可能会随着电力需求的增长而增长。[1] 尽管供电变得较为可靠，但付出的高额代价是损失了石油和天然气的出口收入。此外，由于这种补助实际上是向邻国进行出口补贴，所以最终还是会阻碍电力的出口。

"典型"中亚电力行业的结构改革一直很缓慢。表 5-2 显示，根据欧洲复兴开发银行的评估，中亚没有一个国家在 20 多年的改革进程中达到"4"分或"4+"分，也就是国家的基本政策和制度，尤其是定价政策方面没有达到让电力行业有效运作的基准。只有哈萨克斯坦在逐渐靠近这个基本水平，但其他国家仍远远落在后面。电力行业在拆分发电、输电、配电部门方面——无论是纵向还是横向——几乎没有进展，导致成本和收入不够透明。此外，电力行业几乎没有竞争或私人投资（部分是因为没有进行拆分），监管显然也不具有独立性（制定低电价仍旧是政府的重要政策）。在改善社会安全保障方面，中亚国家也没什么进展，要不然就能在不伤害社会弱势群体的前提下提高电价了。

传统的、惧怕风险的国家垄断企业主导这种"典型"能源业，因此诸如智能电网或可再生能源发电等新兴科技极少获得关注。在任何情况下，价格和补贴制度将使这个体系对这类创新投资持有偏见（尤其是宁愿对燃料进行补贴，而不是给用电方面），导致

---

① 沙特是一个值得注意的比较对象，可能彰显中亚的油气生产者前路在何方。沙特的预测显示，在"一切照旧"的情景中，由于电力行业补贴带来的需求增长，加上其他行业中对油价补贴带来的需求增长，使得 2025 年沙特将成为石油净进口国。有趣的是，这就是沙特启动 41000 兆瓦太阳能项目的主要动力之一，即太阳能可以让石油和天然气退出电力行业，以市场价格出口，而不是以 4 美元一桶的价格卖给沙特的电力行业 [克兰（Krane），2014]。

表 5-2： 没有一个中亚国家的基本政策与制度达到让电力行业有效运作的基准

	欧洲复兴银行电力行业改革指数						
	2004	2005	2006	2007	2008	2009	2010
哈萨克斯坦	3.3	3.3	3.3	3.3	3.3	3.3	3.3
吉尔吉斯斯坦	2.3	2.3	2.3	2.3	2.3	2.3	2.3
塔吉克斯坦	1.7	1.7	2	2	2	2	2
土库曼斯坦	1	1	1	1	1	1	1
乌兹别克斯坦	2	2.3	2.3	2.3	2.3	2.3	2.3

注：电力改革评分的标准：1. 电力行业依照政府机构的指示行事，拥有极少的商业自由或压力。平均价格远低于成本，广泛的交叉补贴，单一的整体结构，没有对电力公司的不同部门进行拆分。2. 电力公司与政府保持距离，但仍存在政治干预。对预算约束进行一定程度的硬化，但有效关税很低。管理层对有效业绩的激励很少。极少幅度的制度改革和最低的私营部门参与度。3. 颁布法律为电力行业的全面重组提供支持，包括通过账户分离和建立监管机构纵向拆分电力公司。些许的关税改革和税收征管有所改善。些许的私营部门参与度。4. 拆分发电、输电、配电部门。建立独立的监管机构。制定和执行反映成本的关税法。私营部门大幅度地参与配电和 / 或发电领域。一定程度的自由化。4+、电价反映成本，为改善效益提供适当的激励。私营部门大规模地参与电力公司的拆分，且电力行业受到监管部门的独立监管。电力行业完全实现自由化，良好的电网并入制度和充分竞争的发电领域。

来源：欧洲复兴开发银行（2015）。

创新方面的投资普遍出现融资短缺。基于类似的理由，电力行业的机构在进行投资决策时拒绝考虑如何减缓气候变化。能源业的效用解决方案大都是中央政府提供的，即便是服务上存在重大缺失，原则上也能通过地方政府来解决。无论是发电站还是政府都不赞成过多地改变现状。

外国投资者可能会对能源业的改革起到一定的促进作用，比如通过他们对新技术的倡导。他们可能也会向一些关键投资提供资金。不幸的是，投资人的参与虽然除去了融资约束这个问题，但不一定会促进改革，反而可能会使必要的改革延期。"典型"能源业下的政府和发电站一般建议对发电领域进行大量的投资来修复这个体系，但这些建议并不总是获得执行。鉴于政策与制度框架的缺陷，即便这些建议获得了执行，也可能无效。

当然，没有一个中亚国家的电力行业完全是这种"典型"模式。所有国家对价格和补贴都做出了调整，且在社会保障网方面也有所改善（土库曼斯坦是最近做出价格调整的国家，吉尔吉斯斯坦在社会保障方面有所改善）。乌兹别克斯坦、哈萨克斯坦等一些国家对电力公司的几个部门进行了拆分，且哈萨克斯坦对几个重要部门进行了私有化。大多数国家都宣布了在能源效率、可再生能源、气候变化方面的政策声明，但仅有些许获得了执行，例如乌兹别克斯坦和哈萨克斯坦的能源效率融资项目，及哈萨克斯坦与清洁技术基金的投资合作。一些国家对智能电网和其他项目进行了创新投资，尤其是哈萨克斯坦和乌兹别克斯坦能够为发电和输电领域的大规模投资提供资金。塔吉克斯坦在降损方面有所改善。当然，还有很多其他例子可以说明中亚国家的能源业与"典型"能源业存在具体区别。

电力改革工作表

总的来说，中亚的所有国家在推进能源转型之路上还有很多要做。短期的首要任务是关税和补贴改革、社会保障改革、打击能源业里那些阻碍可靠服务的腐败行为。前期的改革是为了让后期进一步的改革变得可行和有效。

一旦在这些困难但必要的领域取得实质性进展，后续的改革就可以推进了。各国改革方案的大概内容众所周知，且已经被多次研究。关键的挑战在于实施的政治手腕。利益相关方对能源转型的目标具有共识是根本。如果改革想要超越最基本的改革阶段，不再只是重复地处理紧迫问题——比如，塔吉克斯坦和吉尔吉斯斯坦每年冬天都会发生的供电危机，那么持续、长期的电力改革必须拥有广泛共识。鉴于中国和中亚各国都是从发展中国家收入水平的计划经济发生转型的，且中国正在把能源转型作为促进全球一体化、竞争力和环境可持续性的关键手段，中国的例子对中亚各国的能源转型设计极具参考价值（框 5-1）。

其他一些方面也值得考虑。其中一点是，中亚的电力改革和整体能源转型可以"嵌入"中亚的全球气候变化协议里。根据这样一个协议，各国清洁能源、能源效率和地区蓄水与放水协议的项目均将获得外部保障和优惠融资，作为交换，中亚将成为南亚和中国主要的清洁能源供应国。这个举措有双重好处：一方面给改革及相关投资的关键项目提供了优惠融资，另一方面由于协议是在国际社会达成的，这就给改革提供了外部保障。这个举措有助于确保改革真正获得持续推进。毕竟自独立后，能源政策在中亚成为国家问题至今已有 20 多年，但这么长的时间几乎没有取得什么成就。利用超国家框架解决政治经济问题可能会是一个有用的新办法。

改革者必须认识到不是所有的解决方案都是国家方案。政府花了大量的时间和资金才让失效的供电系统重新工作。在那段时间里，许多客户获得的服务都不合格，造成严重的经济和社会成本浪费。由于法律和监管改革允许能源业进行一定程度的分散中央集权，把一些责任下放给地方政府，那么诸如塔吉克斯坦和吉尔吉斯斯坦这样，供电服务可能还需多年才能做到全覆盖和全天候的国家，可以促进地方在家庭和企业供电或供暖方面发挥自主性。这项举措可以使那些电力匮乏的家庭获得合格的供电服务，且还能促进私人投资进入那些能够提供更可靠服务的企业。

这还可能促进诸如小型电网、太阳能热水供暖、风能（用于发电或水泵）、太阳能光伏、小型水电站（可装备风能或太阳能抽水蓄能系统）这样的创新技术，以及提高建筑能效。这些技术在很多国家已经广泛普及，但在中亚仍严重缺席，部分是因为地方自主性仍未获得鼓励。这还可以缓解早已超负荷运行的发电厂，并改善民众对能源转型的看法。①

最后，鉴于中亚各国的人口规模与英国相当，且拥有多种多样的一次能源禀赋，中亚各国应尽早在 2050 年前开展地区电力贸易（超越当前的一些双边贸易）。与苏联时期相比，现在的地区电力贸易会更具有经济效益。因此，恢复地区电力贸易必须成为能源转型的一部分（框 5-3），也会成为中亚与周边地区（需求巨大）电力贸易的主要部分。国内电力改革是实现这些出口贸易可持续发展的基本前提条件。否则，中亚将面对永久性的电力短缺和不安全感，且不会有多余的电力可供出口。

---

① 有关中亚分权式能源解决方案，《拉什河谷能源政策选项》[赛义德·亚赫约夫（Said Yakhyoev），2014］是一份有趣的研究（并有例子）。

框 5-3　水电和水政治 *

在苏联时期，电和水的定价仅仅是会计簿里的一个数字，这还是在需要登记的情况下。苏联成员国之间的水电贸易由莫斯科集中管理，主要目的是为了优化生产。在中亚，乌兹别克斯坦拥有天然气，而吉尔吉斯斯坦和塔吉克斯坦拥有水资源，所以两国以电的方式进行季节性贸易。

乌兹别克斯坦是苏联最主要的棉花生产国。在苏联解体前，乌兹别克斯坦的棉花产量占苏联总产量的三分之二以上。乌兹别克斯坦的棉花在一年的某些时期会非常缺水，尤其是夏季。由于灌溉系统的严重低效和浪费，缺水问题变得更加严重。然而，棉花对乌兹别克斯坦人的生计至关重要，且深深地根植于乌兹别克斯坦的政治经济，直到今天。

季节性的缺水需要蓄水工程为春夏的生长季放水，最佳的蓄水工程就是上游塔吉克斯坦和吉尔吉斯斯坦的水坝——水源来自阿姆河和锡尔河流域。这些水坝平时蓄水，当乌兹别克斯坦（以及土库曼斯坦和哈萨克斯坦的农民）需要用水的时候就放水。

然而，水坝也发电，且苏联时期中亚城市和工业对电的需求更大，尤其是在地区供热需求最大的冬季。因此，这给中亚的水电管理能力带来了挑战。下游国家需要在春夏放水灌溉农作物，而上游国家要求在冬季泄流发电以满足季节性的用电需求。为了确保上游国家冬季的持续供电和供暖——如果想要保证春夏季的放水量，水坝的蓄水就不能在冬季泄流发电——下游国家需向上游国家提供天然气和电力来满足他们的冬季需求。在苏联时期，这种合作安排使得两河流域超过90%的水资源被用于灌溉下游的棉花和其他作物。那时中亚地区用水不紧张，但中亚经济是建立在一套由跨流域调水形成的、高度浪费的水资源和能源利用体系之上。此外，能源与水的交换制度由莫斯科统筹计划，与塔吉克斯坦、乌兹别克斯坦或吉尔吉斯斯坦无关。

中亚国家独立后，能源与水的交换变成了基于国家利益考量的双边谈判问题，原来的合作安排开始瓦解，最终出现了用水或供电需求都无法获得保障的局面。这导致上游国家和下游国家（尤其是乌兹别克斯坦和塔吉克斯坦之间）的关系变得紧张。由于上游国家还企图向诸如南亚这样的区域外国家出口水电，双方的紧张关系进一步恶化。信任的缺失使中亚在各种问题上的合作变得越来越复杂。

中亚需要找到一个解决办法。尽管乌兹别克斯坦和其他下游国家试图提高水资源的利用效率，尤其在农业领域，但两个国家也需要上游的蓄水及在合适时间的放水。另一方面，尽管塔吉克斯坦和吉尔吉斯斯坦也试图提高能源的利用率，但两国同样需要冬季的供电，并希望出口丰富的水电资源。气候变化让降雨变得不可预测，同时导致冰川融化，这造成水资源的可利用率变得更加不稳定。因此，蓄水管理也变得更加重要。

鉴于中亚需要向周边地区出口能源，在国际气候变化协议框架下签署一份协议，在双边或多边协议的保障下建立上游与下游国家的信任，对中亚来说可能是最好的办法。

* 《再论中亚的水问题：从地区解决方案转向国家解决方案》[纳里娅·哈桑诺夫娃（Nariya Khasanova），2014] 对这个问题特别有帮助。同时，可参考《中亚的水资源压力》（国际危机小组，2014）。同时，参考本书有关农业（尤其是水资源使用的小节）和开放的地区主义（尤其是有关水电贸易问题的几节）的章节。

来源：作者。

烃类能源——在全球市场竞争

自独立后，中亚最成功的能源业是以出口为主导的石油和天然气行业。哈萨克斯坦的石油业吸引了大量的外国直接投资，包括进入到具有技术挑战性的卡沙甘海上油田，并克服了内陆国家跨国输送石油的政治风险，开始出口石油。[①] 土库曼斯坦把外国

---

① 有关里海油气在全球背景中有说服力的概述，参见《使命：能源、安全、重塑现代世界》[丹尼尔·叶金（Daniel Yergin），2011]。有关哈萨克斯坦油气行业的详尽定量的描述，参见《2040 年的哈萨克斯坦》中的《可持续发展的能源业》（艾特扎诺娃，2014）。有关哈萨克斯坦和土库曼斯坦两国的油气信息，参见《里海地区：石油和天然气概况》（美国能源情报署，2013 年 8 月，或后续更新）。有关中亚油气的详尽数据，参见《中亚和高加索：21 世纪欧亚的十字路口》中第 78—94 页 [赫尔曼（Hermann）、林（Linn），2011]。

投资引入了海上气田，这项举措的一个重要意义在于天然气出口开始变得多样化，不再局限于陆上巨大气田的出口。尽管乌兹别克斯坦的油气储备最为有限，但也引入了一定的投资。

这些成就具有几个显著特征。挑战之一是中亚的石油从全球角度来看价格比较昂贵，尽管烃类能源储备巨大，但并非十分巨大（除了土库曼斯坦的天然气储备）。由于中亚的内陆位置并远离主要市场，另一项相关的挑战就是中亚出口烃类能源的运输成本很高。一项更大的挑战是中亚的能源组成以天然气为主，而这是一种运输成本格外昂贵的能源。对于中亚这些新近独立的国家来说，能够通过协商解决这一系列的复杂挑战并实现目标，显然是一项重要的成就。

哈萨克斯坦和土库曼斯坦在投资烃类能源方面采取了非常不同的方法。哈萨克斯坦通常与国际石油公司签订产量分成合同，根据谈判条款，分摊风险和产量，国际石油公司的大部分投资作为股本注入。这是发展中国家和转型国家常用的一种方法，因为东道国不希望承担过多的风险（尤其是遇到石油很难开采的情况，如在哈萨克斯坦），或者东道国需要获取外国的技术能力来管理能源，又或者东道国希望与西方建立地缘政治关系。

相反，土库曼斯坦只在开发海上气田（比陆上气田小，也更难开发）的时候采用产量分成合同。开采巨大的陆上气田通常利润非常可观，土库曼斯坦选择不与国际石油公司分享这些利润。这种方法在发展中国家或转型国家中也很常用，尤其是当能源数量巨大而成本相对较低的时候，比如大多数海湾国家就采用类似的方法。事实上，这些国家从石油服务公司购买的技术能力正是它们拒绝从国际石油公司那儿获得的[1]，或者这些国家自己花时间发展技术和管理能力。

然而，除了采用这种方法，土库曼斯坦的天然气出售政策还包括在国境上出售天然气，而不直接涉及跨国管线，或在终端市场出售。这样一来，土库曼斯坦面临的一项挑战就是在那些实际建设管线的利益相关方与天然气进口国之间实现必要的合作。土库曼斯坦的方法在向中国出售天然气时很有效，可能是因为中国特殊的能源安全目标，以及国营石油和天然气公司在达成这些目标时所能发挥的作用。简而言之，这些中国公司能够或愿意承担一些航运和运输风险，并调动本国政府的外交支持，所能做到的程度是其他公司不能做到的。[2] 这意味着土库曼斯坦天然气的发展，以及向南亚和欧洲等其他国家的出口会进行得较慢。欧洲和南亚要达到像中国和土库曼斯坦这样的合作程度还需时间[3]。土库曼斯坦的出口选择是这个国家增长前景的根本（框 5-4）。

然而，从现在到 2050 年这段时间，如果世界因为运输技术的改变而从石油转向天然气，并由于气候变化协议或其他原因，实现了碳税制度和监管框架，那么土库曼斯坦在天然气方面的滞后发展反而可能成为未来的优势。此外，土库曼斯坦的天然气是

---

[1] 需要注意，国际石油公司本身通常从石油服务公司那里通过合同购买大量的技术和其他服务，所以东道国从国际石油公司那里"买"到的要素基本是战略、概念或管理层面的。

[2] 比如，中国的国有企业"中石油"，正在开发南约洛坦（Galkynysh）气田的一部分。"中石油"采用了工程、采购、建设合同和天然气出售和购买协议。这种模型对向欧洲或南亚市场出售天然气是否适用有待观察，因为在这些市场中企业和政府可能无法协调好，或者企业会受到股权所有者的压力要求拥有其开发的气田的财产权。

[3] 有关中国油气公司的分析，参见《中国国有油气公司海外投资近况：2011 年以来的成就和挑战》（国际能源机构，2014 年 8 月）。

框5-4　幸福之道在于多条管线 *

中亚拥有大量的石油和天然气储备，但没有出海口。因此，中亚石油和天然气产品的主要运输方式只有一种：管线。自独立后，中亚设想了许多管线方案——一些变为现实，很多仍在图纸上。这些管线大多数需要经过第三国才能到达主要市场。

这里有一个风险，就是经过第三国具有风险。管线建设的固定成本非常高（几乎没有可变现的报废价值）且运营的可变成本相对较低。石油和天然气运输经过第三国通常涉及高额的"租金"，即经营收入远远超过生产和运输成本之和。因此，只要运输的可变成本已经支付，烃类能源生产国和输送国可以持续地通过管线进行输送。这给过境国创造了"绑架"管线的机会，它们可以要求与生产国或托运方分享租金。对过境国更有利的一点是，国际上没有真正能够客观决定合适过境条款的方法。

当然，某些因素可以适当地降低这些风险。比如，过境收入是否在过境国政府的收入中占比很高？由于过境国反对某条管线导致生产国失去其他投资，这种单边行动是否可以被视为"没收"？过境国是否依赖管线的输送？过境国是否拥有适当的能源供应以及是否有效利用能源？过境国是否与生产国存在能源供应的竞争关系？生产国能否与过境国发展双赢互利的紧密关系？

当然，最重要的是生产国是否有其他选择，即是否有多条管线。正如英国首相丘吉尔 1913 年在议会上所说："我们必不能依靠一种品质，一种方法，一个国家，一条线路，一个油田。石油的安全和可靠在于多样化，且仅限于多样化。"生产国和消费国的幸福之道是多条管线。

一个说明多样化重要性的最有力的例子就是土库曼斯坦，这个国家同时面临天然气出口和加强独立性的挑战。土库曼斯坦有幸拥有巨大的天然气储备，但不幸也在于天然气（与石油相比，天然气运输不够经济，利润也通常更低），以及经济高度依赖天然气生产。天然气运输成本很高，而土库曼斯坦是内陆国家，远离公海。因此，土库曼斯坦需要依靠漫长的管线，而这些管线必须过境其他国家才能抵达天然气的主要市场。因此，土库曼斯坦如何做出正确的管线选择，与土库曼斯坦能否在 2050 年成为繁荣的国家，在很大程度上是同一个问题。

土库曼斯坦拥有充足的天然气，能够满足所有潜在市场的长期需求。根据测量，单一个气田（南约洛坦气田）就拥有满足整个欧洲未来 20 年的全部需求（且欧洲还有很多其他供应国）。然而，土库曼斯坦的潜在市场包括俄罗斯、中国、印度、欧洲，每个国家对土库曼斯坦将天然气提供给其他国家会有看法，也会对另一国签订的供气合同有看法。根据当前的管线计划，土库曼斯坦向上述国家供气需要经过如下国家和区域，阿富汗、巴基斯坦、乌兹别克斯坦、哈萨克斯坦、塔吉克斯坦、吉尔吉斯斯坦、阿塞拜疆、伊朗、格鲁吉亚、土耳其、罗马尼亚、俄罗斯、乌克兰和有争议的里海地区。这其中一些国家具有过境风险，一些国家与其他国家的关系会引发风险，而一些国家是土库曼斯坦石油出口的竞争国。

土库曼斯坦的外交政策实行"中立"，即主权政策不允许外国公司分享其陆上大型气田的利润，商业政策只允许在境内出售天然气，而不直接涉及跨国管线。事实上，管线和天然气购买方需要来到土库曼斯坦，而土库曼斯坦不会去这些国家。因此，天然气生产国、输送国、购买国、管线投资方之间难以实现协同关系，造成建设复杂跨国管线的积极性不高。这可能会减缓土库曼斯坦的天然气发展速度——人民的收入增长更慢——但同时也保护了土库曼斯坦在复杂周边环境下的独立性。

土库曼斯坦的领导机制是自上而下的命令式风格，基层机制相对薄弱。由于天然气的开发，管线向各种不同的市场发展，而这些市场会随着地缘政治和全球趋势的变化而变化。因此，土库曼斯坦的相关石油机构需要变得更加强大，才能管控这些复杂情况。随着时间的推移，土库曼斯坦还需要权衡国内天然气消费补贴和天然气出口收入之间的复杂关系。那么如果普通土库曼斯坦人对提高收入的需求变得越来越紧迫，或者如果土库曼斯坦面对的是一个天然气需求量巨大、电动汽车代替汽油汽车、努力减排的世界呢？面对一个更加复杂和变化的世界，自上而下的领导风格最终会变得不太有效，而土库曼斯坦一旦在这个日益复杂的环境里犯错，就要付出高额代价。

> ＊注：“幸福之道在于多条管线”是 20 世纪 90 年代阿塞拜疆常见的车尾贴纸。本框的分析多得保罗·斯蒂文斯教授（Stevens，2000，2009）之助。另外，参见本书第十章《以开放的地区主义寻求繁荣》中有关碳氢化合物运输问题的讨论。
>
> 来源：作者。

全球公共产品。对中国和印度这两个巨大的煤炭消费国来说，土库曼斯坦的天然气提供了减少煤炭消耗、减缓气候变化的最佳机会。因此，在与那些天然气需求巨大的国家合作时，土库曼斯坦会拥有更多的谈判筹码。

如果出现这样的情形，我们希望到石油退出历史舞台时，哈萨克斯坦的经济已经实现了多样化，不再过度倚重石油。显然，面对快速变化的全球能源需求，尤其是从石油转向天然气的巨变，中亚的烃类能源业在 2050 年前最重要的挑战就是如何定位自己。

尽管烃类能源业现在仍发挥主导作用，但为了确保烃类能源不被浪费以及经济仍具有全球竞争力，烃类能源生产国面临一些其他挑战。这些挑战包括：管控烃类能源收入的波动性和可持续性，相关的透明性问题，国内烃类能源的利用率。中亚的烃类能源生产国能否维护社会共识取决于政府能否有效管控这些挑战，没有一个国家能够例外。

中亚国家的主要考虑是制定烃类能源产品的国内价格，避免过多的补贴负担，失去潜在的出口收入，以及过度需求和短缺背景下的腐败，激发经济中生产部门的竞争力并加速创新和技术转移。这些要点在第七章会详细讨论。

中亚的另一个相关考量是避免"荷兰病"和公共财政波动，公共财政管理的透明性，以及问责制的缺失。这些问题的原因是高度依赖自然资源税而不是公民税。[1]

可再生能源——从当前的缺席到光明的未来？ [2]

在苏联时期，只有少数的科学家关心可再生能源，能源业的管理者或能源政策的制定者对可再生能源毫不关心。毕竟，石油和天然气储量巨大且非常廉价，虽然水电获得了发展，但恐怕主要还是因为这是大型工程，而非因为它是可再生能源，能源专家多数选择规避风险，对技术持保守态度，污染通常不是关注的重点，而全球变暖并不被视为问题。当然，那时候世界上大多数国家都这么认为。

迄今为止，大多数中亚国家没有真正改变这种观念，而世界其他很多国家显然已经向前发展了，一些国家甚至走得非常远。尽管中亚拥有丰富的太阳能和风力资源，但详细的资源测绘却很少，少许具有积极意义的政策声明被提了出来，一些法律获得通

---

① 有关这些问题在哈萨克斯坦的解决情况参见艾特扎诺娃等人（2014）的论述。

② 有关中亚可再生能源、并有大量数据的总结，参见《各国可再生能源概况：亚洲》（国际可再生能源机构，2013）、《中亚可再生能源》[德国技术合作公司（GTZ），2009]。本章本节着重讨论风能和太阳能。

过，但大多数没有获得执行，只有极少的投资真正进入了可再生
能源领域，但也是以试点的形式或分散零星的投资模式。表 5–3
显示，与世界其他地方相比，中亚的可再生能源生产水平非常
低。中亚可能坐拥一种与烃类能源相当的能源，而这种能源正是
世界在不久的将来所需求的。

表 5–3：与世界其他地方相比，中亚的可再生能源生产水平非常低

国家 / 组别	可再生能源占比 (%) *	非水电可再生能源占比 (%) **
哈萨克斯坦	1.2	0.1
吉尔吉斯斯坦	22.5	0.1
塔吉克斯坦	57.3	0
土库曼斯坦	0	0
乌兹别克斯坦	2.6	0
北美	9	6.2
欧洲	14.1	10
东欧	5.4	3.3
高加索和中亚	4.4	0.5
西亚	4.3	2.8
东亚	15.3	12.1
东南亚	31.1	29.6
南亚	34.8	33.2
大洋洲	15.1	11.1
拉美和加勒比	29	19.7
北非	5	3.6
撒哈拉以南非洲	75.4	73.8

（续表）

国家 / 组别	可再生能源占比 (%) *	非水电可再生能源占比 (%) **
世界	18	14.9
高收入国家	9.3	6.5
中等偏上收入国家	16.7	12.6
中等偏下收入国家	43.2	41.2
低收入国家	74.2	70.8

注："可再生能源占比"是指可再生能源在终端能源消费总和中的占比。"非水电可再生能源占比"包括生物质、生物燃料、风能、太阳能、地热能和其他。

来源："人人享有可持续能源"（Sustainable Energy for All），2015。

中亚的烃类能源和大型水电计划受到了巨大的关注，而非水电类的可再生资源却被严重忽视。这个现实令人遗憾，因为开发出口遥远市场的石油与天然气及管线需要 10 到 15 年才能收回成本，而可再生能源技术在更短的时间内就能盈利。此外，全球经验显示，这些技术需要先进行试验，等到系统准备好后再展开大规模一体化，因为那时成本已经降到可接受的范围。因此，对能源业来说，越早发展可再生能源越好。

世界其他国家的情况如何呢？得益于持续的政策执行及长期能源转型的综合理念（框 5–2），中国已经成为全球太阳能、风能技术与投资的领导者。印度也在向同一个方向发展。在很多其他国家，可再生能源是成长最快的一种能源，最初是因为一些大国有政策支持，后来渐渐是因为风能和太阳能光伏的经济效益，没有政策支持，这些可再生能源在很多地方及很多应用领域也具有充分的竞争力。

那么可再生能源成本在全球层面的情况如何呢？

根据国际能源署的《技术发展蓝图》（追踪过去的成本、投资等趋势，并预测到 2050 年的趋势），太阳能光伏和风能具有以下几个显著趋势（国际能源署 2014b，《技术发展蓝图》：太阳能 2014b，《技术发展蓝图》：风能）：

- 从 2010 年到 2014 年初，世界增加的太阳能光伏产能比前 40 年的总量还多。全球产能现已超过 150 千兆瓦。

- 预计全球产能到 2050 年达到 4600 千兆瓦，或等于全球电能的 16%（把 2010 年版《技术发展蓝图》预测的 11% 提高了）。作为比较，这个数值是现在中亚发电总量的 100 倍。

- 光伏的价格过去六年在大多数市场下降了 2/3（根据市场规模和太阳能资源的不同，在 9—30 美分每度电之间浮动），在高峰时间已经具有与其他能源种类竞争的能力。

- 国际能源署预测光伏的价格到 2050 年会再平均下降 60%，在 4—16 美分每度电之间浮动。

- 太阳能光伏发电站现在的增长速度比屋顶光伏快，预测到 2050 年会占光伏市场的一半。

- 自 2008 年以来，全球风电产能翻了一番以上，已经超过了 300 千兆瓦，预计到 2050 年达到 2300—2800 千兆瓦。这个数值相当于全球电能的 15%—18%（现在相当于 2%，2009 年预测的是 12%）。

- 风电提供了丹麦电力总需求量的 30%，在葡萄牙是 20%，在西班牙是 18%。

- 中国现在是风能装机容量最大的国家（75 千兆瓦）——相当于哈萨克斯坦装机发电总量的 4 倍——排在后面的是美国（60 千兆瓦）和德国（31 千兆瓦）。

- 陆地风电现在的价格是 6—13 美分每度电，主要取决于风力资源的强度。即使没有政策支持，风电在一些市场也具有竞争力。风电的价格预计到 2050 年会下降 20%。

这些对风能和太阳能光伏的预测不基于任何蓄能技术的重要突破。如果电池技术（或太阳能蓄热技术）真的出现这种突破，使蓄能变得经济，进而提高可再生能源的投资，降低成本，那么可再生能源在全球供电的占比会远远高于国际能源署《技术发展蓝图》的预测。间歇性和夜间供电（太阳能）问题会获得解决，可再生能源到时就不需要非可再生能源的备用发电能力。这将是一场真正的能源革命。

从本质上来说，中亚需要决定是否参与这股潮流带来的经济和环境机会，还是继续把可再生能源（及相关的气候变化减缓措施）视为无关紧要的问题。能源业现在做出的决定具有长期影响力。我们今天做出一个建造发电厂的决定，但这个因此建成的发电厂到 2050 年仍会继续运营，所以燃料的选择极为重要。单座 1 千兆瓦的发电厂可以给吉尔吉斯斯坦或土库曼斯坦这种较小体系增加 30% 的发电量，或给哈萨克斯坦这样的较大体系增加 5% 的发电量。因此，这些发电厂做出的技术选择相当重要。错误的选择会给中亚国家带来昂贵的"累赘资产"，例如，由于技术、需求模式或税收的转变，那些不再具有竞争力，或无法再提升经济竞争力的能源投资就成了累赘。

如果中亚国家继续把可再生能源边缘化，他们就只能寄希望于石油和天然气能够在未来市场打败日益具有竞争力的可再生能源，以及打败最终把气候变化问题大规模落实到能源政策、税收、法规的世界。

很多其他国家已经选择通过促进能源转型、让可再生能源发挥决定性作用来规避这些风险。中亚也应该这么做。根据其他国家的经验，中亚可以实施的政策措施包括：实行试验性的可再生能源项目；创建可再生能源署——人员配备必须精良，还必须获得强有力的政治支持（对可再生能源目标进行立法）；减少化石燃料的补贴（或提高税收）；利用公开投标建立最低补助，促进私营部门对新能源的部署（对入网电价补贴和电网的可再生能源配额进行立法）。此外，中亚可以利用自身巨大的可再生能源潜能在气候变化协议中获得政治筹码，并从那些减缓气候变化的投资中获得优惠融资。

全球公民——中亚的气候变化协议？

尽管气候变化造成了巨大的全球挑战，但也给拥有巨大可再生能源的中亚国家带来了机会。全球气候变化协议的框架正在形成，主要有以下几个方面的内容：发展中国家承诺减缓气候变化，作为回报，发达国家向发展中国家提供减缓和应对气候变化投资方面的财政支持。全球层面的承诺需要被明确量化，并具有约束力，就像国家或地区层面的任何协定一样（政府间气候变化专门委员会，2015）。

《联合国气候变化框架公约》第 21 次缔约方大会 2015 年末在巴黎举行，旨在经过了 20 年的谈判后签署这份全球协议。在这个全球气候变化框架内，国家和地区有机会提出气候变化项目或计划建议，来支持国际社会。对中亚来说，这种项目应该包含哪些方面的内容？下面是可能的纲要：

- 上游国家提出能源效率和可再生能源的长期方案，内容的宏大前所未有，以便加速向那些在减缓气候变化方面极具竞争力的高水平国家趋同。

- 下游国家也提出非常宏大的水资源效率方案，主要通过能源和水的定价改革与关键投资，使水资源的消耗达到更可持续的水平，并且让农业适应气候变化。[①]

- 以上述的上、下游国家的水和能源效率方案为基础，上游国家与下游国家在上游蓄水的方式上达成共识，并调节风能和太阳能生产中的间歇性问题。

- 所有中亚国家就水电和天然气出口到中国和南亚及相应的管线铺设问题达成合作共识，这会逐渐大幅减少这两个地区对煤炭的消耗。[②]

- 国际社会的关键参与者对协议的执行提供支持和保障，并向有需要的国家提供气候变化方面的优惠融资（例如，绿色气候基金或气候投资基金提供的优惠融资项目），帮助这些国家实现气候变化目标。

显然，建立一个这样的协议极其复杂，且需要多方面的考量，并会在一段持续的时间里牵涉众多利益相关者。在彼此互不信任的气氛下，国际社会需要具有高度的主动性来促成这个协议，可能更重要的是，需要非常主动地帮助一些国家和地区建立用于设计和执行项目的制度。这将是一项非常艰巨的外交、技术、财政任务。

中亚还有其他选择吗？如果不参与全球气候变化协议，中亚未来的和平与繁荣会如何发展？这项协议对中亚来说无疑是一次经济革命，也是中亚全球竞争力及共同实现2050年远景的基础。

---

① 有关水资源效率、水效率和能源效率的关系，参见第六章框6-1。
② 有估计，中亚的水资源潜力的90%被闲置（中亚国家土地管理倡议，2010）。

总结

本章分析了中亚能源业自独立后取得的有限进展，以后的很多挑战，以及多大程度的改革才能促进中亚实现 2050 年远景。本章特别讨论了电力行业的改革、烃类能源业的关键问题、向可再生能源转型的潜力，以及中亚签署全球气候变化协议的可能性。

如果中亚想要参与全球竞争，那么实现"能源转型"至关重要。最重要的是，中亚需要建立能够灵活推进能源转型且具有前瞻性的制度。这个制度需要人员配备精良的能源机构，免受既得利益集团的干扰，成为这个快速变化世界的变革引领者。这些制度必须快速、有效地应对可再生能源成本的快速下降。中亚必须在扩大范围前试点改革，避免经济受到新兴大国的伤害，因为这些承担气候变化责任的大国（如中国或印度）可能会对没有承担责任的国家采取贸易保护主义措施。

中亚能源机构的决策者应该用前瞻性的眼光考虑每一项投资和政策选择。他们必须认识到能源资产最终变成闲置品的风险，寻找那些能够加强长期经济竞争力的投资和政策。能源体制的发展能够让国家做出有效的选择和措施，这点对能源转型来说极为重要。

下文罗列的是我们为能源业总结的政策建议，短期步骤可以迅速实施，而长期步骤需要长期视角。

中短期建议

● 对中亚五个国家来说，能源业的首要任务是继续价格与补贴改革。能源行业需要回收所有的成本，让经济生产部门实施硬预算约束，进而提高能源效率，及确保国家具有持续提供优质公共服务的财政活力。作为改革的配套措施，政府还必须为弱势群体提供针对性的社会保障。

- 价格与补贴改革应该与独立于政府和既得利益集团的新监管制度配套。这些制度必须鼓励并创造竞争的环境，提高能源业的私人投资。这还需要政府具有政治意愿来打击根植于中亚能源业的腐败问题。

- 能源业的机构需要对能源技术的全球趋势具有与时俱进和全面的了解，尤其是可再生能源技术的成本和好处。掌握了这些知识后，能源机构应实施试点计划。在哈萨克斯坦、乌兹别克斯坦、土库曼斯坦，试点计划可以包括入网规模的太阳能和风能。在吉尔吉斯斯坦和塔吉克斯坦，试点计划可以包括较小规模的水电及地方性的可再生电能和供暖。

中长期建议

- 塔吉克斯坦和吉尔吉斯斯坦需要进一步发展其巨大的水电潜能，并与下游国家（哈萨克斯坦、土库曼斯坦、乌兹别克斯坦）在可持续蓄水问题的解决方案上达成协议，这也能促进自身的水电发展。

- 塔吉克斯坦和吉尔吉斯斯坦应发展与南亚的水电贸易，土库曼斯坦应发展与东南亚和欧洲的天然气贸易。

- 中亚应利用自身的清洁能源潜能和节能效率，获得与国际社会谈判气候变化协议的筹码。

- 在进行每一个长期能源投资决策时，能源业的机构需要对气候变化的地缘政治和碳排放税作出预判，然后从全球层面考虑成本、市场、技术的长期趋势。

第六章　农业现代化

农业现代化

理查德·庞弗雷特（Richard Pomfret）

简介

到 2050 年，中亚的农业将能高效生产、做到可持续发展、具备比较优势。21 世纪初，中亚农业面对高昂的资金成本、时间成本，阻碍了现代供应链的形成；政府将采取措施大幅降低这些贸易成本。传统的专业化生产地区，包括南部灌溉区的棉花和北部的小麦，将会与重建在半干旱、近郊地区的高效畜牧业连接起来，同时也会与东部雨养地区和费尔干纳盆地的水果、蔬菜、坚果、蜂蜜和其他细分市场产品的专业化生产基地连结起来。土地改革工作将完成，内容包括赋予农民明确的土地所有权以及种植哪种农作物的选择权。农场所面对的投入与产出价格将符合全球市场的价格，除非其生产有明显的外部效应。诸如有效用水和地区水资源管理与协作，气候变化的影响，以及农村发展等这些主要挑战都将得到解决。

根据 2050 年远景规划，随着人口的增长和工资的提高，农业的资本强度也会随之改变，进而促使农业生产更多、更高质的食物。在促进和奖励商业精神的制度下，受过教育的农民将自己决定农作物的产出比例、生产技术、销售方式。由于稀缺，水资源将被有效配置；地区内外的贸易流动将不受限制。尽管农村人口比例将大幅下降，但农村地区人民的生活水平将获得大幅改善，绝对贫困将被彻底消除，人人都能享有教育、医疗服务、洁净的饮用水、公共卫生、便捷的交通和通讯服务。

上述内容是我们的远景目标。然而，如果实现目标所需的改革和投资不能到位，我们在 2050 年可能需要面对相对无望的状况。如出现这一结果，中亚五国的农村状况将从独立之后发生大幅分化。每个国家仍将面临土地使用权改革及信贷与其他供给市场改革的迫切需求。农村的基础设施将非常落后，农民不能成为供应链里的一环，无法获得高收入。在获得局部改革的农业中，既得利益者们将继续抵抗机构改革、投入与产出市场的改革。政策将因随意且不透明的税收和滋生腐败的补贴而持续扭曲，而政府也将继续要求农民种植规定的重点作物。面对诸如水资源和贸易便利化等问题，由于缺乏国内改革和地区合作，城市和乡村人口都将陷入贫困，无法获得基本的服务，农村人口尤其如此。

本章分析了农业的前景，并就如何实现远景目标提出了建议。中亚的地形和气候比较适宜两种主要出口作物的生产：南部的棉花和北部的小麦。但面临的紧迫问题是，应该投入多少土地用于生产这些作物才合适，以及如何有效生产这些作物。这一问题的答案会随着下面几个方面的变化而变化：所采用技术的改善、工资的增长及资本取代劳动力、气候变化和其他因素对水资源的影响。传统的畜牧业自 1991 年后便急剧萎缩，但随着人们收入的增加和饮食结构的变化，畜牧业会重新复苏，而且细分市场产品也会获得发展。本章主要围绕四个部分展开（棉花、小麦、家禽、细分市场产品），但同时也承认国家政策对土地、水资源、农村发展的影响。

在评估政策选择和政策需求时，认识到详尽的农业规划的局限性至关重要，这也是为什么农业成为苏联经济致命要害的重要原因之一。在农作物、种子、施肥和其他农业生产作业方面适合采取分散决策的方式，因为土壤或气候的细微变化都足以影响土地的有效使用。规模经济在一些情况下至关重要，但在其他情况下，非规模经济意味着独立的家庭农场反而比大型农企更有效。

农业政策不适宜涉及挑选赢家或为大规模投资提供资金。相反，好的农业政策应该创建有利的环境，使得农民能够在市场决定的价格下，自由地做出知情选择，决定种植什么作物和如何种植。

当农业市场的失灵需要由政策措施来矫正时，我们有大量文献可以参考。最有效的政策措施有两种，一种是支持创新的，可以通过农业研究和推广服务来实现，另一种是应对供应链关键点的垄断势力的滥用。这些措施应当具有透明性且在实施时没有歧视性。

背景

中亚地区主要有两条河流，阿姆河和锡尔河，这两条河流是咸海湖的水源补充河。中亚地理上的统一在农业方面显现得最为清晰，在农业灌溉的设计图上，除去哈萨克斯坦北部的小麦生长带和东部的山麓丘陵地区，这两条河流水系基本主导了其他所有地区。然而，1991 年后中亚地区被划分成了五个国家，它们的国界线划分并不符合地理特征。地区的划分情况导致了各国政府对于水资源分享和环境控制问题的争执不断加深，咸海湖的干涸凸显了这一情况的悲剧后果。此外，中亚干旱地区以剧烈的气候变化为特征，也受到全球气候变化的威胁。

中亚的次区域清晰地区分了中亚的农业。棉花种植主要分布在两大河流的灌溉区。1865 年俄罗斯征服塔什干后，沙皇政府发展了棉花产业并建设了送往俄罗斯的铁路。此后，苏联政府继续扩建灌溉渠道，但很多灌渠在输水方面十分低效，20 世纪 50 年代卡拉库姆运河的建设将灌渠扩建推至顶峰，卡拉库姆运河是一条长达 1375 千米的明渠，它支撑起土库曼斯坦的许多农业，却也是咸海湖干涸的罪魁祸首。毫无疑问，中亚十分适合种植棉花这个被誉为"白金"的珍贵农作物[1]，但是它的灌区被扩张得太大了。从 1991 年起，棉花种植区因为灌溉系统缺乏维护开始减少。然而，棉花种植仍是乌兹别克斯坦及其他四国的重要产业。用水效率低下是中亚普遍存在的问题，尤其是塔吉克斯坦、土库曼斯坦、乌兹别克斯坦。[2]

20 世纪 50 年代的"处女地运动"使哈萨克斯坦北部的小麦种植区急速扩大，导致该地的小麦生产率达到本地区最高。这里

---

[1] 在 20 世纪 70 年代上半叶，中亚地区的每公顷单产比美国高出 74%［麦克唐纳（MacDonald），2012］。生产力随后停滞了 40 多年，但其他主要生产国有一大批新技术，中亚棉农可以运用这些技术快速追赶。

[2] 世界银行（2014f）报告说，虽然塔吉克斯坦 85%（72 万公顷）的耕地得到灌溉，但由于灌溉基础设施退化、涝灾、盐碱化，实际上只有 3.3 万多公顷有产出。不过，塔吉克斯坦的棉花业有潜力，因为其质量很高。

的泥土和气候都十分适宜高品质小麦的生产，但是多变的气候导致小麦产量并不稳定。与棉花一样，苏联当局过度扩张了粮食生产区域，甚至将雨量不足和土壤贫瘠的土地也用于粮食生产。20世纪90年代，小麦种植面积开始减少，而现在的面积可能是较为合适的水平。当然，这个"合适"由科技和价格决定，而这两点会随时间而变化。①

其他中亚国家也种植小麦，独立后为了实现粮食的自给自足，乌兹别克斯坦和土库曼斯坦扩张了它们的小麦种植面积，但是它们生产的小麦质量不及哈萨克斯坦，而且大多数时候无法满足本国的需求。

中亚的畜牧业有悠久的传统，尽管在苏联的劳动力分配中，它的重要性不及棉花种植，而羊毛产业也在独立后崩塌了。哈萨克斯坦正在大力投资现代牧牛业，它们从北美进口纯种牛，希望能够开拓欧亚联盟的出口市场。然而，小农场仍是中亚畜牧业的主要模式，它们一般只有一到四头牧牛，主要供给当地市场和自己食用，这样的小农场在中亚还有数百万个。

其他种类的农作物种植包括哈萨克斯坦东部的油料作物和克孜勒奥尔达州的稻米。中亚还有一些重要区域用于混合农业，尤其是哈萨克斯坦东北的雨养丘陵地带，以及位于吉尔吉斯斯坦、塔吉克斯坦和乌兹别克斯坦三国交界地区的费尔干纳盆地。下文将讨论新细分市场产品的出口前景。

在过去25年间，中亚用于棉花生产、小麦生产（在哈萨克斯坦北部）、畜牧业生产的土地面积缩小了。鉴于中亚的土地使用

① 世界银行（1992）估计，约30%的新土地不适合长期耕种。这大约是独立后不再种植小麦的土地比例。

出现这样大幅度变化，评估当下农业结构的低效程度变得十分困难。20 世纪 90 年代发生转型期衰退后，出现了城乡迁移的现象，因为在城镇失去工作的工人必须回到家乡才能维持生计。农业产量和就业占比下降这个普遍规律并不总是在中亚适用，在独立后的 20 年间，哈萨克斯坦、吉尔吉斯斯坦、塔吉克斯坦（可能也包括土库曼斯坦）国内生产总值中农业所占的比重下降，但农业的就业率反而上升（图 6-1）。[1]

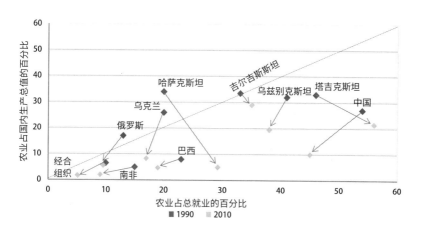

图 6-1：在独立后的 20 年间，中亚许多国家
国内生产总值中农业所占的比重下降，但农业的就业率反而上升

注：本图表不包括土库曼斯坦。

来源：经合组织（2011）。

中亚一半以上的人口居住在农村地区。在能源丰富的哈萨克斯坦和土库曼斯坦，农村人口占人口总数的一半，在最贫困的塔吉克斯坦和吉尔吉斯斯坦，农村人口则超过人口总数的 2/3（表

---

[1] 与本章中的所有数据一样，这些数字应谨慎对待。在俄罗斯工作的一些移民工人可能被算作了吉尔吉斯斯坦、塔吉克斯坦、乌兹别克斯坦 2010 年的农业劳动力，而哈萨克斯坦的劳动力可能未包括来自乌兹别克斯坦的移民工人。

6-1）。农业占据了中亚 45% 的劳动力，人数超过八百万，它也是这个地区稀缺水资源的主要消耗者。

表 6-1：农村人口在能源丰富的哈萨克斯坦和土库曼斯坦占人口总数的一半，
　　　　在塔吉克斯坦和吉尔吉斯斯坦占人口总数的 2/3 以上

国家	农业劳动力[1]（千人）	农业占国内生产总值比例[1]（%，2012 年）	农村人口[2]（占总人口比例，2013 年）
哈萨克斯坦	2,200（2012）	4.7	47
吉尔吉斯斯坦	700（2011）	19.5	65
塔吉克斯坦	1,520（2012）	26.2	73
土库曼斯坦	1,017（2004）	14.5*	51
乌兹别克斯坦	3,323（2012）	18.9	64

* 2010
注：哈萨克斯坦和土库曼斯坦农业的低占比反映了石油和天然气的高占比。
来源：1. 亚洲开发银行（2014f）；2. 世界银行（2015b）。

各种作物的前景

棉花、小麦、牲畜很有可能仍是农业的主要组成部分，都有提高生产力和改善农业以外条件的潜力。生产力可以有相当大的增长，例如效仿气候条件与中亚相似的北美和澳大利亚的生产模式。如果软硬基础设施获得改善，那么适宜在中亚不同地形生长的细分市场产品将有机会进军全球市场。

这个部分就四种作物的具体特征进行讨论。实现这些积极结果将需要国内进行改革和地区加大合作。后续部分将分析政策的影响。

棉花

在独立时期，棉花是四个南方国家以及哈萨克斯坦南部的主要农作物。由于具有很高的价值重量比，运输也相对方便，棉花的销售目的地很快从俄罗斯换成了设在瑞士和英国的欧洲棉花交易中心。从 1992 年到 1995 年，棉花价格一直保持高位，这缓和了转型期的经济衰退情况，使乌兹别克斯坦在 20 世纪 90 年代成为苏联成员国中经济表现最好的一个国家。乌兹别克斯坦还拥有相对合格的生产管理，相对而言，土库曼斯坦和塔吉克斯坦的灌渠及其他基础设施就非常缺乏维护。与其他三个国家相比，哈萨克斯坦和吉尔吉斯斯坦的棉花产量规模要小很多，但对本国而言也非常重要，且组织效率较高。

中亚的棉花出口超过 350 万捆包，占全球市场很大比例，仅排在美国和印度之后，与巴西和澳大利亚相当（表 6-2）。乌兹别克斯坦是全球棉花市场的主要参与者，但是棉花对于其他中亚国家的经济而言，则相对不那么重要。棉花在 20 世纪 90 年代对于土库曼斯坦相当重要，有几年的出口量超过了 100 万捆包，但是灌渠维护不善，导致棉花的生产量和出口量都下降了。塔吉克斯坦在独立后棉花产量也有所增长，但 1992 年到 1997年的内战以及随后轧棉机私有化的失败降低了棉花的产量。不过，即便中亚在过去 50 年经历了苏联瓦解和国内各种政策问题，但受到世界认可的高质中亚棉花仍使其在全球市场保留了较大的份额。

表 6-2：中亚的棉花出口超过 350 万捆包，占全球市场的很大比例

前五大出口国	贸易额	其他中亚出口国	贸易额 (括号内为排名)
美国	10,000	土库曼斯坦	625 (第 11)
印度	5,000	塔吉克斯坦	350 (第 15)
巴西	3,400	哈萨克斯坦	225 (第 18)
澳大利亚	3,000	吉尔吉斯斯坦	80 (第 34)
乌兹别克斯坦	2,300		

来源：世界指数 (Index Mundi) (2015)。

棉花和小麦的生产方式在乌兹别克斯坦和土库曼斯坦基本没有改变，农民依旧无法选择他们的农作物以及销售方式。[1]

由于轧棉机属于国家所有，这也导致棉花只能由国家销售。因此，农民获得的价格与国际价格之间有巨大差距，而这个价格差是国家收入的一项重要来源（表 6-3）。

同时，水、劳动力以及一些其他生产投入的价格也偏低。在这些条件下，乌兹别克斯坦的棉花产量毫不意外地陷入停滞，且逐渐落后于其主要竞争国（图 6-2）。因此，如果能够制定合适的政策，乌兹别克斯坦的棉花产量有上升的潜力，但是基于同样的原因，乌兹别克斯坦如果想要维持棉花产业的长期竞争力，需要对该产业进行实质性的政策改革［麦克唐纳（MacDonald），2012］。[2]

---

[1]　更多细节，参见国际危机组织（2005）、孔迪约蒂（Kandiyoti，2007）、施塔尔托夫娜（Shtaltovna，2014）和霍尔尼齐（Hornidge，2014）的论文。

[2]　适当的政策将包括体制和其他变化，使农民面对的投入价格和产出价格更接近社会机会成本定价。考虑到目前的价格扭曲幅度大，这种改革将刺激棉花生产力和种植面积发生变化，对产量的净影响难以预测。然而，鉴于中亚长期以来传统上是适宜棉花生产的地区，棉花不大可能失去其主要作物的地位。

表 6–3：农民获得的价格与国际价格之间
有巨大差距，而这个差距是国家收入的一项重要来源

交易年	农场批发价（美分，每磅棉花纤维）			世界价格
	SPP_O	SPP_P	美国	
1999/00	29.4	7.2	45	52.8
2000/01	22.3	8.2	49.8	57.2
2001/02	17.8	8.4	29.8	41.8
2002/03	19.5	15.5	44.5	55.7
2003/04	27.9	27.7	61.8	69.2
2004/05	29.8	29.9	41.6	53.5
2005/06	30.5	30.8	47.7	56.1
2006/07	34.9	34.2	46.5	59.1
2007/08	38.6	37.1	59.3	72.9
2008/09	43.4	37.9	47.8	61.0
2009/10	42	30.7	62.9	77.5
2010/11	50.2	35.3	81.5	165
2011/12	38	25.8	90.5	103.5

注：SPP_O 和 SPP_P 把乌兹别克斯坦的国家收购价格（SPP）分别以官方汇率和非官方汇率换算成美元。土库曼斯坦的情况较不透明，但是它们的价格差可能更大。
来源：麦克唐纳（2012）。

在塔吉克斯坦，由于地方政府掌握所有轧棉机的所有权并强制耕种作物的选择，因此塔吉克斯坦农民的生产积极性也很低 [列尔曼（Lerman）、西迪克（Sedik），2008]。尽管具有政治难度，但改革供应链可以大幅提升效率 [佩伊劳斯（Peyrouse），2009]。总之，由于农民缺乏足够的生产激励，主要棉花生产国（乌兹别克斯坦、土库曼斯坦、塔吉克斯坦）的生产力都出现严重停滞。

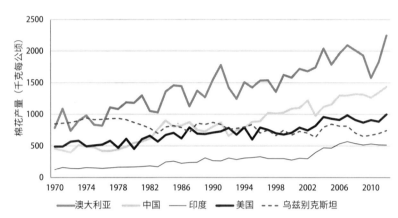

图 6-2：乌兹别克斯坦的棉花产量陷入停滞，且逐渐落后于其主要竞争国

来源：麦克唐纳（2012）。

　　在 21 世纪初，国外的非政府组织重点指出了棉花产业存在的一些不自由的制度，尤其是童工的使用，从而使得棉花产业变得很有争议。许多西方公司，如乐购、沃尔玛、H&M、杰西潘尼、玛莎百货响应非政府组织的游说，开始抵制乌兹别克斯坦的棉花。2008 年，乌兹别克斯坦重新定位了外交政策，重心从俄罗斯开始转向西方国家，这使它们的官方政策发生了变化，比如禁止童工，但是实地报告显示这项措施并未被充分执行（国际危机组织，2014 年）。如果儿童能够选择工厂工作而不去学校读书，那么童工的使用将损害乌兹别克斯坦长期的经济利益。

　　在苏联时代，棉花收割机械化是一种宣传手段，用来彰显共产主义如何减轻工人采摘棉花的辛苦，但实际上苏联也会组织中小学生和大学生进行手工采摘棉花的农业活动。然而，机械化在经济上并不适用于中亚的要素禀赋，中亚向市场经济的转型其实凸显了手工采摘的主导地位，这是因为手工采摘有一项附加好处，就是确保棉花有较高的质量。① 尽管如此，随着中亚人工工资的上升，将来终有一天机械化会替代人工采摘，正如美国和澳大利亚已经基本实现的那样。然而，在机械采摘未能获得相对要素价格认可的情况下，引进这种方式可能是极度浪费的。一些数据也显示，苏联棉花产业在 20 世纪 60 年代过早引进机械化后，产生的机会成本以当时价格计算约达 10 亿美元以上（庞弗雷特，2002）。

尽管中亚在棉花种植上拥有悠久的传统，也具备生产高品质纤维的条件，但棉花是高需水作物，而中亚又是干旱的地区。在 1960 至 1985 年间，中亚的灌溉面积由 460 万公顷扩张到 800 万公顷，灌溉用水也从 560 亿立方米上升到 1,060 亿立方米，这导致了咸海的干涸。最严重的水资源浪费是在卡拉库姆运河，它的大部分水都在炎热的夏天被蒸发，而渗流的水又使运河沿岸被盐化。然而，如果关闭运河，将会毁灭土库曼斯坦农业的大部分。乌兹别克斯坦坚决反对上游国家塔吉克斯坦和吉尔吉斯斯坦对水流的限制，并威胁说如果塔吉克斯坦继续加大对水力发电能力的投资，特别是对罗贡坝这样的大坝，它们将采取极端的反应。中亚未来应当认识到水资源的稀缺问题，采取更好的国家措施来提高水资源的利用效率（框 6-1），同时各国应加强合作来决定上游国家应当何时放水以及泄多少水让其他国家使用。

---

① 自独立以来，机械收割所占份额大幅下降。在哈萨克斯坦南部，收割主要由低收入的移民工人完成，而在乌兹别克斯坦，童工被动员参与其中（麦克唐纳，2012）。

| 框 6-1 | 中亚改善水资源管理应采取的行动 |

中亚在水资源利用上有许多严重的低效问题：上游大坝和水库缺乏维护，锡尔河上的托克托古尔水电站和阿姆河上的诺拉克大坝无法从吉尔吉斯斯坦和塔吉克斯坦获得足够的水资源〔国际危机组织（International Crisis Group），2014〕；卡拉库姆运河和其他未能放水或维护不当的灌渠造成的浪费；咸海的干涸。然而，那些改善水资源利用率的措施，实际执行起来困难重重。几个由外国资助的地区计划在 20 世纪 90 年代均已惨败告终（庞弗雷特，2006），因此，外部观察人士一致把重点转向了各国提高水资源利用效率的国家政策，寄希望于它们的潜在收益〔哈桑诺夫娃（Khasanova），2014〕。

例如，对水利局进行改革，可以提高它们自身的效率和对用户的响应能力。同时，利用水表和交易许可证对灌溉进行定价，也能促进农民及其他用户提高水资源的使用效率。通过修复系统减少损失，以及改善水务公司的管理并对其进行商业化运营可以提高供水和卫生。取消电力与燃料使用的补贴、提高供水准入的竞争性可以打破国家垄断，进而促进水务公司提高供水的质量和可靠性。

然而，改革面临的阻碍十分巨大。提高用水效率的好处并不会平均分配到五个国家。棉花的主要生产国（乌兹别克斯坦以及产量较低的塔吉克斯坦和土库曼斯坦）是主要的潜在获益者，但乌兹别克斯坦对水的定价却表示强烈反对。卡拉库姆运河是苏联扩张灌溉农业留下的最为低效的工程，它的修复十分昂贵，而进入运河的水流减少则会破坏土库曼斯坦的大部分农业。由于吉尔吉斯斯坦农业改革的程度已经很高，它能够获得的利益极少，不过在有效的区域协定下，上游国家（塔吉克斯坦和吉尔吉斯斯坦）不必承担水库维护的所有费用。在不久的将来，水流管理的矛盾将迅速凸显，这是因为塔吉克斯坦和吉尔吉斯斯坦计划要提高它们水电站的发电量，为此放水需要在冬天进行，但是下游棉花生产国需要水库在夏天放水。所以，任何改革都需要谨慎权衡地区整体的利益。

注：更多信息可以参考"水资源的使用"这部分内容。

专业从事棉花生产本身并无害处，前提是负外部性也要被考虑进去。在经历了 1993 年到 1995 年中期的急速发展后，棉花出口收入的增长情况一直不尽如人意，因为全球价格直到 2010 年才回到每磅 1 美元（图 6-3）。然而，2010 年的高价正好伴随着棉花的丰收，之后全球价格在 2011 年更是飙升到每磅 2 美元，那时候棉花出口国的情况都非常好。虽然人工纤维对棉花造成了竞争，但棉花的长期需求还是有所增长，当然，如果以现状推断未来的市场情况是有风险的①。

---

① 更具体地说，自 2005 年多边纤维协定（Multi Fiber Arrangement）结束以来，棉花的需求受益于新兴市场经济的快速增长和世界纺织品贸易的增长。羊毛需求一直不振。

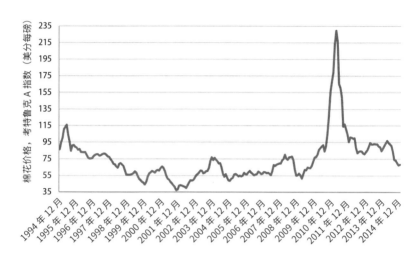

图 6-3：在经历了 1993 年到 1995 年中期的急速发展后，棉花出口收入的增
长情况一直不尽如人意，因为全球价格直到 2010 年才重回每磅 1 美元

来源：世界指数（Index Mundi, 2015）。

　　总而言之，棉花仍会是中亚的重要产业。中亚悠久的棉花种
植历史反映了这个地区的地理条件适宜种植高质量的棉花。缩减
一定的棉花种植面积，可能从环境角度考虑是可取的，因为这项
措施可以节约用水并减少土地盐渍化，当然主要的棉花生产商可
能会有所抗拒。然而，长期结果并不仅仅取决于农业灌溉与水力
发电纠纷的解决方案，同时也取决于哪个国家的政策更能提高用
水效率，以及更能促进生产率在其他方面提升。此外，从中期来
说棉花产业仍会是农村就业的一项主要来源，但是未来某天当机
械化时代降临时，棉花产业的劳动力需要将转向其他行业。

小麦

　　小麦是哈萨克斯坦的主要出口农产品。和棉花一样，苏联
时期小麦的耕种面积也发展得过大。独立后，小麦的种植面积有

所减少，种植技术也有所改善，比如有助于提高偏远地区生产率的免耕种植法。与产量不稳定相关的物流问题是哈萨克斯坦面临的一项主要挑战，例如在丰收年，农民难以找到谷仓和使用轨道车。这些问题的解决方案包括引进现代追踪技术、改进其他物流方式、投资实体基础设施等。

历史上，哈萨克斯坦把小麦卖给它们在中亚的南方邻国，或者通过俄罗斯的铁路系统卖给其他国家。然而乌兹别克斯坦和土库曼斯坦推行小麦自给自足计划后，哈萨克斯坦对这两个国家的出口就减少了，不过它的小麦仍保留了一定的市场份额，且因为高质量获得了较高的定价。2014 年 12 月，哈萨克斯坦经土库曼斯坦与伊朗铁路的连通减少了其对俄罗斯铁路线的依赖，如果中国西部能够成为哈萨克斯坦可靠的出口市场，这种依赖性将进一步降低。在 2012 年，哈萨克斯的小麦出口量达 700 万吨，是全球第六大出口国。

随着以非洲和中东为主的进口需求量的增加，全球小麦需求量预计会从 2010 年的 6.66 亿吨上升至 2050 年的 8.80 亿吨[1]，实际上所有增加的出口量都是来自于北美、欧洲、澳大利亚、阿根廷以及哈萨克斯坦、俄罗斯、乌克兰。乌克兰在世界贸易中的占比并不稳定，但是这个比重在过去的 20 年间有了大幅度的提升，从 1992 年的 3% 增加到 2010 年的 20%，并且有望在未来进一步提升［布尔科巴耶娃（Burkitbayeva）、克尔（Kerr），2013］。

---

[1] 魏甘德（Weigand，2011）的这些估计是保守的，因为他们预测 2030 年后，由于中国人口下降，对小麦的需求下降，而印度的进口需求仅是略有增加。短期内，中国对哈萨克斯坦小麦的需求一直在增长。吉林粮食集团是一家国有公司，在哈萨克斯坦购买了 100 多万公顷的土地，尽管这些土地可能被用来种植大豆（张，2014）。

北美的产量表明哈萨克斯坦有潜能提高生产力。从 2006 年到 2010 年，美国和加拿大的平均产量是哈萨克斯坦产量（每公顷 1.06 吨；图 6-4）的 2.5 倍以上。在 1996 年到 2000 年间，哈萨克斯坦的粮食平均产量是每公顷 0.84 吨，21 世纪初上升到每公顷 1 吨以上，这主要是因为边缘土地从粮食生产中退出，另外也得益于优良的气候和投入方面生产力的提升。如果哈萨克斯坦北部的农民可以获得适当的价格激励和进入土地市场，以其与加拿大西部类似的气候和土地使用效率（比如更具有保障性的土地所有制加上能够发挥功效的土地市场），那么技术转移可以进一步增加产量。

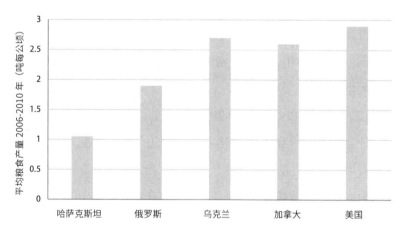

图 6-4：与北美粮食平均年产量的比较结果显示，
哈萨克斯坦具有提高生产力的潜能

来源：美国农业部数据根据布尔科巴耶娃（Burkitbayeva）、克尔（Kerr）（2013），利费尔特（Liefert）等人（2013）。

为促进出口，政府应当改善软硬基础设施，让农民更容易决定种植哪种粮食，种植多少，用什么技术，以及销往何处。加入世界贸易组织有利于哈萨克斯坦的小麦出口，哈萨克斯坦所有的小麦竞争国都是世界贸易组织的成员，享受"最惠国待遇（MFN）"关税，而小麦进口国通常对非成员国的进口小麦征收较高的关税。比如说，土耳其和中国的小麦"最惠国关税"都限制在65%，但是偶尔征收的"非最惠国关税"分别是180%和130%（布尔科巴耶娃、克尔，2013）。

中亚其他地方的小麦生产前景较不乐观。表面上土库曼斯坦和乌兹别克斯坦为小麦生产提供了各种资源以提升粮食安全，但是实际上它们的条件并不适合生产高品质小麦。销售方面也局限于当地市场，受到政策保护而不必与进口产品竞争。如果畜牧业能够获得发展，中亚很多地方将更适宜种植饲料作物，而不必再种植小麦来生产面粉。然而，从短期来说，这些国家的政策走向是错误的。在2013年到2014年间，土库曼斯坦、乌兹别克斯坦、吉尔吉斯斯坦为了降低对哈萨克斯坦进口面粉的依赖，各自建立了面粉厂［莫吉列夫斯基（Mogilevskii）、阿克拉莫夫（Akramov），2014］。①

总的来说，在地理条件与加拿大大草原类似的哈萨克斯坦北部，小麦将仍是一项主要作物。对于中亚南部国家来说，小麦的前景则较不乐观，如果政府继续寻求自给自足并限制进口，这一地区仍会继续生产小麦，但会付出经济代价。更好的国家政策是为农民提供一套框架，使他们能够选择自己想种的作物，比如是小麦、大麦还是其他农作物，能选择自己种的作物供人类食用还是牲畜食用。如果各国能够根据自身的优势提高专业化发展，这

---

① 吉尔吉斯斯坦加入欧亚经济联盟的例子，凸显了这些基于比较优势措施的脆弱性。在那之后，保护吉尔吉斯斯坦工厂免受哈萨克斯坦进口竞争的关税将被移除，而吉尔吉斯斯坦的碾磨加工业将衰落。

个地区就能够因此受益，比如南方国家可以向哈萨克斯坦和西伯利亚出口水果和蔬菜，然后再从这两个国家进口小麦。为了达到这样的成果，最好的方式就是地区贸易自由化。

畜牧业

在计划经济的末期，畜牧业遭受的打击尤为严重。产权变化破坏了动物的季节性迁徙，许多大型的畜牧公司都被拆散了。作为权宜之计，家庭靠一头奶牛提供牛奶，若有富余就拿到当地集市售卖。20 年后，大多数饲养人拥有的牲畜是一到四头奶牛，且供给链仍非常短。牛奶与肉类供应链较短会带来产品质量不稳定和农民回报低的问题。

中亚具有创造高价值链的潜力，从而提供更多样化、更高品质的奶制品和肉制品。这种转型在一些东欧国家发生的速度非常快，它们的外国投资者成功地整合了由数千家小规模生产商组成的供应链，并升级了加工水平［德里（Dries）等人，2008］。21世纪初哈萨克斯坦采取了另一种方法，从北美进口纯种牛，以此为基础发展具有世界水平的大规模畜牧场。[①] 这两种方法完全可以共存，可能地区差异性会决定哪一种是更有效的组织形式。

随着中亚与邻国收入的增长，人们会越来越重视提高牛奶与肉类产品的质量和多样性，进而增加对肉类食品和高品质奶制品的需求，比如酸奶和奶酪。实现这个目标的主要障碍不在畜牧场里面，而是要把公共政策（改善农村公路、合同保障、兽医服务）与民间的主动性结合起来，后者在其他国家有很多形式，包括跨

---

① 奶牛的乘机费用和示范农场都获得了大量补贴，导致外部的顾问（例如世界银行和经合组织）对这些补贴项目的价值产生疑问。

国食品公司、合资公司、个人企业家、农村合作社等。

中亚的羊毛生产在苏联时期非常重要，但至今未能恢复。苏联市场崩塌后，吉尔吉斯斯坦的羊毛业就倒闭了，直到现在也没有找到新的市场。中亚羊毛产业可能具有发展潜力，但世界羊毛市场竞争激烈且需求量正在减少。相反，棉花产业经受住了打击，后又击退了人造纤维的竞争，但这两个状况凸显了难以预测的需求对长期计划所能造成的负面影响。政策体系应使生产商能够观察到市场主导的价格并予以响应。

细分市场产品

中亚拥有种植各种水果蔬菜的潜力。几个世纪前中亚的哈密瓜在诸如大马士革和巴格达这样的远方市场被视为奢侈品。20 世纪 90 年代，一个大型的批发市场在塔什干形成并发展，它们通过卡车向西伯利亚城市运送产品，但是由于跨境和过境哈萨克斯坦的成本，这个批发市场逐渐衰弱且再也没有兴旺起来。吉尔吉斯斯坦出口俄罗斯的洋葱也因为相似的公路征费而中断（庞弗雷特，2006）。塔吉克斯坦对俄罗斯的杏干和葡萄干出口在 20 世纪 90 年代也出现了相同的情况，而对邻国乌兹别克斯坦的西红柿出口因为边境关闭而中断。塔吉克斯坦北方的科斯塔克兹村共 28,500 人，曾失去了每年 3300 万到 3600 万美元的水果蔬菜销售额（联合国开发计划署，2005）。2005 年后，中亚的水果蔬菜贸易开始复兴，例如，2012 年乌兹别克斯坦的出口额是 13 亿美元，吉尔吉斯斯坦是 1.5 亿美元。

塔吉克斯坦的细分市场出口也出现了复兴，2013 年占全球干果出口的 2%（莫吉列夫斯基、阿克拉莫夫，2014）。由于生长期长、水资源充足、多晴朗天气，塔吉克斯坦北部索格特州和西南哈特隆州等一些地区生产的水果（樱桃、杏子、苹果、桃子、柠檬）享有糖分高、口味独特、营养价值高的美誉。塔吉克斯坦还生产高质量的洋葱和坚果——比如开心果和杏仁。尽管如此，棉花仍是塔吉克斯坦最重要的农业出口，2012 年的出口额是 1.12 亿美元，相较之下水果与坚果的出口额才 4,000 万美元，蔬菜出口是 2,000 万美元，而其他农业出口几乎没有。

由于劳动力和能源成本很低，塔吉克斯坦本应是一个具有竞争力的出口国，但其加工、储存及其他支持活动方面有所欠缺，出口水平的包装设备得从吉尔吉斯斯坦进口。有限的存储设施意味着大多数产品只能在当地市场以鲜货或干货形式出售，而不是进入更长的价值链。塔吉克斯坦的食品出口大多数是销往俄罗斯的传统市场，少部分销往哈萨克斯坦，并没有进入高收入国家的有机、公平交易以及其他细分市场。[①]

塔吉克斯坦与乌兹别克斯坦关系不好也是阻碍其出口贸易的一个因素，因为塔吉克斯坦的所有出口铁路线都经过乌兹别克斯坦。总之，阻碍塔吉克斯坦实现其细分市场出口潜能的基本因素是商业成本过高，尤其是跨境贸易。与之相反的是吉尔吉斯斯坦积极的出口贸易（框 6–2）。

塔吉克斯坦和吉尔吉斯斯坦的例子主要发生在中亚东南部山区和费尔干纳盆地。其他中亚地区刻意发展细分市场农产品，例如玛丽和达什奥古兹的绿洲、伊朗边境的丘陵地区，当然，作为

---

① 在俄罗斯，塔吉克斯坦的农产品有着"天然"和"健康"的声誉。农民对"有机"地位和认证程序的要求不了解，妨碍了他们从全球对有机产品日益增长的需求中更多地获利。油籽被加工成特种药品和保健品，但与有机水果和蔬菜一样，它的规模很小。

所有苏联成员国中改革程度最低的一个国家，土库曼斯坦必须先进行实质性改革，它的农民才能找到新的机会。重点是多样化发展，成功的中亚农业不需要局限于河流灌溉盆地、哈萨克斯坦的北方草原地区、城市周边的大畜牧场或乳制品生产基地。另一个要点是成功的细分市场产品反映的不一定是当前的产品需求，例如大豆从来就不是吉尔吉斯斯坦人的日常食物，且塔拉斯农民最初对他们种植的东西毫无了解，可一旦他们发现了大豆带来的经济利益，很快就掌握了各种相关知识。

框6-2　细分市场出口的成功开发——塔拉斯的大豆

成功细分市场出口的最佳例子是吉尔吉斯斯坦的一条农业供应链，涉及塔拉斯地区的小农户，从外国引进知识和生产资料，得益于那些了解出口市场的外国中间商。这条供应链起始于土耳其在世纪之交的时候向吉尔吉斯斯坦介绍了一种新的变异大豆品种。随着小农户开始变成具有竞争力的生产商，向土耳其、保加利亚、俄罗斯出口，塔拉斯州用于大豆生产的土地面积从1999年的5,000公顷增加到2012年的45,000公顷［蒂勒科耶夫（Tilekeyev），2013］。我们并不清楚土耳其的技术转移的推动力与投资到底是怎么结合的，但部分是源于加入世界贸易组织后的政策确定性和宽松的贸易政策，以及从塔拉斯到比什凯克的公路交通在20世纪90年代获得了改善。到2011年塔拉斯有162,000人从事大豆生产相关工作，尽管在全球市场仍只是一个小角色，但吉尔吉斯斯坦已进入世界排名前 20 的大豆出口国。

大豆的价值链包括很多提供中介服务的中小企业。一些当地公司进口清洗设备，他对大豆进行分级，然后用 25 千克和 50 千克的聚丙烯袋分装，并提供存储服务。吉尔吉斯斯坦有一个基于网络、非常活跃的货运服务市场，提供到欧洲、俄罗斯、中国的货运服务。2013 年一家保加利亚公司看中了塔拉斯大豆的可靠质量，开始协商合约，提供出口欧盟市场的包装和销售服务。

塔拉斯大豆是一个令人鼓舞的例子，说明了如果商业环境和过境问题能够获得改善，以及生产商和中间商能够从信息与通信技术革命中获益，中亚各国的农业出口可以获得怎样的提升［鲍德温（Baldwin），2012；庞弗雷特（Pomfret），2014］。不幸的是，尽管程度有所不同，但其他中亚国家的政权把普通民众掌握信息与通信技术视为一件值得害怕而不是值得促进的事。吉尔吉斯斯坦拥有中亚最开放的经济和社会，是中亚主要的贸易中心，在比什凯克和奥什拥有为中亚各国客户提供服务的巨大集市。这些集市促进了交通网络的建立，到 2010 年形成了服装行业的正外部性，包括从外国市场进口具有竞争性的产品以及向哈萨克斯坦和俄罗斯出口产品［比克曼（Birkman）等人，2012］。服装行业是中亚极少数创建成功的国际价值链。

来源：作者。

国家政策与地区合作

实现中亚 2050 年的远景目标将需要同时掌握行业和国家的特殊情况。本节关注那些与 2050 年目标相关的主要农业政策。

五个国家可以通过分享经验来发现最佳实践，以及通过地区在过境和交通方面的合作来降低高贸易成本。中亚的高贸易成本一方面是由于自身的内陆位置，另一方面是由于基础设施不完善、各种障碍导致过境的时间和金钱成本过高。中亚农业的一个特征是地区各国的相对优势具有相似性。南部的灌溉区棉花是主角，附带种植少量的稻米和其他产品，五个国家的情况都是如此，但乌兹别克斯坦的棉花最为重要。东部的雨养丘陵地区和盆地（哈萨克斯坦、吉尔吉斯斯坦、塔吉克斯坦）适合生产油菜籽、蜂蜜、水果、蔬菜和其他细分市场产品。半干旱地区适合大规模畜牧养殖，实际上大部分中亚民族的祖先都是游牧民族。哈萨克斯坦北部的小麦带是其别于其他国家的唯一相对优势。

然而，1992 年后，五个国家不同的国家政策导致各国农业的效率和灵活度有所差异。供应链是较发达国家农业的显著特征之一，但是五个中亚国家的商业环境（参考第七章）在不同程度上阻碍了供应链的发展。最后，各国政策事实上在过去 25 年常常导致地区分裂而不是整合（参考第十章）。

这对中亚 2050 年的影响是，即便促进地区整合和增长的方法已为人熟知——在农业方面确实如此，但主要的挑战是确保中亚有足够多的政府愿意实施这个方法。如果可以实现的话，那么农业和农业综合企业将成为 2050 年地区经济重要且具有生产力的一部分，并且不再从经济上与现代工业与服务经济的其他行业有所区别。

农业政策

中亚农业的政策制定仍受到计划经济观念的影响，当然随着年轻官员逐渐晋升到更高职位，这个问题会有所改变。不过就现在来看，政策的重心仍倾向于控制而不是提供便利——中央直接决定农民种植何种作物以及如何种植，而不是创建良好的环境，把这些决策权下放给地方，让了解地方情况和投入了钱财的农民自己决策。不过，即便国家指令被终止，但政策往往仍以补贴和支持某种具体的农作物或投入为主要目的。① 除了对生产决定造成负面影响外，补贴本身的管理还具有一种任意性，容易造成治理不善。

那么政策应该做什么？相较于其他地区相似地理条件的农民，中亚农民面临生产力低下的问题。农民个人难以实现技术转移，或实验性地采取国际领先的农业实践并使其适应中亚的具体情况。政府应该资助农业研究，提供推广服务来传播知识，而不是控制农民种植什么作物或对特殊的产品和生产模式进行补贴。一些国际机构在政策与制度改革方面拥有全球专业知识，包括提高农业生产力。显然，它们可以在这方面帮助所有中亚国家。

市场扭曲问题可能需要政策干预来修正。比如，塔吉克斯坦出现的轧棉机地方垄断势力或哈萨克斯坦北部出现的谷仓仓主垄断，显示了有效竞争政策的必要性。农业供应链中存在议价能力不平等，比如跨国酸奶生产企业与奶农之间的购买合同，解决这个问题的方法是创建良好的商业环境，使农民可以组建具有明确

---

① 补贴通常不透明。对农业援助净额的估计可以在世界银行"扭曲"项目［庞弗雷特（Pomfret），2008a、2008b；庞弗雷特、克里斯坦森（Christensen），2008］和经合组织（2013b）中找到。

法律地位的服务型合作组织（经合组织，2015）。税收或补助可能适合解决外部性问题，比如环境影响，但在操作时应具有透明性、非歧视性、谨慎性。

不过，我们必须认识到中亚一些国家的政治环境正在缓慢地改善。例如，哈萨克斯坦的农业部有一段政策反复多变的过去——老观念把效率与规模经济和现代化联系在一起，认为补助是替代国家命令的最佳市场手段，而很多农民发现政策的落实非常腐败和低效。然而，政府的观念和政策会随着一些因素的联合作用而演变，这些因素包括一般性政府政策，诸如世界银行、亚洲开发银行、经合组织等外部机构的参与，以及公务员的世代交替。在经营中，农民企业家发现劳动力市场存在着酗酒、怠工等问题，但是随着市场化带来的繁荣在农村和城市经济中显现，劳工的观念也在发生变化。因此，哈萨克斯坦在实现现代化农业的过程中走得比中亚其他国家更远。

土地所有制

土地所有权的管理是中亚面临的一项主要挑战。尽管政府承诺进行土地私有化，在一些情况下甚至把它写进了宪法，但苏联意识形态下的土地国有制变成了土地属于国家，农民拥有使用权，但没有所有权（框6-3）。地权稳定性不够会阻碍土地改良，且无法把土地作为贷款抵押品使用。土地市场的缺乏制约了那些使用不当的土地获得优化的可能性，也使得那些思想较为活络的农民难以实施新的土地使用方式，或扩张他们的农场，以便从规模经济中获益。土地改革（包括明确的所有权法律和地权的落实）和活跃的土地市场能够让农民自己决策如何使用土地。

20 世纪 90 年代是中亚国家创建新经济体系最积极的时期，但土地改革却非常滞后。[①] 在一项经典调查里，布洛赫（Bloch）区分了中亚五个国家的改革进度：吉尔吉斯斯坦有所进展，哈萨克斯坦和土库曼斯坦意图明确但落实有限，塔吉克斯坦受内战影响进展有限，而乌兹别克斯坦的农业与"1991 年的状况"仍非常相似（2002）。由于国家收入对农业的依赖，以及国有农场前管理人员及他们的农业部盟友对土地改革的抵制，后三个国家的情况几乎没有变化，它们的土地仍完全属于国家所有，农业决策在很大程度上也仍由国家控制。

哈萨克斯坦的土地所有制改革在 15 年前已经开启，但前期过于谨慎，阻碍了进展，而慢了一拍的土地改革仍是农业进步的制度障碍之一。20 世纪 90 年代，产权演变成一种租金低廉但不可转让的长期租赁，最初，1995 年的租期是 99 年，到 2001 年变为 49 年。私有制在 1995 年合法化，但个人使用权在 2003 年才被赋予，但即便在那时仍受到各种限制。土地买卖在 2005 年合法，但土地市场的成交量很低，主要是缺乏能够让租赁人把价格低廉的租约转变成私有制的激励机制。总之，土地所有制的状况随着时间在改善，但当前的情况说明了改革不当所能造成的长期后果。[②]

中亚各国最有效的农业生产通常发生在低于 0.2 公顷的家庭自留地上，这些自留地生产了大部分的牛奶、肉、土豆、鸡蛋、蔬菜。这说明农民有能力做出生产决策，且只要有适当的激励，

---

① 第一次土地改革，即 1991 年的苏联改革，对中亚没有影响，除了开始"实行立法而不实施"的惯例。

② 经合组织（2013b）提供了更多细节。影响因地区和作物类型而异，例如，有关北方小麦种植带可参见彼得里克（Petrick）等人的观点（2011）。

就会努力工作。然而，小小的自留地不足以成为高效农业的基础。对于很多农业活动（例如粮食耕种）来说，它们因为面积太小而缺乏生产效率，而总体来说它们限制了农民的选择，使其难以采用一些需要高额固定成本的新设备或技术。

框 6-3　转型国家的土地改革

20 世纪 90 年代，一共有二十多个国家从中央计划经济转型，但各国的土地改革方法存在很大差异。东欧和波罗的海国家采用的是把土地归还给原所有人，可惜其他苏联加盟共和国无法采纳这一方法。受苏联统治时间最短的四个国家（波罗的海三国和摩尔多瓦）实现农业市场自由化的速度最快。波罗的海三国、亚美尼亚、格鲁吉亚、摩尔多瓦迅速地完成了土地所有制的私有化进程，紧跟其后的是阿塞拜疆和吉尔吉斯斯坦［列尔曼（Lerman）等人，2004］。

思文（Swinnen）、海涅格（Heinegg）在 2002 年发表的文章中对这些国家在 1999 年的土地所有制结构进行了评分，从 1（由大型国有农场主导的体系）到 10（由私有制和活跃的土地市场主导）打分。吉尔吉斯斯坦是 7 分，排在波罗的海国家、亚美尼亚、阿塞拜疆后面，而哈萨克斯坦和塔吉克斯坦是 5 分（和俄罗斯的分数相同），土库曼斯坦是 3 分，乌兹别克斯坦是 2 分（最低分，和白俄罗斯的分数相同）。

在高加索地区国家，私有制是被允许的，土地也是可以转让的。在塔吉克斯坦、乌兹别克斯坦、土库曼斯坦，农业用地仍完全属于国家所有，是不可转让的。在经过了多次辩论后，吉尔吉斯斯坦（1999—2000 年）和哈萨克斯坦（2003 年）认可了私人土地所有制［莱曼（Leman），2009］。此外，我们还必须注意到在一些非波罗的海国家，"正式开启私有化和正式实施改革并不一定表示农场的运营与绩效发生实际的改变"（莱曼等人，2004）。例如，在哈萨克斯坦，前集体农场管理人员利用他们与政策制定人的关系，往往还能在农村发挥影响力，进而确保获得补助、投入品供应等特权，而个体农户却无法扩大他们的土地面积，以便从规模经济中获益或实验新的农作物或技术。

土地市场自由化程度最高的国家（波罗的海国家）的农业生产已经出现了负增长，而私有化进程还未开启或进展缓慢的国家，比如白俄罗斯或乌兹别克斯坦，其农业增长更高。这说明土地改革的缺失会导致从农业移出的结构改革进程放缓，而且评估土地改革是否成功不能只局限于农业领域的结果。

来源：作者。

农村地区的交通基础设施

尽管全球研究强调投资农村公路、诊所、学校等设施的好处，但农村基础设施还是经常被发展战略忽略。独立后，中亚政府快速地建立了连接主要城市的国家公路和铁路网，但主要高速公路的分支公路却缺乏维护。在社会基础设施开支方面，政府明显倾向于城市地区。

好的农村公路对于降低农民的运输成本至关重要，包括把产品销往市场、购买原材料、获取信息。经济合作与发展组织（2013b）发现，哈萨克斯坦牛奶与肉类供应链较短的原因之一是崎岖不平的农村公路降低了冷藏车的使用寿命，进而也降低了它们进入农村的商业驱动力。改善农村公路还能提高农村人口享受医疗服务、教育和其他社会服务的便捷程度。因此，国家计划不仅需要关注国家和国际运输通道，还要有助于发展农村偏远地区与国家和全球市场之间的经济走廊，比如适当地发展二级和三级交通网络。

水资源利用

在咸海湖流域，灌溉对农业的可持续性仍至关重要，人们广泛抵制由市场决定水的价格。由于缺乏对水的定价再加上产权模糊，苏联时代滥用灌溉用水的模式仍在继续，且灌溉系统的维护也在恶化。[①] 由于缺乏翻修、维护、部件更新，灌渠出现了塌方，抽水

---

① 即使在苏联时代，维修也被忽视了。根据世界银行（2002）的总结报告，在20世纪90年代初，乌兹别克斯坦、哈萨克斯坦、吉尔吉斯斯坦大约有一半的灌溉区需要修缮。国际危机组织（2014）强调了关键上游设施的维护不良：吉尔吉斯斯坦的托克托古尔大坝和水库——这些设施控制了锡尔河的水流；阿姆河重要支流上的努列克坝出现淤塞。

站常常无法使用。鉴于农场单方面解决灌溉系统衰败和土壤盐渍化的难度，主要的后果是农业产量和农村收入出现了大幅减少。

　　水资源是中亚内部面临的最严重问题。苏联时期莫斯科的规划师对咸海湖流域水资源的配置是优先把水库放水用于春季灌溉，但同时确保上游国家从下游国家获得足够的天然气、煤炭、石油，以满足冬季能源所需。独立后，中亚国家继续基本遵循 1992 年以前的配置。然而上世纪末，这个安排面临的压力日益增大，这是因为超额需求及对优先选择的分歧导致上游国家与下游邻国之间出现了对抗。由于下游国家开始要求更高的天然气与石油价格，同时又希望获得与以前一样的水流量，上游国家转而发展自己的水电来满足能源需求。

　　正如第五章所讨论的，这个冲突的根源是季节性和水流量，它们互不相同但又彼此关联。水电需求在冬季格外高，但下游国家需要把水用于春季灌溉。因此，下游国家强烈反对上游国家的新水电计划，而塔吉克斯坦与乌兹别克斯坦的关系也在 21 世纪初变得格外紧张。

　　河流系统的水资源已经被满负荷使用。由于设备老化，情况正在变得日益恶化，比如水和电的质量下降，以及一些地方的家庭供水和供电能力下降 [伍登（Wooden），2014]。长期前景更加糟糕。随着人口增长，水资源的需求量将继续增加，尤其是如果阿富汗实现和平，那么该国北部的农民将有权分享阿姆河的水资源。[1] 从长期来说，中亚还将面临水资源供应量减少的威胁，因

---

　　① 阿富汗控制的部分流域主要是沿着它与塔吉克斯坦的边界，在水到达乌兹别克斯坦或土库曼斯坦之前。阿姆河的年平均流量为 63 立方千米，其中约有 19 立方千米在阿富汗。

为气候变化正在减少高山冰川的数量，我们预计冰川将在 21 世纪加速融化，而冰川融水原本是水流的重要组成部分。蓬卡里（Punkari）等人在 2014 年发表的文章中预测全球年平均温度到 2100 年将累计上升 3 摄氏度，但在各个地区的发生方式和结果有所不同，比如哈萨克斯坦的部分地方可能从全球变暖中受益，而土库曼斯坦、乌兹别克斯、哈萨克斯坦西部将是主要的受害者。[①]

许多国家措施可以改善状况，比如提高水资源配置与使用的效率，以及对水细分市场基础设施的修复进行投资［哈桑诺夫娃（Khasanova），2014；国际危机组织］，但只要供给重要客户的水价仍过低或免费，实施的动力就会很低。由于 97% 的淡水用于农业灌溉［蓬卡里（Punkari）等人，2014］，水资源将出现严重短缺，除非一些领域能够有所改善，比如降低水资源的需求量，提高农业用水的效率，重复利用灌溉用水。在地区层面，中亚主要有待解决的问题是上游与下游国家在用水上的平衡和时间安排，以及水库和其他设施维护的成本分摊，尤其是一些影响水流的设施，因为位于上游的关系，它们的维护费用是上游国家在承担（如果有维护的话）。

地区合作

一般来说，缺乏地区合作会导致过境与国际贸易成本上升［参考第十章；还有联合国开发计划署，2005；亚洲开发银行，

---

① 世界银行［费伊（Fay）等人，2009］将塔吉克斯坦列为欧洲和中亚所有国家中最易受气候变化影响的国家，部分原因是其适应能力较低，而吉尔吉斯斯坦排第三。利乌比瑟娃（Lioubimtseva）、亨纳比（Hennebry）在 2012 年发表的文章中预测哈萨克斯坦从全球变暖中将获得净收益。

2006；庞弗雷特、苏尔丹（Sourdin），2014]。地区合作可以提高中亚专业化效益，降低农产品的销售运输成本。然而，农民仍面临更大阻碍，比如错误的农业政策，以及落后的国内软硬基础设施（尤其是农村公路）。此外，各国对水资源的使用持不同的看法，再加上国际社会对水权的分歧，造成了上游和下游国家以及国家内部的冲突，这两个问题显然非常难以解决，且很有可能恶化。

由于国际贸易的高成本，中亚出口仍主要集中于少数的大宗商品上（石油与天然气、铜与黄金、棉花与小麦）。这导致小型生产商难以参与国家贸易。尽管改善棉花、小麦、肉制品、奶制品供应链的发展前景对中亚至关重要，但高附加值农业的前景主要在于有机农产品，比如吉尔吉斯斯坦的大豆、塔吉克斯坦的杏仁、哈萨克斯坦的石榴、乌兹别克斯坦的哈密瓜，或其他更具特色但尚未被人熟知的产品。地区合作对减少运输时间和成本非常重要，还有助于共享认可的实验室，从而实现联合认证。

总结

第四章列出的中亚经济与社会转型的驱动因素将直接影响农业。气候变化是地区农业的主要外部挑战。全球变暖和气候不稳定性的增加对一些地区造成威胁，而哈萨克斯坦的北部地区可能因此受益。[①]农业对水资源和能源资源的竞争最为激烈，所有五个国家尽管程度有所不同，但都拥有依赖灌溉的农业生产。对于乌兹别克斯坦和土库曼斯坦而言，灌溉对它们的农业尤其是棉

---

① 在短期至中期，中亚的灌溉地区可能受益于冰川融化的径流增加，尽管诸如永冻层融化等后果的长期影响是无法计算的（国际危机组织，2014）。

花，至关重要。

中亚的农业可以从技术创新和新兴的中产阶级中受益，后者将提高对多样化高品质食物的需求。苏联时代主要通过增加投入来实现产出增长，这反映在苏联对中亚农业的劳动力、资本、水资源、肥料的关注，以及生产效率不佳（图6-1）。另一方面，大量的新技术（涉及棉花、牲畜及半干旱条件下的耕种）在北美、澳大利亚和其他地方兴起，并由多边机构传播到世界各地。如果能获得这些知识，年轻又有文化的中亚农民应该乐意采用新技术，且有意愿也有能力发现农业综合企业里的新机会，或非农领域的高生产力工作。这些积极的发展实际上能否发生将主要取决于农村地区的商业环境，而农村地区的商业环境将取决于各国在应对资源竞争和贸易便利化方面的国家政策和地区合作。

对于国家政策的制定者而言，一项关键的要求是从控制农业模式或者说从详细计划农业的投入与产出转向创建适当的环境，比如有助于促进农民获得知识，使它们能够根据当地的情况选择和决定最佳的生产方式。如果政策能够获得改善，那么农业生产将大幅增长，尤其是对于那些农业管制程度仍很高的国家来说（乌兹别克斯坦和土库曼斯坦）。

以下是一些重要的政策建议：

● 农业政策从控制向提供便利转型。资助农业研究、推广服务、向农民提供信息，比补贴原材料或产品或设置国家采购机构更为合适。政策制定者不应强制决定农民生产什么或怎么生产，了解当地情况的农民更适于决定这些问题。投入和产出价格应普遍反映真实的经济价格。政府干预可能适合修正市场扭曲，比如农业供应链里的垄断或环境影响，但这种干预应该具有透明性、非歧视性，应谨慎执行。

- 改革土地所有制，使农民能够自己决定如何使用土地，以及拥有足够的激励机制来做出个人或社会希望的决定。土地应该成为一种有效的贷款抵押品，农民可以把任何土地转让给任何一个出价最高的人。

- 改善农村基础设施，尤其是公路，可以减少农产品销往市场和农户获得投入品与信息的运输成本。这些改善措施还将提高农村居民享受医疗服务、教育和其他社会服务的便捷程度。农村基础设施还包括通信设施，便于农民了解市场情况，获得信贷，及其他软基础设施元素。

- 设计合适的制度与政策来提高用水效率。共享地区有限的水资源是各国争论的一个主要根源，但这个问题可以通过改善国家政策和地区合作来解决。制度改革和合理地制定水价可以改善配置，另一方面，在国家层面实现农业知识的传播，尤其是用于提高灌溉农业用水效率的技术知识，以及修复和更好维护水细分市场基础设施的技术知识。地区合作将需要应对水库放水和缺水问题。世界银行的预测凸显出，只要有适当的农业和非农措施，用水效率到 2030 年可以获得很大程度的提高（框 6-1）。

- 国家和地区改革对农业至关重要，尤其是改善商业环境（参考第七章）与加强国际边境合作（参考第十章），因为这两个领域的一般性改革建议同时适用于农业和其他行业。高贸易成本对于大规模农产品或易腐烂农产品出口尤其不利。在很多领域，尤其是降低国际贸易和管理水资源的成本，地区合作将有助于实现更好的结果。

　　成功实现 2050 年的经济发展目标将涉及提高农村生活水平和经济多样化，农业会扮演关键的角色。提高农业生产力将使一部分劳动力被释放到其他行业，并同时保障农业对国际收支的重要贡献作用及国内的饮食需求。农业自身还可能实现高端化和多样化转型，比如拥有更精细的价值链和更多样的最终产品，减少其与现代工业与服务经济中的其他行业的区别。

第七章 创造有竞争力和创新能力的制造业及服务业经济

| 第七章 | # 创造有竞争力和创新能力的制造业及服务业经济 |

约翰内斯·F. 林（Johannes F.Linn）

引言

为了实现中亚地区的 2050 年设想，该地区必须在未来数十年内保持较高的生产率增长水平（参考第四章）。因此，本章探讨了本项研究中的一个关键问题——"在 2015 至 2050 年间，中亚地区长期保持生产率高速增长的动力从何而来，才能保证中亚地区高速发展，逐渐接近发达地区的水平？"前几章强调了能源政策和农业政策，这些政策能够确保这两个行业的生产率增长。然而，中亚地区的国内生产总值的 2/3 以上由制造业和服务业所贡献，大部分的整体生产力增长必将来自于这些行业。本章特别关注需要哪些政策来支持制造业和服务业成为中亚长期生产力发展的支柱产业。

在 2050 年的中亚宏伟设想中，制造业将重焕青春，并成为欧亚乃至全球供应链中的组成部分。此外，服务业将通过高效的通信技术、运输、物流，有效连通其他各个产业。现代化的服务业将带来高效的商业和金融服务，满足中亚消费者多样化的需求，有效地提供现代化的教育、卫生和其他公共服务。通过服务出口和旅游业，服务业也将成为外汇收入的重要来源。服务业将与高效、智能、绿色、安全的城市密不可分，相辅相成；城市也将容纳绝大多数人口。

要实现这个目标，需要这一地区的各国政府推进一系列范围广泛的政策改革。否则，如果目前的政策和趋势不变，中亚将继续过于依赖其自然资源基础，为年轻人提供的工作低效、数量有限。它仍将相对孤立于欧亚大陆和世界市场之外，其服务业将不能有效地满足该地区消费者的需求，或者充分发掘出口的潜力。而多数人口将仍然被困在农村，从事生产力低下的工作，或是不得不生活在日益紊乱、拥挤、污染严重且不安全的城市之中。

本章首先考虑中亚经济体的生产和出口结构多元化的当前状态，然后探讨应对多样化、竞争、创新转型挑战的多条可能的路径。以全球科技进步的大趋势不变为前提，这一章分析了这些路径的各种重叠和战略组成部分对中亚五国的相关性，这些路径将使中亚地区得以有效吸收、适应当前的科学技术，并让创新文化在中亚生根发芽。在所有路径中具有普适性的主要政策包括：建立高效的研究机构；为国内外投资者提供良好的经营环境；形成有效的人力资源开发；强大的国际、国内连通能力——包括在交通基础设施、物流、信息产业的接入；健全最基本的宏观经济政策和建设发达而有弹性的金融业。此外，本章将考虑为支持现代化城市建设、支持具有国际竞争力的创新体制发展，以及部分制造业、服务业的发展所进行的有针对性的干预措施。

阅读本章时，应务必了解从能源业及农业到制造业和服务业之间存在的前向和后向联系。此外，在本章中所提倡的许多政策，同样适用于自然资源产业的现代化和生产力的提高。因此，认识到能源业和农业与制造业、服务业之间的互补关系是非常重要的。

由于中亚五国的经济发展水平、经济结构以及自然环境、物力、财力、人力、制度等资源禀赋各有不同，每个国家也将实行不同的多样化和现代化战略。因此，本章会留意这些差异。

中亚地区国家独立以来的经济转型和多样化

正如第三章中所述，中亚各经济体自独立以来都经历了急剧的经济转型。在苏联时期，中亚地区严重依赖全苏联范围内的自然资源需求，以及投入、补贴和莫斯科的计划指导。中央计划体制造就了以莫斯科为中心的交通基础设施、为了支持完全不可持续的区域水资源开发而建设的宏大项目、重工业方面的小有发展，还有相对水平较高的社会公共服务。与此同时，这一体制压抑了其他服务和消费品的生产销售，并极力避免与非苏维埃国家进行商业往来。其结果是，中亚的生产和向苏联其他地区的出口始终严重依赖自然资源，中亚乃至整个苏联的服务业均欠发达。本节回顾了自独立以来中亚经济体的经济转型和多样化的趋势。

如表 7-1 所示，独立以后，除塔吉克斯坦以外，所有国家的国内生产总值中农业占比均有下降。相比之下，所有国家服务业占比大幅上升，在 2013 年除土库曼斯坦外国内生产总值占比均超过 50%。工业占比也均有下降，包括有数据可查的制造业。然而在 2013 年，农业占比仍大大高于中欧国家，而制造业则较低。（表 7-2）。

表 7-1： 独立以后所有国家的服务业占比保持增长

| | | 各行业占国内生产总值的比例 | | | | |
		哈萨克斯坦	吉尔吉斯斯坦	塔吉克斯坦	土库曼斯坦	乌兹别克斯坦
1993	农业	17.5	41	23.3	19.4	30.4
	工业	不详	26.3	32.4	5.5	不详
	其他行业	39.4	5.7	14.2	58.5	34.5
	服务业	43.1	27	30.2	16.6	35.1
2003	农业	8.4	37.1	27.1	20.3	33.1
	工业	15.3	14.6	31.3	18.6	9.2
	其他行业	22.4	7.7	6.1	22.7	14.3
	服务业	53.9	40.6	35.4	38.4	43.4
2013	农业	4.9	17.7	27.4	14.5	19.1
	工业	11.6	15.6	11.2	不详	10.5
	其他行业	25.2	11.1	10.6	48.4	15.8
	服务业	58.2	55.6	50.8	37	54.6

注： 土库曼斯坦数据自 2012 年始。
来源： 世界银行（2015b）。

表 7-2： 国内生产总值中农业占比仍大大高于中欧国家

2013	2013 年各行业占国内生产总值的比例			
	捷克	匈牙利	波兰	斯洛伐克
农业	2.6	4.4	3.3	4
工业	24.9	22.8	18.8	20.2
其他行业	11.8	7.5	14.4	13
服务业	60.7	65.4	63.5	62.7

来源： 世界银行（2015b）。

在创造就业机会上，各国情况更是大相径庭。总的来说，
2000 年至 2011 年间，中亚地区比之苏联其他地区就业岗位增速
更快，但在有数据可查的中亚三国中，不同产业的就业增加情况
差异很大［吉尔（Gill）等，2014］。在塔吉克斯坦，农业创造了超
过半数的新增就业岗位（独立后的一段时期整个农业就业人数都在
增加，见表 7–3）；而哈萨克斯坦的农业只贡献了约 1/4 的新增工
作岗位；在吉尔吉斯斯坦，农业就业则显著减少。哈萨克斯坦和吉
尔吉斯斯坦工业就业方面有少量增加，塔吉克斯坦则有所下降。

表 7–3 ： 1990 年以来中亚就业迅速增加，但不同产业的增量区别巨大

		各行业占总就业的比例				
		哈萨克斯坦	吉尔吉斯斯坦	塔吉克斯坦	土库曼斯坦	乌兹别克斯坦
	农业	19%	33%	43%	42%	39%
1990	工业	21%	28%	20%	11%	15%
	其他	60%	39%	37%	47%	46%
	农业	31%	53%	65%	48%	34%
2000	工业	14%	10%	7%	13%	13%
	其他	55%	36%	28%	39%	53%
	农业	26%	31%	66%	不详	27%
2012	工业	19%	21%	4%	不详	13%
	其他	55%	48%	30%	不详	60%

来源：亚洲开发银行（2015）。

哈萨克斯坦服务业创造的就业岗位占总量的绝大多数，吉尔
吉斯斯坦更甚之，而塔吉克斯坦的服务业也贡献巨大［吉尔（Gill）
等，2014］。表 7–4 就业分布情况显示，2012 年，相比于中欧国家，

中亚绝大部分地区劳动力的很大一部分仍在从事农业生产，很大
比例的人口（超过一半的人口，除了哈萨克斯坦）仍然生活在农
村地区。[①] 大部分的经济活动仍然产生在非常规的产业中；例如，
在吉尔吉斯斯坦，全部就业的 70% 是非正式的行业（亚洲开发银
行，2013），在哈萨克斯坦国内生产总值的近 40% 由非正式行业
创造 [艾特扎诺娃（Aitzhanova）等，2014]。

表 7-4：中亚大部分地区有很大部分劳动力仍在从事农业，
很大一部分人口仍生活在农村地区

	2012 年农村和城市人口比例、各行业占总就业比例				
	农村人口 (%)	城市人口 (%)	农业	工业	其他
哈萨克斯坦	46.5	53.5	25.5	19	55.1
吉尔吉斯斯坦	64.6	35.4	不详	不详	不详
塔吉克斯坦	73.4	26.6	66.3	4.1	29.5
土库曼斯坦	51	49	不详	不详	不详
乌兹别克斯坦	63.8	36.2	27.2	13	59.8
捷克	26.9	73.1	3.1	38.1	58.8
匈牙利	30.2	69.8	5.2	29.8	64.9
波兰	39.3	60.7	12.6	30.4	57
斯洛伐克	45.8	54.2	3.2	37.5	59.2

来源：世界银行（2015b）。

[①] 如第三章所述，农业就业和农村人口较多或可归因于移民被计入农业劳动力
和农村人口。这可能在高移民的国家是特别重要的（吉尔吉斯斯坦，塔吉克斯坦，乌
兹别克斯坦）。

　　尽管制造业在其经济中的份额相对较小，中亚并非完全没有制造业基地。哈萨克斯坦和乌兹别克斯坦拥有化工、制药等行业；一些苏联时期遗留下的军工行业在哈萨克斯坦、吉尔吉斯斯坦、乌兹别克斯坦得以存续；哈萨克斯坦生产火车发动机，乌兹别克斯坦生产汽车、卡车、公共汽车（与通用、曼卡车、戴姆勒等外国公司合作）；吉尔吉斯斯坦、土库曼斯坦、乌兹别克斯坦都发展了自己的纺织工业，往往都有土耳其投资者的参与；在建筑领域，哈萨克斯坦和乌兹别克斯坦的水泥产业都很成功；塔吉克斯坦有一座很大的铝厂，占其工业的主导地位，并为出口创造了巨大贡献；此外，大部分国家建立了一些农产品经营项目，包括乳制品、啤酒、葡萄酒[拉吕埃勒（Laruelle）、佩伊鲁斯（Peyrouse），2015]。

　　除了土库曼斯坦外，服务业目前占所有中亚国家国内生产总值的 50% 以上（表 7-1）。服务业的范围十分广泛，从传统服务业到现代金融、商务、信息、通信技术服务（框 7-1）。哈萨克斯坦以其重要的区域级银行的兴起，引领金融业发展。吉尔吉斯斯坦有着蓬勃发展的小额信贷行业，手机服务已经在大多数国家迅速传播，吉尔吉斯斯坦和乌兹别克斯坦已有较为成功的旅游业[拉吕埃勒（Laruelle）、佩伊鲁斯（Peyrouse），2015]。但是，除了哈萨克斯坦有一系列现代科技产业（部分继承自苏联时代的航空工业）以及商业服务，该地区大多数国家的金融和商业服务仍处于很低的水平。①

　　关于经济的多样化问题，吉尔（Gill）等人在 2014 年的研究

---

　　① 对于塔吉克斯坦，可参见《全球发展展望 2014》（经合组织发展中心，2014）。

中发现，资源丰富的国家由于对其资源的依赖与日俱增，都在近年来经历了产品和出口结构的集中（表 7-5）；而资源贫乏国家的生产结构则不断多元化，吉尔吉斯斯坦还实现了高度多元化的出口结构。中亚诸国的高新技术服务出口与世界平均水平相比仍然很低，哈萨克斯坦的水平则比吉尔吉斯斯坦和塔吉克斯坦稍高（图 7-1）。

表 7-5：欧亚地区资源丰富国家对碳氢化合物的依赖日增

国家	1992—2001	2001—2006	2006—2011
	碳氢化合物出口占所有商品出口的百分比		
阿塞拜疆	6	84	93
土库曼斯坦	25	89	82
哈萨克斯坦	6	52	65
俄罗斯	8	52	62
乌兹别克斯坦	1	13	26
	碳氢化合物出口占国内生产总值的百分比		
阿塞拜疆	4	24	41
土库曼斯坦	23	50	29
哈萨克斯坦	4	20	23
俄罗斯	7	17	17
乌兹别克斯坦	1	3	6

来源：吉尔（Gill）等（2014）。

框 7-1　发展中国家的服务业转型

根据经合组织最近的研究，服务业包括邮政电信、商业服务、金融、电力、建筑、公共服务、批发零售、餐饮酒店、教育、卫生、社会服务。它不包括房地产、交通运输、制造业、农业。

商务服务包括劳务招聘、信息产业、市场营销、客户联系、市场分析、研发，其中大部分可以外包；这些服务对制造业生产效率的增长非常关键。

现代服务业（商业、金融、电信）的生产率增长往往比制造业快，而更多的传统服务业往往较慢。现代服务业能进一步提高经济体其他产业生产率的增长。信息和通信技术尤为关键，因为它使其他产业信息得以存储、流通、交换，提高制造业和其他很多服务行业包括电信、金融服务、商业相关的服务（如数据处理和在线信息发布）以及教育和卫生服务的生产率增长水平。

传统的经济增长（所谓"第一次浪潮"）模式下，在低收入国家发展中就以服务业为主导；而中等收入国家则正在发展更先进的现代服务业（所谓"第二次浪潮"）。这一跨越并非易事。

来源：经合组织发展中心（2014）。

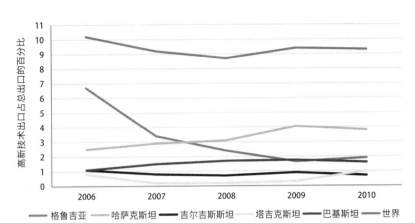

图 7-1：中亚诸国的高新技术服务出口相比于世界平均水平来说仍然很低
来源：亚洲开发银行（2013）。

　　各国政府在工业和服务业中的参与程度有所不同。乌兹别克斯坦和土库曼斯坦保留了苏联计划经济的传统，大规模地保持公有制和政府介入；而哈萨克斯坦、吉尔吉斯斯坦、塔吉克斯坦已普遍更多地以市场为导向。然而，即使在这三个国家，政府也介入某些特定行业，方式是通过公有制或制定针对中小规模企业发展的产业政策，以及不透明的所有制和管理结构（欧洲复兴银行，2014）。

　　展望未来，为了保证长期的生产率高增长，中亚所有国家必须发展现代制造业和服务业，以融入全球供应链。由于这最终只能由私营经济的主动发展和资源而实现，政府需要创造条件，使得私人投资者和私营企业能够充分把握全球经济一体化带来的机遇。

驱动生产力增长、多样化及赋予竞争优势因素的其他分析方式

尽管中亚诸国都曾是苏联的加盟国，但他们在 2015 年显示出经济结构和发展模式的巨大差异。接下来的问题是：研究者应当使用哪些常见的方法，来确认哪些因素可以推动工业及服务业生产力增长、多样化、竞争力增强，以实现中亚 2050 年的宏伟愿景。

五项殊途同归的研究在这方面有所帮助：世界经济论坛上提出的《适用于不同发展阶段国家全球竞争力的发展框架》[施瓦布（Schwab）、萨拉 – 伊 – 马丁（Sala-i-Martin），2012]；经合组织的"中等收入国家多样化路径"（经合组织发展中心，2014）；世界银行的"苏联国家多样化的研究框架"[1] [吉尔（Gill）等人，2014]；欧洲复兴开发银行在欧洲、中亚、北非的创新研究（欧洲复兴开发银行，2014）；圣坦尼集团及国家研究中心对哈萨克斯坦长期生产率增长和发展的分析[艾特扎诺娃（Aitzhanova）等，2014]。这五项不同的研究都指出了一些驱动中亚工业、服务业长期生产率增长的共通的关键性政策[2]（表 7-6）。每份研究都强调有利的商业环境、有力的制度、高水平的教育和劳动技能的重要性。它们都认识到开放性、连通性与基础设施的作用，有些人还明确指出健全的宏观经济基础和发达的金融行业的重要性，很多人强调支持创新政策的必要性。有的研究指出智能而现代化的城市十分重要，它们是先进生产力和创新活动的枢纽。最后，有一些研究注意到政府有意扶持特定有潜力的工业和服务业的潜在好处及风险。

---

① 世界银行普遍且误导性地称苏联地区为"欧亚"（三个波罗的海国家除外）。

② 亚洲开发银行发展私营企业的路径都指出了共同的政策方针。

表7-6：有一些共通的政策对于驱动中亚工业、服务业长期生产率增长至关重要

	综合因素和全国范围内的政策				特定因素和针对性的政策		
	商业环境	教育和技能	连通性	宏观和金融	城市	创新	工业和服务业
世界经济论坛 竞争性	√	√	√	√	√		
经合组织 多元化	√	√	√	√		√	√
世界银行 多元化	√	√	√	√		√	
欧洲复兴银行 创新	√	√					
圣坦尼 知识驱动	√	√	√	√	√	√	√

来源：作者。

　　本章的剩余部分将逐一阐述这些因素，探讨其在中亚（尤其是在工业和服务业）的持续高生产率增长中的作用。这些因素（包括干预措施）将分为两大类：第一，事关工业及服务业生产率增长、系统性、涵盖整个经济面的因素及干预措施，包括：（1）制度建设和商业环境；（2）教育和劳动技能发展水平；（3）连通性和基础设施建设；（4）强有力的宏观经济基础和金融行业的发展。第二，专门针对现代工业和服务业的干预措施，包括：（1）支持建设富有活力和竞争力的城市；（2）创造以现代知识和创新为背景的经济；（3）针对特定工业和服务业的干预措施。

　　本文将对这些措施分别讨论。但是，从制定政策的角度考虑，则需记住这一点：改革或完善政策，通常有必要同时在范围广的多项领域同时进行。具体的优先事项和实行顺序在各国各不相同，这取决于该国相对于其竞争对手的发展水平。

支持生产率增长的系统性因素及措施

制度和商业环境

制度环境和商业氛围是国家实现发展生产力、创新、经济多元化的最重要因素，即所谓"制度资本"。这其中包括有效的市场体制，在没有普遍补贴的情况下价格能够有效反映成本。在第三章所述的欧洲复兴开发银行制定的转型指标中，中亚国家（尤其是土库曼斯坦和乌兹别克斯坦）仍然有许多方面未能达标。除了有效的价格机制外，经济体制发展的下列指标亦十分重要，为多样化和创新政策提供具体指导：（1）世界银行"世界治理指标"中的部分经济治理指标；（2）经济政策和贝塔斯曼转型指数的经济管理指标；（3）世界银行的营商环境指数；（4）其他三个针对性较强的关于制度有效性的指标，包括外国直接投资的监管、监管标准、政务信息化的程度。[①]

世界治理指标

世界治理指标包括六项指标，其中两项涉及政治的可靠性和稳定性；其他四项包括治理的有效性、监管质量、法治、腐败控制［世界治理指标（WGI），2015］。后四个指标对经济发展尤其重要。观察中亚五国这四个指标在 2003 年、2008 年、2013 年的情况，可以看到如下结果：

● 中亚国家在所有四项指标排名中均处于平均水平以下。

---

① 本章特别侧重于那些最直接影响制造业和服务业经济活动的制度。对于普遍性制度评估、治理、法治的内容，参考第十一章。

- 平均来说，所有中亚国家四项指标中"腐败控制"一项分数最低，处于指标排名倒数 1/4 以下的位置。

- 总体而言，中亚国家中，哈萨克斯坦排名最高，土库曼斯坦最低。乌兹别克斯坦在政府效率和腐败控制方面表现较好（但仍仅处于排名最末 20% 之列）。吉尔吉斯斯坦则有相对较好的政府效率和监管质量。塔吉克斯坦在所有领域都排名不高，但大多数较土库曼斯坦略好。

- 2003 年至 2013 年间，不论是整体而言还是个别国家，均没有明显的改善或恶化的趋势。就趋势而言，2003 年和 2008 年间部分指标稍有进步，但此后则又有一定程度的退步。

贝塔斯曼转型指数

贝塔斯曼转型指数来自于针对每个国家的专家评审，评审其经济管理和体制效能。它有两部分：一是"管理"指数，该指数衡量经济管理的质量；二是整体"状态"指数，又由两部分组成："政治参与"指数和"市场与竞争组织"指数。

图 7-2 显示了中亚地区在 2014 年的指标。在经济管理方面，哈萨克斯坦和吉尔吉斯斯坦排位约处于 40 百分位的水平，塔吉克斯坦位于 15 百分位，而土库曼斯坦和乌兹别克斯坦大幅低于 10 百分位。在市场组织和竞争各方面，哈萨克斯坦表现较好，位于 65 百分位，吉尔吉斯斯坦位于 45 百分位，其他三国位于 20 百分位或更低。[①] 在这两项指标中，中亚五国均未有上升或下降的趋势。

---

① 土库曼斯坦在这项指数上排名高于塔吉克斯坦和乌兹别克斯坦，可能让人惊讶，但三国在排行榜上毫无疑问地都接近末位。

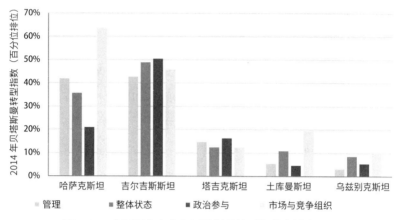

图 7-2：中亚国家大多在贝塔斯曼转型指数中排名靠后

来源：贝塔斯曼（2014f）。

世界银行营商环境指数

　　世界银行的营商环境指数（世界银行，2014a）来自于专家评审各国商业受法律监管阻碍的情况。评审考虑的是文本上的法律规章的质量，但是这并不一定反映现实中的阻碍。图 7-3 显示了中亚国家与欧洲地区的一些国家的分数排名对比。哈萨克斯坦在中亚国家间表现最好，排名第 77 位，在全球排位中处于前 50% 的位置。但是其分数仍低于欧洲加中亚整体的平均水平。其他中亚国家的排名要低得多，在全部 189 个国家排名中，吉尔吉斯斯坦排名 102 位，乌兹别克斯坦 141 位，塔吉克斯坦 166 位。在 2014 年至 2015 年间的营商指数评估中，吉尔吉斯斯坦的排名位置下降，而塔吉克斯坦和乌兹别克斯坦则有上升，哈萨克斯坦大致保持不变。

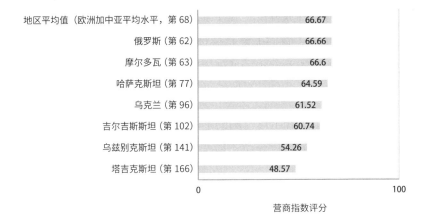

图 7-3：中亚国家在营商指数排名靠后，
该指数评估法律监管环境对商业发展的阻碍

来源：世界银行（2014a）。

　　营商环境指数含有 10 个子指标分数，并指出应通过恰当的政策予以移除的最大障碍（世界银行，2014a）。在这些子指标中，最引人关注的是中亚诸国在"跨境贸易"一项中全部排名垫底。"获取电力"一项也普遍较差，特别是在吉尔吉斯斯坦和塔吉克斯坦。而在好的方面，哈萨克斯坦的"财产登记"、"保护中小投资者"、"税收"、"合同强制力"的分数较高；吉尔吉斯斯坦在"财产登记"和"创业指数"分别排名全球第 5 和第 9 位，并在"保护中小投资者"、"获得信贷"、"获得施工许可"方面表现较好。塔吉克斯坦和乌兹别克斯坦在"合同强制力"方面相对较好，但在其他大多数领域远低于平均水平，甚至接近垫底。

商业环境的部分其他指数

　　关于制度的发达程度，还有三个维度可以用来考量中亚的"商业开放性"。首先是经合组织的监管严苛指数，用以衡量国家

对外国投资者的开放程度。在中亚，该指数只涵盖了哈萨克斯坦
和吉尔吉斯斯坦，它们无疑是该地区对外国投资最开放的国家。
事实证明，吉尔吉斯斯坦在此方面做得相当不错，接近经合组织
成员国平均水平，高于全球整体平均水平。哈萨克斯坦则相反，
其监管比经合组织和全球范围的平均水平均更严厉（图 7-4）。对
外国直接投资的开放度肯定会成为中亚地区发展现代化、高生产
率经济能力的关键因素。

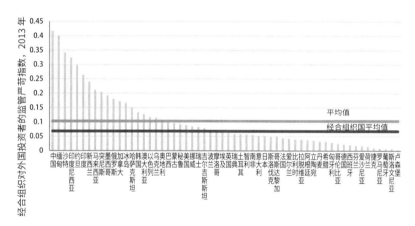

图 7-4：吉尔吉斯斯坦在外国直接投资开放度方面较好，哈萨克斯坦较差

来源：经合组织（2013a）。

　　第二个维度涉及中亚国家的监管标准的性质（图 7-5）。这些
监管标准或仅适用于国内，或符合苏联国家标准，或是被欧盟广
泛认可并与国际标准一致。一国的各项标准越与国际接轨，对其
出口的发展越有利。图 7-6 表明乌兹别克斯坦的制度最多，大约
一半为国家标准，另一半符合苏联国家标准，而只有少数符合欧
盟或国际标准。哈萨克斯坦和吉尔吉斯斯坦法规数量约为乌兹别
克斯坦的一半，但绝大多数符合苏联国家标准。虽然这有助于对

苏联国家的出口，却对向世界上其他国家出口形成阻碍。相比之下，中欧和东欧国家已在很大程度上调整了它们的监管框架，以适应国际公认的标准。事实上，在欧亚经济联盟内延续使用苏联国家标准，将使得欧亚经济联盟在中亚的成员国与世界脱轨。

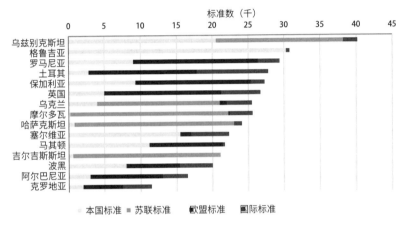

图 7-5：许多欧亚国家各项标准与欧盟和世界标准脱轨

来源：吉尔（Gill）等（2014）。

第三个维度涉及政府采用现代电子政务的程度，以促进政企互动。从联合国电子政务指数来看，哈萨克斯坦排第 28 位，接近世界前列，而其他中亚国家远远落后，在总共 193 个国家和地区中乌兹别克斯坦排名 100，吉尔吉斯斯坦排名 101，土库曼斯坦第128，塔吉克斯坦第 129（联合国经济和社会事务部，2014）。

政策含义

在某个层面，这些研究的政策含义很明确：为了促进竞争、创新、多元化的发展，中亚国家需要从根本上改革其经济体制和监管框架。他们需要控制腐败，实现更有效的法治，提高政府效能，排除经商（尤其是外国投资）的障碍，并有效地部署和实施符合国际标准的商业规则。

然而这说起来容易做起来难，尤其是在有强大的既得利益集团阻挠改革的情况下。例如，大多数该地区的国家都曾试图改革某些制度环境和商业环境的具体问题，甚至采取措施以解决腐败问题。但是，大多数改革没有得以全面推行和有效实施。第五章和十一章介绍了一些改革成功的例子，特别是在格鲁吉亚。对制度和商业环境的各项指标进行具体领域的分解，有利于为改革确定优先次序。相关政府机构可以使用这些指标衡量具体改革的进展情况，设定问责制，最终实现显著和持久的变化。此外，指数表明，一些中亚国家在制度建设和商业环境的某些领域已经接近全球最佳水平，说明中亚完全可以形成良好的制度和商业监管。

教育和劳动技能发展

教育和劳动技能的发展和由此产生的人力资本，是提高和维持国家生产力增长战略的重要组成部分，特别是在现代制造业和服务业。尽管中亚的入学率相对较高，但该地区的教育和技能素质总体仍很有限（详见第八章）。例如，在 25 岁人口中大量存在功能性文盲（图 7-6），以及许多在中亚的生意人（哈萨克斯坦超过 50%）报告说，他们公司的发展受限于劳动力普遍缺乏良好教育[①]（图 7-7）。公司为员工提供的在职培训很少（图 7-8），该地区企业的管理能力也很有限（图 7-9）。

[①]　吉尔吉斯斯坦和乌兹别克斯坦的公司相对哈萨克斯坦来说较少抱怨缺乏熟练工人。这可能反映了他们现代制造业和服务业活动相对哈萨克斯坦落后，对教育和技能的需求较少。

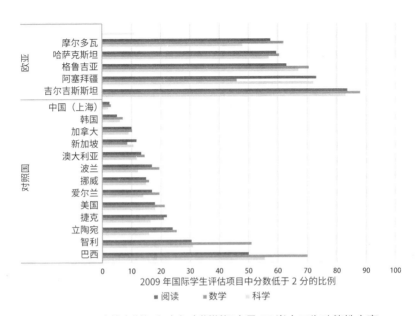

图 7-6：哈萨克斯坦和吉尔吉斯斯坦大量 25 岁人口为功能性文盲

来源：吉尔（Gill）等（2014）。

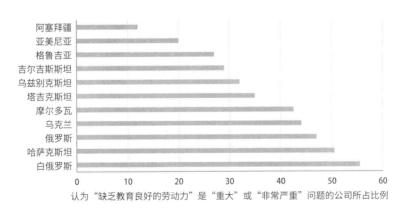

图 7-7：公司对劳动力的劳动技能并不满意

来源：世界银行（2014）。

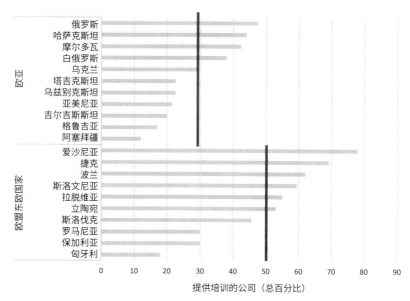

图 7-8：相对于欧盟国家，中亚地区的企业很少提供在职培训

来源：吉尔（Gill）等（2014）。

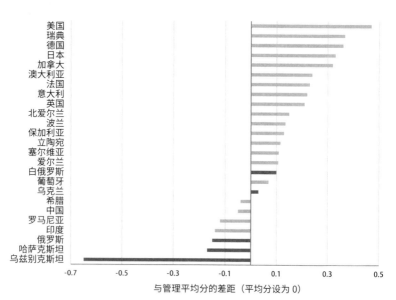

图 7-9：中亚地区企业管理分数偏低

来源：吉尔（Gill）等（2014）。

这些中亚国家除了亟须进行一般性的教育改革（参考第八章），还需要引入一些具体的政策和实践，以确保该地区的企业能有足够技能的劳动力，应对现代化、创新、全球化的制造业和服务业中的挑战（经合组织发展中心，2014）。应采取的措施包括：

- 计算机和英语技能培训。
- 劳工教育和技能提升。
- 管理人员现代管理技能培训。
- 增进企业和教育培训机构之间的联系，以确保教育和培训符合不断变化的工业和服务业的需求。
- 普及标准化评估工具和标准化操作，发展职业认证；这有助于提高劳动力的流动性，并帮助企业找到合适的工人。

所有这些措施都需要政府和私营部门之间密切合作，以确保为企业带来相适应的劳动技能，给公司、工人和学生以恰当的激励。对于职业教育和培训计划，世界各地都有很好的例子能够很好地协调这些关键要素〔经合组织发展中心《2014 年全球发展展望》；艾特扎诺娃（Aitzhanova）等人，2014，《2050 年的哈萨克斯坦》〕。根据这一经验，我们建议中亚国家参考世界上的最佳实践，发展职业教育和培训计划，并有可能在区域级别予以实施。

基础设施连通性和开放性

除了制度和人力资本，实体的基础设施对生产力增长、创新和竞争力也至关重要。良好的基础设施不仅有助于人与人之间的沟通，而且有助于商业之间，商业与消费者之间在地方、国际、区域乃至全球范围的连接。这种连接对高效的商品、服务、劳动力、金融的流通，以及更重要的思想和理念的流通十分关键。对于创新而言，国际连接又尤其重要，正如欧洲复兴开发银行最近在《转型经济体中的创新》文件中所述的那样（欧洲复兴开发银行转型报告，2014）。如第十章所述，中亚内陆国家的国际连接不仅需要连接国际上的基础设施，还需要有利于跨境贸易、投资、劳动力流动的政策及制度。这需要中亚国家和他们的邻居之间的合作。在这一部分中，重点主要是基础设施在支持这种连接方面的作用，如运输、电信、信息通信技术。

今天在中亚，基础设施的质量普遍一般或较差。欧洲复兴开发银行对其公路和铁路基础设施质量与其他转型国家进行了对比，评分结果证实了这一点（表 7-7）。土库曼斯坦的公路和铁路基础设施尤其糟糕。

表 7-7：中亚的基础设施质量普遍一般或较差，
公路铁路基础设施质量评分总体上证实了这一点

	公路	铁路	水和废水	城市交通	信息技术
哈萨克斯坦	3-	3	2+	2+	3
吉尔吉斯斯坦	2-	1	2	2	3
塔吉克斯坦	2-	1	2	2	2+
土库曼斯坦	1	1	1	1	2-
乌兹别克斯坦	3-	3-	2	2	2
对照国：					
蒙古	2-	3-	2	2	3
俄罗斯	3-	4-	3	3	3+
波兰	4-	4-	3	4-	4

注：分数范围从 1（最不满意）到 4+（最满意）。
来源：欧洲复兴开发银行（2014）。

得益于中亚地区继承了苏联时代整体较发达的公路网，公路通常是该地区最重要的交通运输方式［拉吕埃勒（Laruelle）和佩

伊鲁斯（Peyrouse），2015］。然而独立以后，公路投资和维护严
重匮乏。新的投资主要集中于高速公路干线，而整体的道路网络
没有得到很好的维护。铁路的情况类似，虽然总体上较好一些。
独立后整个地区铁路交通崩溃，直到 2000 年后才有所恢复。在哈
萨克斯坦，铁道交通现在略好于 1990 年的水平，但在吉尔吉斯斯
坦仍然远远低于苏联时代的水平（库利巴利，2012a）。

　　至于航空线路，与中亚连接的国际航线目的地越来越多，较
苏联时代有显著改善（表 7-8）。特别是塔什干已经成为一个重
要的国际枢纽，其次是阿拉木图。然而与莫斯科相比，中亚的枢
纽作用仍然有限。哈萨克斯坦和乌兹别克斯坦已经能够升级他们
的航空公司机队［拉吕埃勒（Laruelle）、佩伊鲁斯（Peyrouse），
2015，《全球化中亚》］，但吉尔吉斯斯坦和塔吉克斯坦仍为苏联
遗留设备所累，近年来只添置了很少量的飞机。此外，中亚国家
之间的航线仍然有限，更由于航线途径国家对部分空域实行的政
府管制，这一问题有时很严重［拉吕埃勒（Laruelle）、佩伊鲁斯
（Peyrouse），2015］。

表 7-8：与中亚连接的国际航线目的地越来越多，
较苏联时代有显著改善；与所有重要国际空港均有对接

	1958	2000	2011
阿拉木图	6	32	43
比什凯克	5	19	16
杜尚别	3	3	31
阿什哈巴德	4	15	21
塔什干	9	57	59
莫斯科	26	177	243

来源：库利巴利（Coulibaly，2012b）。

电话持有率方面，哈萨克斯坦相对较高，特别是在手机方面，2010 年哈萨克斯坦的手机持有率超过了欧盟（EU）。吉尔吉斯斯坦和土库曼斯坦 2013 年的手机持有率也接近欧盟，塔吉克斯坦和乌兹别克斯坦则略低，但接近世界平均水平（图 7–10）。

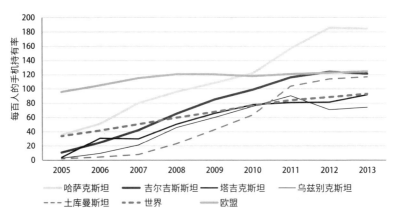

图 7–10：中亚手机持有率总体达到或超过世界平均水平

来源：世界银行（2015b）。

在世界银行（2015b）关于互联网连接的报告中，中亚受到的限制很严重。相比欧盟（12 个最初的成员国）约 60% 民众可以访问互联网，吉尔吉斯斯坦约有 20%，乌兹别克斯坦接近 30%，哈萨克斯坦约 45%。宽带接入很少，尤其是在吉尔吉斯斯坦和乌兹别克斯坦，在哈萨克斯坦也只有欧盟 12 国的约 1/2（图 7–11）。

但重要的是，硬件基础设施只是连接性的一个方面。"软"基础设施应该得到同等的重视，包括连通国内国际商业的物流业。根据世界银行的物流表现指数，中亚相对其世界范围内的竞争对手来说表现不佳。虽然一些国家（哈萨克斯坦和塔吉克斯坦）的排名自 2007 年至 2014 年间显著提高（尽管其基数很低），但吉尔

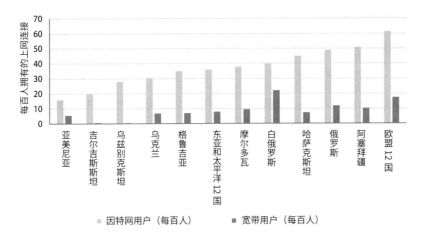

图 7-11：中亚因特网和宽带接入十分落后

来源：吉尔（Gill）等（2014）。

吉斯斯坦的排名却有所下降（表 7-9）。

表 7-9：根据世界银行的物流表现指数，

中亚相对其世界范围内的竞争对手来说表现不佳

	2007 排名 （150 个国家参加排名）	2014 排名 （160 个国家参加排名）
哈萨克斯坦	133	88
吉尔吉斯斯坦	103	149
塔吉克斯坦	146	114
土库曼斯坦	不详	140
乌兹别克斯坦	129	129
俄罗斯	150	160

来源：世界银行（2014c）。

　　此外，贸易、金融、劳动力市场的开放程度是一个重要因素。如第十章所示，中亚边境对商贸、金融、人员的流动甚至思想的交流设置了很高的壁垒（2009 年《世界发展报告》）。这种对连接性的破坏对中亚地区的制造业和服务业融入区域和全球价值链来说是巨大障碍。

展望未来，毫无疑问，对中亚各国来说，想要看到制造业和服务业有像农业那样的高生产率增长，就必须大幅加强交通运输和信息通讯基础设施的投资、维护和服务；必须致力于升级物流"软"基础设施，确保其国际经济关系的开放性。还有两个具体因素对于该地区的现代工业和服务业发展特别重要：第一是面向航空线路的"开放天空"政策，从而最大限度拓展中亚连通世界的空中路径；第二是普及宽带，互联网接入。这两个关键政策将帮助中亚国家克服与世界各地主要商业和创新中心距离遥远的困难。

宏观经济基本面和金融业

20 世纪的发展历史已然证明，有效的宏观经济管理和运营良好的金融是保持长期稳定的经济高速增长的基础。相比之下，高通胀、过度的公共部门赤字和债务、货币汇率的长期错位、私营经济的投机性泡沫不可避免地导致金融危机和宏观经济的严重衰退，这可能显著影响经济长期增长，并成为使国家陷入中等收入陷阱的重要因素（最明显的例子是 20 世纪 80 年代和 90 年代的拉丁美洲）。[①]

像许多其他发展中国家一样，中亚国家从 20 世纪 80 和 90 年代的宏观经济危机和不稳定中汲取了教训，总体保持着稳健的宏观经济政策；那一场灾难以 1998 年东亚经济危机（最终影响全球）达到高潮。中亚宏观经济管理的主要方面在第三章中已有探

---

① 早期的宏观经济和财务管理的重要性的阐述，参见世界银行的世界发展报告（1988 和 1989）。

讨。中亚国家已经降低了他们的通胀率，控制了外债，资源丰富国家一般实行预算盈余，资源贫乏的国家则实行可持续的预算赤字，避免其汇率高估，很大程度上避免了宏观经济危机。唯一的例外是哈萨克斯坦 2007 至 2008 年的宏观经济和金融危机。这场危机是由过热的建筑房地产业和过度扩张的银行业引发的，这令其很容易受到 2007 年开始的世界金融危机早期震荡的影响。但哈萨克斯坦最终处理危机得当，在短暂的衰退之后很快恢复增长。2015 年，中亚国家再次遭受俄罗斯经济危机、世界石油价格急剧下跌、中国经济放缓严重等外部冲击。强健的宏观经济基本面帮助中亚正面应对了危机，尽管这场冲击无疑对短期和中期的增长速度产生负面影响。保持这一宏观经济政策将是支撑中亚地区保持长期增长，实现 2050 年宏伟愿景的重要因素。

展望未来，中亚国家必须保持对自然资源财政的良好管理。这是挑战也是机遇。不仅是当前的石油和天然气出口国（哈萨克斯坦和土库曼斯坦），对其他尚未完全开发自然资源但有心开发的中亚国家来说也是如此。特别值得一提的是，当吉尔吉斯斯坦和塔吉克斯坦充分发掘他们的水电资源并向邻国大量出口电力的时候，可能会有大量资金涌入（第五章）。而经营不善的自然资源收入可能带来不利于制造业、服务业的倾斜汇率，削弱施政能力和制度，在经济上造成严重的扭曲并阻碍长期发展（所谓"资源诅咒"）。自然资源收入如果管理得当，将是人力资本和基础设施投资的关键资金来源。如果能像哈萨克斯坦那样［艾特扎诺娃（Aitzhanova）等人，2014］，在高产量和高价格时留存自然资源收入，将可以用于抵御外部经济冲击和产量下降，从而大大增强经济活力，促进经济稳定，促进民营的企业投资和经营环境。

中亚面临的另一个挑战是建立强有力、规制健全、有弹性的金融行业。在现代化高生产力和创新力的经济体中，企业严重依赖资本市场进行融资。这对新公司的初创阶段非常重要，其中风险投资在资助创新活动过程中扮演着重要角色；对于各种规模的成熟企业来说，金融业同样重要［吉尔（Gill）等人，2014，《多元化发展》；欧洲复兴开发银行，《2014 年发展转型报告》］。一般情况下，正如欧洲复兴开发银行和世界银行的调查结论所指出的那样，创新型企业不容易取得银行信贷。金融业除了在企业孵化和发展方面的作用，也代表了现代服务业中，通过产生附加值和外汇收入获得增长的潜在能力，哈萨克斯坦自 2000 年来银行业的扩张就是证明。

通过私营企业普遍获得广义货币信贷比率很低和存款占国内生产总值比例的情况来看（表 7-10），中亚地区金融业发展水平很低。虽然哈萨克斯坦拥有中亚地区相对先进的金融业，但对比人均收入与之相近的其他国家，其国内私营企业信贷水平仍然较低（亚洲开发银行，2013 年，《私营企业发展最新情况》）。此外，即使是那些有能力融资的中亚公司，也主要依靠银行融资，很少依靠股权市场（欧洲复兴开发银行，2014）。

虽然在规模和活跃度上有限，但中亚银行在不良贷款率方面总体表现相当好。唯一的例外是哈萨克斯坦，由于 2007 至 2008 年的金融危机，2014 年不良贷款率占银行资产的 30%，严重高于国际标准的不良率，充分表明了银行业的脆弱，也限制了进一步扩张。这不仅对需要获得信贷的哈萨克斯坦企业来说很不幸，对那些与哈萨克斯坦银行开展业务活跃的邻国（尤其在吉尔吉斯斯坦）来说也是如此（欧洲复兴开发银行，2014）。

表 7-10：通过私营企业普遍获得广义货币信贷比率很低和存款占国内生产总
值比例的情况，中亚地区金融业发展水平很低

	金融中介占国内生产总值百分比			
	广义货币	私营企业获得信贷	存款	银行资产
吉尔吉斯斯坦	31	13	13	31
亚美尼亚	27	26	17	48
阿塞拜疆	24	18	12	44
格鲁吉亚	30	33	24	57
哈萨克斯坦	45	46	39	81
塔吉克斯坦	18	15	12	24
乌兹别克斯坦	20	17	16	52
平均值	27.9	24	19	48.1

来源：亚洲开发银行（2013）。

　　营商环境指数中显示，企业在哈萨克斯坦和吉尔吉斯斯坦相
对容易获得信贷支持（世界银行，2014a）。在吉尔吉斯斯坦，部分
原因是发达的小额信贷体系，占整个金融资产的 21%，以及本国
货币的所有国内信贷的 50%（亚洲发展银行，2013）。不过，亚洲
发展银行已发现吉尔吉斯斯坦金融系统的一些严重空白，对中小型
企业尤其有影响。哈萨克斯坦相对其他国家很低的中小企业贷款率，
已证明其中小企业难以取得信贷（亚洲发展银行，2014e）。

　　来自侨民的汇款是一些中亚国家，特别是吉尔吉斯斯坦和塔
吉克斯坦财政的重要来源。数以百万计的来自这些国家（包括乌
兹别克斯坦）的人在国外工作（主要是在俄罗斯），因此汇款在
绝对数量以及占货币储备、进口、国内生产总值的比例方面都十

分可观（图 7-12）。事实上，在吉尔吉斯斯坦和塔吉克斯坦，汇款已成为 21 世纪以来的经济主要驱动力。然而汇款可能并不稳定，最近在俄罗斯经济危机的影响已经可以证明这一点。汇款的增长已经放缓，甚至在 2014 年呈负增长（发展前景集团移民与汇款小组，2014）。

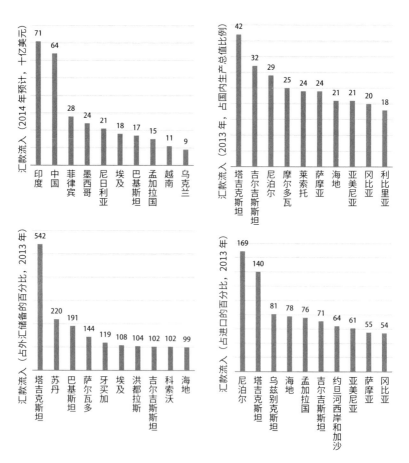

图 7-12：由于有数以百万计的海外（大多数为俄罗斯）工作者，汇款现金流
入在绝对数量和货币储备、进口、国内生产总值占比均很可观

来源：发展前景集团移民与汇款小组（2014）。

不幸的是，在这些国家发送汇款的途径狭窄，当地银行系统薄弱，限制了从侨民汇款获得长期利益的潜力。首先，来自国外的汇款费用成本仍然很高，尽管比欧洲和亚洲其他地区乃至全世界大多数地区要低一些（发展前景集团移民与汇款小组，2013，《移民和汇款》；发展前景集团移民与汇款小组，2014）。除了汇款人的成本，通常收款人在收款和取款的时候也需要支付费用（所谓的"提取费用"）。这些费用反映在当地的银行费用和税收中，这些成本越高，进入本地收款人口袋用于消费和投资的钱就越少（发展前景集团移民与汇款小组，2014）。其次，在中亚国家，很少有汇款转化为银行储蓄存款或转化为投资。之所以如此，关键在于缺少获得银行服务的渠道，以及对银行本身缺乏信任。更强大、更可靠的银行业可以使得汇款很可观的一部分流入居民储蓄，并最终用于投资。

展望未来，中亚国家必须发展具有活力、调控健全、管理良好的金融行业。世界各地的经验表明，这并不容易，因为金融行业几乎都经历过各种严重的危机，最近的一次是 2008 到 2009 年的全球金融危机。要建设充满活力的金融行业，该地区的各国政府应进行一系列变革：基于世界范围最佳的实践经验，形成良好的监管，以平衡信贷需求和保证资产质量的审慎性之间的关系；为外国金融机构在境内营业创造公平的竞争环境；制定合理的外国投资机制，给外国股权投资提供公平的机会；加强公司治理，保证股东知情权和管理层尽职负责，以及保护投资者不受政府不当行为或其他外部因素的影响；对小额信贷进行有效而不逾矩的监管，创造因时制宜和有竞争力的信贷渠道助力特定优先发展的工业和服务业，包括中小企业（另见"有针对性的干预"一节）。

各国政府应特别注意减少汇出和接收移民汇款的成本，确保收款人意识到当地银行系统有助于他们存款，其储蓄的汇款最终能够用于投资。

对于宏观经济调控和金融业发展来说，中亚区域各国的相互潜在影响超越国境，因此值得进行更紧密的区域合作。例如，在哈萨克斯坦的宏观经济或金融发生危机可能对邻国产生严重的影响。如果该地区某大型银行崩溃，可能引发该地区整体不稳定和对银行系统不信任的连锁反应。因此，中亚国家应通过定期交流有关国家、地区和全球宏观经济以及金融发展的信息以加强合作。各国政府应该分享自己在管理财政、货币和汇率政策、金融业改革方面的经验。最后，五国应尽力协调它们的金融监管。

直接助力工业和服务业发展的措施

本章现在探讨更直接关系到工业和服务业发展和生产率增长的因素和措施：城市化、创新、有针对性的工业和服务业政策。

城市化和现代城市的作用

大多数工业和服务业活动集中在城市地区。城市，尤其是大型城市，驱动着现代工业和服务业发展［巴尔（Bahl）等，2013］。有三个因素使城市尤其具有生产力（莫雷蒂，2015）：（一）"厚"或者说"深"的劳动力市场，给雇员和雇主优化技能和需求匹配的机会；（二）"厚"而"深"的专业服务供应商市场，以有竞争力和高性价比的方式满足企业和家庭的特定的服务需求；（三）"知识溢出"，尽管现代通信技术先进，但这仍是一种非常本地化的现象。世界银行最近研究了苏联的城市，恰当地概括了全球互联城市的作用："全球各城市以四种新的方式发挥作用：在世界经济组织中作为高度集中的指挥点；作为已经取代制造业成为经济主导行业的金融和专业服务公司的关键基地；作为尖端工业的生产（包括生产创新）场所；作为产品和创新的市场。"（库利巴利，2012a）

艾特扎诺娃等人认为（2014），城市规划者应该着眼于通过建设智能、绿色、安全、有趣的城市，发挥现代城市在全球竞争中的作用。实现这些目标的手段包括有效的土地利用规划、高度的连通性、提供优质的公共服务、建设性的商业监管、有效的融资方式。[①] 此外，管理城市的权力应该由赋权的市政府实施，该市政府对其居民和当地商业社区负责，并在涉及国家资源和对国内其他地区的溢出效应方面向国家当局负责。

中亚在苏联时期快速城市化，城市人口从 1926 年的 13% 增长到 1989 年的 46%（图 7-13）。在 1991 年独立时，哈萨克斯坦是该区域城市化程度最高的国家，城市人口占 56%，而塔吉克斯坦是 31%，城市化程度最低（表 7-11）。独立后，该地区除土库曼斯坦，所有国家城镇人口比重均有下降。一大批生活在城市的

---

① "城市规划的核心目标是建立一个有竞争力的城市：一个可以通过吸引富有革新精神、极具生产力的企业和劳动力，在国内、区域和全球市场有竞争力的城市。这是由创建智能城市而来：一个为企业、政府和人民提供和使用现代信息和通信技术的地方。创建绿色城市的目标，是城市使用如能源、水和空气等自然资源时，有效和可持续的限制排放和污染。建设安全的城市的目标是确保人们和企业做好准备，防范自然灾害和犯罪。最后，城市应该是一个有趣的地方：一个让人们享受文化、体育、绿地和城市遗产的地方。"［艾特扎诺娃（Aitzhanova）等，2014］。

俄罗斯人撤离该地区并返回俄罗斯，而且 20 世纪 90 年代的深层转型下的经济衰退迫使一些城市居民到农村地区寻求更好的生存条件。

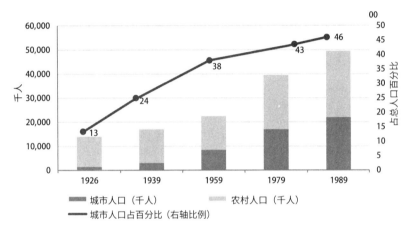

图 7-13：中亚在苏联时期快速城市化，
城市人口从 1926 年的 13% 增长到 1989 年的 46%

来源：经济研究中心（Center for Economic Research，2013）。

表 7-11：1991 年独立时，哈萨克斯坦是
当地城镇化最高的国家，城市人口占比达 56%

	城市人口占总人口比例	
	1991	2013
哈萨克斯坦	56	53
吉尔吉斯斯坦	37	35
塔吉克斯坦	31	27
土库曼斯坦	45	49
乌兹别克斯坦	40	36

来源：世界银行（2015b）。

此外，在 2000 年后从吉尔吉斯斯坦和塔吉克斯坦有大量的年轻人移民去俄罗斯工作，这意味着与不存在这种移民的情形相比，这两个国家农村人口向城市迁移的数量比假设的情况少得多。2013 年，只有土库曼斯坦的城市化水平高于 1992 年，中亚地区的城市人口的特点是首位效应相对较低——首位效应指的是在其总的城市人口中，最大的城市的主导地位（库利巴利，2012a）。此外，虽然中亚拥有两个超过 100 万人口的城市，但按照国际标准，中亚没有超大型城市——即人口 1000 万以上的城市。[1] 从长远来看，正常的人口发展趋势有望重新回归，联合国预测中亚人口的 55% 在 2050 年将生活在城市地区（经济研究中心，2013）。

中亚各国政府需要考虑采取以下 5 个干预措施以帮助他们的城市更具竞争力、更智能、更绿色、更安全、更有趣。[2]

土地使用规划

有效的城市土地利用规划是高效城市发展的重要前提条件，特别是在长期部署的基础设施和预防城市低密度扩张，确保有足够土地用于公共和交通，确保有弹性的土地使用权方面。有效的地籍测绘和明确的产权，以及透明、廉洁的运行实施，是有效的土地使用规划和管理的关键。所有这些都是中亚城市管理需要升级的领域。

---

[1] 2011 年，世界上有 23 个超大型城市，据联合国预测，到 2023 年，将有 31 个［艾特扎诺娃（Aitzhanova）等人，2014］。根据联合国人口统计年鉴 2000 年最近的可参考数据，塔什干有人口 210 万，阿拉木图 140 万，比什凯克 87.1 万，杜尚别 75.6 万（阿什哈巴德没有数据）。

[2] 随后的讨论可参见艾特扎诺娃（Aitzhanova）等人的观点（2014，尤其是第八章），以及库利巴利（2012a）。

连接性

第二个领域涉及在城市区域建立高度连通性，这种连接包含城市内部和城市之间，包括城市腹地和国际之间。城市交通基础设施的发展与土地利用规划、宽带互联网接入都是至关重要的。然而，"连接"不只是一个物理基础设施的问题，还包括如何使用这些基础设施。中亚国家在城市交通服务管理上有很多需要改进的地方，如欧洲复兴开发银行的绩效评估中所示，其城市交通质量评级较低（表 7-6）。特别是高效的公共交通和私人汽车的使用权之间的平衡需要建立。中亚国家的汽车拥有率仍相对较低（库利巴利，2012a），但这正在迅速改变。除非尽快进行细致的交通管理（包括限制在中心城市的汽车使用，建立公交专用道和行人专用道）和道路使用收费，以反映道路维护和拥堵的实际成本，否则中亚城市将遇到世界上很多大城市正在应付、同样严重的交通拥堵和相关的经济和污染成本。就信息和通信技术的接入而言，国家需要为互联网用户提供高度的自由和足够的安全保护，因为全球网络安全威胁方面的挑战将日益严峻。

城市服务

城市管理的第三个方面是有效提供城市服务，包括住房。诸如供水、卫生和垃圾处理、集中供热和街道照明等，通常由城市地方当局提供。中亚各国独立以来，市政服务不断恶化，目前按照国际标准来说质量很低（经济研究中心，2013）；下降的服务质量和日益严峻的环境问题，使城镇人口持续增长面临严峻挑战。部分原因是服务收费低于成本，因此整体需要财政预算补贴（表 7-12）。在没有充足的资金的情况下（几乎一贯如此），服务和维护方面的投资遭受冷遇，不可避免地导致服务覆盖和质量下降。尤其是在供水方面，民用和工业用水价格过低，导致用水十分浪费。这是造成该区域在管理其有限的水资源时遇到许多问题的因素之一（参考第五章、第六章和第十二章）。

表 7–12：中亚各国独立以来，市政服务不断恶化，
目前按照国际标准来说质量极低

各国首都	2010 年中亚地区各国首都水费和交叉补贴额度	
	公布的居民水费标准 （美元每立方米）	交叉补贴比例
摩尔多瓦基希讷乌	0.74	1.41
俄罗斯莫斯科	0.54	1.31
亚美尼亚叶里温	0.35	1.00
阿塞拜疆巴库	0.19	4.67
乌克兰基辅	0.16	2.11
哈萨克斯坦阿斯塔纳	0.15	1.81
格鲁吉亚第比利斯 *	0.14	3.75
白俄罗斯明斯克	0.13	2.23
吉尔吉斯斯坦比什凯克	0.10	1.77
塔吉克斯坦杜尚别	0.08	5.07
乌兹别克斯坦塔什干	0.04	2.09

* ：收费标准为每立方米 2.40 格鲁吉亚拉里，每天人均消耗 350 升。
来源：库利巴利（Coulibaly，2012a）。

与苏联的其他地方一样，中亚独立后大多数城市的住房均已私有化。尽管如此，住房相关的政策仍面临挑战（主要在地方层面）。住宅发展相关的土地利用总体规划和就业岗位，抵押贷

款金融的发展，是世界上发展中国家的城市共同面临的问题。对于中亚国家，有两个特别需要关注的领域需要指出（库利巴利，2012a）：发展高效的业主协会，以确保公寓大楼得到适当的管理，以及发展房屋出租。缺乏有效的业主协会，会导致建筑物和附属公共空间疏于维护。在苏联，房屋租赁在整个住房市场中所占比重很低，哈萨克斯坦、吉尔吉斯斯坦、乌兹别克斯坦尤甚。[①] 与其大建公租房，不如与私人房屋开发公司合作，通过适当的土地用途规范鼓励出租房发展。

对于创建安全的城市，还有两个公共服务职能必不可少但常被忽视：犯罪控制和灾害预警防备。城市犯罪是许多高度城市化的国家的重要问题，特别是在拉丁美洲；但在中亚地区这一问题没有那么严重。然而，犯罪率指标确实正在上升［至少在哈萨克斯坦如此，艾特扎诺娃（Aitzhanova）等人，2014］，与贩毒、政治动荡、原教旨宗教极端主义崛起有关的各种新闻层出不穷，让人感到危险，这让投资者和高素质专业人才不愿意在中亚城市落脚。因此，在尊重人权和与当地社区密切合作基础上的有效控制犯罪，是城市管理的一个重要因素。

针对中亚城市面临较高的自然灾害风险——特别是地震，灾害防备工作尤为重要。中亚的主要城市（除阿斯塔纳以外）位于世界上最容易地震的地区之一，在过去的一个世纪中，都曾经被灾难性的地震摧毁过至少一次。自从独立以来，城市承受和应对大地震的准备有所减弱，因此更需要在这方面加强工作，包括确保建筑抗震（尤其是学校和医院），以及确保地方、省、政府做好

---

① 哈萨克斯坦 3%，吉尔吉斯斯坦 3%，乌兹别克斯坦 2%，相比之下，塔吉克斯坦 10%、土库曼斯坦 79%、俄罗斯 30%（2005 年数据，库利巴利，2012a）。

应对自然灾害的准备［林（Linn），2004］。中亚国家之间的区域合作可以在犯罪预防和灾害防备应对方面做出重大贡献。

商业监管

商业监管通常是国家层面政策的问题，但在中亚，它的许多方面都是地方性的。鉴于地方有相当大范围的自由裁量权，使得监管上的负担和腐败主要都在地方层面。正如艾特扎诺娃（Aitzhanova）等2014年所述，其结果就是哈萨克斯坦的城市和地区的商业氛围十分特殊。

在第比利斯市管理的改革中，格鲁吉亚提供了在地方层面加强企业、市民与市政府沟通可以有所作为的范例（框7-2）。国家和地方当局通过在地方层面上监测商业环境情况而有所裨益，在省一级或者重要的市一级进行营商环境评估，从而努力改善在这些地区的监管实践中发现的特殊性问题。

框7-2　格鲁吉亚第比利斯市的行政管理改革

在格鲁吉亚第比利斯市，更新一张驾照曾经需要耗费数个小时甚至几天，排长队，填一大堆表格。你甚至可能需要交些"非正式费用"。不过，现在这套系统已经完全电脑化，居民报告称这一过程只需几分钟。虽然这只是日常生活的一小部分，但很多小部分加起来就成了整体。体制变化是如何影响欧亚城市的？我们能从成功案例中学到什么？

在格鲁吉亚，类似的改革影响不仅仅限于驾照，而且提升了格鲁吉亚城市系统中的关键部分。城市土地管理制度中，规划申请已经实行"单窗口"制度。所有文件仅需要提交一次，而不必多次交给不同地方的不同政府部门。政府有责任将文件传达给不同的部门。新的管理体制中有一项"沉默即同意"的原则：如果一项规划申请在规定时间内未得到有关部门的反馈，申请人则可认为申请已通过。格鲁吉亚的政府官员曾受邀在其他欧亚国家分享经验，这些国家包括亚美尼亚、阿塞拜疆、吉尔吉斯斯坦、塔吉克斯坦、乌兹别克斯坦；这些国家也曾尝试着改善其管理体制。

来源：库利巴利（2012a）。

对城市发展的财政支持

城市高效发展的一个关键条件是有足够的资金，可以覆盖投资需求、地方服务，并提供行政和监管活动的运行和维护成本。关于城市财政的研究已经确认了若干对于这方面政策设计很有用的主要原则（巴尔等人，2013 年，《大都市财政》）：

- 提供城市服务的责任应该从国家层面下放，最好是下放到城市层面；需要提高地方政府财政收入，以匹配其财政支出的责任；

- 城市服务的成本，应主要由享受服务的人承担，可以是通过直接的使用者收费，或通过提高当地税收收取（如地方所得税和财产税）；

- 城市，特别是大城市，财政应当主要依靠自给自足，而不是依赖于省或中央政府的转移支付，除了大型或分散的基础设施投资可能要由中央政府拨款，或可向财政良好的城市进行借款；

- 地方政府需要有能力应对本地企业和公民的需求，并向这些选区负责，这需要国家当局和国家法律法规的支持，特别在国家财政对地方投资决定预算时，以及城市的投资对管辖区之外存在显著的外溢效应时。

现有的研究表明，中亚各国政府在城市地区的地方政府在几乎所有领域都保持着集中而自上而下的决策方式。[1] 联合国开发计划署将中亚国家归类为属于"早期的中等分权国家"（哈萨克斯坦，吉尔吉斯斯坦、塔吉克斯坦）和"非分权国家"（乌兹别克斯坦和土库曼斯坦）（联合国开发计划署，2008 年，《分权》）的范畴。根据东欧研究所（Osteuropa Institute）进行的一项关于中亚国家政府分权情况的分析，该地区部分国家的政府分权情况"几乎为零；特别是在土库曼斯坦和乌兹别克斯坦，信息和控制权完全集中在中央层级……比较来看，哈萨克斯坦远远领先于另两个国家，那两个国家在任何方面都十分落后。然而相对于其他转型国家，哈萨克斯坦又属于相对落后的"。[莱申科（Leschenko）、特罗施

---

[1] 不幸的是，最近少有证据证明中亚金融稳定。援引的信息更新至 21 世纪。

克（Troschke），2006] [1]

除了分权程度的问题，中亚地区几乎没有关于财政支出责任、税收调动、从中央到地方政府间转移支付、城市的自筹资金程度、城市公共服务成本由税费负担程度这些方面的数据以做比较。艾特扎诺娃（Aitzhanova，2004）的分析表明，哈萨克斯坦的地方政府已越来越依赖中央政府拨款的资助（从 2001 年占国家财政预算的 12% 到 2010 年的 62%）。此外，从表 7-11 所示的水资源行业享受的补贴，和该地区城市公用事业机构普遍羸弱来看，该地区市政服务的受益人显然并没有完全承担相应成本。因此总的来说，该地区中亚国家在城市财政领域仍面临巨大挑战。需要进行重大的政策改革和能力建设，以确保城市可以有效多元化城市财政收入来源，提供用以支持工业和服务业发展的必需的公共服务，最终实现该地区 2050 年的宏伟目标。

关于城市政策和管理的总结

城市是工业和服务业的安家之处，现代化、创新型的企业一般在大城市落户，特别是在国际化的大都市。要具有国际竞争力并提供生产力增长的最大助推力，中亚将必须在未来几年把它的城市建设成高效、智能、安全、环保、有趣的商业和私人活动的枢纽。如上所述，需要关注的主要领域为高效的土地利用规划和管理，高效的市政服务，高度的连通性，创造有利的商业环境和

---

① 这一点由艾特扎诺娃（Aitzhanova）等人（2014）证实："因此，虽然在过去的 20 年中哈萨克斯坦的政府进行了一系列体制改革，政府结构已相对没有那么集中，但其仍然在垂直控制方面十分强大，所有决策都是自上（国家机关）而下（地方社区）的，而不是相反。"

有效的融资机制。这意味着需要特别重视那些较大的城市。例如，《2050 年的哈萨克斯坦》建议特别关注哈萨克斯坦四个最大的城市，而库利巴利（2012b）建议对塔吉克斯坦的两个最大的城市给予特别关注。专注于主要城市发展并不意味着要牺牲中小型城市。特别是如果能实现本文推荐的大城市基本自给自足的模式，那么他们将不会与其他地区竞争预算资源。

支持创新

创新需要公司层面多种形式的活动。它一般涉及四个方面：新产品的研发；新技术和生产过程；新的营销技术；新的组织管理方法。创新进一步涉及消化、适应现有的主意和思想，或创造新的主意和想法。创新（或知识）可以从外部带入公司或在公司内创造。

据欧洲复兴开发银行的说法，中亚公司通常创新相对较少，它们的创新主要源于购买知识而不是创造新知识（欧洲复兴开发银行，2014）。中亚的低创新水平也体现在该地区少有创新成果出口（图 7-14），以及在世界银行的知识经济指数创新分项指数中，该地区排名较低（图 7-15）。

制约中亚经济体创新潜力和创新成果的因素可以在前几节中找到：制度和商业环境、教育和职业技能发展、连通性、宏观基本面和金融行业的发展、现代城市发展等。创新企业普遍反映这些因素制约了其活动和发展［杜塔（Dutta）等人，2014］。

这些因素大多数都反映在全球创新指数的组成部分之中（杜塔等人，2014）。不过，也有一些具体的关于创新的政策因素需要加以考虑，而它们也会被政策行为所影响。关键的因素是高等教

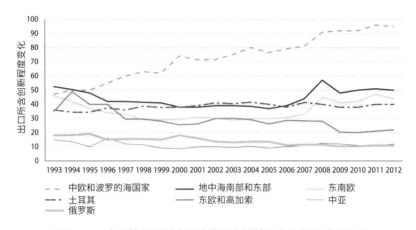

图 7-14：中亚的低创新水平也体现在该地区少有创新成果出口

来源：欧洲复兴开发银行（2014）。

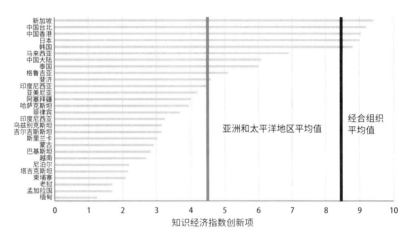

图 7-15：在世界银行的知识经济指数创新分项指数中，中亚地区排名较低

来源：亚洲开发银行（2014e）。

育、研发、知识工作者、创新联系和知识吸收。在本节的剩余部分，我们主要介绍这些领域的具体因素及干预措施。

在第八章中介绍了中亚高等教育相对薄弱的现状，这解释了为何研究人员在中亚劳动力中参与度很低（图 7-16）。另一个重要方面是低水平的研发，如图 7–17 所示。因此中亚国家注册专利数量很少也就并不令人奇怪了，尽管专利注册率超过研发支出率［吉尔（Gill）等，2014］。

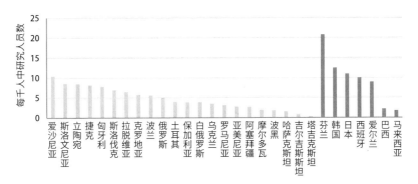

图 7–16：中亚高等教育相对薄弱的现状解释了
为何研究人员在中亚劳动力中参与度很低

来源：欧洲复兴开发银行（2014）。

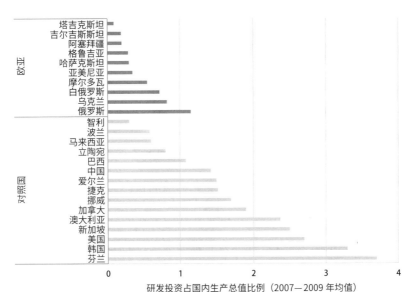

图 7–17：中亚国家研发投入很少

来源：吉尔（Gill）等（2014）。

因此总体而言，中亚的支持创新一般性因素和特定影响创新潜力的起点都很糟糕（研究人员，研发等）。另一方面，目前的低水平的生产力也表明，还有很长的路要走。所有可参考的分析［吉尔（Gill）等人，2014；欧洲复兴开发银行，2014；施瓦布、萨拉 - 伊 - 马丁（Sala-i-Martin），2012］都认为，幻想中亚可以轻松实现生产力和创新实践的跨越式发展是不切实际的。相反，逐步而持久地改进支持创新的环境，在特定领域的创新能力给予重点支持更为明智。这意味着更多地注重本地新产品研发，提高管理能力，企业提供员工在职培训，以提高企业的吸收和适应能力。

对高等教育的支持（尤其是对研究型大学发展的支持）、对研发和相关活动的支持，也可以发挥作用，尤其是在中亚相对先进的国家。但必须确保在这些领域的政府支持应当源于私人部门的需求而驱动，并提供透明和明确的标准，应当以生产力增长和创新产出为准则。爱沙尼亚在寻求发展和创新驱动经济过程中的经验与中亚相关，表明创新政策必须着眼长远，政策的设计和实施应当与私营部门密切合作，在长期发展中逐步灵活调整，以便与该国知识积累和创新潜力的提高相匹配（框 7-3）。

对工业和服务业特定类型企业的针对性支持

支持高效生产的工业和服务业发展的最后一种干预形式，是涉及特定类型的公司或特定的工业和服务业的有针对性的干预措施。这种措施涉及通常被称为"挑选赢家"的手段。中亚各国政府最常用的正是这种政策，努力刺激他们的工业和服务业的发展。在文献中对这种类型的干预的态度有所分歧：世界银行近数十年来都不鼓励有针对性的干预措施［吉尔（Gill）等，2014］，欧洲复兴开发银行警告称，这种"垂直"式的干预需要谨慎限制（欧洲复兴开发银行，2014）；而经合组织和亚洲开发银行对这种类型的干预则普遍较为宽容（经合组织发展中心，2014；亚行，2014a）。但对于支持工业和服务业发展的有针对性的干预措施隐含的重大风险需要认真对待这一点，各个机构均有共识。本节简要介绍了三种类型的干预措施：（一）支持中小企业；（二）支持特定的工业和服务业分支行业；（三）支持特定公司。

框 7-3　爱沙尼亚的创新战略

　　在苏联国家的经济转型中，爱沙尼亚发展了最具创新性的经济。从 20 世纪 90 年代大力投资通信基础设施建设开始（特别是互联网的广泛连接），爱沙尼亚政府在 2000 年推出其创新战略："知识爱沙尼亚"。根据欧洲复兴开发银行（2014，《转型报告 2014》）介绍，爱沙尼亚"不断调整哪些是重点领域，但整体的重心并没有改变。重点仍然是信息和通信技术，医疗技术和服务，更有效地利用资源"（表 7-13）。

　　爱沙尼亚采用了各种各样的工具来实施其战略，包括各种不同的融资工具，培训和研究活动，信息交换和网络发展（表 7-14）。

　　该战略的影响非常显著。在诸多成就中，爱沙尼亚的研发支出明显增加（图 7-18），现在在创新方面，在 143 个国家中它排名第 24（Dutta 等人，2014，全球创新指数）。

虽然爱沙尼亚的例子不太可能完全复制到中亚国家，但爱沙尼亚的经验在中亚经济体发展自己的创新和知识战略的过程中很有参考价值。

表 7-13：爱沙尼亚的改革重心是信息和
通信技术，医疗技术和服务，更有效地利用资源

时期	目标
2002-2006	知识库升级 爱沙尼亚公司的竞争力提升
2007-2013	加强有竞争力的集中研发 创新式的创业，在全球经济中创造新价值 社会对创新友好，目标为长期发展
2014-2020	爱沙尼亚开展范围广泛的高质量研究 符合爱沙尼亚经济社会利益的研发 使经济结构更具知识密集型的研发 爱沙尼亚在国际研究发展创新合作中发挥更主动、更明显的作用

来源：里德（Reid）、瓦兰道斯基（Walandowski），2006。

表 7-14：爱沙尼亚采用了各种工具以实施战略

主要领域	项目和倡议的分类
研发资金融资	针对性融资 为公司和研究机构提供研发资助和贷款 为研发机构提供基础设施 风险资本规划
发展人力资本	工程师和技术人员的在职培训 硕士和博士生的资助（包括出国留学） 大学基础设施资金 让博士生和博士后参与研发创新的项目 多层面课程让学生和研究者获得管理和商业技能

续表

主要领域	项目和倡议的分类
提升研发创新的效用	定期整理、存储、发放科学信息 创新意识项目 研发创新管理培训项目 塔林和塔夫特的工业园区、地区孵化器 研究和工业合作，研究密集型的衍生公司
国际合作	提升爱沙尼亚在国际研发创新网络中的参与度 爱沙尼亚技术相关机构的网络

来源：里德（Reid）、瓦兰道斯基（Walandowski），2006。

来源：欧盟委员会（2015）。

来源：作者。

图 7-18：爱沙尼亚的创新战略、研发支出明显增加

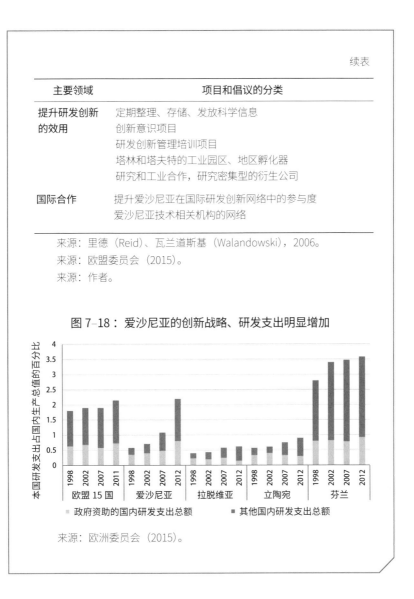

来源：欧洲委员会（2015）。

支持中小企业

中小企业被普遍认为在现代经济和助推生产力快速增长中发挥着重要作用。在一份针对欧洲和中亚地区后共产主义时代转型

的早期研究曾指出，中欧中小企业实力强劲是该地区的转型远较苏联地区成功的一个关键因素［米特拉（Mitra），2002］。最近亚洲开发银行进行的亚洲中小企业研究认为，中小企业是东亚和东南亚的经济增长历程中的"支柱"。它在案例研究中展示，相比于东亚和东南亚国家，哈萨克斯坦的中小企业数量少、增长慢、就业数量和增长速度低、占国内生产总值和贷款的比重少（亚洲开发银行，2014a）。对于其他中亚国家，也有证据表明，虽然有许多非正式的微型和小型企业，中小企业在常规经济中仍属于"缺失部分"［亚行，2013；科尔尼亚（Cornia），2014］。

　　一些东亚国家积极支持中小企业的发展，经合组织的一份关于中国台湾的研究对此有所阐述（经合组织发展中心，2014）。普遍提供有针对性的信贷和担保计划，以及业务支持服务和创新补贴。然而，经合组织发展中心（2014）也警告说，没有证据表明规模较小的公司能拥有更高的生产率。此外，它警告可能潜藏有阈值效应——对中小企业的慷慨支持可能实际上阻碍了成功的公司的扩张，因为一旦他们达到一定的就业规模或营业额规模，就会失去他们身为中小企业享有的特权。其他风险包括某些项目中腐败和滥用权力，使得这些项目不透明、没有充分竞争、得不到密切监测。

　　因此对于政策导向而言，或许应当根据实际考虑优先层级：首先，针对所有企业的制度和商业环境条件需要大幅改善，包括建设性的监管、融资和基础设施环境。其次，如果有明确的证据表明，中小企业面临的困境无法通过监管改革解决，就应当发展一些支持性的项目，包括直接信贷和信用担保计划，商业服务和管理培训，加强市场信息流通。在所有情况下（特别是涉及直接补贴的情形），这些支持措施的透明度、明确的标准、时间限制、在公开和竞争基础之上面向所有符合条件的企业，都至关重要。

对工业和服务业中特定行业的支持

不论在发达国家还是发展中国家，政府长久以来都有针对性地支持特定工业和服务业的历史。这种措施是有争议的。批评者指出，政治家和政府机构没有资格去"挑选赢家"；事实上，他们经常受到来自特殊利益的压力，并经常犯错误。支持者指出，鉴于市场和信息并不是全能的，特别是在创新的行业，政府应当对他们的经济"制高点"保留最低限度的控制权。他们认为，许多现在的发达国家曾经都保护过其幼稚产业的萌芽。最近，这一辩论已拓展到关于"产品空间"的分析，是指生产特定商品的需求（劳动技能、制度、基础设施等）是如何相关的或相似的。基于世界范围内的贸易模式，制作出反映这些关系的地图，可以看出某些产品的关系十分紧密，而其他一些产品则相对更外围、关系稍弱。使用这样的地图，可以对特定国家的随时间变化的生产模式进行分析。这种研究方式已在哈萨克斯坦［减少贫困和经济管理工作组（Poverty Reduction and Economic Management）欧洲和中亚地区，2013］和乌兹别克斯坦（经济研究中心，2011）进行实践，以帮助确定哪些领域的生产及生产率增长潜力最大。

对于哈萨克斯坦，世界银行基于产品空间分析认为，其矿业、钢铁、动物皮革是新兴的具有竞争力的领域（减少贫困和经济管理工作组欧洲和中亚地区，2013）。基于原理上类似的关于产品关系和市场需求的一项分析（但其定量分析较少），艾特扎诺娃（Aitzhanova）等人（2014）的结论是，农产品加工和农业机械、石油工业设备、航空航天是哈萨克斯坦可能显著提升生产力并扩大其工业能力的领域。这证明了本章一开始提到的能源和农业产业之间重要的双向联系。

对于乌兹别克斯坦，鉴于当地的经济能力远未充分开发，经济研究中心的分析（2011）识别出大量需要支持、有潜力的产业："在化学工业中，有化学木浆、多元羧酸及其衍生物生产；在建材行业中，有石棉制品和纤维板；在皮革和制鞋业有皮革制品；在农业机械行业，有履带拖拉机、拖车、集装箱运输"，对于乌兹别克斯坦其他更欠发达的方面，还需要给予更多的支持："在化学工业中，如丙烯酸和甲基丙烯酸的聚合物、共聚物、除草剂；在建材行业，如陶瓷粉末；在制药行业，如抗生素粉末，疫苗和血清。"

专家们普遍认为，产品空间分析工具应成为公私部门之间对话的平台，共同寻找长期的工业和服务业的发展方向，然后确定需要哪些一般性或特殊性的约束以及谁来提供这种约束，以助力共同协作开发有潜力的领域（贫困减少和经济管理工作组，欧洲和中亚地区，2013）。在讨论中小企业政策时，首要问题应该是改善所有行业的所有公司的营商状况。如果要向特定行业提供直接的扶持措施（特别是涉及直接补贴时），那么这种扶持措施必须是透明而有明确的标准的，执行的时间应有限制，并且在开放和竞争的基础上，对所有符合条件的公司一视同仁。

在服务业中，需要注意一些特定的行业。首先，如上所述，金融业可以直接和间接地对生产力的增长作出重大贡献，但其监管务须健全。其次，商业和物流服务是整体经济发展的关键，并应提供恰当的培训、宣传活动、能力建设。第三，中亚的许多国家都有发展高质量的旅游业的巨大潜力，尤其是在中国旅游业兴起的浪潮之下。游客期待获得高质量的住宿服务、简单的签证制度、便捷的空中旅途、可靠的旅游运营商、保存完好的自然和文化遗产，当然还包括免受犯罪和冲突的影响。这需要某些制度监管，以及一些基础设施的公共投资，但政府必须小心避免投资形成"白象"（高成本而难以维护的资产），如土库曼斯坦的 avaza 旅游区［贝尔特斯曼（Bertelsmann）、施蒂夫通（Stiftung），2014d］。旅游业的区域合作将很有帮助，因为许多游客会希望在一次旅途中游览多个国家。

对个别企业的政府扶持

政府对个别公司提供量身定做的扶持，既不必要，也不适当。在世界或中亚范围有很多这样的例子，公有制企业在财务、创新和生产力增长上表现欠佳，却提供各种寻租机会。为此，许多国家已对大多数制造和服务行业企业进行私有化（除了提供公共服务的企业），包括一些中亚国家（尤其是哈萨克斯坦和吉尔吉斯斯坦）。塔吉克斯坦的大型铝业公司 TALCO 的历史，警示着政府对个别大公司进行过度而不透明的干预带来的风险（奥尔科特，2012）。哈萨克斯坦已经明智地决定，对其在 2008 年金融危机时国有化的许多公司回归私有化。土库曼斯坦和乌兹别克斯坦则在许多重点行业保留公有制。要达到足以实现中亚 2050 年宏伟设想的高生产率增长，许多（甚至可能是大多数）国有资产应当在未来 10 年或至多 20 年间实现私有化。在理想的情况下，到 2050 年，任何对特定企业的特殊支持和补贴（如给 TALCO 公司的低电价）将应成为历史。

结论

独立以后，大多数中亚国家农业和制造业下滑，而他们的服务业（主要是传统服务业）有所增长。一些国家也变得更加依赖于能源和矿业。尽管如此，中亚相比中欧一直相对农村化。展望未来，自然资源行业（农业、能源、矿业）仍将十分重要，但从长远来看，制造业和服务业的生产率增长将最为关键。像全世界范围那样，中亚将变得越来越城市化。此外，中亚经济将务必从要素驱动（自然资源开采、劳动力增长、投资）转型为效能驱动，最终实现创新驱动的发展道路。

中亚 2050 年的目标是发展出具有竞争力和创新能力的经济，包含多元化的高效而高产的能源和农业产业。在这里将形成融入欧亚和全球供应链的制造业、现代服务业，并通过诸如信息通信技术、运输、物流等产业为诸多产业提供连接性，为整个经济提供高效的商业和金融服务，满足其居民和国际客户日益增长和多元化的需求。

这一章已说明了决定中亚实现这一愿景的一些关键因素：一般而言，经济上大的因素包括商业环境、教育和职业技能、连通性和强劲的宏观经济和金融基础；具体与制造业和服务业相关的因素则有城市发展、创新和有针对性的政府支持。在所有这些领域中，中亚国家独立以来的发展人所共见，但在他们的转型过程中差异化十分显著。他们都需要大踏步前进，才能实现中亚地区2050 年愿景。这一章已经介绍了一系列具体的政策，各个国家可以因地制宜地采纳和修改。表 7-15 总结了政策举措应当予以考虑的关键领域。

表 7-15：本章已经介绍了一系列具体的政策，
各个国家可以根据国情因地制宜地予以采纳和修改

商业环境	教育和技能	连通性	宏观和金融
○ 合理化监管框架，向国际标准靠拢	○ 计算机和英语技能培训	○ 提升交通基础设施和服务	○ 维持宏观审慎政策
○ 提升法治	○ 在职培训和技能升级	○ 扩大互联网接入范围（如宽带）	○ 稳健的金融监管，包括小微贷款
○ 对外资开放	○ 经理培训	○ 促进跨境交易	○ 为外国金融机构和投资者创建平等的竞争环境
○ 控制腐败	○ 加强企业和教育培训机构的联系	○ 提高物流服务	○ 有力的企业管理
○ 加强电子政府	○ 使用标准化工具进行评估	○ 提高航空运输	○ 有效地吸收汇款
○ 关注各类国际评估指数		○ 打造运输和经济走廊	

城市发展 竞争、智能、绿色、安全、有趣的城市	创新	针对具体行业的措施
○ 土地使用和管理高效	○ 提高企业吸收和适应创新的能力	○ 消除中小企业发展的障碍，对中小企业的特殊支持需有时限，避免阈值效应
○ 城市自主管理、自我融资	○ 企业可自由进口机械	○ 运用产品空间分析，辨识重点行业，促进产业发展
○ 有效提供城市服务，包括阻止犯罪、预防灾害	○ 发展职业技术培训和管理培训	○ 谨慎支持金融服务、商业服务、物流服务的发展
○ 高度连通	○ 提高英语和计算机能力	
○ 控制汽车	○ 有选择地提升研究型大学能力	
○ 城市层面建设对商业友好的环境	○ 鼓励大学和企业之间发展联系，共同开展应用类研发	○ 各类支持需有时限、透明、竞争性

来源：作者。

原则上说，以上措施适用于所有国家，但程度或有不同：

- 对于营商环境排名特别糟糕的国家，如土库曼斯坦和乌兹别克斯坦，采取协调一致的措施以改善商业环境显然是最高优先级。
- 教育方面，哈萨克斯坦拥有更多的资源和比其他国家更雄心勃勃的计划，尽管乌兹别克斯坦也强调教育现代化，但有一些措施或应重新审视。
- 所有国家都应系统地加强连接性，即使资源和能力的有限（比如吉尔吉斯斯坦和塔吉克斯坦）可能制约某些国家达到其表现优异的邻国的高标准。

- 所有国家应当通力合作，尽量相互之间以及向周边其他地区开放边界，降低贸易和过境的成本。

- 宏观经济稳定是所有国家应予保持的目标，然而能源丰富的国家面临更高效利用其自然资源收入的挑战，最大化其抵御外部价格波动冲击的能力；另一方面，能源进口国——主要是相对贫穷的国家如吉尔吉斯斯坦和塔吉克斯坦——需要最大限度地寻求优惠的国外资源，谨慎管理其外债并量入为出，这对选择公共支出优先项目提出了更高的挑战。

- 在金融业发展方面，每个国家面临不同的挑战：土库曼斯坦和乌兹别克斯坦尚未发展现代化、市场化的民营金融机构；塔吉克斯坦需要寻找将大额汇款流入银行业金融资产并形成有生产力的投资的途径，这就需要值得信赖的银行业；吉尔吉斯斯坦可以建立其小额信贷体系，普遍强化其金融业；而哈萨克斯坦有发达的银行，但需要控制自己的不良资产负担。

- 为了支持制造业和服务业经营，所有国家都需要建立高效、智能的城市，但需要谨记，在较贫穷国家，有限资源和较弱的能力会制约其发展。

- 同样的，所有国家都可以而且应该鼓励他们的企业寻求新知和技术能力的途径，这不仅仅是扩大宽带接入和引进外国投资，更意味着像爱沙尼亚那样支持创新。这或许在那些已在制造业服务业转型之路上已取得成绩的国家才能看到，特别是哈萨克斯坦，或许还包括乌兹别克斯坦。

● 所有国家都需要重新审视自己有针对性地支持特定子行业
   和企业的做法，确保这类措施都基于促进生产率提高的客
   观标准，符合透明、公平竞争和有时间限制的标准。

总之，在发展多样化、有竞争力和创新能力的制造业和服
务业过程中，中亚国家的前进路径和速度都不尽相同。中亚走向
2050 年设想的发展方式，或许是部分国家一马当先，先进带动后
进，正如东亚和东南亚在过去 40 年间取得辉煌成就的历史。

虽然哈萨克斯坦和乌兹别克斯坦可能自然而然是领导者——
特别是它们如果能够像法国与德国在创建欧盟过程中那样通力合
作的话，但各领域的领导力可能还取决于每个国家的相对优势。
例如哈萨克斯坦可能在商业环境改革、金融业发展以及创建强大
的研究型大学方面领军；乌兹别克斯坦可以在汽车生产及相关
供应链整合方面发展其主导能力。吉尔吉斯斯坦和土库曼斯坦可
以发展强大的纺织工业；吉尔吉斯斯坦可以分享其小额信贷的经
验，而塔吉克斯坦可以形成大型铝业生产加工的枢纽。

能源出口国自然会在发展国内石油和天然气行业及提供相关
服务的产业方面有优势，而长期以来有强大农业基础的国家将处
于农产品加工发展的前沿。各国还应当合作发掘旅游业潜力（乌
兹别克斯坦或许在这方面较强），全面执行"开放天空"政策，确
保可靠的航空线路覆盖整个地区，哈萨克斯坦和乌兹别克斯坦应
特别优先。在所有的情况下，边界应该尽可能开放，鼓励和促进
各国政府、企业和民间团体合作协调无间，适当分工。

第八章　投资于包容性的人类发展

投资于包容性的人类发展

米歇尔·里布（Michelle Riboud）

　　正如第三章所述，中亚地区在经历了重大结构性转变和独立后过渡时期的经济衰退后，在最近十五年已经有能力恢复其经济水平，并能够保持经济较快增长，贫困率降低。其中，唯一一个经济增长不稳定的国家是吉尔吉斯斯坦。但即便如此，该国经济在 2002 年到 2012 年间也保持了年均 3.7% 的增长率。

　　中亚国家在未来三四十年间所面临的最大难题是保持经济快速增长，寻求经济转型并融入国际经济体系，逐渐向发达国家靠拢。正如本领域其他研究所论述的一样，在寻求生产力长期增长的过程中，人力资本、持续增强的实体资本投入以及一套有利于创新和适应能力的制度框架都将会起到重要作用。对教育和健康等人力资本的投入不仅直接影响生产力和人们的身心健康，同时也促使知识和技术转型，从而提高整个社会的创新力［贝克（Becker），1964；舒尔茨（Schultz），1971；明瑟（Mincer），1980］。在纷繁多变的世界中，人力资本能够增强了社会感知变化以及衡量变化所引起的结果的能力，并且也决定着社会是否需要应对以及如何去应对这些变化。

中亚国家的人力资源发展期望是，到 2050 年，人力资本基础将强大到能和发达国家相媲美，且能够灵活地适应经济的快速变化。到那时，中亚地区的年轻人不单单能够熟练掌握自己本国的语言，并且也能掌握一些别国的语言，同时还掌握一些有助于区域内邻国之间经济交往的技能。强大的人力资本基础同时也意味着本国国民健康水平的提升。到 2050 年，中亚国家能够通过更加有效的管理、高素质人才的培养、现代技术的应用以及对初级卫生保健的持续关注来提高医疗卫生的质量。在国家财政和社会目标的制约下，中亚地区民众可以利用公共资源和私人资源获得更好的医疗卫生服务。而区域内健康水平的差异性也将缩小，整个中亚地区的健康水平将处于甚至高于中上等收入国家的水平。

为了实现这些目标，中亚国家自然会考虑自身的经济禀赋和国家发展层次起点的差异性，同时它们也需要妥善利用过去的投入并依托之前作为苏联国家建立起的相互关系。

在陷入中等收入陷阱的情况下，目前中亚五国在改革过程正处于不同发展阶段和层次，且最终也不会趋同发展。到 2050 年，改革较快的国家将完成转型，朝着中等收入国家的方向迈进，而那些落后的国家将依旧保留着一些计划经济的因素，并无法加快经济改革的步伐。在这样的情况下，本地区各国在健康卫生和教育产出等方面的差异将会进一步拉大，而人口将更进一步地向那些能够提供更优质服务和更高收入机会的国家迁移。

在本章中，我们将讨论与中亚五国构建有效的人力资本基础相关的问题，并将给出提升国家以及整个地区未来前景的一些方法。我们主要讨论人力资本的两个主要方面：教育培训和健康卫生。我们对于这两方面的分析将从如下几点开始：观察近期的发展趋势、确定国家之间的相似点与不同点、回顾国家的政策方向并研究最近的改革举措。在提出可能的行动方案之前，我们还将讨论一些常见问题和针对特定国家的问题，而这些都将有助于各国实现自己的发展设想。

本项研究分析受到可获取的可靠统计数据的限制。在有些中亚国家无法获取人类发展各方面的详尽信息，尤其欠缺有关土库曼斯坦人类发展结果和政策方面的信息。这一问题限制了本研究为特定国家做出相应决策建议的能力。对于其他一些国家而言，虽然有数据，但数据的期限、定义、覆盖范围以及来源的差异有时候也会给研究带来困难。因此，在解读这些数据时需要特别注意。

教育、培训和劳动力市场

教育与培训领域中的状态和发展趋势——相似点和不同点

小学教育和中学教育——趋同趋势

苏联制度着重强调全苏联的人可以平等地接受小学教育和中学教育，并致力于提高中小学教育质量。由于男孩和女孩均被要求强制接受学校教育，使得苏联保持很高的学生注册就学率和毕业率。因此独立后，中亚各国国民受教育的程度（以受教育年限衡量）相当高。国民接受平均八年到九年的学校教育，普遍受教育程度接近于英国等几个西欧国家。

在中亚国家独立之后，随着经济的衰退，教育指标亦出现了恶化。政府在教育方面的公共开支锐减［联合国开发计划署（UNDP），2005］。学生的入学率在中亚所有国家也出现了下降。但是，自20世纪90年代中期开始，哈萨克斯坦、吉尔吉斯斯坦和乌兹别克斯坦重新把教育放到重要位置，并开始尝试扭转中小学学生入学率连年下降的趋势，而在土库曼斯坦和塔吉克斯坦，学生入学率则继续连年下降，直到21世纪初期这种趋势才有所改观。自那时起，各国情况开始趋同。尽管各国教育指标的恢复速度不同，但是目前在所有这些国家中，男孩和女孩接受基础教育的比例都已经很高。如表8-1所示，中小学学生的入学率与发达国家处于同等水平。

其他阶段的教育情况——不同的路径

然而，在其他阶段的教育和职业技术教育与培训方面，中亚各国之间仍然表现出显著的差异（参见表8-1）。这些差异很大程度上反映的是改革时间和改革深度的差异。

表8-1：在所有中亚国家，国民接受基础教育的比例很高，但是接受其他阶段的教育和职业技术教育与培训的比例则表现出显著的差异

指标 (%，2012)	哈萨克斯坦	吉尔吉斯斯坦	塔吉克斯坦	土库曼斯坦	乌兹别克斯坦
学前 GER	72*	25	9	25* (1999)	25
学前 NER	不详	18	不详	不详	不详
小学 NER	86	91	98	99	92
中学 NER	86	80	83	84	87
大学 GER	45	41	22	11* (1999)	9

（续表）

指标 (%, 2012)	哈萨克斯坦	吉尔吉斯斯坦	塔吉克斯坦	土库曼斯坦	乌兹别克斯坦
性别平等	1	1	1	1	1
完成小学教育率	102	98	98	不详	92

备注：GER 指毛入学率，用接受指定教育程度的儿童数量（不考虑儿童的年龄）除以相应年龄组的总人数。净入学率（NER）的定义为入学的适龄儿童数量与相应年龄组的总人数之比。学前教育的官方年龄组为 3 周岁到 6 周岁。

来源：世界银行 2015 年上半年的数据，但哈萨克斯坦（官方统计数据）和土库曼斯坦（世界银行，2001）的学前教育毛入学率（GER）数据、土库曼斯坦的高等教育毛入学率（GER）（世界银行，2001）数据除外。

学龄前教育 ①

苏联时期，年龄为 3 周岁到 6 周岁的儿童接受学龄前教育的比例是很高的，幼儿园服务由雇佣学龄前儿童父母的国有企业或国营农场提供。随着这些服务的关停，学龄前教育的入学率急剧下降，受影响的儿童主要来自于贫困家庭和农村地区。尽管所有的中亚国家一直重视学龄前教育，并鼓励学龄前教育事业的发展，但是各国在教育方面改革的启动和步伐有所不同，因此结果也有差异。

哈萨克斯坦目前的学龄前教育的入学率是最高的。自 2005 年起，学前教育被确定为该国优先发展的领域。这项举措扭转了早些年学龄前教育入学率负增长的趋势，并使学前教育开始普及。雏鸟计划（Balapan program）的结果是，3 周岁到 6 周岁儿童的

---

① 本节的讨论重点在于 3 周岁到 6 周岁儿童的教育计划。这些计划是儿童早期发展众多干预措施的一部分，覆盖人生命中的最初几年，其中包括儿童的营养和健康干预措施。

幼儿园入学率快速提高，到 2012 年，学前教育已经覆盖了该国三分之二的适龄儿童。幼儿园数量的增长伴随着幼儿园教师资格的逐步提升和学习材料的不断改善。如果能够继续保持当前的前进步伐，按照计划，到 2020 年实现适龄儿童的学前教育百分之百覆盖是完全可能的。

吉尔吉斯斯坦经过学龄前教育崩溃的时期之后（入学率从 1990 年的 34% 锐减到 2000 年的 8%），已经开始加倍重视学龄前教育问题，并将学前教育纳入法律框架之内（2009 年经过批准），为 6 个月到 7 周岁的幼儿提供教育和保育，并批准新形式的早教，如社区幼儿园。在过去的五年中，分配到学龄前教育的经费预算已经增加，创新试点工程也已被引进〔在偏远地区由阿加汗基金会（Aga Khan Foundation）负责操作，联合国儿童基金会（UNICEF）给予相应的支持〕。但是尽管如此，幼儿园入学率的增长也只算中等，并只覆盖到大约四分之一的适龄儿童。基础设施建设和人员方面的有限能力，以及家长的经济负担，一直约束着学龄前教育的发展。

在乌兹别克斯坦，政策制定者们也热衷于提升并让更多人能接受学前教育。在过去的十年间，学前教育已经纳入法律框架，并且政府加大了对学前教育的财政支持力度。但是尽管如此，与具有类似人均收入水平的其他国家相比，乌兹别克斯坦的幼儿园入学率依旧较低，教育资源在城乡之间和不同收入群体之间的分布也不均衡。在乌兹别克斯坦，需求端的问题似乎和供应端一样多。世界银行的一份报告（2013c）指出，当前乌兹别克斯坦幼儿园计划招生人数比入学人数高 25%。报告表明，幼儿园的低质量（或者说幼儿家长的意识还比较弱）、高成本（需要支付的费用）、选址不合适以及日程安排是乌兹别克斯坦学前教育需求较低的主要原因。

在土库曼斯坦独立之后，该国的幼儿园入学率似乎一直比其他国家低。1999 年土库曼斯坦的幼儿园入学率已经从原来的 34% 下降到 25%（世界银行，2001）。现在我们并没有收集到土库曼斯坦当前的幼儿园入学率的数据。但是，十年前，土库曼斯坦发布了 2011 年到 2030 年社会经济国家发展计划，并强调通过实现更高质量的且具有一定针对性的社会服务目标，来实现改善居民居住标准的设想。因此，在过去的十年间幼儿园入学率应该不会进一步下降，而更有可能回升（世界银行，2013a）。

尽管塔吉克斯坦 2020 年的国家教育发展战略也倾向于借助国际支持提升本国儿童早期优质教育的入学率，但在所有中亚五国中，塔吉克斯坦的幼儿园入学率仍是最低的（仅为 9%），并且该国大部分的幼儿园教育设施都位于城市地区。

在所有幼儿园入学率较低的国家中，城市与农村之间的差异、地区之间的差异以及收入阶层之间的差距是非常普遍的。相较于出身富裕家庭的孩子而言，来自贫困家庭的孩子，尤其是那些生活在农村的孩子，则很难从幼儿园教育中获益。例如在吉尔吉斯斯坦，在全国收入前百分之二十的家庭，儿童幼儿园入学率为 50%，而在国内收入后百分之二十的家庭，儿童的幼儿园入学率则低于 10%。而且城市和农村间的这种差距还在拉大，例如在比什凯克（吉尔吉斯斯坦首都），适龄儿童的幼儿园入学率为 44%，而在巴特肯州仅为 3.5%（世界银行，2013b）。

高等教育

在高等教育层面，在中亚各国独立之后，入学人数也出现了下降，并且不同收入阶层之间的受教育程度分化还在。尽管哈萨克斯坦和吉尔吉斯斯坦已经设法使大部分年轻人有机会接受高等教育，但是在其他国家，接受高等教育的机会依旧十分有限（土库曼斯坦近期的数据缺失）。在 21 世纪初期，塔吉克斯坦的高等教育规模曾出现扩张，但随后便趋于稳定，平均入学率仅有 22%，在欧洲和中亚地区的高等教育入学率排名垫底（世界银行，2014a）。乌兹别克斯坦的高等教育入学率自 20 世纪 90 年代末开始恢复，但是 2005 年该国的入学率依旧低于独立前水平，目前仅为 9%。这一比例不仅低于地区和国际标准，实质上也低于其人均国内生产总值所相对应的高等教育状况预期。由于各种各样的原因，包括收费标准高、场地有限、改革路径不同，大约有 90% 的乌兹别克斯坦中学毕业生未能进入大学接受高等教育。

在塔吉克斯坦和乌兹别克斯坦这两个高等教育入学率相对较低的国家，接受高等教育更是少数人的特权。接受高等教育的机会与收入水平息息相关，因而收入阶层的巨大分化导致来自于最富裕家庭的孩子接受高等教育的比例要远远高于来自于最贫困家庭的孩子（表 8-2）。在这两个国家，男性的高等教育入学率远远高于女性，且在乌兹别克斯坦更甚。在该国接受高等教育的学生中，几乎 60% 的学生来自于本国收入水平前 20% 的家庭，而仅有 39% 的学生为女性（图 8-1）。塔吉克斯坦的情况也是如此，高等教育入学率的不均衡不仅仅体现在社会经济地位和性别差异

方面，还体现在地区差异上。仅有 30% 的学生为女性，在 35 所
高等教育机构中的 22 所的所在地仅涵盖了全国 30% 的居民（世
界银行，2014e）。

表 8-2：在不同的收入阶层之间会表现出巨大的分化，相较于贫困家庭而言，
来自最富裕家庭的孩子的高等教育入学率要高得多

消费水平（按五分位划分）	塔吉克斯坦	乌兹别克斯坦
第 1 分位	39%	59%
第 2 分位	26%	17%
第 3 分位	19%	16%
第 4 分位	11%	5%
第 5 分位	5%	3%

来源：阿基瓦德等（2014b，2014cA）。

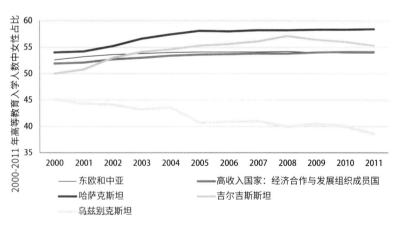

图 8-1：在乌兹别克斯坦（中亚地区高等教育入学率最低的国家），相较于女
性而言，男性的高等教育入学率要高得多

来源：世界银行（《乌兹别克斯坦高等教育现代化》，2014）。

相比之下，哈萨克斯坦和吉尔吉斯斯坦在经过各自的过渡转型期之后，国民接受高等教育的人数显著增加，私立院校作为公立院校的补充开始出现。在哈萨克斯坦，超过一半以上的中学毕业生进入高等院校。而在吉尔吉斯斯坦，高等院校入学率在35年前仅仅为22%，而目前却几近翻番。令人鼓舞的是，在这两个国家的高等院校中，女性所占的比例已经超过50%。

职业技术教育和培训

在中亚五国独立之后，很不幸的是，中亚地区的职业教育和培训体系与职场间很不匹配。标准和设备业已老化，课程大纲已不能满足极具变化的劳动力市场的需求。根据有限的信息和低质量的数据，人们很难准确估计职业技术教育和培训入学率的变化趋势。但是已有的少量数据显示［联合国开发计划署（UNDP），2005，美国国际开发署（USAID），2014］，除了乌兹别克斯坦之外，直到20世纪90年代末，各国职业技术教育和培训的入学率快速下降。尽管现在略有回升，但仍未恢复至独立前的水平。在哈萨克斯坦，职业技术教育和培训入学率下降的幅度最为明显，且私立教育院校已在该国发挥十分重要的作用。获得高职或专业技术学位的人数比例（在国家独立之前，男性中的比例大约为30%，女性中的比例大约为12%）在最近十年间出现了大幅下降。现在在25周岁到34周岁的年轻群体中，仅有十分之一的人完成了此类高职技术学位课程。乌兹别克斯坦走的却是完全不同的改革之路，并在1997年启动了一项耗资颇高的项目。该项目计划设立约一千七百所职业技术学院，并使中学毕业生进入技术学院的比例接近90%，而剩下10%的中学毕业生将进入大学院校接受高等教育。

在职（正式与非正式）培训

人们从正规教育和培训体系毕业后，人力资本的获得并没有结束，在随后的人生各阶段尤其是在工作环境中仍应当继续接受教育。人们常常在工作中学习知识和技能（通过实践），或者是通过更为正式的机制获得（如学徒制、在职培训或通过由雇主组织或推荐的培训课程）。这是提高生产效率和个人收入的重要途径。

在发达国家，人们参加工作后三十到四十年之间所获得的人力资本总量是相当高的，这部分人力资本在美国几乎占到全美人力资本总和的四分之一到二分之一［明瑟（Mincer），1974］。与东欧地区相比，中亚地区的公司提供正规培训机会的比例非常低（图 8-2），且显著低于东亚地区：该比例在韩国为 57%，在泰国为 76%，而在中国则高达 85%［迪格罗佩罗等（Di Gropello et al.），2011］。

快速变化的劳动力市场

对不断推进的未来教育改革进行有效的调整，使其能够充分适应未来劳动力市场的变化，这样才能实现 2050 宏伟前景。这种调整和改革反过来需要对劳动力进行适当的评估，并对人力资本投资进行奖励。中亚的劳动力市场的确处于快速变化中。在过去的二十年中，劳动力结构已经加速变化，劳动力市场已经从过去的农业快速向工业和服务业转变（表 8-3），使得社会对受过教育，同时兼具认知技能和非认知技能劳动力的需求日益增长。

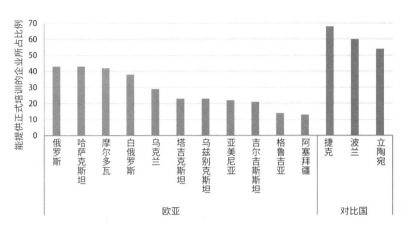

图 8-2：中亚地区公司提供正式培训机会的比例非常低，甚至低于东欧地区

来源：吉尔等（2014）。

表 8-3：在过去的二十年中，劳动力结构已经加速变化，劳动力市场已经从
农业快速向工业和服务业转变

	2000—2012 各行业占国内生产总值百分比									
	哈萨克斯坦		吉尔吉斯斯坦		乌兹别克斯坦		塔吉克斯坦		土库曼斯坦	
	2000	2012	2000	2012	2000	2012	2000	2012	2000	2012
农业	9	5	37	20	34	19*	27	26	24	15
工业	40	39	31	25	23	32	39	23	44	48
服务业	51	56	32	55	48	49	34	51	31	37

来源：世界银行（2015b）。

最近在一些中亚国家[①]进行的调查显示，大学和职业技术院校毕业生的就业前景远远好于仅仅接受了中学教育的毕业生。例如在塔吉克斯坦，具有大学学历的成人就业率比仅仅接受中等教

[①] 本部分重点强调的是在就业、技能和移民方面的家庭调查结果，由德国国际合作机构（GIZ）和世界银行 2013 年在吉尔吉斯斯坦共和国、塔吉克斯坦和乌兹别克斯坦共同完成。这些调查在国家、地区（州）和城 / 乡层面具有代表性。三份报告对这些调查结果进行了分析（阿基瓦德等，2014a，2014b，2014c）。

育的成人就业率高出近 30%（分别为 81% 和 51%）。在乌兹别克斯坦和吉尔吉斯斯坦，分别高出 77% 和 57%［阿基瓦德等（Ajwad et al.，2014a，2014b，2014c）］。

相较于仅有中学教育背景的人群而言，接受过高等教育的毕业生能够获得更高的工资（两者之间的工资差异在吉尔吉斯斯坦为 30%，在塔吉克斯坦为 40%，在乌兹别克斯坦为 55%）。这也进一步证明，社会对具有高等教育背景的人才有较高的需求。图 8-3 表明，随着社会的现代化发展，大学学费正日趋提高。在其他人均国民收入较低的中亚国家中，乌兹别克斯坦的大学学费是比较高的。我们并没有获得哈萨克斯坦的数据。但是根据国际经验，我们可以做出合理推断，哈萨克斯坦的大学学费应该也是比较高的。国际经验还进一步表明，随着中亚地区国家逐步向发达国家迈进，教育的价值和重要性会持续增强。

教育需求的增长已经毫无疑问，但是还有一项显著的迹象是，雇员所拥有的技能并不能达到雇主的期望。在乌兹别克斯坦、塔吉克斯坦和吉尔吉斯斯坦，大约三分之一的公司认为，缺乏受过良好教育的劳动力是限制公司日常运作的主要因素之一（图 8-4）。上述几个国家的公司出现劳动力问题的比例要高于东欧国家平均值和中亚国家平均值。只有哈萨克斯坦的该数据低于平均值。前面所提到的技能调查也显示，雇主们寻找的是兼具认知技能和非认知技能的工人，其中非认知技能包括人际交往能力、积极工作态度以及更好的决策能力，这些良好的素养对于雇主而言同样非常重要［阿基瓦德等（Ajwad et al.），2014a，2014b，2014c］。乌兹别克斯坦的雇主表达了更为深入地参与教育过程的愿望，并认为高等教育院校与商界合作的意愿还处于较低的水

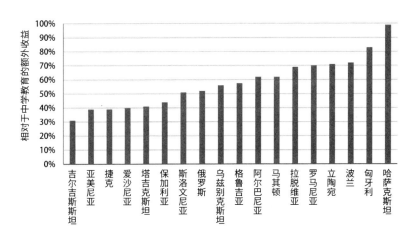

图 8-3：随着社会的现代化发展，大学学费日趋提高

备注：图中列出的是年龄从 25 周岁到 64 周岁工薪阶层的收入数据。

来源：阿基瓦德等（2014b）。

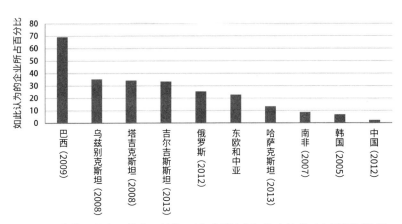

图 8-4：大约三分之一的公司认为，缺乏受过良好教育的劳动力是限制公司
日常运作的一个主要因素

来源：阿基瓦德等（2014b）。

平。雇员语言技能（俄语和英语）方面的不足同样也成为乌兹别克斯坦雇主的一个限制性因素，在其他的国家，情况大抵相同。

还有迹象显示，社会所需要的技能类型正在发生快速变化。

正如图 8-5，在塔吉克斯坦，社会对体力技能的需求在过去的六年间正在快速下降（2007 年到 2013 年），而与此同时，社会对分析技能、组织技能和人际交往能力的需求日益增加。我们在其他的中亚国家同样也能观察到类似的发展趋势，但在吉尔吉斯斯坦，这种趋势则相对不明显〔阿基瓦德等（Ajwad et al.），2014a〕。

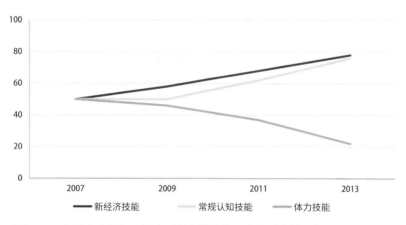

图 8-5：在塔吉克斯坦，社会对体力技能的需求在过去的六年间正在快速下降，而与此同时，社会对分析技能、组织技能和人际交往能力的需求日益增加

备注：新经济技能是更高阶的分析和组织技能，包括非常规认知分析技能和人际交往能力。

来源：阿基瓦德等（2014b）。

技能不足还体现在劳动生产率上。尽管社会在发展，但是相较于其他国家而言，中亚地区的劳动生产率依旧处于较低的水平。吉尔吉斯斯坦的劳动生产率非常低，自 2000 年以来，其劳动生产年均增长率仅为 2%（图 8-6）。

教育界通过提供社会需求的技能以响应劳动力市场的需求当然非常重要。同时，教育界改革的规划若要成功，劳动力市场提供充足的就业岗位以吸纳新毕业的或更多受过高等教育的毕业生，也同样重要。

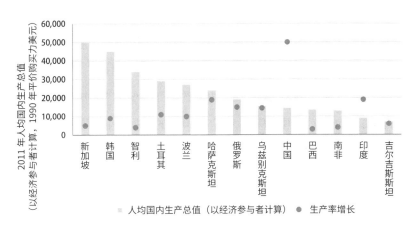

图 8-6：技能不足还体现在劳动生产率上，尽管社会在发展，但是相较于其他国家而言，中亚地区的劳动生产率依旧处于较低的水平

来源：阿基瓦德等（2014a）。

在过去的十年间，哈萨克斯坦、塔吉克斯坦和乌兹别克斯坦创造了大量的就业岗位（分别为 230 万个、100 万个和 340 万个），只有吉尔吉斯斯坦创造的就业岗位低于其人口的增长。在中亚地区，有超过三分之一的劳动力是个体经营者，且大部分为工薪阶层。他们中的大部分人受教育水平较低，在非常恶劣的工作环境下工作，赚着微薄的收入。但是随着经济现代化和人们收入水平的提高，这部分人群（在塔吉克斯坦和吉尔吉斯斯坦这部分人群大约占 60%，在乌兹别克斯坦大约为 50%，在哈萨克斯坦大约 30%）的比例正在下降，并且我们可以预期的是，这种下降趋势将在未来的几十年中持续增强。

移民一直是就业机会的另一大来源，吸引了大量的劳动力（主要是男性）。在塔吉克斯坦和乌兹别克斯坦，约三分之一 20

周岁到 39 周岁的男性出国务工（表 8-4）。俄罗斯是主要的移民
目的地国家，吸引了超过 90% 的塔吉克斯坦移民和 86% 的乌兹
别克斯坦移民。哈萨克斯坦是排名第二的移民目的地国家，吸引
了大约 12% 的乌兹别克斯坦移民。吉尔吉斯斯坦的移民人数虽
高于世界平均水平，但是略微低于其他的中亚国家。该国有大
约 18.6% 的男人选择移民（女性大约为 11.8%），其中 3.9% 在国
内移民，14.7% 在国外移民，其中 80% 的移民将俄罗斯作为目的
地国家。除周边国家之外，乌克兰、以色列和德国也是务工人员
临时性移民或永久性移民的目的地国家［阿基瓦德等（Ajwad et
al.），2014a，2014b，2014c］。

表 8-4：移民吸引了大量的劳动力，尤其是男性劳动力

	2013 年男性移民率（占总数的百分比）					
	吉尔吉斯斯坦		塔吉克斯坦		乌兹别克斯坦	
年龄组	国际移民	国内移民	国际移民	国内移民	国际移民	国内移民
15-19			11	5	9	1
20-24			38	3	35	3
25-29			41	3	27	3
30-34	10.5 (所有年龄组)	4.6 (所有年龄组)	33	6	26	5
35-39			31	5	26	3
40-44			31	5	20	5
45-49			25	6	21	2

来源：阿基瓦德等（2014a，2014b，2014c）。

人口结构的变化也会对中亚国家的教育和就业产生影响。依据国际标准，这些国家人口结构仍然较为年轻化。在哈萨克斯坦，年龄低于 17 周岁的人口所占比例为 32%，而在塔吉克斯坦则为48%。数量较多的年轻人口在创造许多机会的同时，也带来了一系列挑战。如果不能创造充足且合适的就业机会，潜在的人口红利可能会丧失。数量较多的年轻人口虽然也提供了更多可用的劳动力，并有可能带动经济增长，但是也需要大量的物质投资来提升这些年轻人的技能。

中亚地区的所有国家到 2050 年的未来几十年间，都将面临一定的就业挑战。尽管国外，如俄罗斯和中国的就业机会能够在一定程度上缓解这种就业压力，但是，中亚地区的劳动力市场必须有足够的活力和灵活度，才能吸收预期的大量年轻就业人口，而这也是缓解就业压力的关键。以下三个因素可能会对劳动力市场的新就业者产生影响：（1）人口增长；（2）更多农村人口向城市迁移，尤其是随着经济发展，人口从农业中转出；（3）随着受教育程度和收入水平的提高，女性劳动参与率增加——相较于该地区的其他国家而言，乌兹别克斯坦和塔吉克斯坦的女性劳动参与率还很低。

教育与培训——问题和改革需求

经济的快速增长和劳动力市场的快速转型，尤其是社会对受过良好教育且具有包括人际交往能力在内的高阶分析和组织能力的劳动力的需求日益增长，都对中亚国家提出了挑战。本部分将要探讨的是，如何在本国构建更好的教育体系，以培养必需的人力资本，并且能够更好地顺应社会需求的转变，因此中亚国家应当解决六个主要问题。

各国国内以及中亚地区的幼儿学前教育率低且分布不均衡

国际经验［赫克曼（Heckman），2008；赫克曼等（Heckman et al.），2012］显示，通过提高入学准备和学习表现（学习表现的测量方式为：降低中途辍学和留级的可能性，降低价格高昂的补习需求，提高接受高等教育的机会）①，对儿童早期发展（ECD）的投资能够产生较高的回报。儿童早期发展有助于弥合不同社会经济背景的儿童之间的差异。尽管这些结果和儿童的家庭环境关联度很高，但健康、营养和教育在增强儿童的身心健康发展以及认知和社会感情开发等方面也起到了重要的作用。

3 周岁到 6 周岁儿童的学前教育是儿童早期发展（ECD）战略的重要组成部分，是少年儿童健康和营养干预措施的必要补充（框 8-3 中所述）。学前教育既有助于开发儿童的早期非认知能力，如沟通能力和小组参与的能力，也有助于锻炼儿童的自我控制能力，在入学准备中起着重要的作用。

我们知道，在塔吉克斯坦、乌兹别克斯坦和吉尔吉斯斯坦的农村地区以及社会经济条件较低的家庭中，儿童入读幼儿园的比例是非常低的（这一点在上文中已经讨论过），因此这些国家在基础教育方面需要花费更多的投资。相较于富裕阶层和城市阶层的家庭而言，收入和城乡之间的差异会使贫困家庭处于更加不利的地位。此外，由于贫困家庭儿童的幼儿园入学率最低，这也剥夺了这些贫穷国家与该地区内和地区外富裕国家快速缩小差距的可能性和潜在的较高收益。

---

① 根据塔吉克斯坦和乌兹别克斯坦的最新数据显示，接受学前教育和就业结果之间存在正相关关系（阿基瓦德等，2014b，2014c）。

中小学教育的质量较低

企业调查显示的劳动力人口（尤其是那些只接受了中等教育的人群）的知识和技能不足，同样也得到了国际教育评估的证实。虽然所有中亚国家的中小学入学率，并不比发达国家低，但它们的教育"质量"就没有那么好了。我们只获得了哈萨克斯坦和吉尔吉斯斯坦的统计数据，因为只有这两个国家参加了国际评估。在这两个国家中，接受中学教育的学生的得分远低于其他国家最优异的学生得分，低于俄罗斯联邦和经济合作与发展组织的平均水平（表8–5）。在参加2009年国际学生评估项目（PISA）的66个国家当中[1]，吉尔吉斯斯坦的得分排名垫底。尽管较低的排名并不意外，因为相较于其他参与国而言，吉尔吉斯斯坦更为贫穷，但是结果仍然提供了一种有用的差距度量和评估进展的方法。

正如大量有关教育质量的文献所显示的[2]，相对较差的学习结果与多个因素有关：超负荷且过时的课程、老旧的设备、过时并且不足的教科书、缺乏训练有素的教师、教师不能很好地调动学生参与的积极性、过于强调记忆性内容和机械性学习、学校或教师在提高学习成效时没有采取鼓励性措施以及检测与评估资源的数据极为有限，等等。较低的薪水一直以来是阻碍偏远地区吸引和留住高素质教师并激励他们在偏远地区工作的一个主要原因。除了较低的教育质量外，依据中小学毕业率和考试分数衡量，地区和城乡的差异依旧很大。

---

① 15周岁的学生能够达到最低国际考核标准的比例低于14%。问题主要集中在农村地区，这些地区学生的分数大约为城市地区学生的一半。

② 例如，可参考哈努谢克（2006），里夫金（2006），格鲁维（2006），克雷（2006）。

表 8-5：哈萨克斯坦和吉尔吉斯斯坦接受中学教育的
学生的得分远低于其他国家最优异的学生的得分

	数学		阅读		科学	
	分数	排名	分数	排名	分数	排名
新加坡	562	2	526	5	542	4
芬兰	541	5	536	3	554	2
德国	513	16	497	20	520	11
国际学生评估项目平均分	496		493		501	
俄罗斯	468	38	459	44	478	39
哈萨克斯坦	405	53	390	60	400	59
吉尔吉斯斯坦	331	66（最后）	314	66（最后）	330	66（最后）

备注：国际学生评估项目（PISA）测试针对的是年龄约 15 周岁的儿童。通常 40
分的差距即反映了一年的学校教育差距。

来源：经济合作与发展组织（2009）。

这些问题在所有中亚国家普遍存在（尽管严重程度不同），且
都很有可能会导致教育质量偏低。这进一步证实了最近在吉尔吉
斯斯坦、乌兹别克斯坦和塔吉克斯坦进行的技能调查［阿基瓦德
等（Ajwad et al.），2014a，2014b，2014c］。该调查表明，在人群
中，认知能力和非认知能力的分布相当不均衡，即便在拥有同一
教育水平背景的人群中也是如此。这也引起了人们对教育质量的
关注。

公共开支的低效率问题

所有中亚国家在施政纲领中都积极承诺重视教育。教育领域
的公共开支在最近几年已经增加，塔吉克斯坦的教育经费已经占

到国内生产总值的 4%，而哈萨克斯坦的教育经费已经占到了国内生产总值的 5%〔接近于经济合作与发展组织（OECD）的平均水平〕。在吉尔吉斯斯坦和乌兹别克斯坦，教育经费所占的比例更高，分别占国内生产总值的 7.1% 和 9%[①]。但不幸的是，这些教育经费开支似乎收效甚微，学生的成绩也相当令人失望。

学生和教师的比例在这些国家当也非常低（例如，乌兹别克斯坦为 12∶1，吉尔吉斯斯坦为 15∶1）。在教师资质方面和资源供应方面存在明显的城乡差异。地区与城乡之间的学生人均教育开支也有显著的差异。战略规划、预算编制以及监督评估方面比较薄弱，缺乏清晰的问责制度。例如，吉尔吉斯斯坦为教育领域分配了较高比例的国内生产总值（占 7.1%），学生的人均开支为 600 美元，该数值大致与格鲁吉亚和印度尼西亚相当。但是格鲁吉亚和印度尼西亚学生的阅读能力分别比吉尔吉斯斯坦要早一年半和两年多（世界银行，2014d）。总的来说，吉尔吉斯斯坦较大比例的教育经费开支并没有直接带来教育质量的提升，而是主要花在学生的免费餐食、电力、燃料和天然气供应上（2011 年开支占比 14%，约为 GDP 的 1%）（世界银行，2014d）。

在教育界的各部分之间还存在着资源无效配置的迹象。相较于其他层次的教育而言，政府对中小学教育的关注度不足。例如

[①] 尽管相较于世界其他地区而言，本地区这类承诺的比例相当高，但是各国的人均（年龄低于 25 周岁的人）开支还是有显著的差别——吉尔吉斯斯坦的人均教育经费开支是塔吉克斯坦的人均教育开支的两倍；哈萨克斯坦的人均教育经费开支是吉尔吉斯斯坦的六倍；乌兹别克斯坦的人均教育经费开支是吉尔吉斯斯坦的两倍。人均收入和人口结构方面的差异也能解释这些差异。当然，相较于经济合作与发展组织的其他国家而言，即便教育经费在国内生产总值中所占的比例更高，但是中亚地区的每个学生教育开支的绝对水平也依旧将处于较低的水平。

乌兹别克斯坦在教育领域的公共开支是最高的（占国内生产总值的 9%），在学前教育方面，花在每名学生上的开支（以占国内生产总值比例计算）高达经合组织国家平均水平的两倍，在职业技术教育方面，是经合组织国家的六倍，在高等教育方面，是经合组织国家的三倍，但是在中小学教育方面的投入却低于经合组织国家。同时，乌兹别克斯坦的高等教育学费已大幅增长，以至于现在私人付费所占的比例已经超过了美国和英国（世界银行，2014g），对于贫困家庭而言，已是巨大的阻碍。

语言障碍

所有中亚国家在独立之后都倾向于将使用本民族语言作为国家认同建设的一部分，但是每个国家依旧需要考虑民族多样性的现状。例如，在 1998 年，土库曼斯坦 82% 的学生在土库曼语学校上学，另外有 12% 的学生在俄语学校学习。在吉尔吉斯斯坦，普通教育采用四种不同语言：90% 的在校生学习吉尔吉斯语或俄语，9.4% 的在校生学习乌兹别克语，剩余的学生学习塔吉克语。在哈萨克斯坦，使用哈萨克语作为授课语言的学校数量正在增加。在塔吉克斯坦，我们同样能够观察到类似的趋势。此外，土库曼语和乌兹别克语也都已经引入了拉丁字母表。

有证据表明，语言的多样性已经影响到学校的教学效果。国际学生评估项目（PISA）对吉尔吉斯斯坦的数据的分析（世界银行，2014d）显示，采用俄语教学的学校与采用吉尔吉斯语或乌兹别克语教学的学校之间的成绩差异是真实存在的，以俄语作为授课语言学校的分数高出其他学校 100 多分，折合为两年半教育的差距。这种情况在一定程度上可归结为教学实践不同，俄语教学材料①更易获得。在土库曼斯坦，使用俄语（主要是城市学生使用）会使学生在之后接受高等教育时更具明显优势。非俄语教学对于大部分年轻人而言，会进一步限制他们在国内的就业机会，甚至是在国外的就业机会。对于某些国家，如乌兹别克斯坦和塔吉克斯坦（这些国家有大量的男性劳动人口是国外移民务工人员），这一问题显得尤其突出。

职业技术教育与培训提供的技能与劳动力市场需求之间的偏差

在苏联时期，相较于高等教育而言，职业技术教育与培训更受关注。这造成了当今中亚劳动力的技能并不能满足现代化经济的需求，受过高等教育的专业人员与受过职业培训的工人的比例并没有达到最佳标准。在大部分国家，由于在苏联解体之后职业技术教育与培训的入学率锐减，偏重职业技术教育与培训但又不能满足雇主要求的不协调的情况已经得到了改善（乌兹别克斯坦除外，稍后我们将对其进行讨论）。但是在中亚国家，职业技术教育与培训行业依旧需要进一步合理化，也就是说，需要使职业技术教育与培训行业小型化、现代化，以便更好地适应市场的需求。这项工作还处于早期阶段。哈萨克斯坦在这方面的推进最快，借鉴东亚的经验，将策略进行换代升级［里布（Riboud），2014］。2011 年，该国采用了一套新的且与欧洲相类似的资格认证体系，职业标准由雇主协会开发制定。教育标准和课程开发制定紧随其后。哈萨克斯坦还在百余所院校引入了与德国企业合作的双重教

---

① 这种多语言教育规定已经引发了总课程修订和不同语言教科书版本的需求，以反映当地的历史与文化，因此增加了教育的成本。由于所采用的教学语言的不同，学习材料和教师素质的质量可能会参差不齐。

育体系（职业技术教育与培训和高等教育，视具体情况而定）。

但是，乌兹别克斯坦采用的却是一种极其不同的战略。在 1997 年的首份人才培养国家计划中，乌兹别克斯坦选择继续维持重点强调职业培训（相较于高等教育）的战略，继续将大量公共资金投入职业技术学校，现在高中阶段学生进入职业学校的比例高达 80%（从 1999 年到 2007 年增加了两倍），尽管雇主对当前的职业技术教育与培训毕业生满意度较低。与此同时，雇主在雇佣资质合适的大学毕业生方面也面临一定的困难（世界银行，2014g）。

高等教育发展不足

中亚五国在高等教育方面采用不同的改革途径。哈萨克斯坦和吉尔吉斯斯坦已经开始了渐进式的改革，尤其在设立私立大学方面。但是，其他三个国家继续维持国家强势垄断战略，直到最近才开始在高等教育领域采取一些必要的改革。这至少在某种程度上解释了高等教育入学率在哈萨克斯坦和吉尔吉斯斯坦的升高，在乌兹别克斯坦和土库曼斯坦下降，而在塔吉克斯坦基本维持不变的原因。

哈萨克斯坦是较早引入改革创新的国家［鲁比（Ruby），2012；里布（Riboud），2014］。除了授权设立私立高等院校之外，早在 1993 年便启动了海外留学奖学金"未来"（Bolashak）项目，在公立高等院校实行了学费制，并在 1999 年改变了经费支持方式：从定期的财政预算支持，改为向学生提供助学金和代金券，学生能自由选择在公立高等院校或者私立高等院校使用这些资助。为了促进公平性，提高透明度，哈萨克斯坦 2003 年还在中学开始

实行全国统一考试，中学毕业生需通过该考试申请进入高等院校
（之前大学入学考试是由高等院校自行组织）。除此之外，哈萨克
斯坦还在博洛尼亚进程（Bologna Process）的基础之上采纳了三
级结构[①]。在该架构之下，哈萨克斯坦于 2005 年设立了国家评审
中心（National Accreditation Center），并在 2012 年开始出版新的
教科书，设立了一所精英大学（纳扎尔巴耶夫大学）。该大学与美
国、英国以及新加坡的优秀大学建有合作关系。人们期望纳扎尔
巴耶夫大学能够成为哈萨克斯坦其他所有大学的榜样。

吉尔吉斯斯坦已经允许建立私立院校，并将其纳入本国的教
育系统中，以便向教育系统引入一定程度的竞争，向各院校提供
一定的自主权使其能够获得不同渠道的支持，还制定了海外留学
奖学金制度。吉尔吉斯斯坦还决定加入博洛尼亚进程，并已经设
立了国家评审委员会（National Accreditation Council）（世界银行，
2011a）。一些高等院校也应运而生，如中亚美国大学（American
University of Central Asia）和阿加汗基金会资助的中亚大学
（University of Central Asia，supported by the Aga Khan Foundation）。
这些院校均收取学费，积极申请公立和私立资金支持，并致力于
成为区域性院校。

直到最近，塔吉克斯坦才开始重点关注高等教育的发展（世
界银行，2014e）。该国 2012 年发布的"2020 年国家教育发展战略"
以促进高等教育现代化为战略目标，并将其融入欧洲高等教育区

---

① 博洛尼亚进程指的是欧洲国家之间签订的一系列协议，以确保欧洲的高等教
育体系更具可比性和连贯性，以培养学生的流动性和就业能力。该进程是由 30 个国
家在 1999 年于博洛尼亚市签订的（《博洛尼亚声明》），并促使了后来欧洲高等教育区
域的设立。博洛尼亚进程目前一共有 47 个成员国（哈萨克斯坦为其中之一）。

域（European Higher Education Area）内。塔吉克斯坦已经采用了三级制，实施欧洲学分转移和积累制度（ECTS），并首次实行统一标准的大学入学考试。但是尽管如此，高等教育机构的管理依旧处于高度中央集权的状态，政府多层管理限制了高等教育机构的自主权和问责制。仅仅通过控制机制保证质量。由于法律框架不支持，私营院校基本不存在。该国教学师资力量老化且越来越不能胜任工作，教育体系无法吸引并留住资质合适的年轻学者。

最初，乌兹别克斯坦的发展规划主要集中于基础教育和职业技术教育领域。直到最近，乌兹别克斯坦才发布了总统令，宣布了该国的高等教育发展战略（世界银行，2014g）。高等教育发展的自主权是有限的，政府法令依旧根据学科来决定高等教育的入学指标，并在国家统一入学考试的基础上对学生进行选拔。到2012 年 12 月，乌兹别克斯坦没有一所私立高等教育机构，尽管法律法规仍允许此类教育单位的存在。教师的数量较大（师生比例较低），但是教师的薪酬较低，且教师普遍缺乏高学历。同时，由于学生有丰厚的助学金，因此这种师生收入的不平衡有时会导致学生为了高分而付给老师"非正常"的付款。

在乌兹别克斯坦和塔吉克斯坦，大学毕业生的构成在过去的几十年间鲜有变化。大约有接近一半的大学毕业生依旧学习教育专业，这明显反映了教育未能适应日益变化的劳动力市场。与之类似的是，在吉尔吉斯斯坦，法律和经济专业的学生比例较高，这反映出该国毕业生更倾向于获得高薪政府工作而并不是去适应日益增长的现代经济需求。

如何实现设想

尽管不可否认本地区对教育的重视，也不能否认已经展开了的实质性的教育改革，但是针对本地区每年两千万年轻人入学的现状，使该地区的教育走向现代化仍需很多努力。设想的实现还需要依靠中亚国家加速改革，并克服自身资源不足、环境艰难、改革延期启动等问题。

在实现目标时，中亚国家也可以考虑采取以下行动，以解决上文所列的问题，从而更好地获得成功。

学前教育

正如前文所述，当所有中亚国家已经意识到学前教育的重要性时，它们还尚未拥有较高的学龄前儿童幼儿园入学率（哈萨克斯坦除外，另外我们未能获得土库曼斯坦的近期数据）。因此，这些国家未能获得因这项教育投资而获得的较高回报，也未能缩小不同社会经济背景、区域以及国家的儿童之间的差距。在吉尔吉斯斯坦和乌兹别克斯坦，所面临的局限性问题似乎并不是缺乏资金，而是缺乏实施策略和融资战略（世界银行，2013b，2013c）。

因此，我们建议采取下列可行性措施：

- 继续执行学前教育扩招战略，尤其要提高农村地区学前教育覆盖率，以实现学前教育在 3 周岁到 6 周岁适龄儿童中普及；

- 在资金充足但入学率依旧低下的国家，重新探讨提供服务的模式，实现在扩大覆盖过程中的成本节约（例如，允许采用半日制幼儿园替代全日制，鼓励设立低成本且基于社区的幼儿园中心，改善贫困家庭补助金的针对性）。

中小学教育

应优先考虑提升中小学教育教学质量。所有中亚国家都认可这一目标，并正在投入相应资源以提高教科书、学习材料和教学设施设备的质量以及有效性。中亚五国已经意识到高素质的教师对于改善教学质量的关键作用，将会投资教师培训计划，并提高教师的薪酬。除此之外，还采取了一些其他措施以改善公共财政管理，降低学校、州和地区之间财政分配的不公平。

但是尽管如此，中亚五国的教育改革步伐和强度依旧各不相同，部分国家的教育系统改革已经更大胆且更具创新性。例如，哈萨克斯坦已经设立了部分精英学校［纳扎尔巴耶夫高知中学（Nazarbayev Intellectual Schools，NIS）］，并将这些学校作为国内其他学校的标杆，使其能够对国内的整个教育机构网络产生积极的影响。另外值得一提的是，吉尔吉斯斯坦自 2006 年以来已经开始尝试不同的财政模式（代金券、资助公式、承包）（世界银行，2012b），采取一些措施授予学校预算自主权，并鼓励学生父母参与其中。中亚国家之间其他显著性差异体现在国际评估的参与度上。哈萨克斯坦系统性地参加了所有国际性的评估项目［国际学生评估项目（PISA）、国际数学与科学教育成就趋势调查（TIMMS）以及促进国际阅读素养研究（PIRLS）］，吉尔吉斯斯坦仅参加了 2006 年和 2009 年的国际学生评估项目（PISA），而其他中亚国家没有参加任何国际性评估项目。

推行并深化教育体系已有的改革显然是前进之道，其中部分关键性的内容包括：

- 鼓励系统性地参与所有主要的国际性评估，这是向政府、家长和社会报告学习成果、缩小城市与农村学校之间差距的一条有效途径，并随着时间的推移对相关的变化进行监督。参与国际性评估也能认清本国与其他许多发达国家以及发展中国家间的差距。通过这些系统性的参与 ①，哈萨克斯坦已经能够衡量自己的改革进展，因此，其他国家也应考虑采取类似的战略；

- 同时寻求国家评价体系的发展，系统性记录考试结果和其他指标（留级、中途退学），更为集中地关注结果；

- 通过采取适当的激励措施，改善教师的主观能动性。所有中亚国家都重点关注教师培训，以提高教师的素养。证据显示，中亚五国的教学实践重点在于机械性学习和死记硬背，所以需要改变教学实践来培养学生的思维和创造力。但是目前现有的国际文献仍没有足够的证据证实，增强教师培训一定可以提高学生成绩［哈努谢克（Hanushek），2006；里夫金（Rivkin），2006］。基于教学质量多指标考核，通过加薪或奖金（培训仅仅是其中之一）等激励性措施，能够使教师具有更高的积极性，提升教学效果（框 8-1 所述）。遵循这种思路，二十一世纪初，吉尔吉斯斯坦已经在 157 所学校启动了一项尝试［洛克希德（Lockheed），2014］。参与教师认为该项目有激励作用，并提供了有用的

---

① 在 2009 年和 2012 年的国际学生评估项目（PISA）中，哈萨克斯坦的评分和排名在数学和科学领域均有所提高。与此类似，吉尔吉斯斯坦学生的数学、阅读、科学评分在 2006 年和 2009 年提高了，但吉尔吉斯斯坦没有参与 2012 年的国际学生评估项目（世界银行，2014d）。

知识和技能；

- 继续实行那些能缩小差距（如人均融资）并提升教学质量（如根据教学成绩提供奖金）的财政措施。授予学校更大的自主权，设立问责制，并为学校的教学质量改善提供奖金；

- 采取能够促进社会流动和年轻人整合的语言政策。中亚国家应在放弃俄语，不再将其与民族语言一起作为双语教学语言这一问题上持谨慎态度。若实行这项措施，则可能会拉大地区性差异，使富裕家庭的儿童放弃学习多种语言的机会，同时也限制了贫困家庭的儿童接受高等教育的机会。这也会降低年轻人最终去其他国家工作的机会。这些国家也应像哈萨克斯坦一样考虑在授课过程中引入英语（甚至是中文，因为与中国的交往联系日益紧密）。哈萨克斯坦已经努力建立三种语言并行的社会；

- 学习其他国家的经验。中亚各国间可以建立沟通渠道，以使中亚国家分享各自的经验教训，如在推进相似的教育体制改革时（例如，按人头分配资金）或其中的一个国家引入一种创新的改革时［例如，哈萨克斯坦开办示范性学校（如纳扎尔巴耶夫高知中学）］，这都将对中亚国家非常有益。考虑到这些国家具有的共同历史背景，因此，相互学习经验教训将非常有助于改善教育体制以及政策实施。

框 8-1　墨西哥、智利、印度在教育领域的奖励机制改革

　　20 世纪 90 年代，墨西哥和智利实施了教育改革，推行将教师补贴和学生成绩挂钩的奖励机制。尽管所有国家在提高基础教育质量方面具有相同的目标，但是在方案的设计上却有所不同。

　　墨西哥所实施的计划是奖励优秀教师，为其提供稳定的升职（和较高的收入）。评判条件包括：教师的教育背景和工作经历、工作年限以及教师所教授学生的成绩表现等。同时，每项条件的评估均采用评分制。总分是 100 分，其中，学生的成绩表现占 20 分。当教师的得分超过了全国统一的标准（70 分）之后，即可获得奖励。改革的目的是建立激励机制，以改善教师在课堂上的授课效果，并在不将教师转入行政岗位的前提下提供升职机会。教师可以自愿参与该计划，且大部分教师已经参与。奖金颇为丰厚——大约为教师基本薪水的 25% 到 200%。

　　智利采用在学校层面上以教师绩效为基础的奖励方案，给所教学生在国家考试中的成绩优于其他学校的在校教师发放一定的奖金。该方案将学校进行分类，让具有相似环境和条件的学校的学生进行竞争。奖金每两年发放一次。90% 的奖金分给获胜学校的所有教师（学校董事决定剩余 10% 的奖金的使用），奖励金额一般为教师年薪的 5% 到 7%。

在印度的安得拉邦，政府在五百所农村学校开展了一项实验，5 万学生参与其中。实验采用四种提升教学质量的方法，并对这四种方法进行评估：两种是激励方法（教师个人奖金和团体教师奖金），另外两种是投入方法（额外招募教师的补贴和给学校一笔补助金）。实验目标是评估什么是改善教学质量的最好方法。该实验还选择了另外一百所没有采用任何方法的学校作对照。

这三个国家的案例证据能支持"激励措施能够有效改善教学质量"这一观点。但是分析还表明，实验结果受项目设计特色的影响很大，有时候为了使项目更为有效，进行一定的调整是必要的。

来源：里布（Riboud），2014。

高等教育

所有中亚国家在实现经济现代化的过程中都会面临一定的挑战，尤其需要那些掌握新技术、能够适应不断变化的环境并且可以不断创新的高级人才。这些国家还需要在政府部门治理、质量管控、教学以及资金筹措方面进行专项改革。一些国家在推行必要改革方面比其他国家更早更快，其中个别国家尤其具有创新精神。改革行动规划应当根据各个国家的具体情况制定。与此同时，中亚国家之间还需要开展较大规模的协同合作，促进学生进入设

施更加优良的大学接受高等教育，改善该区域内高级技术劳动力
短缺的现状。同时，还能使国家之间更好地分享推进改革过程的
经验教训，包括：

- 开放高等教育领域，让私立高校进入。除了塔吉克斯坦，
  乌兹别克斯坦更需要在高级技术工人培养方面下大力气，
  仅仅依赖公立大学的毕业生难以满足日益增长的用工需求。
  塔吉克斯坦参与阿加汗基金会资助的中亚大学的筹建，也
  是开放高等教育领域的一个举措。不过，塔吉克斯坦和乌
  兹别克斯坦都能从哈萨克斯坦和吉尔吉斯斯坦已采用的教
  育体制中获益，应对本国的教育制度进行调整，更好地吸
  引私营企业进入高等教育领域，同时确保这些新教学机构
  的教学质量；

- 与腐败进行斗争。在中亚国家，为确保学生的入学率和高
  分，采用非正常方式进行贿赂的现象依旧盛行。部分国家
  已经实行了透明的全国统一招生考试，以改善腐败贿赂问
  题。各国应分享自己的经验并共同评估相关措施是否成功；

- 加入博洛尼亚进程。博洛尼亚进程旨在强化教学质量、衡
  量教学成果以及发展学分转换机制，同时也使中亚各国认
  识到自己所处的不同阶段。哈萨克斯坦和吉尔吉斯斯坦相
  较于其他三国而言更为先进。塔吉克斯坦、乌兹别克斯坦
  和土库曼斯坦仍处在发展的早期阶段，还需要向其他国家
  学习经验。加入博洛尼亚进程也能够促进各国大学生之间
  的交流；

- 授予高校更大的自主权。较大的自主权能够更好地实现绩
  效表现已成为普遍认可的事实。然而实现自主权的前提是

需要建立更完善的问责制。这就需要引入激励措施，以确保全体教师和行政管理人员能够在教育体系的发展和优化过程中获得支持。激励措施必须经过精心设计，高校自主也需要逐步推进。此外，已经发起推进高校自主的那些国家能够为教育体系依旧处于高度中央集权阶段的国家带来一些有用的经验和教训；

- 在高等教育中仍然将俄语作为教学语言。这样能够促进教师之间的交流、招收外国学生以及提升毕业生的就业竞争力。有些国家的国立大学招生数量有限，可以通过鼓励学生到国外学习的方式，快速提升高等教育毕业生的数量；

- 在一些院校中引入英语教学课程也能够进一步促进流动性。以哈萨克斯坦的纳扎尔巴耶夫大学为例，只要语言不再是限制条件，英语课程不仅能使哈萨克斯坦学生受益，来自其他中亚国家的学生也能享受到这种教育资源。这也有助于大学招收国际学生，并强化中亚国家之间的相互联系。

- 与国内和国外学术机构开展合作（科研合作、教师交流、文凭互认）。这样不仅能够为教师和学生提供更多的机会，也能提升高校及科研机构的学术研究潜力。

职业技术教育与培训

所有中亚国家都需要使程序和设备现代化，以确保职业技术教育与培训能够为年轻人提供更好的职业技能。不管改革已经顺利推进还是刚刚开始，以下几点都是确保改革成功的关键因素：

- 改善劳动力市场数据的采集和分析。官方统计机构应当对企业和劳动力市场调查机构进行系统性和周期性的调查（而

非仅仅是由国际组织不定期的调查），以便观察雇佣和薪资
的变化情况、评估教育培训政策的影响，并从雇主处获得
其对技能需求的反馈。培训机构应当定期进行追踪调查，
以便对其所提供课程的有效性和关联性进行评估；

- 限制专业化程度。在瞬息万变的劳动力市场，培训需要一
  直采用新技术并依据市场变化进行相应调整。培训机构应
  当做出预判，并确保自己的课程能够教授多项技能，包括
  通用技能以及受培训人员适应变化的技能；

- 引入融资方式，与雇主保持联系，使毕业生就业能力得
  到回报。教育培训机构和雇主之间的紧密联系对保证课程
  质量与培训项目的关联性至关重要。这种联系可以通过
  雇主参与培训项目的设计与实施来实现，并且可以借鉴
  韩国和新加坡的已有经验［哈萨克斯坦已通过“卡斯坡”
  （Kasipor）实验采用该战略］。这种联系也能通过将课堂
  培训和实践培训（学徒制）的整合项目进行强化，从而
  增加就业机会。如果融资方式没有奖励措施且不提倡培训
  响应劳动力市场的变化，这种联系是不大可能建立的。同
  时，还需要对培训结果进行密切监控，以促进教育培训机
  构之间的竞争。

- 赋予管理者更大的自主权并建立问责制。高度中央集权的
  决策制定程序并不能有效地改善现状，并且对市场的反馈
  也相对迟缓。所以应该在变更课程、建立合作关系、招募
  讲师、遴选学生等方面。同时，这需要充分掌握劳动力市
  场信息，以监控培训效果。正如上文所述，我们还需要建
  立奖励成功处罚失败的奖惩机制；

● 在中期，有必要采取激励措施，促进个人在职业生涯中投资有助于提升自我的培训。职业培训是人力资本的重要来源并能够有效提高生产效率。这一点在发达国家已经得到证实，是中亚国家绝对不能错过的机会。

上述几点在中亚五国都适用，但乌兹别克斯坦还要补充一点。乌兹别克斯坦应当重新考虑职业技术教育与培训战略，并将其与高等教育发展战略相结合。在经过九年普通教育后，乌兹别克斯坦大约有 90% 的 16 周岁到 18 周岁的学生进入三年制高职院校学习。在结束十二年级的职业教育之后，学生进入大学学习的机会少之又少，大部分学生不再接受教育。因此，进入劳动力市场专业人员（专业技术人员和大学毕业生的比例是 9∶1）的技能既不能满足该国雇主的需求（这点我们在上文中已经讨论过），也不能紧跟国际趋势（框 8-2 详述）。如果乌兹别克斯坦想要实现 2050 宏伟前景，就必须要在高等教育层面积极发展教育技术培训，并提高高等教育入学率。

框 8-2　职业技术教育与培训和高等教育——恰当的平衡

当职业技术教育与培训和高等教育都尝试通过培养"有技术的"称职员工以适应市场需求时，就会出现一个棘手的问题：有多少比例的学生应当直接接受高等教育，又有多少比例的学生应当接受中等职业教育培训？尽管这是大家一直争论且没有任何明确答案的问题，然而大家能够达成共识的一点是，工作性质正在发生变化。不管各国处于何种经济发展水平，都需要应对日益增长的技术需求。具体来讲，就是要应对沟通交流上的要求和对非常规性认知技能的需求，而对常规性体力技能的要求则有所降低。中亚国家也没有跳出这一发展趋势，这点在我们之前讨论吉尔吉斯斯坦、塔吉克斯坦、乌兹别克斯坦关于技能、工作和移民的调查结果时，已经得以证实［阿基瓦德等（Ajwad et al., 2014a, 2014b, 2014c）］。

许多国家试图提高普通教育的年限（延后职业课程的开始时间）或通过扩大职业技术教育与培训的范围、扩充课程内容，使普通技能和较较易转换的技能可以应对市场需求。在高等教育层面也已经开拓技术培训渠道（提供高阶技能），使普通教育和技术教育领域互相开放，以提高高等教育的入学率。

最近，针对英国科学、制造和技术行业趋势的研究也能证明该国教育界对生产和技能领域的变化已作出应对［梅森（Mason, 2012）］。在英国，2010 年工程师与技术人员的比例为 1∶3.7，而在 1994 年为 1∶9，可以发现这一比例在相当短的时间内就发生了显著的变化。

来源：作者。

健康

状态和趋势

在经历独立之初的健康指标急剧恶化后，中亚国家的健康指标已经得到恢复，并超过了苏联解体之前的水平。但是，相较于世界其他国家和地区，这种进步比较缓慢。例如，在 20 世纪 90 年代初期，该地区国家的人口平均预期寿命接近于中上等收入国家，而现在却比中上等收入国家低五至六年（土库曼斯坦则低十年多）（表 8-6）。

在降低婴儿死亡率和五岁以下儿童死亡率方面，中亚国家已经取得了一些进步（表 8-7）。乌兹别克斯坦和吉尔吉斯斯坦的数据现在已经接近甚至超过了一些同等发展水平的国家。但是成年人的死亡率依旧高于中上等收入国家。在过去的二十年间，其他中亚国家，在降低产妇死亡率方面（MLLR）进步一直相对缓慢（表 8-8）。哈萨克斯坦产妇死亡率接近于中东欧国家以及独联体国家的平均水平。塔吉克斯坦、土库曼斯坦和乌兹别克斯坦在独立时，产妇死亡率接近中东欧国家和独联体国家的平均水平，但现已远远落后于中亚地区的平均水平。吉尔吉斯斯坦自 1990 年以来产妇死亡率一直较高，并且这一状况的改变相对缓慢（表 8-8）。

表 8-6： 在经历独立之初的健康指标急剧恶化后，中亚国家的健康指标已经
得到恢复，并超过了苏联解体之前的水平

	男女合计		男性		女性	
	1990	2012	1990	2012	1990	2012
哈萨克斯坦	66	68	61	63	70	72
吉尔吉斯斯坦	66	69	62	66	69	73
塔吉克斯坦	64	68	62	67	65	69
土库曼斯坦	62	63	59	60	65	67
乌兹别克斯坦	67	69	63	67	70	72
欧洲地区平均值	72	76	68	72	75	80
高收入国家	75	79	71	76	78	82
中上等收入国家	68	74	66	72	71	76
中下等收入国家	59	66	58	64	60	68

来源：世界卫生组织（2014）。

表 8-7： 成年人的死亡率依旧高于中等收入国家的平均水平

	婴儿死亡率		5 岁以下儿童死亡率		成人死亡率 *			
	男女合计		男女合计		男性		女性	
	1990	2012	1990	2012	1990	2012	1990	2012
哈萨克斯坦	46	17	54	19	318	324	150	147
吉尔吉斯斯坦	58	24	71	27	291	275	156	131
塔吉克斯坦	82	49	105	58	217	178	180	154
土库曼斯坦	72	45	90	53	301	378	193	201
乌兹别克斯坦	61	34	74	40	251	211	144	131
欧洲地区平均值	26	10	32	12	216	179	96	80
高收入国家	12	5	15	6	182	137	83	67
中上等收入国家	42	16	54	20	199	143	133	92
中下等收入国家	82	46	118	61	286	241	222	164

* 备注： 年龄在 15 周岁到 60 周岁之间，每 1000 人的死亡率。

来源：世界卫生组织（2014）。

表 8-8：在过去的二十年间，除哈萨克斯坦外，其他中亚国家在降低产妇
死亡率（MMR）方面进步一直缓慢

国家	1990	2013	1990—2013 年均变化率
哈萨克斯坦	91	26	-5.3
吉尔吉斯斯坦	85	75	-0.5
塔吉克斯坦	68	44	-1.9
土库曼斯坦	66	61	-0.3
乌兹别克斯坦	66	36	-2.6
中东欧和独联体国家	65	27	-3.8
俄罗斯	74	24	-4.8

来源：世界卫生组织（2014），联合国儿童基金会（UNICEF，2015）。

总体而言，哈萨克斯坦和吉尔吉斯斯坦在婴儿死亡率与五周岁以下儿童死亡率方面有可能实现千年发展目标（MDG）[①]，而只有哈萨克斯坦能够在产妇死亡率方面实现目标。

中亚国家已经采取了一些措施和专项计划，旨在降低儿童的疾病风险和改善营养不良问题。具体措施包括产前保健、母乳哺育宣传、婴儿免疫从及产妇和婴儿的微量营养素支持。这些措施对于提高儿童的存活率以及促进儿童身体健康发展都至关重要（详见框 8-3）。

证据表明，吉尔吉斯斯坦、哈萨克斯坦和乌兹别克斯坦所采取的这些措施是较为合理的，因为这些国家越来越关注儿童早期发展（ECD）的问题（世界银行，2013b，2013c）。只有塔吉克斯坦和土库曼斯坦的报告指标较弱，主要原因在于这两国

[①] 千年发展目标四旨在 1990 年到 2015 年期间将 5 周岁以下儿童死亡率降低三分之二；千年发展目标五旨在 1990 年到 2015 年期间将产妇死亡率降低四分之三。

医疗服务质量和开支较低［框 8-3，世界银行，2010a，2011b；雅布科夫斯基（Jabukowski），2009；阿尔瑙多娃（Arnaudova），2009］。

框 8-3　儿童健康和儿童早期发展

　　儿童早期发展（ECD）涉及从母亲怀孕到儿童在五周岁或六周岁进入小学的这段时间。在儿童生命的最初几年，身体的成长和幸福、认知和社会情绪的发展对于儿童未来发展是非常关键的。这些方面主要受到家庭活动和环境的影响，健康、营养和教育都能提升儿童的身心发展，这对于受不利因素影响的儿童未来在学校的学习至关重要。项目主要针对孕妇、儿童以及儿童的监护人，内容包括产前护理、婴幼儿免疫、微量营养素支持、母乳哺育推广、食盐加碘以及幼儿园教育。正如我们在本章前文中所提到的，国际性证据表明，通过预防学习方面的缺陷，提高社会生产力和受益人的收入潜力，这些项目都能够获得很高的回报［赫克曼等（Heckman et al.），2008，2012］。

　　本章前部分重点介绍的是儿童早期发展教育，表 B8-1 提供了部分有关中亚地区婴幼儿健康和营养服务以及儿童健康方面的信息。

表 B8-1：中亚国家儿童健康和营养服务之间的显著差异

	哈萨克斯坦	吉尔吉斯斯坦	塔吉克斯坦	土库曼斯坦	乌兹别克斯坦
用口服补液盐治疗腹泻（5 周岁以下儿童）	62	35	60	47	28
出生体重偏低（%）	6	6	10	5	5
体重偏低比例（%，中度和重度）	4	4	13	11	4
发育迟缓比例（%，中度和重度）	13	18	27	28	20
过于瘦弱比例（%，中度和重度）	4	3	10	7	5
免疫覆盖率（%）	95-99	97-99	92-98	97-99	97-99
正常摄入加碘盐的家庭比例（%）	85	76	39	75	53

备注：低出生体重儿是指出生时体重小于 2500 克的婴儿。免疫覆盖指的是婴儿接种卡介苗、白喉、百日咳、破伤风、小儿麻痹症、麻疹、乙型肝炎、流感嗜血杆菌疫苗。腹泻治疗指的是患有腹泻的 5 周岁以下儿童接受口服补液盐治疗。

来源：联合国儿童基金会（UNICEF，2014）。

来源：作者。

该地区所面临的其他医疗健康问题还有艾滋病即获得性免疫缺陷综合征（HIV/AIDS）和肺结核疾病发病率的持续升高。尽管中亚地区艾滋病的发病率和患病率比撒哈拉以南非洲地区要低得多，但新增病例一直呈快速上升的态势（自 20 世纪 90 年代末期以来），因此引起了人们对快速传播疾病的关注。自 2010 年以来，中亚地区已登记的艾滋病病例约为四万例，其中有一半左右的病例在乌兹别克斯坦，超过三分之一的病例出现在哈萨克斯坦［亚加尼亚茨（Jaganjac），2010；谢尔盖耶夫（Sergeyev），2010］。由于在地理上中亚国家与阿富汗的鸦片种植区域毗邻，使得中亚国家成为毒品运往东欧与西欧地区的重要中转地，与此同时，这些过境国消费海洛因的数量也随之上升，吸毒人员的行为造成了传染病的蔓延。在乌兹别克斯坦、哈萨克斯坦和塔吉克斯坦登记的病例中，大约一半为吸毒人员，而在吉尔吉斯斯坦，吸毒人员的比例大约占三分之二［亚加尼亚茨（Jaganjac），2010；谢尔盖耶夫（Sergeyev），2010］。

不安全的毒品注射所导致的血液感染很普遍，同时，艾滋病已经通过吸毒人员及其伴侣之间的性接触传播给一般人群，并且感染艾滋病的妇女的数量也在持续增加。性工作和不安全的医疗程序（尤其是输血程序）一直被认为是艾滋病的主要传播因素。传染病的蔓延已经跨过了国界边境，中亚国家大部分移民都前往艾滋病患病率较高的地区，而大部分患有艾滋病的妇女与这些出国务工人员结婚。

令人担忧的一个重要原因是，自 2000 年以来，在全球范围内，艾滋病新发病例已趋于平稳，但中亚地区的新发病例仍呈显著上升趋势。事实上，除了乌兹别克斯坦之外，其他中亚国家目

前已经无力控制传染病的蔓延，新登记的艾滋病病例数依旧持续
上升（表 8-9）。

苏联解体后，中亚地区肺结核发病率也呈现急剧上升的态
势。由于国家医疗体系落后、兽医对牲畜的救治不力以及艾滋
病的跨境传播蔓延，从 1990 年到 2002 年，该地区的肺结核发
病率翻了一番［联合国开发计划署（UNDP），2005］。然而令人
欣慰的是，自 2000 年以来，所有中亚国家都已经通过更好的病
例检测方法和有效的治疗方案来扭转这一趋势，肺结核发病率
和患病率现已出现了明显下降，已经接近中上等收入国家的平
均水平（表 8-9）。

表 8-9：所有中亚国家都已经通过更好的
病例检测方法和有效的治疗方案来扭转这一趋势

	发病率				患病率			
	艾滋病		肺结核		艾滋病		肺结核	
	2001	2012	2000	2012	2000	2012	2000	2012
哈萨克斯坦	不详	不详	351	137	不详	不详	668	189
吉尔吉斯斯坦	<10	31	249	141	20	159	449	217
塔吉克斯坦	<16	27	220	108	22	149	498	160
土库曼斯坦	不详	不详	209	75	不详	不详	400	99
乌兹别克斯坦	不详	不详	287	78	147	104	647	135
中下等收入国家	54	29	205	165	411	411	416	237
中上等收入国家	42	26	109	86	340	416	166	107

来源：世界卫生组织（2014）。

问题、解释因素和改革

政府在健康医疗方面的投入水平较低

苏联解体后，医疗预算崩溃导致的医疗服务质量恶化以及贫困率的升高都是中亚地区健康指标恶化的原因。在尝试扭转这一消极趋势时，所有中亚国家都面临着双重挑战：（1）改变中央计划、效率低下的医疗体系，尤其是那些昂贵的医疗服务；（2）关注流行病学的转变，常见疾病将由传染性疾病转变为非传染性疾病和可能致死的心血管疾病。

20 世纪 90 年代，中亚各国健康医疗体系公共开支的走势并不一致，但是随着过去十年间经济增长的逐步恢复，投入到健康医疗体系的资源已经有了显著增长。然而，依照公共医疗开支占国内生产总值的份额计算，中亚国家依旧显著低于其他大部分东欧和中欧国家以及独联体国家（平均国内生产总值份额约为4.3%），更远远低于原欧盟十五国 8% 的水平。2010 年，在土库曼斯坦，公共医疗开支仅占国内生产总值的 1.5%，塔吉克斯坦为1.6%，吉尔吉斯斯坦为 3.5%（图 8-7）。最新数据显示，2011 年，吉尔吉斯斯坦公共医疗开支占比仅上升到 3.7%。

由于公共医疗开支水平较低，居民在分摊付款或非正常付款时，实际现金支出已大幅增长。吉尔吉斯斯坦、乌兹别克斯坦、哈萨克斯坦和土库曼斯坦居民实际现金支出大约占总开支的40%，而在塔吉克斯坦约为 70%（图 8-8 和表 8-10 所示），该比例显著高于大部分欧洲国家和其他中亚国家。

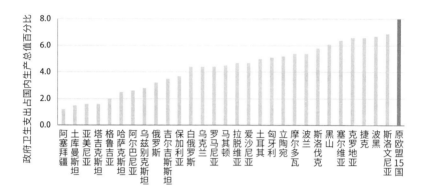

图 8-7：随着过去十年经济增长的逐步恢复，
投入到健康医疗体系的资源已经有了显著增长

来源：史密斯（2013），阮（2013）。

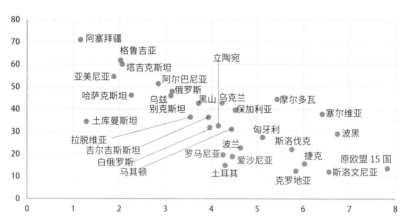

图 8-8：由于在公共医疗开支水平较低，居民在分摊付款或非正常付款时，
实际支出已大幅增长

来源：史密斯（2013），阮（2013）。

表 8-10：中亚各国医疗开支的差异显著

	哈萨克斯坦	吉尔吉斯斯坦	塔吉克斯坦 (2009)	土库曼斯坦	乌兹别克斯坦
公共开支 (占国内生产总值百分比)	2.3	3.7	1.7	1.4	2.9
个人现金支出 (占总支出百分比)	0.42	0.4	0.7	0.36	0.49
总支出 (占国内生产总值百分比)	3.9	6.2	5.8	2.1	5.6
人均支出 (购买力平价 美元)	534	152	120	195	193
人均公共支出 (购买力平价 美元)	309	91	36	125	98

来源：世界卫生组织（2014）。

总的来说，中亚国家的总医疗开支（公共医疗部分和私人承担部分）占国内生产总值的比例在 2% 到 3% 之间浮动。该比例显著低于世界其他国家，大部分国家的医疗保健方面的开支占国内生产总值的比例为 5% 到 10%［史密斯（Smith），2013；阮（Nguyen），2013］。中亚各国之间也存在着显著差异，由于哈萨克斯坦收入水平较高，该国人均医疗保健开支是其他中亚国家的四倍。在吉尔吉斯斯坦、塔吉克斯坦和乌兹别克斯坦，虽然个人和国家的医疗支付比例有所改善，但（在各国国内生产总值占比方面）仍无力弥补这一差距（表 8-10）[1]。

在医疗方面的资源投入有限和低效管理在很大程度上也是中

----

[1]　出于同样的原因，中亚国家人均医疗开支的绝对水平仍远低于医疗开支占国内生产总值比例类似的经合组织（OECD）成员国。

亚国家无力扭转艾滋病流行趋势的原因。本文仅讨论一项突出的健康威胁。缺乏资金造成该地区缺少疾病检测、流行疾病监管薄弱、一次性注射器供应不足以及血液安全管理薄弱等问题。在财政紧缩条件下，这些国家还不得不依据活动与项目的轻重缓急进行取舍，且基本上依赖国际捐赠来支持本国艾滋病项目的融资。例如，在获得艾滋病全球基金资助之前，该地区的患者无法获得抗逆转录病毒治疗（ART），而直到 2005 年"全球艾滋病、肺结核、疟疾基金"提供资助才得以解决，但直到 2011 年该治疗手段还不能完全覆盖所有患者［亚加尼亚茨（Jaganjac），2011；谢尔盖耶夫（Sergeyev），2011］。

改革：具有共同特征但时间、广度和深度不同

自 20 世纪九十年代末以来，所有中亚国家在健康医疗体系方面都开始了必要的改革。虽然这些国家在时机的选择以及改革的广度和深度上各有不同，但具有一些共同特征。鉴于苏联医疗体系过度强调住院医疗服务（secondary care），因而所有中亚国家都倾向于朝更强大的初级医疗和门诊服务（primary and outpatient care）转型。这些国家已经实行了有保障的基本诊疗服务，并逐步采用新的支付体系，例如初级医疗服务按人头付费，而在医院则实施按病种付费的模式（case-based payment），以提高效率并确保财政的持续性。大部分国家已经采用以临床价值或绩效为基础的医疗服务付费方式（payment for performance），并且也引入一些资金筹集安排以降低各州和各地区之间的不平衡。在过去的十年间，健康医疗体系改革已见成效，医疗服务效率得到一定提升且本国公民可以从中受益（表 8-7 和表 8-8）。

但是，这些国家的改革程度和覆盖范围差异较大（一些国家的改革仍处于试点阶段）。根据库金（Kutzin）等人（2010）的观点，在健康医疗体系改革中，走在最前列的是吉尔吉斯斯坦。该国早在 1996 年就开始了自己的健康医疗体系改革，到目前为止，已经有序地持续了二十年。吉尔吉斯斯坦的医疗保健开支总和（包括公共开支部分）已经超出其他中亚国家（表 8-10）。吉尔吉斯斯坦也是中亚国家唯一能够实施强制医疗保险制度的国家①。2012 年该国的强制医疗保险制度已经覆盖了 77% 的人口。依据最近的一份调查（世界银行，2014d），各阶层平等使用公共医疗服务似乎已经成为现实。尽管私人支付比例依旧较高，但相较于其他中亚国家而言，吉尔吉斯斯坦现在的财政体系能够为医疗体系提供更高程度的保障。

在其他中亚国家，改革速度最为缓慢的则是塔吉克斯坦。自独立之后，该国经历了最为严重的经济衰退，而连年的国内战乱又加剧了这种经济衰退状况。随着国内重新恢复和平以及经济增长，政府（于 21 世纪初）开始试行健康医疗融资改革，如在门诊医疗中实施按人头付费（per-capita payment）的模式，在医院实施按病种付费（case-based payment），引入一揽子福利项目并要求个人承担部分费用（copayment）。塔吉克斯坦已经制定了2010 年到 2020 年的综合性国民医疗服务战略，改革的覆盖范围已经开始逐步扩大，相关医疗指标也开始出现好转，但是尽管如此，该国的医疗领域依旧处于严重的资金短缺状态，非正常支付（informal payment）问题依旧严重（图 8-8 和表 8-9 所示）且医

① 哈萨克斯坦于 1996 年也设立了强制性的健康保险基金，但在 1998 年废止。

疗体系使用率较低。正如在表 8-7 和框 8-1 中所述，塔吉克斯坦
的健康和营养指标在所有中亚国家中依旧最低。

面临资金短缺和多个亟待解决的问题，中亚五国都努力尝试
抑制艾滋病的传播。国家已经利用一些捐赠资金，积极采取初步
措施，政策制定者已决定解决该问题，而相关政策在该地区也得
到了民众的支持。2006 年成立的中亚议会事务委员会（Central
Asian Parliamentary Working Group）为战略的合作与协调开辟了
一条途径。该委员会于 2009 年启动了欧亚经济共同体（EurAsEC）
人 口 健 康 规 划（Health of the Eurasian Economic Community's
Population）。这项规划着重强调传染性疾病的跨境风险，并且主
张采取区域性战略，以促进对艾滋病和东道国移民医疗护理疾病
预防方法更好的认知。事务委员会成立了四个区域培训中心，并
在 2004 年建立了哨点监测区域体系。2005 年成立的一个区域性
艾滋病基金为政府组织和非政府组织的一系列有效举措提供了经
济支持［亚加尼亚茨（Jaganjac），2011；谢尔盖耶夫（Sergeyev），
2011］。

尽管国际捐赠支持对于艾滋病的预防和治疗非常重要，但依
旧无法系统地解决该地区面临的众多问题，同时也无法确保可持
续性，而这种可持续性只能由各国政府来保证。例如，现在当艾
滋病患者获得抗逆转录病毒治疗（ART）时，其资金筹措主要依
赖资助机构［全球艾滋病、肺结核、疟疾基金（the Global Fund
for AIDS，Tuberculosis and Malaria）］。目前只有哈萨克斯坦的财
政预算能够承担抗逆转录病毒治疗（ART）的费用。与之相类似，
非政府组织活动也主要依靠捐赠者的资金支持，因而活动的持续
性也是不确定的。

前进之路

中亚国家已经取得了不可否认的进步，但在实现迈向发达国家医疗体系的设想过程中依旧有很长的路要走。即便各国的国内生产总值能够保持增长态势，但经济增长也不能自动转化为更好的健康医疗产出，而在其中起重要作用的依旧是公共行动。

目前已经采用的政策导向和实施步骤与预期目标是一致的，但仍然需要开展大量工作，现在改革的稳步实施是确保下述目标实现的关键：（1）医疗保健专业人员具有较高素质且能够充分利用先进的知识和技术；（2）系统管理充分强调预防和初级医疗服务；（3）健康医疗保健开支与政府预算和社会客观因素限制之间不存在矛盾。国际经验表明，实现这些目标通常会花费数十年的时间。

所有中亚国家都在追求类似的目标，并已经采取了非常相似的政策，而部分国家在尝试并实施改革以及改善医疗产出过程中已明显走在其他国家的前面。在改革进程明显领先于其他国家的国家，也需要通过密切的区域性交流与合作并且学习有益的经验，（成功或失败的经验）才能提高效率，更快地获得成功。

下列诸多改革领域（当前处于不同的实施阶段）尤其重要，并且应当得到足够的重视：

确保高效地筹措健康医疗资金

这很有可能是一项长远的挑战，因为人们对更好的医疗卫生服务的愿望和需求很有可能会随着收入增长而与日俱增。所有中亚国家都已经启动了国家担保的给付项目，但是在资金筹措渠道、覆盖范围和特定人群的豁免方面有所差异。对覆盖范围、资金筹措以及影响进行对比能够提供有用的经验教训。例如，吉尔吉斯斯坦成功地实现了强制性健康医疗保险制度，各个收入阶层使用健康医疗服务相对公平。掌握了解吉尔吉斯斯坦的成功因素和所面对的困难，对其他国家十分有用。吉尔吉斯斯坦的经验还表明，维持较好的健康医疗产出和持续性的资金筹措之间的平衡是多么困难，在这一过程中，需要仔细考虑目标选项以解决给付项目的财政缺口问题。乌兹别克斯坦也提供了有用的经验。该国为了解决基层医疗方面的问题，设立发展基金，让基层医疗机构为效益提升支付奖金或者加薪。

哈萨克斯坦、吉尔吉斯斯坦和乌兹别克斯坦应当继续聚焦于提高医疗保健方面公共开支的效率，而不是提高总体支出，而塔吉克斯坦和土库曼斯坦则需要采用另一种思路。这两个国家应持续提高医疗保健方面的政府公共开支，尤其是初级卫生保健开支，同时改善医院的运行效率。塔吉克斯坦（土库曼斯坦也可能是）的医疗保健预算直到 2003 年一直持续下降（其医疗保健预算一直低于国内生产总值的 1%），而随后该国稍稍提高的医疗保健预算（但依旧低于国内生产总值的 2%）导致了非正常支付比例增大以及医疗服务和设施的利用率较低。如果仅在医院间重新调配现有资源，不大可能出现实质性的改善。所以，还需要更多的资源投入。

还需要考虑增加政府公共事业开支，以降低艾滋病预防和治疗对捐赠资金筹措的依赖，确保支持的稳定性。在低收入国家，政府开支是唯一的选择，除非相关的资源用于改善预防并降低吸毒者的数量，否则艾滋病的蔓延将依旧持续。

逐步引进改革

在所有中亚国家，改革已经分阶段开始执行。例如，乌兹别克斯坦首先聚焦农村地区，1999 年在三个州实行了基层医疗改革，并在 2006 年开始进行城市地区改革之前，逐步扩展至全部农村地区。吉尔吉斯斯坦也逐步采用了四个层面（国家层面、州层面、地区层面、城市层面）的预算编制，以便在几年的跨度内将国家层面的预算合并。这能够使单一的融资规范运用于每一种服务类型，并缩小人均健康医疗开支的差距。

检验改革理念并总结学习国内和该地区的经验教训，是合理有效的方法，应当予以鼓励。例如，仍旧处于多项改革实施初级阶段的塔吉克斯坦，在供应商支付改革（按人收取初级医疗服务护理费用）方面，就可以从邻国学习经验。

改善人力资源管理

在苏联解体之后，所有中亚国家的医务人员的薪酬均出现了极大幅度的下降，这直接导致了医护人员的数量匮乏、工作积极性低、旷工和普遍的非正常支付。大部分医务人员需要通过第二职业或向患者收取非正常费用来弥补收入的不足。这也刺激了一些医务人员移民至较为富裕的俄语国家，因为这些国家能够提供较高的薪水。哈萨克斯坦也能够吸引其他中亚国家的医护人员。

随着医疗服务质量的恶化，最近几年，大部分中亚国家都大幅提高了医护人员的工资收入。除此之外，乌兹别克斯坦、哈萨克斯坦和塔吉克斯坦都已经采纳了绩效薪酬的理念。国际经验表明，绩效薪酬制度的确能够带来较高的产出，前提是能够得到精

心的设计和规划，并逐步推广实施。乌兹别克斯坦早在 1999 年
就开始为健康医疗事业建立开发基金，以提供与绩效有关的薪酬
激励措施，这一经验对于哈萨克斯坦和塔吉克斯坦而言是非常有
用的。这两个国家尚处于该理念实施的早期阶段。乌兹别克斯坦
的改革已经成功地将重点转移到医疗效果上，并增强了医疗机构
的问责制，但是这些制度依旧会面临一些挑战。这些制度体现了
采用激励措施的重要性，确保了绩效考核的实行，并使绩效的测
评标准处于医疗从业人员能控制的范围之内（世界银行，2009a）。
只有保证数据的可靠性、评估过程的透明度并赋予医疗从业人员
和医疗卫生事业自主权，才能使绩效考核制度成功实施。

转向初级医疗服务

发达国家和发展中国家的经验都表明，具有较强初级医疗服
务的公共卫生医疗体系运转得更好。因此，强化初级医疗服务一
直是中亚国家积极推进医疗体系改革的基础。但只有吉尔吉斯斯
坦已经尝试提高初级医疗服务所占的公共开支比例。1994 年，该
国初级医疗服务的投入比例为 7%，而到 2011 年，该比例上升至
30%，基本与经济合作与发展组织成员国相等。而其他中亚国家
与这个比例还有一定的距离。

继续合理化医院服务

在苏联时期，所有中亚国家的公共卫生医疗服务收费昂贵且
效率低下，但每家医院都有齐全的医疗设施、人员、实验室和行
政管理机构。在苏联解体时，每十万人所拥有的医院病床数量比
欧盟国家高出 50%，但该指标在苏联解体之后快速下降，现在已

经接近甚至低于欧盟国家的平均水平，只有哈萨克斯坦例外，该国每十万人所拥有的医院病床数量依旧较高（世界银行，2014d）。该指标的下降与患者在医院的逗留时间缩短有关，总的来说，治愈病例数量出现了增长。而且随着新技术的应用，这种情况很可能会继续下去，医疗程序的变化也会使该指标进一步下降，并需要进一步调整。

增加有效干预的运用，如信息和教育宣传活动、初级医疗机构的风险筛查以及征收烟草税

在中亚国家，心血管疾病是导致成年人死亡率较高的主要疾病。依据国际经验，积极开展教育和信息宣传活动、更加重视初级医疗中心的预防、采用激励措施以改变生活方式（如吸烟习惯和不健康的饮食），都能够降低患心血管疾病的风险和死亡率。此外，相关的公众意识宣传活动也能提高人们对预防措施的注意力，并鼓励人们进行疾病的早期检测和治疗。在中亚国家，公共卫生预算所占比例依旧较小，预算金额仍需提高。在许多国家，征收烟草税被证明是减少吸烟的有效方式之一。吉尔吉斯斯坦的烟草税为香烟零售价格的18%，土库曼斯坦为49%，但都远远低于欧盟成员国平均77%的水平。

改善药品和医疗用品的采购

由于多个政府机构和委员会都与药品和医疗用品的采购相关，因此，医药价格在地区之间和州之间的差异较大。2011年，吉尔吉斯斯坦卫生部在一项调查中发现，最为偏远地区医药用品的采购价格最高，而在主要城市和州，医药用品的采购价格最低。采购过程常常充斥着腐败现象，尤其是在缺少医药采购法律监管和指引的地区。为了确保招标过程的透明度以及尽可能低的采购价格，降低城市和地区之间的价格差异，需要制订具有详细指导方针和足够透明度的采购流程，集中采购药品和医疗设备及用品，并对采购过程进行监控，确保获取采购机会和合同签订的有关信息。

强化地区合作

强化地区合作以对抗艾滋病对各个国家都极为重要。由于流行性疾病的主要影响因素（毒品走私和人员迁移）并不局限于某个国家，因此，中亚各国需要开展地区间的国际合作，协调地区内各国的政策和行动。正如我们在之前的举措中所提及的［亚加尼亚茨（Jaganjac），2011；谢尔盖耶夫（Sergeyev），2011］，区域性解决方案能够实现数据的共享、特定行动的资金协助以及地区专家群的设立。这些都有助于帮助国内专家、协调预防措施、分享经验，对于那些财政能力和政府管理能力有限的国家而言更为重要。

除了艾滋病的防治，密切的地区性交流与合作也可以使其他领域受益，并能贯穿医疗制度的整体改革。正如我们在上文中所提及考虑到所有中亚国家当前共同存在的问题，以及身处改革中的不同阶段，分享地区性的经验和教训有助于这些国家更快且以较低的代价实现各自的改革目标。

结论

在苏联解体之时，中亚国家有相当高水平的人力资本。在经历了国家独立后的挫折之后，中亚地区已经逐步恢复甚至在一些维度已经实现了人类发展的改善，但是，所取得的成绩在区域内并不均衡，这在一定程度上是由各国不同的初始状态，以及各自所采取的不同改革路径造成的。哈萨克斯坦和吉尔吉斯斯坦已经毫无疑问地成为改革进程推进最快速且最为大胆的国家，紧随二者之后的是乌兹别克斯坦。塔吉克斯坦和土库曼斯坦依旧落后于这三国。目前，大部分人类发展指标在很大程度上反映了该地区在改革进度和深度方面存在的差异。

为了实现本章开始所列的设想，各国需要集中精力推进改革。在教育方面需要缩小少年儿童接受教育机会的差异，改善中小学教育质量，并确保职业技术教育与培训和高等教育体系的现代化和回应能力，以对快速变化的劳动力市场需求做出反应。在健康领域，这些国家仍需加速预防和初级医疗服务的转型，改善医疗服务的质量，确保融资的有效性，促进地区之间的合作。

在过去的十年间，中亚地区所有国家具有共同的目标，已经发生变化的指标显示该地区的政策导向也类似。因此，我们可以预计，中亚国家之间将出现更快的发展和地区性融合，前提是政策承诺将维持不变。然而，本章中提出的措施和建议毫无疑问仍需要大量的工作以及持续数十年的实施过程，资源和出发点的差异将会为该地区带来额外的挑战。

密切的交流和经验分享对所有中亚国家而言将大有裨益。但是尽管如此，塔吉克斯坦似乎并不可能落实提出的改革议程（土库曼斯坦有可能也做不到）并赶上改革最快的国家，除非其重新考虑事项的轻重排序，并增加分配到人类发展方面尤其是健康领域的资源。对于吉尔吉斯斯坦和乌兹别克斯坦而言，最应该提上议事日程的则是提升教育和医疗项目的效率。乌兹别克斯坦可能还需要修订其技术培训和高等教育战略，以便使这些战略更加有助于其未来的经济增长。对于已经从其丰富资源中获益且在改革成果中走在前列的哈萨克斯坦而言，所面临的挑战是如何确保国内的创新改革持续发展壮大，确保激励措施依旧与其期望的目标保持一致。

第九章　面对气候变化的挑战

面对气候变化的挑战

亚历山大·菲佛（Alexander Pfeiffer），卡梅伦·赫伯恩（Cameron Hepburn）

简介——中亚的环境挑战 [①]

中亚面临严重的气候挑战，大部分由苏联时代留下的影响造成。其中很多环境问题涉及稀缺水资源的使用与滥用。苏联当局在灌溉基础设施上的巨大投资造成锡尔河和阿姆河这两条中亚主要河流的众多分支流入干旱地区，灌溉快速发展的地区和棉花生产基地，以及支持中亚快速发展的城市中心。由于水是免费商品，在使用上非常浪费而且不考虑可持续性发展。

独立后，这种做法就明显地引发了灾难。锡尔河和阿姆河原本是咸海湖的水源补充，却被大量用于上游的农业灌溉，导致咸海湖快速且无可逆转地干涸了，而咸海湖原本是重要的水体，渔民生计的来源，而且还是地区气候的稳定器（图 9-1）。由于咸海湖的消失，周边大量农业地区的农垦受到影响，灌溉用水长期被滥用，土壤盐渍化程度升高，地下水严重污染，农作物产量下

[①] 简介部分来自联合国开发计划署（2005）；本章的其余部分大量使用之前曾为新兴市场论坛准备的材料。

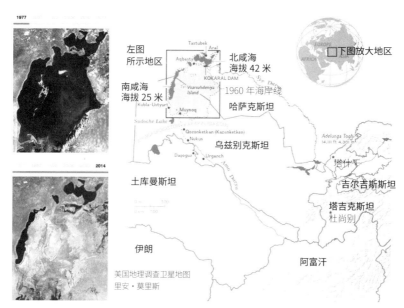

图 9-1：自 21 世纪 70 年代，由于锡尔河和
阿姆河的水被用于上游农业灌溉，咸海湖迅速干枯
来源：美国地理调查（U.S.Geological Survey）。

降，对公共健康造成严重威胁。

　　此外，苏联时代的工业和采矿活动导致中亚必须处理很多棘手的环境问题，包括铀尾矿造成的土壤和水的辐射污染，大型工业厂房排放的化学污染［比如塔吉克斯坦铝业公司（TALCO，旧称 TDAZ）］，以及苏联军事研究设施废弃后留下的生物病菌，而其中一处设施就在咸海湖的复兴岛（Vozrozhdeniye）上。此外，对中亚城市的工业与家庭废水和固体废料缺乏有效处理也导致了环境问题。显然，中亚面临巨大的环境挑战，各国需要从地区和国家层面共同应对，以确保到 2050 年成为宜居且可持续发

展的地区 ①。

这些已普遍被大众认识和了解的环境挑战，因为受全球或地区气候变化的影响，将进一步加剧，但人们直到现在也没有充分了解和考虑这一问题，更别说想出应对之法了。本章仅关注气候变化的影响以及中亚国家在未来几十年可能采取的应对方法。

本章首先概括了中亚在应对气候变化挑战时，应该达成的远景目标。

2050 宏伟前景

到 2050 年，五个中亚国家将采取与国际社会一致的减排措施，到 2100 年把全球平均的升高气温控制在 3℃以内。这些工作包括：

- 各国碳排放和其他温室气体的净排放将保持 2030 年的水平；
- 降低国家经济总产出的能耗，达到二氧化碳和其他温室气体零净排放所需的水平；
- 将可再生能源（风能、太阳能、水电、核能）利用率提高到 50% 以上，与欧盟为 2030 年设定的目标一致，降低化石燃料（煤、木材、石油）的燃烧；
- 通过创建智慧城市和智能建筑，大幅降低碳排放，并充分利用公共交通系统。

---

① 根据 2014 年环境绩效指数（该指数根据 9 个绩效指标对 178 个国家进行排名），中亚国家排名如下：哈萨克斯坦（84）、土库曼斯坦（109）、乌兹别克斯坦（117）、塔吉克斯坦（154）、吉尔吉斯斯坦（175）。在中亚五国，水和生物的多样性以及栖息地被视为 9 个绩效指标中最大的挑战（耶鲁环境保护法律和政策中心，2015）。

此外，2100 年气候变化将不可避免地导致全球平均温度升高
3℃，这将造成各种潜在的破坏和经济损失：恶劣天气模式（洪水
和干旱）加剧，冰川融化，海平面升高，种植模式改变，气温上
升导致需要采用新农业技术和种子等。因此，各国要采取必要措
施将这些破坏和损失降到最低。最后，所有新的基础设施项目要
有配套措施，可以把气候变化造成的风险降到最低，同时对现有
设施进行改造，也有助于减缓和控制这些风险。

全球气候变化——为什么新兴市场经济体应该关心？

2009 年哥本哈根国际谈判破裂，没能达成预期目标，彼时各
国民众和政府对应对气候变化的兴趣还较低，直到 2014 年才发生
了显著变化，气候变化问题重回政治议程。2014 年末美国和中国
签署了气候变化协议，人们对 2015 年 12 月在巴黎召开的联合国
大会充满期待。新兴市场经济体对气候变化的关注显著提高[1]，因
为这里涉及巨大的利害关系——机遇和风险并存。气候变化重新
获得关注得益于一些因素的推动，其中五起事件最为重要。

第一，中美在 2014 年 11 月签署的双边气候协议出乎很多评
论者的意料，协议内容包括两国减排的承诺，这给新兴市场经济
体创造了新的机会。

第二，政府间气候变化专门委员会（IPCC）发布了第 5 份评
估报告（AR5），该报告认为人类更有可能是气候变化的主要原
因，且可能性达到 95%—100%，此外，也不能排除在中亚和拉

---

① "新兴市场经济体"有多种定义，其中多数定义都认为新兴市场具有发达市
场的某些特征，但不完全符合发达市场的所有标准，如人均 GDP 和其他方面。

丁美洲发生极其严重后果的可能性（政府间气候变化专门委员会，2014）。一项关键的发现是：只有净排放量降到零，全球气温才能稳定下来并保持不变。

第三，国际货币基金组织、世界银行以及英格兰银行对气候变化行动的经济利益和化石燃料工业的风险进行了研究和声明，使这个问题进入主流金融界的议程。最引人注目的三个发现是化石燃料补贴现在的总额以税后价[1]计算在 50 亿美元以上；中国的空气污染使经济产出降低了 10% 左右；在很多重要的新兴市场国家，符合自身利益的碳价已超过 30 美元。

第四，2014 年 9 月联合国"气候峰会"在纽约举行时，世界各地大约 70 万人举行了示威，要求世界各国领导人采取行动，并要求一些企业和国家政府作出承诺［福德拉罗（Foderaro），2014］。

第五，2014 年两份关于气候变化的商业与经济报告试图赢回中右党派对气候变化行动的支持。美国《风险行业》的报告得到诸如小布什政府的前美国财长亨利·保尔森等人的支持，该报告认为美国的气候风险具有分散性特点，并指出各个地方可能受到的影响（洪水、风暴潮、农作物危机等）。由墨西哥前右翼总统卡尔德隆主持的《新气候经济报告》认为，改善气候行动在任何情况下都是提高经济增长的必要条件（《新气候经济报告》，2015）。

在一个气候和政府政策不断变化的世界里，能源和农业创新

---

① 这种计算将化石所有未定价的外部性都视为"补贴"并包括在内，例如对健康和气候的损害。起名为"税后"，原因是计算补贴时参照了一个虚拟的世界，在这个世界中实施了"最佳内部化外部效应的税收"（科迪等，2015）。

与基础设施的智能部署将促进经济繁荣，为不确定的时期保存机会。例如，未来 15 年将会有 90 万亿美元投入到全球的基础设施，其中大约 60 万亿美元进入新兴市场，大部分是为了满足快速增长的城市人口的需要［全球经济和气候委员会，2014；斯特恩（Stern），2014］。这些投资可以促进紧凑、干净、资源节约型城市的建设，降低医疗保健费用，并向居民提供多样化的财富创造机会。相反，复制老旧的城市扩张模式会使中亚国家错失机会，破坏繁荣，增加污染和温室气体排放，最终加剧气候风险。

智能基础设施和创新廉价的清洁技术可以促进经济增长并增加就业岗位。这些机会显然不仅具有中期效益，还可能带来短期净收益，不过当某时某地的清洁能源不能比污染能源价格便宜时，争议就会变大。不管怎样，一个国家能够从减排和减少污染中获利，这一点现在已经明确，它们给很多新兴经济体创造了实质价值，且不依赖双边或国际协议。如上文所述，2014 年国际货币基金组织的研究指出，实施较高碳价符合很多国家的自身利益，因为实施国家可以获得直接经济利益［科迪等（Coady et al.），2015］。

过去两年的研究显示，各国如能开明地考虑自身利益就可以带领人民大踏步走向气候稳定和国家繁荣的未来［赫伯恩（Hepburn），2011；沃德（Ward），2011］。在降低气候风险与促进经济和生产力增长方面，无论是从个体还是整体来说，新兴市场经济体可以采取很多行动。相反，当下有很多国家不积极应对气候变化，反而有损本国公民的利益（框 9-1）。

框 9-1	新兴市场经济体应立即对气候变化采取行动，还是继续等待？

如果世界继续用化石燃料推动增长，2100 年的地球温度会比 1990 年高 4.9℃，海平面会上升 0.5 米。这会对 20 国集团中的新兴市场[1]造成极其有害的影响，经济损失很有可能导致年国内生产总值到 2100 年比控制化石燃料情况下的国内生产总值低 6%。上次全球温度达到这个水平是在 3500 万—5500 万年前的始新世时期，那时世界大部分地区还都是沼泽森林，鳄鱼住在北极附近。

即便 20 国集团中的发达经济体[2]采取强有力措施[3]，新兴市场国家仍将承担气候变化的大量破坏性后果。即便发达经济体国家 2050 年的排放水平比 1990 年降低 80%，2100 年全球温度仍将比 1990 年高 4.4℃，原因就在于未来几十年新兴市场国家将占全球排放增长的最大份额。

新兴市场国家如果想要避免气候变化的不利影响，就必须与发达经济体国家一起采取强有力的行动。新兴市场国家现在的排放量与发达经济体国家相当。中国已取代美国成为世界最大的排放国。快速的经济增长和人口

---

[1] 阿根廷、巴西、中国、印度、印度尼西亚、韩国、墨西哥、南非、土耳其。

[2] 澳大利亚、加拿大、欧盟、法国、德国、意大利、日本、俄罗斯、沙特阿拉伯、英国、美国。

[3] 定义为 2050 年的排放量相对于 1990 年的水平下降了 80%（土地利用变化对排放的影响没有变化），之后保持不变。

增长意味着新兴市场国家到2050年将成为主要的排放国。尽管发达经济体国家是历史排放的主要来源，但预计新兴市场国家将承担未来地球变暖的主要责任。如果新兴市场国家到2050年把排放量控制在2005年的水平并把因砍伐森林导致的排放量降低50%，全球温度就可能仅比1990年高出2.7℃。这会避免一些最严重的后果。通过减排行动，新兴市场国家可以掌握自己与地球的命运。

新兴市场国家行动的好处很大程度得益于中国、印度和巴西的减排结果，仅这三个新兴市场国家采取行动，全球温度较1990年的水平就可能被控制在3.5℃左右。这会降低新兴市场国家的损失，中国的损失估计是2100年国内生产总值的2.2%，如果新兴市场国家不行动，这个数值就会是3.2%，而印度的损失是国内生产总值的4.2%，如果新兴市场国家不行动，这个数值是5.9%。

不管是部分还是全部新兴市场国家采取行动，全球温度的升高仍可能造成严重后果。许多科学家把2℃定为气温升高最大值，超过这个数值，气候变化带来的风险就会变得不可接受，这个观点获得哥本哈根协议的认可。想把全球气温较工业化前水平升高控制在2℃以内，就需要新兴市场国家、发达经济体国家以及世界其他国家采取更强有力的行动。

鉴于这些严峻的统计数据，新兴市场国家已经开始行动并不令人吃惊。很多新兴市场国家已经迅速加快在低碳创新方面的工作。例如，中国现在是世界太阳能、风能、核能以及电动汽车和高铁方面的领导者。巴西推出了一项复杂、实时的森林砍伐跟踪机制，并承诺减少砍伐森林。印度的第十一个五年计划（2008—2012 年）包含了到 2016—2017 年实现能源效率提高 20% 所需的措施。韩国和墨西哥已经落实减排的绝对目标，一些新兴市场国家在推行碳定价方面很有可能先行于美国。

然而，当前的政策并不成熟。如果新兴市场国家加速减排，就会引发一场低碳竞赛，而获胜的一方很有可能是新兴市场国家。除了减少气候变化的破坏，新兴市场国家之间的合作行动还可以促使发达经济体国家提高减排，进而为新兴市场国家的低碳产品打开更大的市场。例如，汇丰银行报告预测，如果各国政府能够超额完成他们在哥本哈根会议上作出的承诺，那么到 2020 年低碳市场的价值就能达到 2.7 万亿美元，如果政府仅仅只是实现他们在哥本哈根会议上的承诺，低碳市场的价值就会缩水 30%，而在最坏情况下，低碳市场的价值将会减半。

转型有成本，但延迟转型只会增加成本。化石燃料密集型增长意味着，一旦各国意识到需要清算污染生产的完全成本，新的污染型资本存量的建设需要被尽早废止。国家如果早点转型，就能提高低碳技术的进步速度。这两个因素都表明转型越早开启，就越平缓、越具有计划性，成本也越低。比如，新兴市场国家如果在 2012 年开始采取行动想要使 2050 年的排放量回到 2005 年的水平，只需要每年减排 0.4%。如果等到 2030 年才行动（具有代表性的"延迟行动"时间点），想要在 2070 年实现相同的目标，那么需要每年平均减排 1.5%。历史经验显示，实现每年减排 0.5% 不会造成严重的经济后果，而每年减排 1.0% 以上，通常会伴有长期的经济衰退。总之，研究表明，早期行动可以使新兴经济体的成本降低 25% 到 33%。

转型后，新兴市场国家将拥有更可靠的能源供应。现在，九个新兴市场国家中有六个国家的进口能源占总能源需求比例的 20% 以上。化石燃料使一小部分国家拥有超出其体量的经济和地缘政治实力。相反，很多低碳能源（太阳能、风能、水电、核能、生物量、地热）在新兴市场国家更容易获取。

新兴市场国家还将变得更健康和更有效率。在世界空气污染最严重的前十个城市中，有九个在新兴市场国家。化石燃料的燃烧是造成这些城市的 5000 万居民健康不良的主要原因。中国的空气污染每年造成 27 万例慢性支气管炎病例和 40 万呼吸道或心血管病例入院治疗。到 2030 年，空气污染还将造成印度和中国每年增加价值 60 亿—100 亿美元的农作物损失。这些问题都很严重，亟待缓解，一项研究表明中国值得为此减少 15% 的碳排放。

此外，新兴市场国家完全有可能通过采取有效的措施，既实现减排，又能每年增效节省开支 1,000 亿美元。

　　新兴市场国家可以利用气候政策议程，发掘更加广泛的机会，还可以发布符合自身利益的联合声明来激发西方"失掉低碳比赛"的恐惧。这样的战略可能会挫败发达经济体国家内部对减缓气候变化的抗拒，对新兴市场国家也有好处。然而，不管发达经济体国家采取什么行动，如果新兴市场国家不采取早期行动，他们自身会面临气候变化影响的风险。

　　气候变化对中亚经济具有非常重要的经济影响。本章的后续章节会详细讨论这些影响。接下来的小节讲的是有关气候变化自身风险的最新科学知识，包括水资源压力、极端气候事件和热压力的影响。此后关注那些可能发生在中亚的影响，讨论中亚国家在应对气候变化时所面临的最紧迫挑战。中美 2014 年的协议说明，只要转型的经济好处获得广泛认可，新兴市场的主要贸易伙伴国就会非常迅速地做出政策响应。通过把这些发现放到当下的政治背景并分析未来的可能方向，本章在结尾部分分析了中亚经济的一些具体政策机会，包括提高能源效率、避免资产闲置、短期发展天然气出口、长期发展可再生能源出口、鼓励其他国家采取强有力行动以及利用碳金融等。重点是，这些措施很多不需要涉及多少额外的短期成本，但需要政府为此制定开明、有见识的政策。

科学背景

政府间气候变化专门委员会在 2014 年 9 月发布的第 5 份评估报告有三个关键发现：（1）气候变化存在且是人为的；（2）气候变化对天气模式和人类社会的影响是可见的；（3）除非我们把温室气体的净排放降到零，否则全球变暖和气候模式将进一步恶化，严重影响人类和自然系统。下文依次思考这三个发现。

第一个主要发现基于下面的简单分析。首先，人类的生产和生活每年产生约 400 亿吨的温室气体排放，包括二氧化碳、甲烷、一氧化二氮。第二，大气中的温室气体浓度随着这些排放而日益上升，现在的浓度比过去 80 万年间的任何时候都高。第三，大气中温室气体的增加主要是人为造成的，因为化石燃烧碳与天然碳的碳 14 同位素比例不同，所以人们在大气中观察到这种人为制造痕迹。因此，大气中温室气体增加的主要原因不是自然产生的，而是人为造成的。第四，到底有多少热量被温室气体吸收是可以准确获知的——可以在实验室测算出来，这点没有争议。因此，温室气体增加就会导致全球变暖。第五，全球在前工业水平后的变暖受到了明确的关注，大气和海洋在 20 世纪中叶发生的变化是史无前例的。因此，我们可以毫无疑问地说气候变化正在发生，且人类是主要的原因。政府间气候变化专门委员会 2014 年的第 5 份评估报告提出了一个新观点：极有可能（95%—100% 的可能性）人类是 1951 年到 2010 年间全球变暖的主要原因。与 2007 年的第 4 份评估报告（AR4）相比，现在越来越多的证据表明人类活动是全球变暖的原因。

政府间气候变化专门委员会的第二个主要发现是气候变化已

经在改变天气，对全球的人类和自然系统造成令人担忧的影响。这些影响在地区间变化很大。20 世纪中叶以后，很多人观察到的极端天气事件与人类对气候的影响有关，比如观察到热浪有所增加，而极冷温度有所下降，海平面上升，强降雨天气增多。这些事件已经对人类和自然系统产生严重影响，比如强风暴、干旱、洪水，以及其他诸如强降雨后的泥石流次数增多。这些事件的影响程度主要取决于受影响地区人类和自然系统的暴露程度（人员、资产、基础设施存在风险），以及人类和自然系统的脆弱程度（抵御外部冲击的能力），但统计数据现在已经清楚表明，气候变化增加了严重气象灾害的发生频率［托马斯（Thomas），2014；阿伯特（Albert），2014；赫伯恩（Hepburn），2014］。

图 9-2 描述了气候变化的当前和未来风险，重点关注亚洲的热致死情况、水和食物的短缺以及洪水灾害等。该图还考虑了亚洲的热浪致死风险（参考"人类热致死情况"组别）。当前热浪导致的死亡是中等风险（最上面灰色栏），通过安装空调这样的应对措施可以使之降为低等风险（最上面蓝色栏）。在短期（2030—2040 年）内，这个风险将升到中高等水平，但通过应对措施可以降为中等水平。如果人类能够把气温升高控制在 2℃以内——要实现这个目标并不容易，那么这个风险将达到高等水平，通过应对措施能降到中高等水平。如果人类什么都不做，全球气温将升高 4℃，中亚热浪致死风险水平就会非常高，即使通过应对措施最好的结果也仍在高和非常高之间。

政府间气候变化专门委员会的第三个主要发现是温室气体在一定时间内的累积排放量将决定 21 世纪后期以及以后的全球变暖程度。因此，除非净排放减到零，否则全球温度将会继续上升。

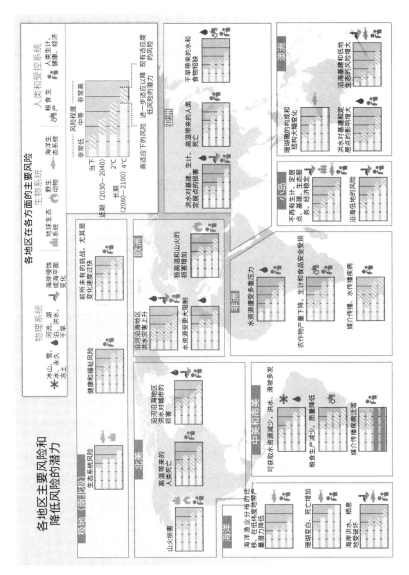

图 9-2：世界各地面临的气候变化风险也各不相同

来源：政府间气候变化专门委员会（2014）。

预计当前的减排结果到 2050 年并不能把全球变暖控制在 1.5—2℃以下。尽管坎昆协议提出的承诺有望（66%—100% 的可能性）把全球气温升高程度到 2100 年控制在 3℃以下，但如果没有新的政策来保障减缓气候变化，那么当前对全球碳排放进程的推测结果显示全球温度到 2100 年将升高 3.7—4.8℃。全球变暖会导致热浪事件增加、水资源压力更加频繁和严重（暴风雨、洪水、干旱等）、海洋酸化和海平面升高，进而使人和生态系统受到严重、广泛、不可逆影响的可能性增加（政府间气候变化专门委员会，2014）。由于影响程度取决于累积排放量，比如大气中的温室气体总量，世界很有可能早就需要一种能够把温室气体从大气中吸出来的技术来抑制温度升高。鉴于推测的减排结果，全球经济体系完全脱碳和停止所有温室气体排放已不足以实现目标，还需要应用负减排技术。

因此，政府间气候变化专门委员会认为，除了尽最大努力阻止气候变化的最坏结果发生，人类还需要开始为适应气候变化做准备。如果运气好一点的话，气候对温室气体的反应不会像现在展现出来的这般敏感，温室气体排放导致的升高温度将为预计的最低值。然而，我们不能依赖运气，明智的战略应该包括用创新来降低清洁技术成本，应用符合自身利益的碳价，并加快向无碳经济转型。我们有理由相信，开明的自利原则再加上坚持创新可以把温度升高控制在 3℃或 3℃以下。

气候变化的实际影响遍布所有行业和地区，政府间气候变化专门委员会的第 5 份评估报告提出了四个值得关注的结论（可信度很高）：

1. 风暴潮、海平面上升、沿海洪灾、一些城市地区的内陆洪水、极端高温天气，会导致严重健康不良风险并破坏人们的生计；

2. 极端天气事件会使基础设施网和关键服务遭到破坏，导致系统性风险；

3. 将产生水和粮食不安全风险以及农村生计和收入损失风险，尤其是对那些较为贫困的人口来说；

4. 生态系统，生物多样性，以及生态系统的商品、功能和服务将面临损失风险。

以巴西、印度、中国为主的新兴市场国家的行动力度会大幅影响中亚国家的灾难风险。仅发达国家采取强有力行动还不够，还需要新兴市场国家采取行动来避免最坏风险［沃德等（Ward et al.），2012；赫伯恩（Hepburn），2011；沃德（Ward），2011］。如果不采取行动，气温会持续升高，新兴市场国家将很有可能遭受不可估量的人员和财产损失。

水资源压力的不利影响，如干旱

在一个更为炎热的世界里，气象模型预测全球水循环将出现显著变化。尽管世界各地的变化不尽相同，但数十亿人面临的供水问题较现在不是大幅减少，就是大幅增加［沃德等（Ward et al.），2006］。举例来说，发源于喜马拉雅山的河流可能会断流，而这些河流滋养的国家拥有现在世界一半左右的人口［斯特恩（Stern），2007］。政府间气候变化专门委员会根据RCP8.5[①]场景假设，预测高纬度地区、赤道太平洋地区以及很多中纬度潮湿地区的年平均降雨量将出现增长，而很多中纬度地区和亚热带干旱

[①] 政府间气候变化专门委员会的第5份评估报告提出了碳排放预算的一种新场景假设，即RCP（代表浓度路径）。RCP8.5是人们惯常的用法，这一场景指出，到2100年，空气中的二氧化碳浓度要比工业革命前高3—4倍。

地区的年平均降雨量将下降。

此外，降低水源水质并对饮用水质量造成风险的因素包括：温度升高，强降雨带来的沉积物、营养物和污染物，干旱期污染物含量增加以及洪水期间对处理设备的破坏。简而言之，虽然潮湿地区的降雨会更多，但水质变坏，且很多已经很干旱的亚热带地区将面临更长、更严峻的旱情。根据 RCP8.5 场景假设，大多数中纬度地区和热带潮湿地区的极端降雨会更加严重和频繁。

政府间气候变化专门委员会的结论是："……21 世纪，全球各地区面临水资源短缺，受到主要江河的洪水影响的人口比例将随着全球变暖而上升。21 世纪的气候变化将减少亚热带最干旱地区的可再生地表水和地下水资源……从而加剧各行业对水资源的争夺……"

极端事件、疾病和冲突

极端事件和海平面上升

政府间气候变化专门委员会发现"极端事件导致的气候变化风险，比如热浪、强降雨、沿海洪灾等，风险程度已达中级……"，而"……全球温度如果再升高一度，风险程度将上升到高级……"，因为"与某些极端事件相关的风险正在日益增加，比如极端高温天气，而这些风险通常伴随着全球进一步变暖……"（政府间气候变化专门委员会，2014）。

冲突

项（音译）等人〔（Hsiang et al.），2011〕回顾了过去全球气候变化在多大程度上需要为"大规模暴力冲突以及文明崩塌事件"负责。尽管以前的研究只发现"在某些情况下随机的天气事件可能与冲突有关",但项(音译)等人(Hsiang et al.,)利用 1950 年到 2004 年的数据,直接把全球范围的气候变化与内战的全球模式联系起来。他们发现,在厄尔尼诺年发生新内战的可能性是在拉尼娜年的两倍,因此自 1950 年以来的所有国内冲突,其中 21% 可能与厄尔尼诺—南方震荡现象(ENSO,EI Niño Southern Oscillation)有关。

这项发现获得政府间气候变化专门委员会的支持,该委员会在近期的第 5 份评估报告中声明:"预计气候变化将加剧人类流离失所……"以及"当那些缺乏计划迁移所需资源的人口遭遇诸如洪水和干旱这样的极端天气事件时,流离失所的风险增加。"因此,"通过放大暴力冲突的驱动因素,比如贫困和经济冲击,气候变化可能直接增加暴力冲突的风险。"(政府间气候变化专门委员会,2014)

高温压风险,如农作物歉收

由于全球平均地表温度将在未来几十年间持续升高,到 21 世纪末,将导致世界大多数地方日常或季节性的极端高温天气增加,而极端寒冷天气减少。政府间气候变化专门委员会指出,"很有可能……热浪发生的频率将增加,且持续的时间也会更长"而"偶发的极端寒冬将不断发生"(政府间气候变化专门委员会,2014)。

农业受气候变化的影响最大,这是因为农业生产严重依赖天气情况,尤其是温度和降雨。因此,气候变化大有可能改变农业的生产力。举例来说，罗贝尔（Lobell，2011）、施伦克尔（Schlenker，2011）、科斯塔—罗伯茨（Costa-Roberts，2011）分析了 1980 年后的气象趋势和四种主要农作物的全球生产情况，发现全球玉米和小麦产量分别比假设没有气候变化情况下的产量下降了 3.8% 和 5.5%。大豆和稻米的产量大致保持不变，这是因为增产国家（降雨和温度有利于农业生产的地方）和减产国家（气候变化不利于农业生产的地方）互相抵消了。在一些国家，由气候变化导致的农作物减产量足以大幅抵消因为技术、二氧化碳施肥法和其他因素增加的平均产量［罗贝尔等（Lobell et al.），2011］。

这些发现与政府间气候变化专门委员会的发现大体一致，该委员会认为："粮食安全的所有环节都有可能受到气候变化的影响，包括粮食生产、销售、食用和价格稳定性。"（政府间气候变化专门委员会，2014）尽管一些地区的农业可能从较为温暖的气候和增加的雨水中受益，如热带和温带地区的小麦、稻米、玉米生产（例如哈萨克斯坦的一些地方），但不应对气候变化一定会对全球农业生产造成负面影响。

总之，10% 的预测认为农业生产在 2030—2049 年间会增加10% 以上，而 10% 的预测认为会减少 25% 以上（与 20 世纪末相比）。如果全球温度的上升幅度在 4℃以上，再加上粮食需求日益增加，将会给全球和地区的粮食安全造成巨大风险。

中亚气候变化的影响

本小节将讨论中亚气候变化的实质影响（而不是政策和市场变化）。根据科学家的现场观察和测量，气候变化已经影响中亚地区。实际上，该地区温度过去几十年一直在上升（政府间气候变化专门委员会，2014）。在未来的几十年，科学家预测气候会进一步变暖。尽管气候变化的某些影响是正面的，比如哈萨克斯坦一些地方的农作物产量可能增加，但绝大多数证据显示气候变化对人类社会的影响是负面的。

　　水资源供应是中亚地区的主要薄弱环节之一。气候变化很有可能改变水循环，导致无法向持续增长的人口提供足够的清洁用水。这个问题在未来几十年里会严重影响中亚国家。事实上，亚洲开发银行近期的一份报告推断，"中亚的河水在一定程度上必须被视为非可再生资源"［蓬卡里等（Punkari et al.），2014］。

　　大约三分之一流经中亚地区的河流发源于高山冰川，包括锡尔河和阿姆河。高山冰川在高温干燥的夏季也能提供冰川融水。然而，随着气候变化的加速，冰川消退的速度也在加快（图9-3）。事实上，由于冰川面积到2050年将减少50%，因此冰川融水也会大幅减少。

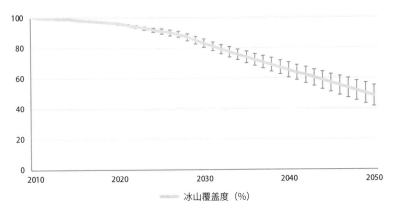

图9-3：咸海湖流域的冰川消退正在日益加快

来源：芬兰国际咨询集团。

我们预计河水流量在一年的不同月份受到的影响会有所不同。比如，在 2050 年的 1 月到 5 月，河水流量仍会与今天相同，但由于冰川减少，6 月到 11 月的河水流量将会大幅减少。

由于气候变暖和变干会影响平原农业的灌溉，再加上人口和经济的逐步增长，所以在供水能力下降的同时，人们对水资源的需求量将反而上升。蓬卡里等人〔(Punkari et al.)，2014〕预计，到 2050 年，锡尔河流域对水资源的需求量将增加 3%—4%，阿姆河流域将增加 4%—5%，但水资源的供应量在这期间将减少，参考图 9-4 和图 9-5。

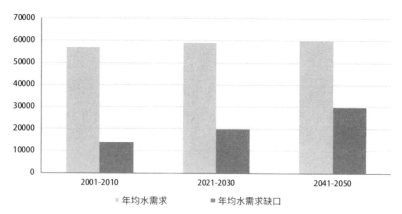

图 9-4：在供水能力下降的同时，阿姆河流域对水资源的需求量将会上升
来源：芬兰国际咨询集团。

这些发展在过去已经导致水的需求量无法获得满足，未来还将导致更加严重的缺水问题，这将对国家的经济、社会和环境造成严重影响，甚至可能"引发山区居民和平原居民之间的水资源管理争端与冲突"〔蓬卡里等（Punkari et al.），2014〕。

供水减少和冰川消融可能会降低中亚一些地方的洪灾风险，而高山雪线的消退将导致永久冻土区融化，降低高山斜坡的稳定

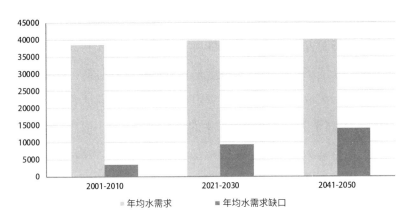

图 9–5：锡尔河流域也在发生同样的现象，但程度较轻

来源：芬兰国际咨询集团。

性，造成大规模山体滑坡和泥石流。即便在今天，这些灾害也会对建筑物、农业和基础设施造成很大破坏，更何况在未来，这些灾害的发生频率会更高，且破坏程度也更大。

鉴于水资源的紧缺，中亚地区的农业毫无疑问会受气候变化的影响。除了供水减少外，可能面临的问题还包括土壤退化和沙漠化。

适应气候变化

鉴于气候变化对中亚地区现在以及未来的影响，各国需要制定应对战略。气候变化的长期影响将主要取决于世界各地减排工作的成功。中亚各国有强烈的兴趣来推动全球性减排工作，下文将对此做进一步讨论。

中亚各国应对气候变化的有效措施各不相同。亚洲开发银行认为中亚地区作为整体，"当前的大部分战略低估了气候变化造成的问题，提出了不正确的结论"［蓬卡里等（Punkari et al.），2014］。最核心的挑战是扩大未来的供水量、提高水生产力并降低未来的需水量。

在水资源方面，预计到 2050 年，中亚地区每年将缺水 430 亿立方米，最经济合算的应对措施是在农业领域。包括：改善农业生产方式，采取亏水灌溉（灌溉用水量低于充分满足农作物所需的量），提高水资源在农业生产中的重复利用，减小灌溉面积。亚洲开发银行认为有效的应对措施在 2050 年的成本将高达 17 亿美元（净现值）。其他所有的可能性，包括不采取任何应对措施，将使中亚经济承担更高成本。

气候政策的机会

中亚国家在减排温室气体方面可以发挥重要作用，而且这也符合其自身利益。哈萨克斯坦、塔吉克斯坦等国已经开始采取措施往这个正确的方向前进（表 9–1，表 9–2）。中亚拥有七个关键的机会，某些只适用于少数国家。

表 9–1：2014 年哈萨克斯坦的适应气候变化和减缓排放政策

应对气候变化	减缓排放
○已将应对计划纳入长期的环境规划和经济规划中。 ○部长级项目以应对沙漠化，保障饮用水，以可持续方式开发农业用地。以上项目可称为应对项目。 ○据称环境部正在起草专门针对应对气候变化的国家战略规划（规划稿尚未公布）。	○宣布该国重点是学习丹麦和挪威的低碳发展模式。 ○重点放在其现代化能源产业，最大程度提高效率，通过激励可持续能源，让能源产业多样化。 ○本领域的立法工作推进建立了哈萨克斯坦排放交易体制（模仿欧洲的排放交易体制），2013 年 1 月涵盖了 178 家企业。 ○在一年试点之后，该项目于 2014 年 1 月进入第二期（至 2020 年）。

来源：作者。

表 9-2 ：2014 年塔吉克斯坦的应对气候变化和减缓排放政策

应对气候变化	减缓排放
○直接针对气候变化的措施很少。 ○在给联合国气候变化框架公约的第三份说明中提到，应对气候变化的韧性，主要依赖经济增长、人民福祉、减少贫困、经济多元化、通讯措施、政治稳定。 ○长期规划可能主要关注能源独立，使水电不再受极端气候现象和长期事件的影响。 ○说明认为，农业需要细致的适应战略，原因是农业更容易受到极端气候现象影响（暴风雨、干旱、洪水、长期高温或低温、霜冻、蝗灾或其他虫害）。	○减缓气候变化的主要政策是"国家气候变化行动计划"（2003 年起实施）和"国家环境保护行动计划"（2006 年起实施）。 ○两份计划均在修订中，预计于 2015 年完成。主要法规强调能源业的现代化，最大限度地提升效率，激励开发可再生能源（尤其是水电）。 ○塔吉克斯坦在给联合国气候变化框架公约的第三份说明中承认，诸如碳排放税的政策工具有积极作用，但是这类政策是否会成为新修订的计划的一部分，尚不明确。

来源：作者。

第一，中亚国家应提高能源效率。中亚国家从苏联继承了低效的能源体系，其经济结构的基础是"为推动工业和农业生产提供大量廉价能源，极少考虑经济价值或能源效率"［沃尔特斯（Walters），2015］。2010 年，中亚的能源强度是 15.7[①]，而世界平均水平是 7.7，欧洲平均水平只有 5.0。不幸的是，苏联风格的能源体系提倡浪费型消耗，导致需求增加和能源安全降低，使停电时间变长，并造成大量经济损失。提高效率会提升能源安全和经济产量。更普遍来说，提高能源效率可以降低能源服务的价格，并已被证明有助于提高经济生产力和经济增长。

第二，中亚国家必须改善水资源管理。中亚国家应对缺水问题最具有成本效率的措施是在农业领域，包括：改善农业生产方

---

① 更全面地说，这是每单位 GDP 使用一次能源的强度，单位为兆焦耳每美元GDP（以 2005 年美元购买力平价计算）。数字较高表示能量效率较低（《人人享有可持续能源倡议》，2013）。

式、采取亏水灌溉、提高水资源在农业生产中的重复利用并减小灌溉面积。

第三，中亚国家应避免把钱浪费在未来可能闲置的化石燃料资产上。如不考虑气候政策，大多数已建成的能源设施可能到2050 年仍在运营。然而，世界其他国家的气候政策可能会改变这种情况。因为其他国家在减排方面采取了更有力的行动，可能包括贸易措施，所以中亚污染型化石燃料（煤炭和石油）以及在相关发电能力方面的资本投入可能面临提早取消或消减的风险。在富裕国家已出现这种迹象，美国的很多煤矿已经提早关停，皮博迪能源公司是美国最大的煤炭企业，近几年已跌去 80% 的市值。

第四，中亚国家应发展天然气出口。其他新兴市场，尤其是中国，正在把自己的电力和暖气资源从煤炭转向天然气，因为天然气是一种更加清洁的燃料。天然气造成的污染对人类健康和经济产量造成的损害比煤炭轻，从全球污染层面来说，天然气产生的温室气体排放大约只有煤炭的一半。中国计划到 2020 年把天然气在能源组合中的占比提高一倍以上，这会使其成为天然气消费大国和进口大国。中亚国家，尤其是土库曼斯坦，可以成为中国的天然气供应国。

第五，中亚各国政府应升级电网，发展可供国内使用和出口的可再生能源。只要有合适的基础设施，中亚各国可以向中国出口大量的可再生能源。除了开发太阳能和风能之外，塔吉克斯坦和吉尔吉斯斯坦的水电也可以成为一种非常具有价值的能源储备资产，这是因为尽管气候变化会使供水可靠性经受相当大的考验，但越来越多的间歇性可再生能源将会被并入地区电网。

第六，中亚国家的外交官应鼓励其他国家减排，这会降低中亚国家受到气候影响的严重程度（尤其是水资源）。例如，中亚国家可以向中国学习，参与中国的减排计划。2014年中国和美国签署了一份重要的双边气候协议，这表明中国很有可能成为亚洲减排的重要领跑者。此外，中亚其他国家应该考虑采取哈萨克斯坦新建立的排放交易机制。

第七，中亚国家可以利用富裕国家提供的资金和支持，实现向低碳经济转型。富裕国家认识到可以通过减少全球排放来降低气候变化对本国经济的危害，符合自身的利益。因此，这些国家创建了各种机制，向那些积极减排的国家提供资金。

这些措施有助于把气候变化带来的威胁转变为积极的激励因素，从而提高中亚农业和能源业的生产力和抗压性。谨慎的气候政策有助于促进中亚在2050年实现繁荣。

ҚАЗАҚСТ
ҚАЗАҚТЫҢ ҚАСИЕТТІ
ЖЕРІНІҢ АСТЫ ДА БАЙЛЫҚ,
ҮСТІ ДЕ БАЙЛЫҚ.
S 6428 Y

第十章　以"开放的区域主义"
　　　　寻求繁荣

以"开放的区域主义"寻求繁荣

斯里尼瓦沙·马德哈尔（Srinivasa Madhur）

前言

如果像第二章所说的，地理能指引命运，那么中亚地区面临的最大挑战就是把这一命运转变为机会。虽然中亚各国近期在区域合作方面表现有好有坏，但本研究为中亚地区在未来几十年的区域合作设立了远大的目标。因此，该地区 2050 宏伟前景如下：本地区既然位于亚洲和欧洲的十字路口，那么将对外开放，实现贸易、投资、服务、人员的跨国流动一体化，使各类流动不受阻隔。同时，仍然对世界其他地区保持开放，成为全球生产网络和供应链的重要组成部分。

前几章阐述了各国内部多方面的改革和重组，这将有助于中亚国家保持强劲增长，在未来几十年实现普惠、包容的发展。在实施这些国内改革的同时，持续实现本国经济和全球经济以及邻国经济一体化，会使中亚各国继续受益，收益包括全球市场的规模经济，全球的资本、技术、经验，以及全球贸易、商业、金融方面的最佳实践。

因此，中亚 2050 宏伟前景包括三个相辅相成的层面：区域内的一体化（增加中亚五国间的合作和一体化），跨区域合作和一体化（本地区和邻国），全球一体化（本地区和邻国成为全球的一部分）。一体化的第一级（区域内）是第二级（跨区域）和第三级（全球）的必要条件而非充分条件；而由于本地区深处内陆，第一级和第二级是第三级的必要条件[①]。这一设想的重要特点之一是"开放的区域主义"这一理念。中亚各国以这一理念为基础相互合作、与其他邻国合作，同时以开放的姿态和全球其他国家做生意。

目前，本地区各国边界太"厚"，货物、服务、资本、人员的跨国流动困难〔戴希曼（Deichmann），2008；吉尔（Gill），2008；吉尔等（Gill et al.），2014；拉斯托奇（Rastogi），2014；阿维（Arvis），2014〕。2050 宏伟前景预测边界会变得更"薄"，贸易和要素的流动更容易，从而使该地区更发达、更繁荣。

虽然区域合作的效益难以量化，但 2005 年联合国开发计划署的一项研究估计，中亚地区全面的区域合作和一体化可在十年中使本地区的国内生产总值提高 50% 至 100%，且本地区较小、较贫穷国家的增长会高于这一数字（联合国开发计划署，2005）。该研究同时估计，如果开发数条运输走廊，那么该地区的贸易额增加可能高达 160%。同样，加强本地区的水资源管理合作，可以避免每年该地区国内生产总值约 3.6% 的损失（联合国开发计划署，2005）。令人鼓舞的是，该研究还指出："这些估计可能偏保

---

① 可参考亚洲开发银行 2014 年的《新兴的亚洲区域主义》，亚洲开发银行研究所的《将中亚和多地经济中心连接起来》，达斯（2012），林（2011），庞弗雷特（2013）。

守——如考虑到避免重大风险（如内战和自然灾害），或本地区经济高度发展、欣欣向荣，完全与邻国和世界经济接轨，合作的累计和复合受益将会更大。"（联合国开发计划署，2005）

在列出 2050 年目标的同时，本研究还列出了中亚各国需采取的一些单边行动，以实现开放的区域主义；本研究也列出了区域工作中要点。在中亚地区，开放的区域主义工作将多速、多轨并行，而这将给抓重点、排序带来困难。考虑到本研究的时间跨度，必须指出本章所提议的集体行动并非全都能在不久的将来实现，甚至未必能在未来十年内实现，而需在未来三十五年内实现。

在这套框架下，本研究先评估区域内和跨地区的一体化，并论述七个方面的责任、机遇和挑战。这七个方面如下（并非按照重要程度排序）

- 连接中亚各国和本地区
- 贸易和生产的一体化
- 水资源和能源合作
- 资本流动合作
- 管控移民
- 支持地区组织
- 平衡国家利益和地区利益——领导力问题

地区内各国的互联

中亚地区是全世界连接度最低的区域之一。提高中亚各国间以及与其他邻国的连通，是将中亚各国整合到本地区和全球生产网络和供应链中的关键，这需要更好的实体基础设施（"硬件"），包括信息和通信技术，也需要更好的政策和制度安排（"软件"）。

硬件的连通

中亚各国在独立之后，全都关注改善国内破旧老化的公路铁路网络，以改善各国国内的连通，（亚洲开发银行研究所，2014a）。因此，在独立后的前十年，在加强中亚各国之间和与欧亚邻国的连通方面，基本没有区域合作（亚洲开发银行，2008；联合国开发计划署，2005；亚洲开发银行研究所，2014a），尽管区域合作最近有所改善。

原则上，陆地和海上连通[①]对中亚地区都很重要。尽管目前约 80% 的全球贸易通过海路运输，但由于中亚各国地处内陆，所以提升它们的陆地连通非常重要。首先，它们需要连接到最近的港口（提升海路连通）；其次，它们需要与周边市场连通。在这两方面，更好的陆地连通对中亚公司倍加重要，使它们能融入"对时间敏感、涉及产能分摊的供应链，比如汽车和计算机产业的高价值部件生产"［拉斯托奇（Rastogi），2014；阿维（Arvis），2014］。换句话说，更好的连通将使中亚五国能更好地进入全球一体化，提高它们为地区价值链和全球价值链添加的本地价值。

中 亚 区 域 经 济 合 作 组 织（Central Asia Regional Economic

---

① 中亚国家在提高陆路连通时，需要提高与港口的连通。如果做不到这一点，提升陆路连通的好处将大大减少，因为它们仍然只能进入有限的全球市场。

Cooperation，CAREC）项目由亚洲开发银行协调[①]，始于 2001 年，是最早的改善中亚连通的项目，也是在这方面作用最大的项目。虽然该项目也关注区域合作的其他方面，但加强硬件连通是其工作项目的重点。在成立之后的第一个十年内，中亚区域经济合作组织的多个硬件连通项目专注于开发六条交通走廊[②]。最近的一项评估表明，这些走廊降低了运输成本和旅行时间，将促进贸易和商业增长（亚洲开发银行，2014c）。

在中亚区域经济合作组织计划跨越的第二个十年，即 2020 年之前的十年，该项目将这些"交通走廊"扩展成为"经济走廊"，实行双管齐下的策略：在每条走廊上建设多个道路节点，并在不同的走廊间连接这些节点，并放宽国境线上和国境线内的诸多限制。我们期待这类项目的扩展将能扩大走廊上和走廊附近的空间互动，随即将参与项目的各国连接到区域和全球的生产网络和供应链中（中亚区域经济合作组织，2011）。

扩大地理覆盖范围是中亚区域经济合作组织的另一项重点："在中亚区域经济合作组织第一个十年中，第一个重点是借力于苏联解体后中国西部边境的开放。中亚区域经济合作组织项目已经渐渐开始认识到有必要扩大其地域范围，向欧洲、高加索、俄罗斯、中东、东亚和南亚延伸，从而全方位地利用这些地区带来的各种经济机遇"（中亚区域经济合作组织，2011）。有估计称，如果中亚地区能基本改善其南向到阿富汗的运输系统，整体贸

---

① 中亚区域经济合作组织由亚洲开发银行与世界银行、欧洲复兴开发银行、国际货币基金组织、伊斯兰开发银行、联合国开发计划署等其他多边机构共同协调。成员国包括中亚五国以及阿塞拜疆、阿富汗、中国、蒙古和巴基斯坦。

② 有关这些交通走廊覆盖的国家和其他情况，详见亚洲开发银行（2014c）。

易——即进出口总和，将会增加 120 亿美元，即增长 80%（中亚区域经济合作组织，2011）。

另一个连接项目也有实质可能在未来几十年改善中亚地区的连接，这就是中国最近提出的"一带一路"倡议 [①]。这一倡议包括两个配套工程：丝绸之路经济带和海上丝绸之路 [②]，统称"一带一路"（框 10-1）。

丝绸之路经济带可能提高中亚地区与全球连接。不过，为了确保这一倡议和其他项目（如中亚区域经济合作组织项目已实施和拟实施的工程）能有效协调，中亚国家需要成为丝绸之路经济带的积极参与者。它们可以通过中亚区域经济合作组织论坛来参与，因为所有中亚国家和许多邻国（包括中国）都是论坛的成员国。

传统的多边捐助机构（特别是亚洲开发银行和世界银行）也可以发挥关键作用，方式是各机构在中亚各国的投资以及对中亚区域经济合作组织项目的支持。中亚地区基础设施建设的新参与者包括中国的丝路基金和以中国为首的亚洲基础设施投资银行（Asian Infrastructure Investment Bank，AIIB）（框 10-1）。虽然亚

---

① 2011 年 6 月，美国曾提出一项类似的倡议，名为新丝绸之路计划（New Silk Road Initiative）。其目标是将中亚通过陆地与各地区连接：在西北方向连接欧盟、俄罗斯、土耳其；东南方向连接中国和东亚；西南方向连接阿富汗、印度、巴基斯坦、伊朗（费多伦科，2013）。新丝绸之路计划包括很多部分，其中之一是建设中亚通过阿富汗连接到南亚的陆上通道。然而，在交通方面并没有取得多少进展，主要原因是缺乏资金。

② 从历史角度看，丝绸之路经济带和海上丝绸之路可追溯到大约 2000 年前，当时古代商人以骆驼商车从中国出发，经陆路到达欧洲、印度和中东地区，以及从中国东海岸出发，沿海路，经过东南亚，印度最南端，东非，直到波斯湾和红海，从而加强了古代的经济联系和文化交流。

投行的运营、资助重点、资助流程等都尚未最终敲定，但亚投行可以为丝绸之路经济带提供更多的资金上发挥关键作用。

如果在公私合作伙伴关系中做适当的风险与收益分享安排，它也可能成为中亚硬件连接项目的资金来源。但是，考虑到本地区的商业环境和政府的治理水平，这将会不易完成。其他的挑战包括：确保本地区各国公共债务水平审慎，解决财政能力和行政能力有限这一问题，来经营和维护项目。尽管存在这些挑战，但中亚各国内部和各国之间的硬件连接发展仍然是优先要解决的问题。

软件连接

高效的连接不仅需要硬件的连通网络，也需要相应的"软件"——国境线上和国境线内的物流和流程——还包括各国的商业环境和投资环境［拉斯托奇（Rastogi），2014；阿维（Arvis），2014］。事实上，中亚区域经济合作组织从交通走廊项目吸取的主要教训之一就是，这些项目的许多收益未能实现，原因就在于"软件"发展未能同时跟上（亚洲开发银行，2014c）。

世界银行贸易物流指标显示，中亚地区的软件连接不善，因此带来了大量发展的瓶颈。除哈萨克斯坦外，其他中亚国家的综合贸易物流指标均比大部分欧亚邻国差（表 10-1）。此外，中亚五国虽然在对区域和全球市场的开放程度上差异明显，但几乎都在世界银行的营商环境排名中垫底。海关手续复杂，对中亚地区的贸易大为不利，出口和进口所需的文件数量在世界上是最高的地区之一。在中亚以外的地区，只有一些非洲国家在跨境贸易上所需的文件数量如此之多。

框 10-1　中国的"一带一路"倡议

2013 年秋，中国宣布了丝绸之路经济带倡议，目的是把中国和中亚、南亚、中东连接起来。在这一倡议的设想中，一套包括公路、铁路等重要基础设施的网络将始于中国的西安，终于意大利的威尼斯。除了丝绸之路经济带，中国还宣布了一套海上连通工程，即海上丝绸之路，包括在亚洲、中东、非洲、欧洲新建或改扩建港口和工业园区 [布吕吉耶（Brugier），2014；治平（Zhiping），2014]。

2014 年 11 月上旬，中国宣布成立新丝绸之路基金，并承诺注资 400 亿美元。该基金由中国多家大型金融机构提供资金支持，旨在支持"一带一路"倡议，而且主要根据"市场化原则"运作（EIU，2015《中国"一带一路"的前景和挑战》）。该基金也希望能够逐渐引入其他合作伙伴——私人或公共伙伴——以提供资金支持。此外，亚洲基础设施投资银行（Asian Infrastructure Investment Bank，AIIB）——以中国为首刚成立的多边开发机构，有 57 个成员国，可能将跨国区域基础设施项目作为重点，如丝绸之路经济带和海上丝绸之路。亚投行可以优先考虑亚洲的区域（跨境）基础设施发展——虽然亚开行在这方面做了很多贡献，但水平还是不够 [马杜尔等（Madhur et al.），2009]。截至目前，除土库曼斯坦外，其他中亚国家已经成为亚投行的成员国。

有人将"一带一路"倡议视为中国的基础设施外交 [布

朗（Brown），2014；希思（Heath），2014；马拉特（Marat），2014；罗兰（Rolland），2015]。也有人将"一带一路"视为中国在亚洲的"马歇尔计划"，认为这将在提高中国的区域和全球影响力的同时，让中国的形象变得更温和[蒂耶齐（Tiezzi），2014]。有专家认为，"一带一路"对细节安排不够细致，特别是在各国政府之间的安排方面，而这对于获取倡议所涉及的多国的支持和承诺很关键[布朗（Brown），2014]。其他专家则认为该计划虽设想宏伟，但资金严重不足，实施该倡议的总成本可能高达 21 万亿美元[根据 2014 年蒂耶齐（Tiezzi）的估计]。虽然如此，有些沿线各国可能通过这一倡议连接起来，而其中那些小国很可能渴望得到中国的援助，从而为人民建设重要的基础设施。

此外，有些国家得到诸多大国的青睐，大国之间为它们的注意力和伙伴关系而竞争（这些国家包括中亚国家、印度洋国家，特别是东欧国家），中国的慷慨之举可能引发"竞标战"，激发其竞争对手投入资金和外交注意力，而如果没有"一带一路"，这种竞争可能就不会出现[维洛辛（Viloshin），2014，蒂耶齐（Tiezzi），2014]。因此，受援国可能获得"双赢"的局面。丝绸之路经济带可能被视为一项简单的工具，为中国开拓中亚国家的能源资源，进入中亚国家市场——但是反过来，它也应该帮助中亚融入区域和全球价值链[治平（Zhiping），2014]。丝绸之路经济带能否成功，这一点尤为重要，因为许多与中国接壤的国家担心"中国的影响力，为其在连接中获得的好处不成比例而担心"(《经济学人》,2014,《新丝路——延长线程》)。另一项限制是,有些中亚(及周边)国家财政能力有限,其承担新债务、资助新基础设施的运营和维护的能力也受到限制。

来源:作者。

表 10-1:除哈萨克斯坦外,其他中亚国家的综合
贸易物流指标比大部分欧亚邻国差

国家	物流绩效,(1-5)(最差 - 最好)	海关通行繁琐指数(1-7)(最差 - 最好)	所需文件数量(进口)		港口基础设施质量(1-7)(最差 - 最好)
	2014	2013	2014	2014	2013
哈萨克斯坦	2.7	4	10	12	2.7
吉尔吉斯共和国	2.2	3.2	9	11	1.3
塔吉克斯坦	2.5	3.7	11	12	1.7
土库曼斯坦	2.3	不详	不详	不详	不详
乌兹别克斯坦	2.4	不详	11	13	不详
俄罗斯	2.7	3.3	9	10	3.9
土耳其	3.5	3.8	7	8	4.3
中国	3.5	4.2	8	5	4.5
印度	3.1	3.8	7	10	4.2
欧元区	3.6	4.9	4	5	5.3

来源:世界银行(2015b)。

世界银行《2014 年营商环境报告》估计,将一个集装箱从离塔吉克斯坦最近的港口运到该国,平均成本大概是 1 万美元(不包括关税)。其他中亚国家的这个数字大约是塔吉克斯坦的一

半。而且，即使其他中亚国家的数字，也比其他内陆国家，如东南亚的老挝，或南亚的尼泊尔高得多（联合国亚洲及太平洋经济社会委员会，2014）。北亚和中亚区域内非关税贸易成本[①] 如此之高，相当于 144% 的关税。这是东盟的两倍、东亚三国[②] 和欧盟三国[③] 的三倍（联合国亚洲及太平洋经济社会委员会，2014）。这一研究还估计，北亚和中亚同其他地区贸易成本，比世界上任何其他地区要高得多，是东盟的 400%，南亚的 270%，东亚三国的 220%，欧盟三国的 166%。

过境路线太长，边境口岸过多，以及过境时间漫长，都是中亚地区贸易物流糟糕的主要因素。在中亚地区一趟典型的运输过程中——载重 20 吨的卡车开 500 公里——停车时间的四分之三，即 25 小时，都耗在过境点上（中亚区域经济合作组织，2011）。此外，"缺乏集装箱，加上保护主义措施（为了保护国内货运行业），导致同一批货物必须要先后装上不同牌照的车辆。由于缺乏货物装卸设备、现有设备故障频繁以及货物过境的审批文件过于繁复，使得运输的效率低下"（亚洲开发银行，2014c）。复杂、耗时的过境手续和文件，签证要求，边境设施数量不足且效率低效，造成了大量运输延迟。这些都导致腐败行为在国境线上和国境线内滋生，包括在沿线国家的交通路线上交警随便拦车索贿

---

① 这个复合成本指数综合统计了与另一个国家跨境商品贸易的所有成本（不包括关税成本）相对于在本国内部贸易的成本。因此，它所包含的范围不仅是跨境运输成本，还包括因繁琐的进出口手续、低效率的物流和支付服务等导致的其他成本。复合成本指数可以理解为所有非关税成本的关税等价成本（联合国亚洲及太平洋经济社会委员会，2014）。

② 东亚三国包括中国、韩国、日本。

③ 欧盟三国包括法国、德国、英国。

（联合国亚洲及太平洋经济社会委员会，2014）。

为了解决这些软件连接问题，国家层面的关键举措包括简化工作程序、简化文件、流程自动化、消除腐败，而最重要的是保证商业程序的透明度（经合组织等，2014）。在区域层面，中亚国家必须把重点放在协调彼此之间与贸易商业相关的程序流程，使"商品和服务的多次过境"——这是区域和全球价值链的根本需求——成为现实，当前的"厚"边界变得更"薄"。有效解决过境时的"多个瓶颈问题"，使中亚各国一体化且与世界其他地方一体化。

令人鼓舞的是，近年来，中亚地区各国似乎更愿意促进边境机构之间的合作。例如，哈萨克斯坦和吉尔吉斯斯坦开始协同控制边境，并在2012年8月开设边境口岸一站式的车辆、商品、乘客检查（联合国亚洲及太平洋经济社会委员会，2014），这应能减少余下的海关限制——随着吉尔吉斯斯坦即将加入欧亚经济联盟（哈萨克斯坦已经是成员国）。未来为了改善软件连接的各种区域倡议，应更好地采用信息和通信技术，以支持边境事务和贸易物流变得更协调、成本更经济。事实上，如果中亚国家只要稍稍改善其宽带普及率，就应该能削减贸易物流成本，提高经济效率（联合国亚洲及太平洋经济社会委员会，2014）。

最近的一项研究提出了一些中期措施，以加强中亚的软件连接，特别是其供应链的效率［拉斯托奇（Rastogi），2014；阿维（Arvis），2014］。建议中有三组值得特别提及：（一）提高集装箱运输的效率（与国际货运代理和铁路建立联盟，整合火车的行程，减少停靠车站，设立过境商品的持续"跟踪和追踪"制度）；（二）物流服务中私营经济应发挥更大的作用（制定卡车司机的专业标准、界定货运代理的工作、采取国际最佳做法对报关进行行政监管）；（三）使贸易和过境更便利（实施无纸化报关，该地区各国过境信息系统互联，逐步减少现有卡车过境的障碍）［拉斯托奇（Rastogi），2014；阿维（Arvis），2014］。

开展这些政策改革使中亚国家能获得很多益处，其中许多将需要多层面的区域级协议。中亚国家在制定这些区域性协定以及实施过程中，可以将其定位在中亚区域经济合作组织项目未来工作的加强地区软件连接上。实施中亚区域经济合作组织"走廊性能监控"①的经验很有价值，可用于展望未来中亚跨境连接的不同选项。在不久的将来，各国在中亚区域经济合作组织项目框架下已商定的改善贸易和运输的措施，将得到有效的实施。

为了连接区域内的国家、邻国以及世界其他国家，信息通信技术将是关键要素之一。它将使知识、最佳实践、创新更容易获得，由此提高本地的生产力。中亚国家能从这项技术中得益多少，主要取决于增加其宽带普及率的速度有多快。带宽影响信息传输的体量和速度，类似于在道路运输中，公路的宽度对交通的体量和速度的影响。甚至有估计认为，在亚洲，宽带普及率平均每增加10%，就会使人均收入提高1.34%；按绝对值计算，人均收入大约增加50美元（联合国亚洲及太平洋经济社会委员会，2014）。

不过，带宽服务的增加，一定程度取决于信息通信的硬件基

---

① 这一举措开始于几年前，推出了基于流程的走廊性能测量和监测模式，主要测量和定期监测一条走廊的情况，包括在中亚区域经济合作组织区域内的货运时间和成本。这种监测有助于找出各条走廊货物流动的瓶颈并有效地解决这些问题（亚洲开发银行，2014c）。

础设施，特别是电缆服务，有时还取决于卫星服务。在亚洲及太平洋地区，尽管近来信息通信技术基础设施扩建的速度已很快，但其带宽仍远远低于北美和欧洲（联合国亚洲及太平洋经济社会委员会，2014）。正如第七章所述，中亚国家目前在电子通信连接方面落后，其中就包括宽带普及率落后。各国需要采取有效措施，增加投资，以改善中亚国家的信息通信技术基础设施。不过，改善信息和通信技术普及率战略的同时，也应充分考虑加强网络安全。中亚各国国家级改善信息通信技术的倡议，将受益于在这方面跨境、区域性、跨区域的合作。

贸易和生产一体化

尽管中亚的连通瓶颈问题严重，但是在过去十年中，中亚与全球的贸易联系有所增加。这使得本地区贸易占国内生产总值的比例达到了约64%[①]。吉尔吉斯斯坦贸易占国内生产总值的比例最高，约为112%，其次是土库曼斯坦（73%）、哈萨克斯坦和塔吉克斯坦（均为67%）、乌兹别克斯坦（43%）。但是，中亚国家主要出口初级产品，能源丰富的哈萨克斯坦和土库曼斯坦出口石油和天然气，除土库曼斯坦之外，也都出口金属，而所有中亚国家都出口大宗农业商品。作为交换，它们从世界其他国家进口消费品（亚洲开发银行研究所，2014a；联合国开发计划署，2014）。在哈萨克斯坦、塔吉克斯坦和土库曼斯坦，初级商品占出口的80%以

---

① 中亚地区的贸易占国内生产总值的比重高于土耳其（49%）、中国（47%）、俄罗斯（43%）、印度（42%），略低于欧元区（72%），但远低于一些最开放的东南亚经济体，比如越南（146%）、马来西亚（140%）、柬埔寨（138%）、泰国（130%）。

上，而在吉尔吉斯斯坦和乌兹别克斯坦，这一比例约为 60%。在进口方面，工业产品占哈萨克斯坦和土库曼斯坦进口的 80% 以上，在乌兹别克斯坦为 70% 左右，在吉尔吉斯斯坦和塔吉克斯坦占 50% 以上。

在地理上，出口也仅集中于少数几个国家和地区——中国、欧盟、俄罗斯。不过，近年来中亚各国已逐步调整了贸易对象，向土耳其、伊朗、韩国出口（亚洲开发银行研究所，2014a）。尽管贸易正在逐渐多样化，但中亚国家尚未很好地融入区域和全球的生产网络和供应链。传统上，贸易一体化一直是区域一体化（亚洲开发银行，2008）的基石。距离更近的两国——按照主要贸易和商业中心的距离，或者国家边界连绵相邻——往往彼此之间贸易更多，而与其他国家交易更少。证据也表明，某个地理区域内的贸易增加，相对于与区域外的贸易而言，可能更有利于出口多样化、结构变化和产业升级［菲利普（Filipe），2010；库马尔（Kumar），2010］。

不过，贸易受地理因素影响而集中，且这一现象的好处，也受这些因素的影响：跨境贸易的障碍（包括关税障碍和非关税障碍）、外国投资流入、技术转让。在 20 世纪的大部分时间里，全球贸易一体化的尝试主要集中在降低关税。因此，在全球大多数国家，关税已相当低。随着投资制度对外商开放，在边境上对外资的限制也有所下降。再加上最近数十年的通信技术革命，国际贸易日益通过区域和全球价值链，围绕着生产一体化发展。

目前，全球 70% 左右的贸易与区域价值链和全球价值链相连（包括中间产品、机械、服务），这一比例约为 21 世纪初的两倍（经合组织等，2014）。这类产业内贸易是"企业对企业"的交易，而不是传统专注于国内市场的"企业对消费者"的交易。在这类交易（生产）行为两端的国家必须要关注区域和全球情况，将它们的投资环境、商业环境，甚至整体治理水平向区域和全球最佳实践看齐（框 10-2）。更重要的是，在制定公共政策时，私营经济需要被平等对待，政府不能把它当作被动的"政策接受者"。

框 10-2　21 世纪贸易一体化的问题

除了农产品之外，在 21 世纪的全球贸易框架下，市场准入谈判相比以往而言很可能不再重要。以往的相互降低多边关税和市场准入谈判——"如果你降低关税，我也降低关税"或"拿我的市场换你的"，对各国间的贸易和生产一体化越来越不太重要了［鲍德温（Baldwin），2014］。不论是对富国还是穷国，21 世纪的贸易和生产一体化主要关注如何成为区域和全球价值链的一部分。

之前，有些国家实行"促进出口"、有些国家实行"进口替代"，而对于那些正在通过贸易和生产一体化发展的工业化国家，这一区别已经无关紧要。在 21 世纪，世界各国公司都需要促进和推动贸易的两大版块——出口和进口。"这需要调整构建贸易政策的思路：有必要认清进口和出口都具价值；减少贸易通关运输的耽搁和关税；审视'国境内'管理措施和'边境措施'。"（经合组织，2014，《全球价值链》）

越来越明显的事实表明，从高工资、工业化程度更

高的国家流向低工资、工业化程度更低的国家的组合是不
可分割的一个整体：投资、技术（诀窍）、管理规范、营
销技能。同时，后者需要提供的也不再仅仅是廉价的劳动
力，而同样也是一个整体：稳健的（最好与国际基准一致）
的基础设施、投资环境、商业环境、贸易物流服务、整体
治理水平——这其中大部分都是"国境内"参数［鲍德温
（Baldwin），2014］。"这一结果有很多别名：离岸外包、碎
片化、垂直专业化、生产分工、全球价值链等……（不同
于）20 世纪的贸易，当时所有的比较优势来源无法流动，
而货物贸易是从比较优势中获利的唯一途径。"［鲍德温
（Baldwin），2014］

　　讨论全球价值链时，我们必须认识到服务的重要性。
在全球经济对服务业的讨论中，曾有很长的一段时间，大
多数服务被认为"无法交易"或"无法观测"，后来服务
业又被认为只在发达国家重要（可能更准确的提法是后工
业经济体），而现在，人们认为商品和服务之间的界线越
来越难以区分。分析家们发现，商品中所包含的服务内容
不仅庞大，而且还在不断增加。他们开始关注货物和服务
是如何融合为一体的过程，有人称之为"服务化"或"菜
单服务"经济（经合组织，2014，《全球价值链》）。

　　来源：作者。

改革方案的要求远远超出了传统的贸易政策改革；传统的改革仅关注关税和非关税的贸易障碍。"没有任何一项公共政策或企业行为能成为国家或公司的'灵丹妙药'，因为，如果其他政策或问题继续给供应链的成本带来严重负担，则仅仅消除某一方面的障碍，可能并不足以激发投资，或扩大现有的商业活动。"（经合组织等，2014）此外，对于那些想成为区域和全球价值链一部分的经济体，高效的服务业已经成为不可或缺的要素[1]。

由于在贸易和生产一体化的谈判中，谈判双方会谈到许多方面，这使得通过多边谈判达成协议远比双边谈判或区域谈判困难。在21世纪的贸易和生产一体化中，尽管世贸组织领导的多边谈判想在全球范围内寻求一致，但双边倡议和区域倡议很有可能占据主导地位。尽管那些还不是世贸组织成员国的中亚国家（土库曼斯坦和乌兹别克斯坦）应努力加入，但是它们也需要考虑21世纪全球化的规则，从而有针对性地制定贸易和生产一体化的措施。

中亚国家面临的这项挑战可谓巨大，尤其对那些还不是世贸组织成员国[2]的国家来说。乌兹别克斯坦和土库曼斯坦应该把入世进程列为首要任务。在它们加入世界贸易组织的同时，中亚国家还需解决一个紧迫的问题：降低各国之间以及与欧亚邻国的、高得离谱的交易成本。在过去十五年里，作为贸易自由化措施的一部分，中亚关税壁垒已大幅下降。如今，它们平均关税率的范

---

[1] 在 G20 国家，服务占出口的平均比例为 42%，在美国、英国、印度、欧盟超过 50%（经合组织等，2014）。

[2] 在中亚五国中，吉尔吉斯斯坦（1998）、塔吉克斯坦（2013）、哈萨克斯坦（2015）是世界贸易组织的成员，而乌兹别克斯坦已申请加入世界贸易组织（1996），但尚未加入。土库曼斯坦还没有申请（联合国开发计划署，2014）。

围从吉尔吉斯斯坦的约 3.3% 到乌兹别克斯坦的约 11.4%（表 10-2）。这些税率比欧元区和土耳其稍高，差不多相当于俄罗斯和中国的水平，但比印度低。除了哈萨克斯坦和吉尔吉斯斯坦（还有俄罗斯），该地区收取特别税率的税目比例很少，可以忽略不计。该地区还可能有进一步降低关税的空间。

表 10-2：当下，中亚各国的平均关税率从
吉尔吉斯斯坦的 3.3% 到乌兹别克斯坦的 11.4% 不等

国家	所有产品		初级产品		工业产品		有特别税率的关税项目所占比例
	简单均值	加权均值	简单均值	加权均值	简单均值	加权均值	
哈萨克斯坦	6.3	3	5.7	0.9	6.4	3.6	18.1
吉尔吉斯斯坦	3.3	2.4	4.2	0.7	3.2	3.8	2.5
塔吉克斯坦	5	5.2	4.5	1.4	5	7.3	1.4
乌兹别克斯坦	11.4	5.1	10.7	2.2	11.4	6.6	9.6
俄罗斯	7.1	5	7	4.6	7.1	5.1	19.5
土耳其	2.5	2.7	13.9	6.6	1.2	1.2	0.1
中国	7.9	4.1	8.1	1.6	7.9	6.2	0.3
印度	11.5	8.2	20	7.4	10.2	8.3	0

来源：世界银行（2015b）。

　　不过，如果中亚国家彼此之间，或与欧亚邻国实现真正的贸易和生产一体化（正如上文讨论连通部分所述），在未来的几十年里，减少非关税贸易成本（比如因糟糕的贸易物流和业务流程所导致的成本）将不得不提上发展政策议程。

　　中亚五国的每个国家都与其他四国签署了双边自由贸易协定（图 10-2）。然而，大多数的双边自由贸易协定都很肤浅，没有涵

盖服务贸易，原产地规则也模棱两可，而且许多协定将大部分商品贸易排除在外［达斯（Das），2012］。

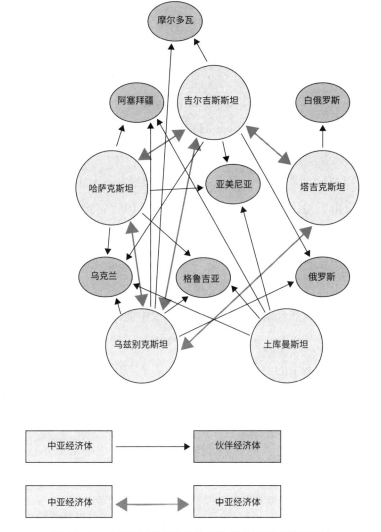

图 10-1：中亚五国的每个国家都与其他四国签署了双边
自由贸易协定，也与其他多个邻国签有自由贸易协定

来源：达斯（2012）。

除区域内网状般的双边自由贸易协定外，中亚国家也与或远或近的国家签订了许多双边和多边自由贸易协定（图 10-3）。

除了这些双边和多边自由贸易协定，哈萨克斯坦和吉尔吉斯斯坦，还与俄罗斯、白俄罗斯和亚美尼亚于 2015 年 1 月一同建立了欧亚经济联盟[①]，使中亚区域内贸易和商业关系变得稍许复杂。如果哈萨克斯坦和吉尔吉斯斯坦没有加入欧亚经济联盟，则中亚五国之间可以通过逐渐巩固双边自由贸易协定，成为独立的中亚自由贸易区（单一的原产地规则，一份共同的排除项目名单，扩大到服务贸易）。然而，哈萨克斯坦和吉尔吉斯斯坦加入欧亚经济联盟后，两国之间的双边经济一体化，很有可能超出自由贸易区的范围[②]。这将使中亚五国建立独立的自由贸易区变得复杂。

鉴于这一现状，伴随贸易和生产一体化进一步发展，塔吉克斯坦、土库曼斯坦和乌兹别克斯坦有可能随着时间的推移，单独或一同加入欧亚经济联盟。这样，不仅中亚国家彼此之间的贸易实现一体化，也与大型邻国俄罗斯实现了一体化。这有可能给中亚国家带来不小的收益，特别是因为中亚各国都与俄罗斯之间有大量的跨境劳动力流动。不过，近年来，中亚国家与中国的经济联系也很密切，而且还在不断增长。此外，在未来的三十五年里，如果中亚国家能与其他亚洲邻国实现一体化，也将从中受益，邻

---

① 2014 年 5 月，欧亚经济联盟的启动协议由俄罗斯、哈萨克斯坦、白俄罗斯共同签署。2014 年 10 月，亚美尼亚加入；2014 年 12 月，吉尔吉斯斯坦成为第五个成员国。欧亚经济联盟已成为俄罗斯、哈萨克斯坦、白俄罗斯之间关税联盟的延续。在 2014 年 10 月前，包括哈萨克斯坦、吉尔吉斯斯坦、塔吉克斯坦、俄罗斯、白俄罗斯的欧亚经济共同体曾存在过，但于 2014 年 10 月解散（沃洛辛，2014）。

② 欧亚经济联盟的细则尚未公布，现阶段也难以预料细则将如何演变。

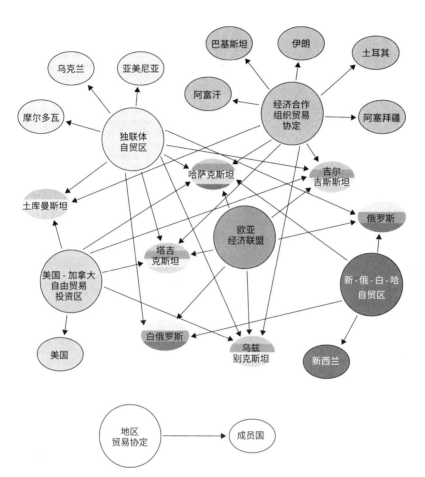

图 10-2：中亚各国也与或远或近的国家签订了许多双边或多边自由贸易协定
来源：达斯（2012）。

国包括南亚区域合作联盟国家和伊朗。

因此，不论三国（塔吉克斯坦、土库曼斯坦、乌兹别克斯坦）是否会在很久以后加入欧亚经济联盟，中亚国家都需要更好地在贸易和生产方面与蓬勃发展的亚洲邻国实现一体化。只有这样，它们才能够成功地将本国与欧亚和全球生产网络和供应链进行整合。

与亚洲邻国实现一体化的进程可以通过签订自由贸易协定推进，但中亚国家应同时推进在全球多边框架内的合作。至少，中亚国家必须确保任何区域或双边协定不歧视非成员——这就是"开放的区域主义"的关键要求。不管中亚国家是签署自由贸易协定，还是走多边途径，正如上文所述，中亚国家应该准备好进行一揽子改革，而不是仅限于进行常规的贸易政策改革，以适应 21 世纪的贸易和生产一体化的迫切需要。

水和能源的合作

对中亚地区的长期发展而言，水和能源是至关重要的资源（见第五、六章）。管理这些资源包括两个重要的方面：有效、公平地管理国内水和能源的生产和利用；通过本地区各国之间的高效合作来跨境运输分享这些资源。

分享共同的水资源，用于农业和发电

该地区的水资源大部分跨国境分布。大部分地区的地表水资源发源于吉尔吉斯斯坦、塔吉克斯坦和阿富汗的群山中。这些水通过两条主要河流向下游三国：哈萨克斯坦、土库曼斯坦和乌兹

别克斯坦。这三国都处于咸海流域[1]（全球水合作机构，2014）。咸海流域年均可再生地表水约 116 立方千米，其中超过三分之二（79 立方千米）流经阿姆河，余下的流经锡尔河（37 立方千米）。超过三分之二的阿姆河水流量发源于塔吉克斯坦；在锡尔河的水流量中，发源于吉尔吉斯斯坦的比例也差不多 [格拉尼特等（Granit et al.），2010]。

苏联时期修建的水库在全年存储水，并在本地区内调配水，改变了阿姆河和锡尔河的自然流动。吉尔吉斯斯坦控制了锡尔河水库 60% 左右的蓄水量，而塔吉克斯坦控制阿姆河水库蓄水量的比例也差不多，该国还控制了部分锡尔河流域的水库蓄水量（格拉尼特等 [（Granit et al.），2010]。自独立以来，中亚国家为了农业和水电，相互争夺水资源，导致了多次紧张局势，未来也可能引发争水冲突。因此，为了经济社会发展，该地区建立有效公平的水资源管理机制至关重要。

中亚地区当前水资源和水电开发的现状，与苏联时代的水和能源共享安排的破裂密不可分（不过，各方面均认为彼时的安排非常低效浪费）（见第五章框 5-3）。在苏联时期，吉尔吉斯斯坦和塔吉克斯坦为哈萨克斯坦、土库曼斯坦、乌兹别克斯坦在夏季提

---

[1]　中亚地区水的主要来源在中亚地区的锡尔河（长 2200 公里）和阿姆河（长 2540 公里）。两河占中亚河水的 90%、农业灌溉水需求的 75%。尽管吉尔吉斯斯坦和塔吉克斯坦只占咸海流域面积的 20%，但中亚地区 80% 的水资源发源于上述两国的领土。吉尔吉斯斯坦以托克托古尔大坝水库控制了锡尔河下游的水流；塔吉克斯坦间断式地（由于缺少资金）在阿姆河主要支流瓦赫什河上建设罗贡水坝。如果水坝建成，将是世界上最高的大坝。努列克是另一个主要的大坝，离罗贡水坝约 75 公里，1980 年起开始运作，但其水电潜力由于泥沙而下降；许多专家认为，淤泥可能使其在未来 8 至 15 年内停止运作（国际危机组织，2014）。这将对塔吉克斯坦产生重大影响，因为该大坝供给了该国 80% 的电力。这些河流可能使中亚最贫穷的吉尔吉斯斯坦和塔吉克斯坦在世界上成为可再生能源的领导者。然而，塔吉克斯坦目前在冬季仅能为大部分人口每天提供一小时供电（国际危机组织，2014）。

供水，而在冬季，供水的两国又从哈萨克斯坦、土库曼斯坦、乌兹别克斯坦获得能源供应，包括煤炭、天然气、电力。吉尔吉斯斯坦和塔吉克斯坦的水坝在秋季和冬季蓄水，在春季和夏季放水，以灌溉下游的农作物。作为交换，在冬季，乌兹别克斯坦和哈萨克斯坦通过火电厂向吉尔吉斯斯坦和塔吉克斯坦提供电力，以及其他形式的能源，如煤和天然气（国际危机组织，2014）。

然而，随着苏联的解体，中亚和国家开始从自身立场出发，寻求能源共享。例如，哈萨克斯坦和乌兹别克斯坦，开始要求使用国按市场价格为碳氢化合物出口付钱。吉尔吉斯斯坦和塔吉克斯坦不愿也无力支付这笔钱，开始在冬季用水力发电，而不是在夏天将其存储为他国使用。这使下游国家在冬季时，水量过高，造成洪涝，而夏天则水资源短缺。近年来，中国和俄罗斯也相继引导这两个上游国家开发水电［格拉尼特（Granit），2010］，而且两国都已制定了宏伟的计划，建造大型水坝，增加水电装机容量。

这产生一个巨大的悖论。实现 2050 宏伟前景，需要该地区成功地利用其丰富的水资源，不可避免地要在阿姆河和锡尔河建立大型蓄水库。但是，由于中亚地区河流系统互联复杂，导致了上游和下游邻国之间关系非常紧张，尤其是在水资源的公平和有效共享方面，一边是吉尔吉斯斯坦和塔吉克斯坦，一边是乌兹别克斯坦①［格拉尼特等（Granit et al.），2010；全球水合作机构，

---

① 越来越多的证据表明，乌兹别克斯坦数量巨大（50% -90% ）、号称用于灌溉的免费水根本就没有灌溉到庄稼上，原因是灌溉工程设计不当。此外，由于灌溉过度，造成地下盐层松动、地下水位提升、农田涝灾。在土库曼斯坦，95% 的灌溉土地受盐碱化影响。哈萨克斯坦大约 30% 的农业用地受到盐渍、涝灾影响，或有可能受影响。在塔吉克斯坦，灌溉土地的 16% 一定程度上盐碱化。"吉尔吉斯斯坦、塔吉克斯坦和乌兹别克斯坦是中亚地区水问题的关键。虽然哈萨克斯坦和土库曼斯坦受到上游国家决定的影响，但是冲突的最大风险来自这三国之间的紧张关系。"（国际危机组织，2014）

2014；国际危机组织，2014〕（第五章框 5-3）。即将完工的罗贡水坝带来的严重分歧即是一例（框 10-3）。该水坝是塔吉克斯坦正在进行的一项大型水电投资。如果上游和下游国家不能找到合作方法共享水资源，这类项目可能在未来数十年中持续导致紧张关系。当阿富汗开始索要其在阿姆河传统的取水权利时，这一分歧将会进一步加剧。

如上所述，有效公平管理水资源这一挑战存在两个关键维度——国家维度和区域维度。国家维度上，水资源管理薄弱的原因在于各国如何管理从河道流入本国的水。区域维度上，水管理不善的原因在于河流如何在各国之间流动和分配。此外，集体合作的行动也至关重要。世界银行最近的一项研究估计，仅中亚各国改善水利用率这一项就能为本地区带来 89 亿美元的收益，而区域内的合作，将带来额外的 20 亿美元，即 20% 的收益，合作中最重要的一项是向南亚邻国出口水电（世界银行，2014b）。

事实上，20% 额外收益可能只是对水资源共享区域内合作收益的保守估计，因为这并没有考虑到合作将摆脱国与国之间极大不稳定的外交冲突和政治冲突。确实，与水有关的跨边界冲突可能升级，蔓延到经济、社会、政治和其他方面，从而威胁未来几十年持续增长和发展的前景（国际危机组织，2014；全球水合作机构，2014）。

最新一项全球水管理的研究发现，中亚地区的"水合作系数"——跨界水合作的综合指数——在 147 个国家中处于最低〔战略远见集团（Strategic Foresight Group），2013〕。研究表明，塔吉

框 10-3　罗贡大坝

塔吉克斯坦的罗贡大坝项目开始于苏联时代，如果完成将是世界上最高的大坝。这一项目已成为塔吉克斯坦和乌兹别克斯坦之间共享水资源争论的核心问题。2014年，世界银行对罗贡大坝的多年研究结束，结论认为，考虑技术、地震、环境等因素，该项目可行，不仅能为塔吉克斯坦提供急需的电力供其自用，而且从全流域的角度来看，还可以促进有效的水储存和排放，既能在夏季调控时间向下游国家放水，也可能在丰水年和枯水年之间转移水资源（世界银行，2014，《罗贡水坝审议的一些关键问题》）。但是，乌兹别克斯坦严厉批评了该研究，并质疑技术评估的关键环节 ［哈希莫鲁（Hashimoru），2014］，而且，它不相信塔吉克斯坦在管理水坝运营时，能照顾所有沿岸国家的利益。因此，乌兹别克斯坦仍然反对任何继续建造大坝的计划。目前，该项目似乎完全停滞，因为其巨大的投资成本（30亿至50亿美元）尚未获得国际融资，原因有二：该地区的政治纠纷以及塔吉克斯坦实施项目的能力弱。同时，围绕该地区建设其他主要水坝也产生了一些争论，尽管不那么激烈，如吉尔吉斯斯坦计划建设的卡姆巴拉塔水坝。

中亚国家将来如何能达成对整个区域有益的水电投资协议？这可能需要四个相互依存的因素：（一）一项完整、技术可靠的对收益、成本、风险的独立评估；（二）建立有效的机制，保证该地区各国政府能保证公平地分享投资的成本和利益；（三）在各国政府的合作中建立最基本的信任，确保不违背承诺；（四）国内、国际、私人、公共为重大投资提供足够的资金。为了实现这四点，在支持具体重大项目、参与合作的政府之间建立联盟的同时，国际金融机构也参与进来，不仅提供独立的技术评估，帮助筹集所需资金，而且还可以帮助保证政府遵守所作的承诺。可能获取国际气候变化融资资源（如第五章中框5–3所述）可以作为促成某项协议的附加因素。如果现在中亚各国政府之间的不信任仍然延续下去，那么沿着上述路线取得进展的前景黯淡，但是，没有理由不继续寻找合作解决问题的方案，因为中亚2050年宏伟的设想目标的实现取决于区域水资源的有效管理。

来源：作者。

克斯坦和乌兹别克斯坦之间的水合作系数[1]低于33——这是安全值，低于此值时，中亚各国之间可能因为争夺水资源而开战，从而危及地区安全。"水不仅关系到发展和健康，也关系到人民和国家的安全。"（战略远见集团，2013）因此，通过合作避免冲突很有好处，正如中亚五国在国家层面共同努力加强水资源管

[1] 水合作系数的范围在0至100之间，数字越高代表跨界水资源合作越好（战略远见集团，2013）。

理效率一样。

到目前为止，中亚各国政府之间水共享安排的历史一直令人失望。在苏联解体之后，1992 年，中亚五国通过了一项政府间协议，成立了国家间协调水务委员会（国际危机组织，2014）。不幸的是，"虽然这套系统还在，但它取得的成效很少"（国际危机组织，2014）。国家间协调水务委员会的主要问题似乎是，对各国设定的用水定额差不多就是（上下浮动 15%）苏联时代的水平，但下游国家无需承担能源供应的义务。因此，上游国家认为这样的安排从一开始就对自己不公平。

在 1992 年的协议之后，又通过了许多协议，它们的效力有好有坏，单单在锡尔河上就有三十多条协议（国际危机组织，2014）。但是，在苏联时代形成的系统瓦解之后，这些协议并没有通过形成一套系统而填补空缺［格拉尼特等（Granit et al.），2010］。特别是中亚各国一直未能达成全体协议，以决定多少水用于灌溉，多少水用于发电以及水的价格。同样重要的是，即使已经签订了跨境协议，也没有有效执行。因此，中亚的跨境水资源冲突继续发生［莫塞洛（Mosello），2008；全球水合作机构，2014；国际危机组织，2014］。事实上，"几十年来，许多专家一直在呼吁本区域应出台一套'多层面的区域办法……解决能源、农业、用水对人口的影响'，这套办法需要考虑各种政治、社会、经济因素"（国际危机组织，2002）。到目前为止，中亚还无法制定这类区域办法。

有人建议以双轨办法管理区域水资源：一条轨道管理锡尔河流域的水资源，这涉及吉尔吉斯斯坦和乌兹别克斯坦；另一条轨道用于阿姆河，涉及塔吉克斯坦和乌兹别克斯坦（国际危机组织，

2014）。虽然这种双管齐下的方法可以把复杂的问题分开，变成两个更易于处理的部分，但是也有风险，那就是在中亚可能制定出两套相互抵触的水资源分享制度。如果这样，那很可能就无法解读这两套制度，也无法制定出一套涉及中亚五国的区域一体化制度了。此外，这种双边安排将土库曼斯坦排除之外，但该国必须是所有地区水资源共享安排的组成部分之一。总的来说，中亚国家的明智选择应是研发出一套有效的区域机制，涵盖两条河的水资源共享和管理。

加强国家间协调水务委员会的职能是中亚应该认真考虑的选择之一①。最大的挑战是赋予国家间协调水务委员权力，让它以透明和公平的方式来管理区域的水资源。反过来，这将要求各成员国将适当的决定政策权力下放到国家间协调水务委员会。其他地方的经验表明，国家间协调水务委员会若想在共同管理中亚河水资源方面取得成效，就需要借鉴一段时间的"边学边做"经验，例如印度和巴基斯坦在印度河长达数十年的合作［林（Linn），2008；皮杜法拉（Pidufala），2008］②。

除建设区域机构和管理水资源共享之外，发展区域电力市场也是中亚区域合作的重要组成部分［格拉尼特（Granit），2010］。

---

① 由于阿富汗是中亚之外的（上游）国家，国家间协调水务委员会将其包括在区域水资源管理涉及的讨论范围之内有益处。即使不马上包括阿富汗，也应随着时间的推移考虑到它。一种选择是让阿富汗成为国家间协调水务委员会的成员。

② 有专家普遍认为，湄公河的水共享和管理安排是成功的案例。然而，近年来，湄公河区域水管理已经严重承压，比如老挝单方面决定建设湄公河大坝，即便邻国对这一水电项目对环境的影响表示了巨大关注。同时，中国是湄公河主要的上游国家之一，长度5000公里的该河流的一半流经中国领土，但中国并不是湄公河委员会的成员，因此，大大减少了委员会的效力。更重要的是，各国普遍认为，中国在湄公河上建立了多座水坝，但却没有分享这些水坝的准确水位信息（克拉克，2014）。

中亚区域经济合作组织关于区域电力贸易的总体规划已经开始确定一些重点项目和倡议，项目在中亚区域经济合作组织的第二个十年计划中实施。这些基于走廊的能源合作项目和方案，将重点放在开发不同国家、来源不同的发电项目，从而发展区域内和区域间的贸易。为了促进这种区域电力贸易，中亚区域经济合作组织计划预计将促进综合区域输电系统的建设 ① （中亚区域经济合作组织，2011）。不过，由于中亚五国位于水电过剩的区域，那么与欧亚邻国进行贸易所获得的利益，会比区域内贸易大得多。

石油和天然气合作

中亚地区拥有大量的石油和天然气储备，但没有水路通向外海。因此，其油气输出只能通过管道。但是，从中亚国家输送天然气到最终目的地，如欧洲或亚洲其他地区，管道必须铺得很长。更为严重的是，管道必须经过一个或多个国家才能达到最终目的地，从而为油气项目带来新的过境风险和成本，而这些项目本身的固定成本就很高了。国际油价变化幅度大，为管道项目增加了新的风险。中亚国家间的区域合作可以降低一些风险，使在这些国家开展管道项目，包括始发、中转、到达目的地各国，变得可行。

本地区建设的第一条管道是土库曼斯坦——伊朗管道（20 世纪 90 年代），它将天然气从土库曼斯坦运到伊朗北部，距离很短，也不存在过境风险。随后，2009 年建成了一条受到极大关注的

---

① 虽然如此，但中亚区域经济合作组织的地区电网工程在几年前停产，随后部分恢复，这表明中亚区域经济合作组织将不得不应对一些巨大挑战，才能有效地实施其能源合作战略。

管道,它始于土库曼斯坦,通过哈萨克斯坦和乌兹别克斯坦,将天然气送往中国的西部地区,以应对中国能源需求快速增长、供应来源多元化的要求。该项目已成为中亚区域间能源合作的最佳范例之一,哈萨克斯坦和乌兹别克斯坦得益于过境费,也得益于能通过该管道出口一些自己的天然气(亚洲开发银行研究所,2014a)。

中国为了满足其庞大、不断增长的能源需求,已扩大其在中亚的天然气管道的联合建设发展,目前正在考虑四条可能的管道。其中三条(沿着同一条管线走廊)经乌兹别克斯坦和哈萨克斯坦,而另一条通过乌兹别克斯坦、塔吉克斯坦和吉尔吉斯斯坦。不过,中国并不是唯一对中亚油气资源感兴趣的国家。中亚的许多欧亚邻国都已提出计划,彼此竞争,以求中亚的天然气管道和输电线路抵达各自国内的目的地。

有预测认为,土库曼斯坦的天然气足以满足包括俄罗斯、中国、印度、巴基斯坦、伊朗、欧洲在内的所有相关市场(见第五章)。然而,将天然气输送到这些市场需要穿过中亚和南高加索的几个国家,多国争夺的里海,或者南亚某些不稳定的地区。近期国际能源价格的下跌,进一步增加了这些区域间管道项目的复杂性。

考虑到这些即将出现的因素,地缘政治可能决定中亚区域间的能源合作在未来几十年将如何发展,而不再由单纯的经济计算决定。目前,俄罗斯控制着中亚能源出口到欧洲的主要管道网络。中亚国家高度依赖能源出口和俄罗斯线路,而又无力使能源出口路线多样化,以致它们在和俄罗斯谈判时处于弱势〔阿明琼诺夫(Aminjonov),2013;希超(Xichao),2014〕。不过,最近印度对与中亚连接重拾兴趣，而且近年来人们日益认为中国通过一系列举措（包括丝绸之路经济带）主导中亚，使中亚国家在能源领域和其他领域实施多维度的有效政策时，有更多的选项。

在经济考虑和地缘政治的压力之间，中亚国家需要找到合适的平衡。中亚五国如能持一致的立场，将能有助于找到这一平衡。同样，中亚国家可能利用中亚区域经济合作组织论坛来找到平衡 [①]。确实，在中亚区域经济合作组织部长会议上，批准了"2008年区域能源战略"，在这一战略框架下，将展开能源合作，这将是中亚区域经济合作组织项目未来的重要组成部分。该战略将地区的能源合作定于五条能源走廊：中亚内部；中亚——东亚；中亚——南亚；中亚——俄罗斯；以及中亚——欧盟（中亚区域经济合作组织，2011）。

中亚区域经济合作组织的能源合作战略既有潜力帮助中亚国家彼此建立更紧密的能源关系，也有利于它们与欧亚邻国建立更紧密的能源关系。不过，中亚区域经济合作组织项目主要集中在电力行业的区域合作，迄今很少涉及石油和天然气。此外，中亚区域经济合作组织论坛，并未包括北边的俄罗斯，西南的伊朗以及南边的印度，而这三国既是中亚的三个重要邻国，也是中亚天然气管道开发的重要合作伙伴。因此，中亚国家必须要找到实际办法，让伊朗、印度，以及俄罗斯参与到制定中亚区域经济合作组织的区域能源合作战略中。

---

① 不过，到现在为止，中亚区域经济合作组织很大程度上只在区域电力、石油和天然气行业起作用。

资本流动的合作

在 2013 年，有大约 150 亿美元以外商直接投资的形式流入中亚五国（不减去区域内的流动）（世界银行，2015b）[1]。哈萨克斯坦占了本地区外国投资净流入的三分之二（约 100 亿美元）。以占国内生产总值的比重算，2013 年外资比例最高的是吉尔吉斯斯坦（11%），其次是土库曼斯坦（7%）、哈萨克斯坦（4%）、乌兹别克斯坦（2%）、塔吉克斯坦（1%）。本地区大约一半外国直接投资进入石油和天然气——开采与加工业（25%）、勘探（18%）、交通运输（6%）。一半以上的外国直接投资来自三个经济体：欧盟（31%）、中国（13%）和俄罗斯（8%）。

在中亚各国，外国直接投资的来源国有很大的差异（亚洲开发银行研究所，2014a）。在哈萨克斯坦，最近一段时间内，约一半的外国直接投资来自于欧盟（仅荷兰就占 29%）[2]。俄罗斯是乌兹别克斯坦最重要的投资国，约占总投资额的37%[3]。在其他三个中亚国家，中国是外国直接投资的主要来源国，占土库曼斯坦的39%[4]，吉尔吉斯斯坦的25%[5]，塔吉克斯坦的21%[6]。

大多数流向中亚的外商直接投资都和自然资源相关——油气和金属的开采、加工、运输——或在房地产等行业占领这些国家

---

[1] 中亚接受外国直接投资的流入总量略大于土耳其，约为印度同年的50%，俄罗斯的20%，欧元区的6%，中国的4%。

[2] 其次是瑞士（12%）、中国（8%）、俄罗斯（7%）。

[3] 其次是韩国（21%）、美国（9%）、东盟（7%）。

[4] 其次是俄罗斯（16%）和中东国家（12%）。

[5] 其次是加拿大（22%）和英国（12%）。

[6] 其次是俄罗斯（18%）、阿联酋（17%）、英国（16%）。

的国内市场（亚洲开发银行研究所，2014a）。能源开采产业在土库曼斯坦和乌兹别克斯坦吸引外资方面占主导地位（在两国均占近 80%），在哈萨克斯坦也是如此（50% 左右）。吉尔吉斯斯坦的外国直接投资更加多样化，非贸易行业，如房地产和消费服务，约占总量的 37%，其次是冶金（21%）、石油和天然气（12%）。同样，在塔吉克斯坦，一大批未分类行业吸引了外商直接投资总额的 29%，其次是矿业（19%）、通信（18%）。

以外资占国内生产总值的比例计算，在所有中亚国家，外国直接投资在过去十五年已大幅上升（图 10-4）。2013 年，哈萨克斯坦的这一比例最高（约 60%），乌兹别克斯坦的比例最低（约 15%），土库曼斯坦和吉尔吉斯斯坦的该比例更接近于哈萨克斯坦，而塔吉克斯坦该比例接近于乌兹别克斯坦。中亚国家中，只有哈萨克斯坦的对外直接投资存量值得一提，约占其国内生产总值的 13%。

在 2013 年，进入中亚的证券投资约为 180 亿美元，约占该地区所有国家国内生产总值的 6%。大多数这类投资的形式为外部债券投资，并进入银行系统。这一数字和同年进入印度的证券投资量差别不大，但比起进入土耳其、中国，或者欧元区的数字要小得多。哈萨克斯坦占中亚所有证券投资的 90% 以上。中亚各国收到证券投资的数量差别，基本可以反映各国金融行业发展的阶段不同。除在哈萨克斯坦外，金融行业刚刚兴起——银行服务覆盖不足、股票和债券市场几乎不存在就能体现——这就是证券投资在这些国家甚少的原因。

从金融市场的总体发展看，世界经济论坛《2014—2015 年全球竞争力报告》中覆盖了 133 个国家，中亚国家排名在后三分之

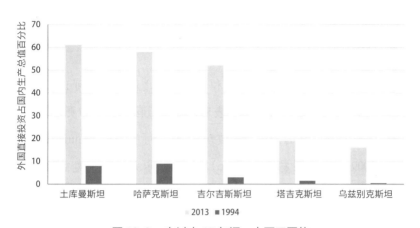

图 10-3：在过去 15 年间，中亚五国的
外国直接投资存量占国内生产总值的比例已大幅提升

来源：世界银行（2015b）。

一。第七章已经详细讨论了这一点［施瓦布（Schwab），2014］。区域内的资本流动——不管是外国直接投资还是证券投资——在中亚的数量都很小。在很大程度上，这反映了中亚五国在区域内相互贸易的程度低，也同样反映了中亚地区的金融行业不发达（框 10-4）。

不过，当连通性提高，生产和贸易的一体化在未来增强，中亚的跨境资本流动就会增加。从而会增加各国间，以及与欧亚伙伴国之间在货币和金融方面的相互依存。虽然这种相互依存关系将有助于建立更好的区域内和区域间一体化，但也可能会导致宏观经济冲击的跨境溢出，正如 1997—1998 年亚洲金融危机期间东亚受到的经济冲击那样。

目前，有证据表明，白俄罗斯、哈萨克斯坦和俄罗斯 2010年建成的关税同盟，促使俄罗斯和哈萨克斯坦多家银行（亚洲开发银行研究所，2014a）的相互跨界渗透。即使没有 2010 年的关

框 10-4　贸易和资本流动之间的联系

　　虽然理论认为，贸易和资本流动之间的关系可正可负，但有大量的实证证据表明，如果数国之间贸易更多，那么彼此之间的跨境资本流动也会更多［安特拉（Antràs），2009；卡韦列罗（Cabellero），2009；卡莱姆利－奥兹坎（Kalemli–Ozcan），2010；尼科斯科－热夫斯基（Nikolsko-Rzhevsky），2010；泰勒（Taylor），2006；威尔逊（Wilson），2006］。这一关系背后的关键理由是，贸易通常能减少跨国境的信息不对称，从而提高资本流动。因此，贸易和生产一体化，无论是在中亚国家之间，或在中亚与欧亚邻国之间，都可能带来更多的资本流动。

　　更多的资本流动可能会使各国之间宏观经济和金融的相互依存关系更紧密。这类相互依存关系，可能会导致某国出现宏观经济危机和金融失衡后，其风险外溢到其他国家，造成跨境金融危机蔓延，这一点在1997—1998年亚洲金融危机期间，已在东南亚和东亚各经济体反映出来。因此，资本流动的增加，需要巧妙的管理，使它们不会破坏金融稳定。通常情况下，资本流动往往是顺周期的，在流入国的经济上升周期中上升，在其下降周期中下降。这就像河流有水时往往水流汹涌，但如果一旦停止就会立刻造成干旱。因此，资本流动不仅能带来汇率波动幅度过大，也会加剧国内的经济周期，常常给发展中国家带来严峻的宏观金融管理挑战［高丝等（Kose et al.），2006〕。

中亚各国既需要考虑，什么方法能最好地管理资本流动的波动，也必须权衡资本管制能否成为中亚地区政策制定者的选项之一。如果能，中亚各国下一步就需要考虑应包括什么样的政策工具。同样，有些问题可能通过中亚各国采取区域一体化的方式得到较好解决，比如如何设计反周期金融监管，如何最有效地以宏观审慎监管对传统的微观审慎监管进行补充，如何设计和实施定期的金融行业压力测试，等等。这些一体化举措不一定要取代国家政策或全球金融结构，而只是它们的补充。

诚然，在这些问题上，取得任何可称为区域共识的成就都有挑战，尤其是考虑到每个中亚国家金融行业的发展阶段都不同。当设计中亚宏观金融政策的任何区域政策时，必须考虑各国之间的巨大差别。

来源：作者。

税同盟，外资净流入在近年来的波动也很大（图10-5）。在有些国家，外国直接投资的净流入，最低时仅为2005年哈萨克斯坦的4.5%，而在2008—2009年高达12.5%，随后才稳定到近年来的约7.5%。在除乌兹别克斯坦外的其他中亚国家，每年外资占国内生产总值的比例浮动范围一直很大，土库曼斯坦为5.2%至22.5%，塔吉克斯坦为-0.3%至12.0%，吉尔吉斯斯坦为1.7%

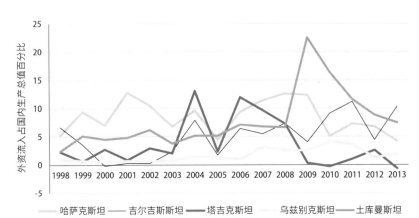

图 10-4：即使没有 2010 年的关税同盟，外资净流入在近年来的波动也很大

来源：世界银行（2015b）。

至 11.2%。正如人们的预料，资本流入的波动也在实际汇率的浮动中体现出来，经济繁荣时大幅升值，而经济衰退时逆转为大幅下跌（亚洲开发银行研究所，2014a）。俄罗斯经济衰退和卢布的下跌带来了最近一轮的外溢效应，塔吉克斯坦和乌兹别克斯坦更是深受影响，这反映了本地区货币波动和金融波动造成的不稳定影响。

虽然资本流动带来的此类跨境溢出效应，在短期内可能不会是什么大问题，但如果想当然地认为这一情况在本书研究的时间范围内会延续下去，则是不明智的。资本流动的波动会带来宏观金融波动，因此应该通过适当的国家宏观经济政策进行管理。加强国家能力和应变能力应该是首要工作。同时，该地区应该努力建立某种形式的区域金融合作。

鉴于从设计区域货币金融合作举措，并在各国间达成一致，直到实施，需要相当长的时间，中亚如能以前瞻性的思维考虑这个问题，将会从中受益，尽管其考虑的过程是渐进的。

幸运的是，中亚可以参考东亚的例子，并能在相对平稳的时

间考虑这些问题,而不用像东亚曾经需要急忙应对危机。中亚五
国定期在跨地区对话和论坛上进行部长级会晤,但他们主要的议
题是交通、贸易、能源、安全等。

讨论货币和金融问题方面,最近似的论坛是中亚、黑海地
区、巴尔干各国央行行长俱乐部,以及欧亚经济共同体的中央银
行行长理事会。前者作为论坛而言范围过大、难以处理。随着欧
亚经共体最近解散,其央行行长理事会很可能由欧亚经济联盟成
员国的中央银行行长理事会取代。但是,中亚五国中只有哈萨克
斯坦和吉尔吉斯斯坦两国目前是欧亚经济联盟的成员。更重要的
是,该论坛的成员只包括央行行长而不包括财政部长。

表 10-3:中亚各国部分部长级论坛

地区级、跨地区级论坛	参会人	讨论事项
欧亚经济共同体（EurAsEc）	中央银行行长	货币和金融
独立国家联合体（CIS）	财政部长	经济危机相关事项
中亚区域经济合作（CAREC）	财政部长	贸易、交通、能源
上海合作组织（SCO）	财政部长和中央银行行长	宏观货币和金融
经济合作组织（ECO）	外交部长	贸易、基础设施、能源和其他行业事项
中亚经济特别项目（SPECA）	外交部长	预先决定的事项
中亚、黑海、巴尔干国家	财政部长和中央银行行长	宏观货币和金融

来源:作者。

鉴于上述情况,超前考虑中亚国家想要什么样的区域货币金
融合作,可能会让各国受益。一种选择是逐步形成由五国财长和
央行行长组成的联合论坛。

移民管理

中亚国家曾经历过大幅度的人员跨境流动，是典型的大陆地区，各国国界非常容易渗透，即便在有法律限制人员跨国流动的国家也是如此。在中亚，苏联加盟共和国之间的边界本身意义有限，在划界时也没有太多考虑种族的分界线，所以加剧了国界容易渗透的情况。因此，该地区各国人民之间的联系较强，与周边国家，特别是俄罗斯和乌克兰的联系也较强。本区域内各国，外加俄罗斯和乌克兰，如能彼此友好地管理移民问题，将有利于中亚未来几十年的发展。

最新数据显示，中亚国家对世界各地的净移民数均为正。世界银行有估计显示，在 2010—2015 年的五年间，乌兹别克斯坦的净移民数（移出人数减去移入人数）约为 20 万。吉尔吉斯斯坦为 17.5 万，塔吉克斯坦约 10 万，土库曼斯坦约 2.5 万，而哈萨克斯坦接近零（世界银行，2015b）。

此外，每个中亚国家都有巨大的移民人口（表 10-4）。考虑到这些国家都曾经是苏联的一部分，这并不奇怪。即使在苏联解体后，在每个前加盟共和国都有不少来自苏联其他地方的移民继续留下来生活。最近的移民流入流出仅仅是对这些已有移民的增量。毛迁移率（移出人数加移入人数占国家总人口的百分比）在哈萨克斯坦最高（43%），在土库曼斯坦最低（约 9%）。在移民的净存量（移出人口减去移入人口）方面，土库曼斯坦还是最少，而吉尔吉斯斯坦和塔吉克斯坦的比例最高（均约 7%），而哈萨克斯坦和乌兹别克斯坦居中（均约 3%）。

表 10-4：以移民的净存量计算，中亚五国的对外移民率都很高

国家	净汇款占国内生产总值比例	移出人口总量占人口百分比	移入人口总量占人口百分比	移出人口的前三目的国	移入人口的前三来源国
哈萨克斯坦	3.1	23.6	19.5	俄罗斯、乌克兰、乌兹别克斯坦	俄罗斯、乌克兰、乌兹别克斯坦
吉尔吉斯斯坦	15.8	11.2	4	俄罗斯、乌克兰、以色列	乌兹别克斯坦、俄罗斯、乌克兰
塔吉克斯坦	38.8	11.2	4	俄罗斯、乌兹别克斯坦、乌克兰	俄罗斯、阿富汗、乌兹别克斯坦
土库曼斯坦	不详	5.9	4	俄罗斯、乌克兰、以色列	乌兹别克斯坦、俄罗斯、哈萨克斯坦
乌兹别克斯坦	不详	7	4.2	俄罗斯、乌克兰、哈萨克斯坦	俄罗斯、塔吉克斯坦、哈萨克斯坦
俄罗斯	-1.1	7.9	8.7	乌克兰、哈萨克斯坦、以色列	乌克兰、哈萨克斯坦、白俄罗斯

注：2009 和 2010 年数据。
来源：世界银行（2011e）。

外部净汇款（移民汇入款额减去汇出款额）占国内生产总值的比例在塔吉克斯坦最高，为 39%，而在哈萨克斯坦最低，为 3%。吉尔吉斯斯坦在两者之间，净汇款占国内生产总值的比例约为 16%。不过，由于最近俄罗斯经济衰退、卢布下跌，使得中亚各国尤其是塔吉克斯坦和乌兹别克斯坦的汇款收入都大幅下降。

中亚五国与俄罗斯之间有很紧密的民间联系，与乌克兰也有联系但稍弱。中亚国家应该利用这些联系，彼此合作、并与俄罗

斯合作，尤其应建设一套能让国民和劳动力更自由地跨境流动的系统①。所有相关国家将从这一制度中受益，尤其是考虑到日益增加的全球证据表明，人员跨越国界自由流动刺激了输出国和接收国的经济（框 10-5）。

在 2014 年欧亚经济联盟成立的协议中，保证所有成员国公民将有平等的权利，以跨越国界接受教育和就业（联合国亚洲及太平洋经济社会委员会，2014）。这是一项值得欢迎的举措。借鉴这项协议，尚未加入欧亚经济联盟的中亚国家，包括塔吉克斯坦、土库曼斯坦、乌兹别克斯坦，可以选择相继加入，并采用联盟的自由移民政策。随着时间的推移，与其他非欧亚经济联盟邻国的劳动力流动大幅增长，中亚国家应与这些国家签署双边或多边的自由流动协议，但应注意保留一条对世界其他地区的非歧视性条款。

在最好的设想下，涉及的所有国家都同意所有劳动力的自由流动。这意味着，中亚应该避免东盟式的劳动力市场一体化，即只有"某些类型的熟练劳动力能更自由流动"，这将极大地限制劳动力流动的益处［许尔泽（Huelser），2014；希尔（Heal），2014］。尤其是这类协议仅仅提高熟练劳动力的相对工资，从而延缓该地区欠发达经济体向较发达经济体靠拢。管理东盟式自由化劳动力市场的实践也是一项艰巨的任务，因为这将使富国和穷国都将承担巨大的合规成本。

---

① 这些国家相互之间大多免签，与俄罗斯和其他苏联国家也多为免签。签证制度只存在于土库曼斯坦（与其他各国），以及塔吉克斯坦和乌兹别克斯坦（两国之间）。

| 框 10-5 | 跨境劳动力流动——第四类自由 |

有证据表明，如果打破跨境人员流动的壁垒，全球国内生产总值能提高 50% 到 150%，这一成效数倍于全球贸易自由化的最佳方案［克莱门斯（Clemens），2011；卢奇和马丁斯（Luai and Martins），2013］。不仅如此，也有足够的证据表明，更自由的移民政策制度可以有效地减少移民输出国的贫穷（通过汇款），并同时减轻输入国的劳动力短缺［费尔南德斯－尔塔斯和拉波特（Fernandez-Huertas and Rapport），2011］。各国若想获得一定的收益，其实并不需要完全放开移民。据世界银行估计，即便略微放开劳工移民，其收益会比宏大的全球贸易自由化计划更高（世界银行，2006）。

因此，有专家认为，劳动力跨境流动的自由是任何区域一体化倡议中的"第四类自由"。如果这一类自由不存在，那么其他三类自由的益处，即"货物、服务、资金或资本"的自由流动，将大大减少［特拉赫特曼（Trachtman），2009］。约四十年前，有些专家曾想过，为什么有这样的矛盾："迁移是消除贫困最古老的行动……人类的灵魂为何不正常，导致人们抵制这样的好事呢？"［加尔布雷思（Galbraith），1979；卢奇和马丁斯引用（Luai and Martins），2013］。差不多二十年之后，另一位专家也表达了类似的担忧："如果国际政策制定者真的对在全球范围内最大限度提高效率感兴趣，那么他们就应该在新一轮贸易谈判和国际金融架构上少花精力，而应将工作重点放在放宽移民限制上。"[罗德里克（Rodrick），2001；特拉赫特曼（Trachtman）在 2009 年曾引用]

然而，尽管有大量证据显示劳动力更自由地流动会带来巨大效益，但全球对放开劳动力流动没有多少政治兴趣。这类回避可见一斑：全球范围内没有任何多边组织或国际论坛作为主要机构讨论跨境移民问题（对比世界贸易组织、国际货币基金组织，或 G7）。国际劳动组织（ILO）、国际移民组织（IOM），或国际移民全球委员会（GCIM）之类的机构所做的努力，主要集中在通过合法化无证移民，从而保护流动人口的权利，而不是解决移民自由化本身的问题。

鉴于这种困境，放开劳动力流动主要以双边或多边国家或地区的方式发展。欧盟采取了最全面的地区级政策，主动开放成员国之间的劳动力跨国流动。在欧洲之外，也出现了一些区域级的政策以（至少部分）放开劳动力流动，比如在拉丁美洲的大部分地区、加勒比海地区、非洲的大部分地区、北美自由贸易协定成员国之间、亚洲的东盟国家之间等 [特拉赫特曼（Trachtman），2009]。

来源：作者。

加强区域机构

区域一体化既是放松管制的过程，也是重新监管的过程。它是放松管制，因为其在一体化过程中涉及降低国家之间的跨境经济壁垒；它也是重新监管，因为跨国经济壁垒降低后，整个地区必须合作处理各国国内政策和措施的跨境溢出效应［希克斯（Hix），2010］。

正如前节所述，这种跨界合作将需要建立某种形式的区域机构框架。重要的是，一套区域机构框架将使各国能够先就共同的集体目标达成一致，并确保成员国遵守已达成协议，实施措施以实现这些目标。中亚国家应自行决定这类制度安排的轻重。

在制度安排的各种可能中，一边是非正式的区域网络或论坛（如中亚区域经济合作组织、大湄公河次区域），这些会议的代表没有本国政府的多少政治授权，而这些网络和论坛基本上只是区域平台，以促进成员国对需要集体行动的共同问题一同采取行动。在另一边是超国家机构（如欧洲委员会和欧盟法庭），这些机构由成员国赋予强大的决策权力，往往有充分的授权来强制本区域内所有国家履行义务。在这两种制度之间还有另一类机构（如欧洲理事会、湄公河委员会，或中亚的国家间协调水务委员会理事会），它们的设立源于政府间达成的协议，但并不要求参与国放弃它们的最终权力，参与国可自行决定接受或拒绝这类机构提出的建议和决定。不过，在实践中，因为所有的成员国都已签署了协议、建立了这样的机构，这些机构提出意见和决定更有可能得到成员国的接受（比如，相对非正式网络和论坛而言）[1]。毫无

---

① 这些建议或裁决怎样才能让成员国遵守取决于协议的具体约定，有时使得网络、政府间机构、超国家机构之间的区别变得模糊。

疑问，有效的区域网络或论坛，以及合作安排，对中亚达到"开放的区域主义"中的许多目标将是巨大的支持。我们也必须认识到在中亚这类幅员辽阔的内陆地区，实现区域主义所需的跨境合作，比在由海路相互连接的经济体（如东亚和东南亚）一体化更多。从内陆国家进口和出口，在货物到达区域市场和全球市场的目的地之前，必须中转经过许多邻国。这一点就需要陆地边境相连的国家达成更多的合作协议。

中亚地区的连通只能通过区域间的行动得到改善。在上文有关连通的部分列出，中亚五国应该利用中亚区域经济合作组织论坛，来制定集体战略和行动，积极参与丝绸之路的倡议。同样，如贸易一体化的部分所述，中亚区域经济合作组织论坛也为今后几十年该地区的能源合作提供了体制框架。即便如此，中亚国家还应该创造性地考虑如何在区域间能源合作方面让俄罗斯、伊朗、印度参与进来，因为这三国尚不是中亚区域经济合作组织的成员 [1]。

至于上文所述有关贸易和生产一体化的各项目标，中亚各国和欧亚邻国的一体化无论是通过双边或多边自由贸易协定，还是在全球多边框架内，都无需中亚建设很多新的区域机构。

正如贸易一体化那一节强调的，中亚地区在今后十年尚未谨慎地考虑区域的货币合作和金融合作，因此，就目前而言，本地区的各国政府可以开始考虑设立区域论坛，让各国的财政部长和央行行长共同参加这些论坛。随着时间的推移，根据跨境金融联系的发展，这样的论坛应该包括尽可能多的周边国家。这一过程

---

[1] 一种选择可能是逐步扩大中亚区域经济合作组织，从而吸纳这三个国家。

在未来几十年中如何演变，也将取决于欧亚经济联盟的发展，特别是它是否会扩大到覆盖所有中亚五国。

在共享区域供水方面，中亚各国已通过政府间协议创建了国家间协调水务委员会。如果它将来能比现在更强大，将有利于中亚各国。然而，这将要求成员国下放一些自己的责任和权力给水务委员会。国家间协调水务委员会需要在两方面使用更多的强迫手段，才能有效力：首先，制订有效、公平的水共享制度；其次，监督共同达成的协议。在移民一节强调过，管理跨境移民也需要一些政府间安排，来帮助各国互相承认彼此的劳工标准、技能类别和学历等。值得注意的是，东盟正在计划在其经济共同体建设中使用这类框架［达斯等（Das et al.），2013；亚洲开发银行研究所，2014b］[1]。

加强区域合作的体制基础并非易事。国家间协调水务委员已遇到许多困难，而随后签署的多层面的跨政府协议，也证明了困难之多。然而，在任何区域一体化过程中，各国不能主观地希望区域合作机制凭空消失（亚洲开发银行研究所，2010）。中亚的选择之一，是使用现有的一种或多种区域网络和联合，作为跳板，来建设未来的区域机构（见图10-5）。

在比较重要的网络中，中亚区域经济合作组织和经济合作组织的成员国包括所有中亚五国。然而，中亚区域经济合作组织没有包括中亚的三大欧亚邻国：俄罗斯、印度和伊朗。经济合作组织则包括了伊朗（以及巴基斯坦和土耳其），但没有其他三大欧

---

① 有关东盟地区的跨境劳动力流动自由化管理中一类介于互相承认和互相协调之间的机制，见《东盟2030：走向无国界的经济共同体》（亚洲开发银行研究所，2014）。

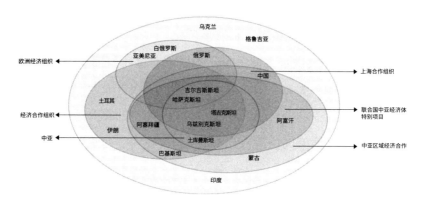

图 10-5： 中亚的选择之一，是使用现有的
一种或多种区域网络作为跳板，来建设未来的区域机构

来源：作者。

亚邻国：中国、俄罗斯和印度。此外，经济合作组织在相当长的
一段时间里都不是很活跃，而且主要集中于文化方面，而不是经
济。中国和俄罗斯都是上海合作组织（SCO）的成员，但与中亚
区域经济合作组织不同的是，上合组织的主要议程是安全方面的
合作。中亚区域经济合作组织的主要议程是贸易、连通性和经济
一体化的合作，因而似乎更适合作为区域网络平台，来加强中
亚的各项机构，特别是在连接性、能源、贸易、生产合作等领域
（框 10-6）。

中亚区域经济合作组织也有十五年在交通、能源、贸易政
策、贸易便利化等方面推动中亚区域合作和一体化的经验。自
2001 年成立以来，中亚区域经济合作组织已建立了一套非正式而
有效的制度安排；它的灵活性和务实特性似乎也能应对中亚国家
独特的需求和情况。尽管如此，中亚仍需要与欧亚邻国合作，以
制定中亚区域经济合作组织的制度框架。在制定过程中，中亚需

要吸取其他地区的经验教训，将其他地方的体制建设进程调整以适应中亚独特的环境因素，包括地理、人口、经济，以及最重要的政治方面[①]。此外，体制建设过程不应该被视为一蹴而就的事件，而更像是循序渐进、"边学边做"的过程，这也将取决于一体化的轨迹，并与一体化产生交互作用。

框 10-6　中亚的制度建设中亚区域经济合作组织的平台？

在加强中亚区域一体化的体制框架中，中亚区域经济合作组织所受到的主要制约因素是它将俄罗斯、印度和伊朗排除在外。但是，我们可以从这一点得到鼓舞："在苏联解体后，中亚区域经济合作组织在第一个十年中，借助中国的西部开放将重点放在了发展交通线路上。中亚区域经济合作组织计划已经逐渐开始认识到有必要扩大其地理覆盖，将欧洲、高加索、俄罗斯联邦、中东、东亚、南亚包括进去，从而全方位利用这些地区提供的各种经济机会。地理上的转变将持续到下一个十年。"（中亚区域经济合作组织，2011）因此，我们可以想象中亚区域经济合作组织的成员国，在未来的三十五年里，可以进一步包括俄罗斯、印度、伊朗，即便这一过程是渐进的。尽管如此，在中亚区域经济合作组织成员国扩大的

---

① 参见《区域一体化机构》（亚洲开发银行，2010）和《东盟 2030：走向无国界经济共同体》（亚洲开发银行研究所，2014b）；两篇文章分别以亚洲和东盟为例，更详细地讨论了这些问题。

过程中，有些地缘政治问题可能会非常棘手。

鉴于在一段时间后，中亚区域经济合作组织的成员国数量可能扩大，那么它的指导原则可能非常有益：以结果为导向的实用主义、国家所有权、2+X 原则，非常适合以此为基础建立重量级的论坛，来制定出一套非正式、灵活、有效的区域体制，服务于中亚国家，有利于它们彼此之间和与欧亚邻国一体化。事实上，2+X 原则为区域一体化提供了一套很有实践性的过程，因为原则上只需两个成员国同意，便能启动中亚区域经济合作组织的区域项目和举措，同时其他国家可以在做好准备、愿意加入时，选择随后加入——"中亚区域经济合作组织的运作灵活务实，允许各国多轨和多速运作，行之有效。"（中亚区域经济合作组织，2011）

考虑到在中亚国家的发展中，它们的很多主要多边发展合作伙伴同时也是中亚区域经济合作组织的合作伙伴，这决定了中亚区域经济合作组织能成为有力的平台，来引导中亚各国政府、多边机构、私营部门的金融资源（中亚区域经济合作组织，2011）。如能将新成立的亚投行、新发展银行（NDB）、丝路基金纳入中亚区域经济合作组织论坛的新发展合作伙伴，将进一步加强中亚区域经济合作组织在中亚举足轻重的作用。

此外，中亚区域经济合作组织已经有一套非正式、灵活的体制安排，即部长级会议，来设立总体的区域合作和一体化策略,为合作组织提供指导;同时其高官论坛是为部长级会议提供建议的机构。这两套政府间网络都得到了各类多边发展合作伙伴及中亚区域经济合作组织秘书处的支持。随着项目的成熟,开展的工作需要更有力的政治承诺时,各成员国将会考虑召开国家元首级别的定期峰会——"最重要的是,它会让中亚区域经济合作组织的设想和目标变得更可信。"(中亚区域经济合作组织,2011)

当中亚区域经济合作组织的成员国数量增加,区域一体化进一步深化,中亚区域经济合作组织秘书处也需要不断调整其技术能力、财力、地理位置。目前,秘书处由亚洲开发银行管理,位于马尼拉。同时,将秘书处从亚洲开发银行总部马尼拉转移到中亚区域经济合作组织成员国之一的某处,应该是关键一步,使它更具区域身份、更被认为是本区域的组织〔林(Linn),2012〕。在未来几年,甚至几十年内,中亚区域经济合作组织也将改善其项目和程序的实施过程——"对实施项目的问责制已经落后于联合宣言,这是明显的不足……在中亚区域经济合作组织的地区……中亚区域经济合作组织各国需要认识到:一致行动能创造的协同效应远远大于各国按部就班地自行其是。"(中亚区域经济合作组织,2011)

来源:作者。

平衡各国和地区的利益——领导问题

在各国利益和地区利益之间找到务实的平衡点，是中亚地区的"开放的区域主义"战略的核心部分。其他地方的经验表明，这样的平衡知易行难。强大而敏锐的区域领导力能有效地把握住这一平衡。在中亚，谁能担当起本区域的领导？一个国家的领导力，取决于三个因素：资源、合法性和可接受度、意愿［阿查里雅（Acharya），2011；马杜尔（Madhur），2012］。

在中亚地区，哈萨克斯坦是面积最大、最富有的国家，占全区国土面积、国内生产总值约三分之二，其人均收入超过 11,000美元（按市场汇率计算），略高于土耳其，也高于俄罗斯人均收入的 80%。哈萨克斯坦的人均收入大约是中亚地区平均水平的 2.5 倍，高于第二富裕的国家土库曼斯坦 1.5 倍多（表 10-5）。因此，哈萨克斯坦在担任领导方面最具财政资源。

然而，乌兹别克斯坦是中亚五国中人口最多的国家，因此，它可能认为自己更具担任地区领导的合法性。不过，乌兹别克斯坦仍比哈萨克斯坦和土库曼斯坦贫穷得多，不具备资源来兑现担任区域领导的承诺。除哈萨克斯坦和乌兹别克斯坦外，在其他三个中亚国家，吉尔吉斯斯坦和土库曼斯坦的人口数量相似，但土库曼斯坦地理面积最大也最富有。虽然塔吉克斯坦是三国中人口最多的，但其经济总量最小，也最贫穷。

虽然如此，但在制定领导模式时，经济和人口只是其中两条需要考虑的相关因素。中亚五国必须考虑并找出其他最合适的办法和方式。当区域合作和一体化在各国遇到更大的阻力时，这一问题便会得到更多的考虑。事实上，即便从长远的角度看，领导

表 10-5：哈萨克斯坦的人均收入是地区
平均值的 2.5 倍，也高于本地区第二富裕的国家土库曼斯坦的 1.5 倍多

国家	面积	人口	国民总收入	人均国民收入
哈萨克斯坦				
吉尔吉斯斯坦				
塔吉克斯坦				
土库曼斯坦				
乌兹别克斯坦				

注：图中所选指数的圆面积体现了中亚五国的相对大小。
来源：世界银行（2015b）。

问题虽然很重要，但不必以匆忙的形式得到解决。当开放的区域
主义逐渐实现时，中亚的领导力将可以而且应该发展出来。领
导力应被视为一个过程，而不是一次事件，或者一次性永久的
决定。

无论中亚内部的领导模式随时间如何演变，该地区面临的主
要挑战来自外部：在与欧亚邻国的合作伙伴关系中如何取得更好
的平衡。正如一位专家的简述："在苏联时期，中亚经济体大多
面向莫斯科。现在，它们可以越来越多地注意中国、南亚、欧洲、
中东地区，进入这些市场，同时保持与俄罗斯的紧密联系。"［林
（Linn），2012］事实上，在未来的几十年里，中亚在其商业和地

缘政治的平衡中，将会发现越来越有必要注意南边的印度、巴基斯坦、阿富汗，以及西边的伊朗，即便它与俄罗斯和中国成熟的关系将更为坚实。

在早期建立信任的一些措施

履行上述措施无疑是困难的，将需要各方相当多的诚意、时间和精力，才能取得成功。不过，在两项专题领域可能适合马上考虑[1]：（一）气候变化；（二）技术含量高的事项。

在气候变化上合作是为了共同的利益，这对地区所有国家都是双赢。正如第五章和第九章讨论的，在气候变化上的合作可以成为平台，使得本地区的领导人能够一起出镜，共同为本地区和整个世界的利益奋斗。

在第二项领域，即技术含量高的事项上合作，需要收集和讨论大量的数据，可能有望跨越本地区各国间的政治对立争霸。这类例子包括：

- 对目前河流流域集水区水文气象的调查，对今后制定与水相关的政策很有帮助。上一次调查还是在七年前；
- 种子库；
- 灾害管理——当本地区发生自然灾害时，如果有相互响应、互相帮助的协议，本地区将受益；
- 公共财政管理的专业人才网络——如果公共财政专业人才能建立网络，分享最佳实践和经验等信息，本地区将受益；

---

① 2010 年瑞士图恩"欧亚新兴市场论坛"中有此讨论。

- 会计和审计标准化,沿着 REPARIS 系统。这可能成为一项重大成就,使该地区对外国投资者更具吸引力。

这个列表并不详尽,但可能是一个很好的起点,因为这些变化应较易达成一致并实施,同时还能增强各国的信心。

结论

实现 2050 年中亚设想的目标,在区域内、跨区域和全球三个不同的级别合作,将需要中亚五国奉行开放的区域主义战略。正如本章所述,这一战略能够使中亚各国彼此间并与它们的欧亚邻国建立更牢固的关系,但同时不应歧视世界其他地区。实施这一战略,需要在中亚各国利益和区域、跨区域和全球的迫切需求之间找到巧妙的平衡。本章指出了几项问题和挑战,而中亚国家在多层平衡的工作中必须面对这些问题和挑战。无论是在连通性、水和能源、贸易和生产、资本流动还是跨境移民方面,中亚各国合作越多,它们的国家和人民就会越繁荣富强。

中亚各国在未来的 35 年将必须遵循本章介绍的一些战略重点和政策措施,才能使本地区向开放的区域主义这一方向前进。不过,不同国家的进程速度不一、轨道不同,所以开放的区域主义战略应该通过多轨道、多速的过程来实现。本章还强调了中亚各国应合作建立必要(虽然只是最低限度)的区域机构框架,以支持开放的区域主义。各国还需要在一系列跨国家的合作和一体化问题的区域领导问题上共同努力。

毫无疑问,在今后几十年实现开放的区域主义的目标,对相关国家都是极具挑战性的任务。但是,中亚黄金时代的证据表明,该地区各国之间的积极合作当时就已经存在；尽管之前和眼前存在着考验和磨难（见第二章），但没有理由认为未来不能合作。随着时间的推移，中亚国家应该能够体会到确保合作顺利、经济一体化的重大利害关系，这种合作和一体化不仅存在于彼此之间，也存在于它们与发展强劲的欧亚邻国之间。

在许多方面，中亚五国存在的形式不仅仅是国家的集合，而是整个地区。利用区域集聚的优势，中亚各国承诺加强区域合作将至关重要。决定性的目标应当是"国家所有、区域举措"。中亚各国政府和人民普遍需要认识，接受开放的区域主义将产生巨大的回报，因为这将赋予他们极大的能力，来充分展示其独特的地理位置优势——位于世界上几大最具活力的经济体之间。最终的问题并非是中亚国家能否承担成本来奉行"开放的区域主义"，以达到地区共享繁荣。相反，它们付得起不这么做的代价么？

第十一章　建立有效制度：最大的挑战

建立有效制度：最大的挑战

西奥多·阿勒斯（Theodore Ahlers），约翰·内利斯（John Nellis）

简介

根据第四章描述的 2050 宏伟前景，到 21 世纪中叶，绝大多数中亚人将成为中产阶级，享有与之匹配的收入和生活质量。人均收入将从 2014 年的 10,000 美元跃升至 2050 年的 50,000 美元（以 2011 年的购买力平价计算）。社会、制度、治理指标将相应获得改善，至少达到今天韩国与中欧的水平。鉴于不同的资源储备和历史，中亚国家的经济多样性仍将存在，今天的中低等收入国家将成为中高等收入国家，今天的中等收入国家将成为高等收入国家。本地区的绝对贫困将彻底消除。

为了支持这项经济发展，中亚国家将需要同时成功实现第四章描述的四项转型：从农村向城市社会转型；从资源依赖型经济向多样化经济转型；从中央计划经济管理向完全市场化经济体制转型；从苏联遗留的制度向全面包容、问责型制度转型。以上每一项转型以及本书各个章节所讨论的改变的关键就是制度演变。

如果要成功转型，当前的经济与政治制度需要进行现代化改革，从而创建实现转型所需的新制度。经济制度将调动和奖励所有公民的自主性，不过前提是确保公平竞争的环境，包括法治制度，在履行合同和解决纠纷上公平地对待所有公民，保护公民财产不被政治或经济精英没收。政治制度将确保政府对公民负责，并促进中亚各国根据自己的传统把权力从国家下放到省级和地方政府。中亚国家将与地区以及全球经济充分整合（包括加入世界贸易组织），并与全球所有大国保持平衡关系（中国、欧盟国家、印度、俄罗斯、美国）。

中亚今天的孩子，未来会生活在远景中所描述的世界，还是一个不那么令人满意的世界？比如，最坏的情况是中亚被国际社会边缘化，经济停滞，社会分裂。决定这个问题的最大因素是地区制度的效果和效率。如果制度没能促成显著转型，或让一些国家发生根本性转变，那么中亚国家将很有可能陷入"中等收入陷阱"（参考第四章），人均收入将只有世界平均水平的60%。法治不能确保所有公民获得公平的对待和机会，制度不能确保问责制的落实。在这种情形下，由于地区的发展与世界背道而驰，中亚不能实现远景中的目标。这将是社会与政治动荡的导火索。

2050宏伟前景描绘了35年以后中亚的一种可能情形。回顾过去的35年，中亚的政治和经济变化是剧烈的。25年前的1990年，中亚国家还是苏维埃社会主义共和国联盟的成员国。各国经济是中央计划的附庸，重要的决策不是在各国的首都而是在莫斯科制定，而今天的大多数中亚人出生在苏联解体之后，只知道这五个独立国家的新制度。本章的观点是，如果中

亚想要实现和维持 2050 宏伟前景，其经济与政治体制在未来
35 年必须像苏联解体后这样演变。制度会不会演变，所需的改
变是否及时，是否不断适应新形势或具有颠覆性，取决于很多
事情。由于制度演变所需时间长以及利益集团对制度变革的抵
制，持续的政治决心是成功实现变革的必要条件。最重要的是
中亚领导人的远见，以及中亚人民对本国政治和经济生活的深
入参与。

　　基于两个原因，建立和加强经济与政治制度可能是实现 2050
宏伟前景最重要的挑战。第一，由于中亚国家深受苏联旧制的影
响，独立时间不长，且当前是独裁体制，制度转型的潜在途径有
很多。成功的转型将产生具有社会共识的强盛国家 [阿西莫格鲁
（Acemoglu，2005）]，即国家强大不是凭借个人或少数人行使权
力，而是通过经济增长、公共服务、问责制等产生的共识。第二，
制度发展具有挑战性，是因为公民的需求会随着收入的提高而改
变。简单来说就是，贫困阶级关注基本需求的满足，而中产阶级
可能会更多关注透明度和问责制。例如，"阿拉伯之春"没有发
生在世界最贫困国家。很多观察家认为，发生"阿拉伯之春"的
国家除了青年失业问题严重和未来希望渺茫之外，还具有一个特
点，就是国家被一个家族或其他有关系的团体把控，使大多数人
失去尊严。因此，民众渴望更具包容性的政府，从而导致了革命。
中亚现在还不到那个地步，但未来有可能。

　　本章讨论制度资本对未来幸福的重要性，试图评估当前的制
度绩效，并确定改变的驱动力和优先行动领域。下一个小节简单
概述国家财富的概念，并讨论其组成内容怎样随着国家的发展而
演变。国家财富包含三个主要因素：国家本身的自然资本、生产

资本和无形资本。本章检查制度及更广泛的无形资本[①]如何促进增长，并确定中亚国家的资本组成在未来的 35 年如何改变，才能实现 2050 宏伟前景。第三小节定义基本概念，然后把中亚国家制度与世界平均水平及东亚和中欧国家制度作比较。第四小节确定那些能够推动制度往希望方向演变的因素。最后一小节讨论中亚制度需要关注哪些领域才能实现中亚人民的未来远景。

学者经常辩论制度的本质，比如制度如何形成，如何影响经济结果和社会进步（框 11–1）。出于本书的研究目的，制度被定义为"需要大家共同遵守的标准、规则、组织体系，用于引导个体之间如何互动以及个体与国家如何互动"［雪利（Shirley，2008）］。广义来说，一个国家的成就取决于它如何利用实体和无形资产以及如何适应外部环境。从短期来说，包括政治领导人在内的个人可以对这些决定产生巨大影响，但是从长远来说，除非这些选择能够被长期保存或"制度化"，否则不可能产生巨大影响。

制度和无形资本

长期发展经常被视为创建国家财富的过程[②]。国家财富是人民收入和幸福的来源，主要由三个部分组成：自然资本（土地、石

---

① 可以认为，一个国家的财富是由自然资本、生产资本、人力资本和制度资本组成的。后两个资本一起构成了"无形资本"，与自然资本和生产资本不同，这种资本不容易测量，但在全球范围内是国家财富的主要组成部分（世界银行，2011d）。

② 本节深入介绍并总结了《国家财富的变化：测量新千年的可持续发展》（世界银行，2011d）中的许多发现。2010 年的信息基于本章作者的计算添加，使用了世界银行国民财富数据库（未发布）初步更新的数据。

框 11-1 制度的本质和功能

　　过去 25 年，许多社会经济发展方面的分析人士开始重视社会政治和经济体制的质量与功能。现在学者把制度视为决定经济表现和人类福利的主要因素。然而，有关制度的研究仍处于不断变化之中。比如，制度是什么，制度如何形成，制度如何发挥功效和影响结果，对于这些问题，不是所有的分析人士都有一致的答案，部分是因为制度所能影响的社会活动涉及的范围非常大。制度被视为"需要大家共同遵守的标准、规则、组织体系，能够激发和引导个体采取规范行为，并降低社会行动的不确定性和风险"[雪利（Shirley, 2008）]。它们可以是正式成文的，比如颁布的法规、法律、宪法，但也可以是"非正式的约束（行为规范、习俗），自我约束的行为准则，实施约束时的特点等"[雪利（Shirley, 2008）]。制度是社会的"游戏规则"和"影响人类行为的重要社会因素"[戴维斯（Davis, 2009）]。

　　学者们试图缩小这些定义的范围，但不怎么成功。阿西莫格鲁和罗宾逊（Acemoglu and Robinson, 2012）认为："包容性的经济制度""允许和鼓励大众参与经济活动，充分发挥他们的才能和技能。"包容的经济制度"必须能够保障个人财产，拥有公正的法律体系，提供的公共服务能够让人们在一个公平竞争的环境里交易和签订合同……准许新企业的加入以及允许人们选择职业"。

这个定义很有帮助，但仍有两个重要问题：第一，政府通过颁布一个法令或一条法律，或把一些希望人们遵守的行为编入法典，并不等于创建了制度，这是因为经常发生政策得不到落实、法律没有被执行或遵守的情况。社会制度的核心是创建一套"理念体系"，让那些希望或要求人们遵守的行为获得社会绝大多数参与者的认可和遵守。因此，一条政策或法律并不能自动成为一条制度，但经过一段时间后可能会是，这是因为那些受到政策鼓励或法律要求的行为开始在社会扎根，并成为社会的一部分。学者还未完全了解制度形成的关键过程，即制度如何从法律或政策概念变成习以为常的行为和社会规范。不过，这个转变过程解释了为什么制度发展所需的时间那么长。制度必须成为国家文化的一部分，才能完全发挥效能。在其他国家，这个过程通常需要花费数十年，甚至几代人的努力。

第二个没能得到回答的问题是：国家如何创建和维持一套正确的制度？一些研究者认为制度不能通过法令被设计出来，不管这个法令是最开明的政治领导人颁布的，还是通过技术援助或外国援助直接空降到一个国家。制度方面的专家认为："社会结果取决于经济和政治制度之间众多细微且复杂的连锁关系。"［雪利（Shirley, 2008）］阿西莫格鲁和罗宾逊（Acemoglu and Robinson, 2012）说得更直白："不是'政治家的无知'阻碍增长和发展，而是'社会的政治和经济制度带来的激励与约束作用'。"这些制度不是想要实施就能实施的，它们在社会中的发展和演变需要经过多年。因此，分析人士认为制度变更和发展源于社会内部的力量，由众多小群体的长期互动改变了社会原有的人与人之间的规范和互动模式。

不幸的是，这个角度能提供的政策指导非常有限，但我们可以从中学到两点：第一，如果一个国家想要在 2050 年前创建世界级的制度，需要现在就开始向这个目标努力。第二，由于制度发展所需的时间很长，持续贯彻落实是成功的根本。当然，国家在长期的制度建设过程中还必须具有中期修正能力，但过于频繁地改变规则会快速削弱制度的公信力。如果制度想要实现它们最初的设计目标，使人们的行为发生改变，那么公信力就是必要条件。

来源：艾特扎诺娃等（Aitzhanova et al, 2014）。

油、矿产、水、森林），生产资本（机械、基础设施、住房、设备）和无形资本（人力和制度资本）。无形资本是总财富[①] 减去生产资本与自然资本之和的剩余价值。检查无形资本就可以清楚地说明制度对持续经济增长的重要性。

---

① 总财富是未来消费的折现值。

无形资本是全球国家资本的最大组成部分，与国家的收入水平无关。一份近期的分析认为："不管是比较不同收入国家一年的财富，还是观察相同收入组的国家在一段时间内的财富变化，全面的财富核算清楚地说明了发展与财富之间的关系：发展不仅能促进总财富的增长，还能改变财富的组成。大多数国家最初主要依赖自然资本，比如农业用地、水、矿产资源、森林等，利用这些资产创建更多财富，尤其是生产资本和无形资本。"（世界银行，2011d）观察国家财富在一段时间内的组成，可以清楚说明无形资本对中亚国家的发展和面临挑战的重要性。

无形资本包括人力资本和制度资本，前者包括劳动力的素质和技能，后者包括让人们合作共事的法律、法规、规范、制度，以及提高经济各领域生产力的治理维度。举例来说，如果能够拥有坚定的法治信仰、有效的司法体系、明确的财产权、有效的公共行政，国家就能提高其他形式的资本回报，进而增加无形资本的价值。无形资本的快速增长源于教育的提高及制度和治理的改善，这有助于提高自然资本、生产资本、人力资本的使用效率。有一个很好的例子：中国向市场主导体制的转型给教育（以及投资和其他投入）创造了提高回报率的机会。因此，无形资产与第八章讨论的人力资本问题及本章探讨的制度问题都有关系。

由于无形资本被视为余数，我们很难把无形资本中的人力和制度部分精确地区分开来。有一种初步的简单统计方法，即根据受教育年限测算人力资本，根据全球治理指标的法治指数（World Governance Indicator's Rule of Law Index）来测算制度资本，结果显示人力资本占无形资本的 35%，而制度资本占近 60%（世界银行，2006《国家财富在哪里》）。[1] 后续更精细的分析则将情况描述得更加复杂：人力资本因素在高收入国家占据主导地位，而制度资本因素在中低等收入国家格外重要（世界银行，2011d）。人力资本经常用教育作为测试标准，其重要性并不令人意外。然而，实现人力（以及实体）资本的回报需要有效的制度。

分析国家财富的水平和组成，以及在一段时间内的变化和各国之间的差异，我们可以得出三个重要的发现。第一，无形资本目前是全球国家财富的最大组成部分（表 11-1）。2010 年的初始数据显示大约 72% 的国家财富是无形资本，20% 是生产资本，8% 是自然资本。此外，从全球层面来说，无形资本在一定时间内可以让财富获得显著增长。在 1995 年到 2010 年间，约 70% 的世界财富增长是无形资本。

表 11-1：无形资本目前是全球国家财富的最大组成部分（2010）

按收入划分	总财富（十亿美元）	人均财富（千美元）	无形资本（%）	生产资本（%）	自然资本（%）
低等收入	4,500	8	47	15	40
中低等收入	51,100	23	52	20	31
中高等收入	152,000	72	54	25	20
经合组织高等收入	671,100	682	79	19	3
世界	888,900	150	72	20	8

来源：作者。根据世界银行在国家财富方面的最新数据做出的计算。

第二，无形资本是世界各国收入增长的最大驱动因素。无形资本的重要性可以体现在两方面：比较不同收入国家在某个时间

---

[1] 其他部分包括了外国财产和汇款。

点的无形资本水平，以及观察相同收入组国家在一段时间内无形资产水平的变化。2010年，经济合作和发展组织（OECD）中高等收入国家79%的财富是无形资本，19%是生产资本，只有3%是自然资本（表11-1）。无形资本占比在中等收入国家（53%）和低等收入国家（47%）要低很多，而自然资本占比却高很多，在中等收入国家是26%，在低等收入国家是40%。同样，随着财富和收入的逐渐增长，大多数国家的无形资本在国家财富中的占比会有所提升。例如，中低等收入国家的人均收入水平在1995年到2010年间增长了62%，而其中无形资本的增长率要高于62%，并超过了生产资本和自然资本之和。虽然每个国家的情况不同，但自然资本在低等收入国家相对更加重要。国家从低等收入水平上升到中等收入水平，在很大程度上是通过把自然资本转变为生产资本和无形资本来实现的，而国家从中等收入水平上升到高等收入水平几乎完全基于无形资本的增长。近期的分析认为："财富的创造主要来自无形资本，包括人力资本的增长，制度与治理的改善，以及有助于提高生产资本、自然资本使用效率和提高消费水平的技术变革。"（世界银行，2011d）

第三，中亚国家的总财富和财富组成表明，资源丰富型国家的无形资本占比异常低，而资源贫乏型国家的财富水平总体低下（表11-2）。哈萨克斯坦、土库曼斯坦和乌兹别克斯坦的无形资本水平极其低下（低于总财富的5%）[1]。这反映了这些国家的自然

---

① 中亚国家的财富计算都受到与自然资源估值有关的影响，包括数据问题和方法问题。这些问题在预估无形资本时特别棘手。无形资本的计算方法是将自然资本和生产资本从总财富（估计为未来消费的折现值）中减去。然而，本处讨论的差别是如此之大，以至于整体结论不太会受到个别国家数据不准确的影响。

表 11-2：中亚资源丰富型国家的无形资本占比异常低，而中亚资源贫乏型国家的财富水平总体低下（2010）[a]

按收入划分	总财富（十亿美元）	人均财富（千美元）	无形资本（%）	生产资本（%）	自然资本（%）
哈萨克斯坦	1,390	85	4	30	69
吉尔吉斯斯坦	97	18	65	13	25
塔吉克斯坦	103	13	75	11	17
土库曼斯坦[b]	139	28	---	22	78
乌兹别克斯坦	522	18	3	15	79

a：无形资本、生产资本、自然资本的比例和不等于 100%，因为总财富的另一部分——净外国资产——在本表中没有列出。

b：计算无形资本的方法是用总财富减去生产资本和自然资本。计算土库曼斯坦的无形资本得到了负数，这可能是由于数据问题、方法论问题，或者不可持续的政策对资本产生了负效应。本表中，生产资本和自然资本的比例被调整，使其和为总财富的 100%。

来源：作者。根据世界银行在国家财富方面的最新先期数据做出的计算。

资本占比较高，但是在其他一些资源丰富型国家，比如挪威、智利、博茨瓦纳，无形资本占总财富的一半以上。这些财富数据说明，中亚资源丰富型国家还没有开始把自然资本转变为实现未来繁荣所需的无形资本，比如制度资本。举例来说，要想达到今天韩国或波兰的人均无形资本水平，中亚的平均无形资本水平还需要增长 30 倍以上。此外，制度资本对中亚国家来说可能尤为重要。近期，一份关于多样化的研究认为，资源丰富型国家的发展尤其需要制度资本，这是因为很多挑战与自然资源租金的管理相关［吉尔（Gill），2014］。

中亚的资源贫乏型国家展现的是另一种情况：总财富水平非常低，但无形资本占比很高。吉尔吉斯斯坦和塔吉克斯坦的财富都不及哈萨克斯坦的十分之一和乌兹别克斯坦的五分之一。虽然两国的总财富水平非常低，但其同样低下的人均无形资本（大约是世界平均水平的十分之一）却在总财富中占了很大份额。

中亚资源丰富型国家的无形资本水平低下还体现在它们过去十年对财富增长的贡献有限。中亚所有国家的人均总财富从 2000 年到 2010 年都有所增长，比如土库曼斯坦增长了 3%，而塔吉克斯坦增长了 113%。事实上，除了土库曼斯坦，其他国家的人均财富增长都超过了世界平均水平，部分是因为这些国家的收入和财富从 20 世纪 90 年代的直线下滑中恢复过来。然而，这些国家人均财富增长的资本组成形式却发人深省。从全球角度来说，随着收入的上升，自然资本对财富增长的贡献会下降，而无形资本的贡献会上升，但是在中亚资源丰富型国家，无形资本对财富增长的贡献却是微不足道的，因为其人均财富的增长几乎完全源于自然资本价值的增长。在吉尔吉斯斯坦和塔吉克斯坦，无形资本对财富增长的贡献很大，但背后的事实是整体的人均财富很低。

维持 30 年到 40 年的增长，意味着把中亚的自然资本转变为生产资本，更意味着转变为无形资本，包括制度。利用无形资本来持续增进人民福祉需要经济和政治制度提供公共产品（包括法治）、调动所有公民的积极性。特别弱小的国家无法保障公民的安全和法治，既不能改变资本的构成，也不能提供公共产品使资本发挥出生产力。过度强权国家的独裁式领导人，最多也只能向公民保障最低限度的行政问责，因此不可能促进无形资本的增长。此外，鉴于国家的走向受到相关利益集团（无论是政党、家族，还是特定民族）的把持，这种独裁领导人更不可能投入大量或持续的精力来调动全体公民的积极性。

独立后的制度绩效——有很大的进步，但仍有很大的不足

中亚制度绩效的基准测试

对中亚国家在一定时间内的制度绩效进行基准测试并与世界其他国家的水平进行比较，可以初步确定中亚制度的优缺点。这个小节的余下部分从广泛的治理角度评估中亚制度的绩效。第七章曾提供了对中亚竞争力的一项评估和商业环境指数。

鉴于本书的研究目的，"治理指国家当权机构行使的惯例和制度，包括政府的选举、监督和更替程序；政府有效制定和执行正确政策的能力；公民和国家尊重这些管理他们之间经济和社会互动的制度"（全球治理指标，2015）。测算治理和制度演变的指标有很多，可以运用各种各样的方法，但每一种方法都有各自的优缺点。本章依据的是全球治理指标（WGI），因为它具有涵盖面广和复合型特点。这是一个综合指标，其基础为 32 份源自不同调查机构、智库、非政府组织、国际组织、私营公司的数据[①]。

中亚国家全球治理指标综合指数的演变显示各国在治理的六个维度上存在很大差异，这六个维度是话语权与问责制、政治稳定性并且不存在暴力和恐怖主义、政府效率、监管质量、法治、控制腐败（图 11-1）。虽然不同的国家和年代存有差异，但过去十年大多数中亚国家在三个维度方面的全球排名有所提高（起始

[①]　世界治理指数是一套研究数据库，调查总结了工业国家和发展中国家大量企业、公民、专家对治理质量的观点。它们由自然资源管理研究所的丹尼尔·卡夫曼、世界银行发展研究小组的阿尔特·克赖和世界银行研究所的马西莫·马斯特鲁齐共同制作。

点较低）：政治稳定性、政府效率和监管水平。排名的提高反映了中亚过去十年在建设政府能力方面有所进步，尤其是相对于刚独立后的那十年而言。这是中亚国家在发展之路上走出的积极和必要的一步，因为各国需要国家有效发挥作用来应对未来更加复杂的挑战。然而，更引人注目的是，大部分中亚国家在话语权与问责制、法治、控制腐败方面的全球排名有所下降。事实上，这三个治理维度的重要性在未来几十年将日益增长，需要中亚政治、商业、公民社会领袖的迫切注意。

中亚国家的制度绩效与其他地区国家的比较结果凸显了中亚未来面临的挑战（图 11-2）。最明显的一项是中亚国家 2013 年的排名与东亚、东欧、中亚中低等收入国家排名之间的比较。东亚和东欧各国有自己的挑战，彼此之间也有较大差异，但没有一个中亚国家在任何一个治理维度上的排名超过东亚的平均水平，或超过欧洲和中亚的平均水平。即便与全球的中等收入国家作比较，没有一个中亚国家在任何一个治理维度上排名高于中等收入国家的平均水平，除了土库曼斯坦的政治稳定性。需要注意"政治稳定性"和话语权与问责制、法治以及控制腐败之间存在互动关系：十年前利比亚、叙利亚、突尼斯的"政治稳定性"排名皆高于中等收入国家的平均水平（译者注：由于这些国家在问责制、法治、控制腐败方面排名过低，其政治也随即陷入不稳定之中）。

如前所述，中亚国家的制度在过去 35 年有了长足的进步，不过制度绩效的绝对与相对水平以全球治理指标测算仍然很低。有一种说法认为，对于这些深受苏联体制影响的国家来说，能够沿着转型之路一直走下去与当前的绩效水平一样重要。有一种评估转型进度的方法叫做贝塔斯曼转型指数（Bertelsmann Stiftung

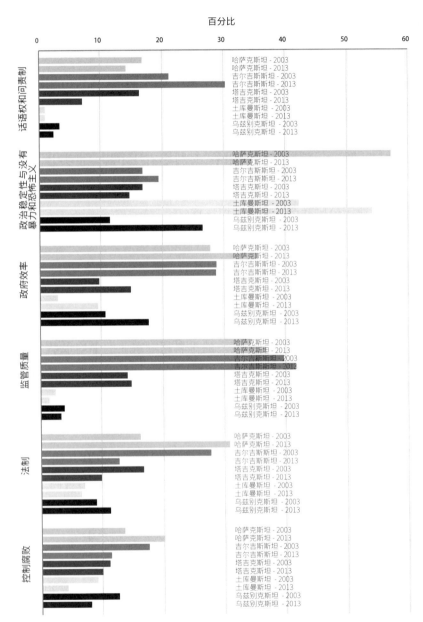

百分比

图 11-1：中亚全球治理指标指数的演变

显示出各国以及各国在不同治理维度上都存在很大差异

来源：全球治理指标（2015）。

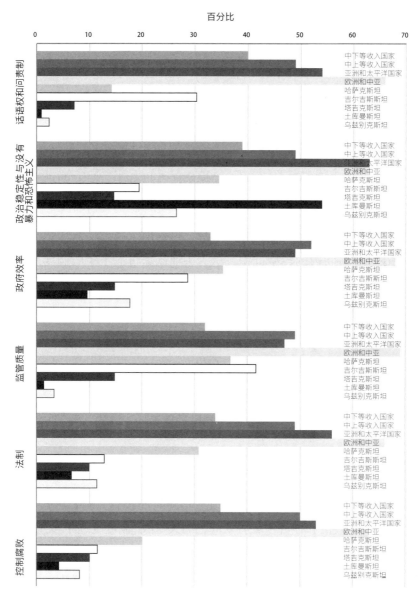

百分比

图 11-2：中亚国家的全球治理指标指数普遍比其他对照国的平均水平低很多

    注：并未分别计算东欧和中亚的"全球治理指数"。如果分开计算欧洲的"全球治理指数"，与中亚的对比会更强烈。

    来源：全球治理指标（2015）。

Transformation Index，简称 BTI），它从三个方面分析 129 个发展中经济体及转型经济体向民主与市场经济体制转型的进程，包括政治转型、经济转型和政治管理（参考第七章）。

中亚国家的贝塔斯曼转型指数与全球治理指标的结果一致。塔吉克斯坦、土库曼斯坦、乌兹别克斯坦在所有指数上都居于最差的 25%。哈萨克斯坦和吉尔吉斯斯坦在大多数指数上位居倒数 25%—50% 之列。在中亚所有国家的所有指数中，只有两项指数在全部国家排名排在了前 50%，即哈萨克斯坦的经济转型和吉尔吉斯斯坦的政治转型。更重要的是，贝塔斯曼转型指数评估了国家在一段时间内的转型进程，认为中亚国家过去十年的制度改革进程在很大程度上陷入了停滞。塔吉克斯坦、土库曼斯坦和乌兹别克斯坦被列为"转型失败"国家，过去十年上述三国制度改革进程其实是在倒退，哈萨克斯坦被列为"非常有限的转型"国家，而吉尔吉斯斯坦被列为"有限转型"国家。

制度变迁的推动因素

今天的政治、商业和公民社会领袖面临的挑战是如何促进正确的制度发展来实现中亚的 2050 年远景目标。第一个步骤是确认未来 35 年政治和经济领域将要面临的大挑战。制度变迁不可避免，但问题是这种变迁是能够持续灵活应对各种情况的改善，还是破坏性的改变。如果现状不是一个可持续的选择（本书的作者坚信不是），那么我们首先要确定未来制度变迁的推动因素，它们可能促进或阻碍长期的制度变迁。从现实来讲，今天的领导人和公民对这些变迁的推动因素所能产生的影响有限，但是历史经验显示，领导人和公民的行动可以通过影响这些推动因素来改变未来的制度结果。了解变迁进程如何发生是理解它们意义的关键，可能的话还能影响它们的结果。下文讨论几个可能对中亚格外重要的制度领域。

人口

中亚国家的劳动年龄人口数量在 2015 年到 2050 年期间将增长 30% 以上，大约占 2050 年总人口数的 67%（联合国，2012）。这个增长以及其导致的低人口抚养比对经济增长来说是潜在的利好。然而，从治理和制度的角度来说，这将大幅提高人们对就业、公共服务、回应型和问责制政府的需求。对问责制需求的增强可能受到两个推动因素的影响：第一，人们可以接收到越来越多的外部消息，接触到不断扩张的全球信息网络并受其影响；第二，如果中亚的经济繁荣，人们会将更多的时间和资源用于关注政治问题，并会提高对政治进程如何运作的期待。如果这个需求没有获得满足，就会有激进化和破坏性改变的风险，附带不可预测但可能灾难性的后果，比如巴林、埃及、利比亚、叙利亚、突尼斯的"阿拉伯之春"革命。

城市化

中亚的城市居住人口比例预计会从现在的 40% 上升到 2050 年的 54%（联合国，2014）。城市的扩大以及管理的改善会创造集聚效应、合作创新、网络效益，进而提供经济增长机会（参考第七章）。从治理与制度角度来看，快速增长的城市人口毫无疑问将增加人们的需求，并提高人们对城市服务的要求，人们会越来越希望城市管理者及其他官员为所提供的服务承担责任。人们要求中央向地方政府分权的呼声也会更加紧迫，且成功的城市官员很有可能在国家政治中发声。

信息和通信技术

持续的通信革命将加速信息共享。中亚的人均手机拥有量已经超过 1 部（世界银行，2015b），新的通信技术和社交媒体毫无疑问将使世界变得难以想象。通信能力可以推动创新技术的扩散，提高公共服务的水平，进而促进政府与民众之间的互信。然而，极端主义者也能够利用通信技术来蛊惑那些失去希望的人们，比如在叙利亚和伊拉克出现了从中亚招募的战士。

全球化

世界的连通性日益增加，带来了更多的机遇，但也提高了人们对制度的灵活性、回应能力以及问责能力的要求。其他地方的经济发展对中亚的影响将更快更大，因此需要合适的经济制度来实现这些机遇、降低风险。随着信息和通信技术的提高以及移民增长，民众对外面世界的发展会越来越了解。这将提高人们的积极性和期待。

中产阶级

日益壮大的中产阶级自身就是制度变迁的推动力。第四章概述的 2050 年宏伟前景，中产阶级到 2050 年将占总人口的 70%。这个日益壮大的中产阶级将是消费者需求的重要来源，而他们的购买力将推动经济增长。此外，根据其他国家的经验，中产阶级在积累财富的过程中会提出变革经济制度的要求，比如金融业的创新，或提高公共财政的透明度。更普遍来说，日益壮大的中产阶级将要求公共事务的话语权和参与权、透明度、为提供的服务承担责任的政府、法治下的人人平等。

如果这些制度变迁的推动因素能够被用来实现中亚 2050 年目标，那么中亚国家将需要建立明确的未来目标，领导人将需要具有坚定的政治意愿来克服利益集团的阻碍，对目标保持毫不动摇的决心。下面罗列了一些用于强化已有制度和创建新制度的关键行动。

制度发展的优先选项

在当前社会与经济制度面临的影响因素上，中亚五国有很多相似之处。它们包括一些共同的文化和语言特征，以及在并入俄罗斯帝国之前和期间有许多类似的历史，尤其是作为苏联成员国的共同经历。此外，这五个中亚国家既不同于爱沙尼亚、拉脱维亚、立陶宛这样的苏联成员国，也不同于波兰、匈牙利、捷克和斯洛伐克这样的中欧前社会主义国家：在加入苏联前，没有一个中亚国家知道现代国家的概念和程序，或者怎样管理一个现代国家。在从苏联成员国向独立国家转型时，五个国家的政治与经济制度主要是由莫斯科的中央政府制定和强加的。这个继承的制度基础既不能满足独立国家的需求，也不适合国家从计划体制向市场体制转型。

中亚国家在制度发展方面的起点较低，比如前文就提过它们在很多制度绩效的评估指数中排名都很低，包括整体的"竞争力"、"治理"、"商业环境"和"透明度"等。前面两个小节比较和评估了制度变迁的推动因素，本小节利用这些相对指数的数据和分析，确定需优先考虑的问题和工作。最后，本章在结尾会提出一些如何应对这些缺点的建议，用于提高中亚国家实现远景目标的可能性。

对中亚五国来说，有四个领域的问题最为重要。这些关键的制度问题是中亚国家实现可持续、广泛的繁荣和稳定的最大阻碍。它们是：

1. 腐败

2. 法治

3. 国家行政体制的效率和有效性

4. 政治演变

这四个制度问题彼此紧密相联，处理任何一个问题都需要在其他几个相关问题上一起采取措施，这一点在下面的讨论中会变得清晰。这种复杂性正是世界各国的制度改革步骤缓慢的主要原因之一。

腐败

腐败有很多形式："……贿赂、裙带关系、串通投标、挪用公款、敲诈勒索、贿选、操纵价格、保护费，以及其他上百种的欺诈方式。"［基夫（Keefe，2015）］腐败无处不在，存在于世界每个国家和社会，从西到东，从北到南，从富裕国家到贫困国家，无论是计划经济体制还是市场经济体制。所有形式的腐败在低等收入国家更为普遍，或者至少更显而易见，且更具破坏性。一些理论家认为腐败不仅具有普遍性和不可避免性，而且在一些情况下是有利的，是一种"必要的润滑剂"[1]，能够促进国家采取发展所需的行动。确实有一些相当腐败的国家在很长一段时间里经济获得了繁荣发展。然而，大多数观察者还是认为腐败从长期来说是有破坏性的[2]。不管腐败对整体经济表现的影响如何，但世界各国的普通公民全都憎恶政府官员的腐败，因为普通公民最常受到腐败行为的影响。承诺控制腐败和惩罚腐败官员是世界各国领导人演说的一个重要话题，尤其是在那些腐败程度很高的国家[3]，这些国家的领导人希望民众至少能够看到他们的反腐立场。多边和双边国际发展机构一贯谴责腐败，非政府组织和公民社会组织投入大量精力打击腐败。腐败是激起威权国家（比如"阿拉伯之春"国家）社会抗议的首要问题之一。世界反腐有为数不多的几个成功案例，比如 20 世纪 70 年代到 80 年代新加坡成功实现了从腐败到廉洁政府的转型，21 世纪初格鲁吉亚开展了强力反腐行动（但是后劲有些不足），除了这几个显著案例外，其他各国的反腐工作收效甚微或最多只能算是一般。

中亚国家在所有腐败评估上的排名都很低。根据"透明国际（Transparency International，TI）"最近的一份评估（2014），中亚五国的分数都属于高度腐败类别。哈萨克斯坦在透明国际指数的四档位排名中位居倒数 25%—50%，其他四个国家都位居最后的 25% 行列，而土库曼斯坦和乌兹别克斯坦在 175 个国家中位居最腐败的 10% 之内。在贝塔斯曼基金对五个中亚国家的研究报告中，充

---

① 40 多年前，政治理论家塞缪尔·亨廷顿认为，发展中国家"可能会发现，一定数量的腐败是有益的润滑剂，有利于实现现代化"（亨廷顿，1968）。

② 有关最近对腐败负面影响的分析，见《窃国之贼：为什么腐败威胁全球安全》（蔡斯，2015）。

③ 根据"透明国际"等组织机构报告。

满了"腐败无处不在"的表述，下面是小部分例子：

- 除了些许进步外，"腐败继续渗透在所有的国家机构，公职人员仍普遍能够避免因腐败受到起诉"。
- "司法体系中的腐败令人震惊。"
- "公共生活的所有方面都存在拨款不足、腐败成风、公务员无能、技术设施不足的问题。"
- "腐败猖獗和管理不善显而易见。在整个地区，只有那些公开反对政治领导人的官员才会因为腐败受到惩罚……现有的证据显示大范围的腐败交易是系统性的，且已成为系统的一部分。"
- "腐败……根植于司法体系和其他政府部门……被视为一种广泛接受的正常行为……作为一种左右判决结果的有效手段。"

腐败受到全世界人民的憎恶，它破坏经济效益的分配，侵蚀政治体系的连贯性。贝塔斯曼基金的研究揭示了人民对腐败普遍且强烈的看法：三分之一的中亚人民认为，腐败官员永远不可能受到惩罚；几乎一半的人表示，如果他们被警察拦下，无论什么理由，都必须行贿；大约四分之一的人表示，他们必须行贿才能获得所需的政府文件或许可证。腐败既增加私营部门的成本，又降低私营部门的能力。此外，它还减少普通学生接受教育的机会并让人们对毕业生的能力产生怀疑（学生可以且经常通过行贿上大学、通过考试、获取文凭）。同样，腐败也伤害了新入职的公务员并削弱了政府的行政能力。腐败让人变得冷嘲热讽或愤怒，使越来越多的人相信国家是被精英把持的剥削机器，根本不顾普通民众的利益。

那么，我们可以采取什么措施吗？人们必须首先认识到腐败是系统性的。举例来说，交警从开车的驾驶员那里收受贿赂，但可能他自己还得把一部分所得交给上级领导（或者交警本身就是靠行贿获得这份工作），而这位领导也得拿出一部分给他的上级和保护人，然后保护人再给他的上级。因此，单单处理一个低级腐败官员没有效果。更有力、更有难度的方法是找到系统性措施来解决这个系统性问题。格鲁吉亚的系统性反腐工作是一个很好的范例。（参考框 11-2、第五章的框 5-2、第七章的框 7-2）。

| 框 11-2 | 格鲁吉亚的反腐工作 |

格鲁吉亚共和国的系统性反腐方法提供了一个很好的范例。2005 年，改革政府采取了一项罕见且大胆的措施，解雇了 16,000 名交通警察[①]，并很快建立了一个规模小很多的新型交通安全服务体系，里面的人员受过更好的培训，薪酬也更高。一个重要因素是这项改革获得了国家领导人和整个年轻政府的授权和直接支持。他们有意识地选择交警作为反腐工作的第一步，这是因为交警是格鲁吉亚最普遍、最受憎恶的权力滥用者。公众对改革的反应非常积极。

①　被解雇的警察拿到两个月的遣散费，并赦免过去的罪行。混乱没有随之而来，许多人甚至说道路比从前任何时候都安全（世界银行，2010b）。

　　格鲁吉亚改革的基本特征之一是它的自发性。改革
不是由世界银行、欧盟或非政府组织发起的，而是由格
鲁吉亚自己设计和执行的。成功的制度改革普遍是这种
情况，外部观察者可以发挥作用，提醒及量化影响程度
和制度缺陷程度，但社会内部力量必须有效动员和发挥
集体力量，使改革生根发芽并持续下去。

　　格鲁吉亚反腐改革的另一个主要特征是：尽量减少
政府文件申请人与潜在索贿官员之间的接触机会。例如，
政府关闭了一些签发许可证和护照的机构。人们现在可
以在网上申请，通过邮件接收这些文件，这极大地降低
了腐败官员向申请人索贿的机会。除了交警和许可证改
革（上述的措施只是改革的一小部分），格鲁吉亚的反腐
计划还涉及税收、海关、供电和计价，放松商业管制，
简化大学入学程序（大多数中亚国家都有这个问题），从
中央向市级政府分权。格鲁吉亚在这些领域都取得了长
足的进步，且改革成果具有可持续性 [①]。

来源：作者。

　　[①]　格鲁吉亚萨卡什维利政府的批评者认为，改革方案普遍太激进
了，践踏了公民权利。萨卡什维利的政党在 2012 年 10 月的选举中失去
了权力，萨卡什维利在 2013 年自行流放去了美国。许多批评者认为他的
政权自身也腐败，而他本人和他的政党都否认这一点。

尽管格鲁吉亚的反腐计划是成功的，但中亚国家不应该完全照搬它的模板或发展蓝图。再次重申，制度改革可以确定的一点是：成功的行动必须是国家自发设计和执行的。反腐工作的细节取决于具体领导人的积极性和能力，而这个领导人必须与特定群体合作，根据自己国家的具体环境制定不同的反腐计划。

不过，格鲁吉亚的例子确实说明，在一个大多数公共生活领域都充斥着高度腐败的后苏联国家，虽然看起来已经无可救药，但还是有可能开展迅速、有力、有效的反腐计划。尽管实施反腐计划的政府在选举中失利，但格鲁吉亚现在的透明国际指数和下文讨论的法治指数仍是所有后苏联国家中排名最高的（除了三个波罗的海国家）。相对于几年前的情况，这是一个了不起的转变。

法治

法治可能是制度发展与绩效的最根本因素。世界正义项目的法治指数（World Justice Project's Rule of Law Index ）①涉及世界各地的 99 个国家，它认为法治基于以下四个原则：

- 政府及其官员和代理人，以及个人和私营机构都必须遵守法律。
- 法律必须清楚、公开、稳定、公正；公平对待每个人；保护基本权利，包括个人和财产安全。
- 法律颁布、实施和执行过程必须公开透明、公平、有效。
- 司法的执行者必须具有足够的能力和道德正义，享有独立、中立的裁判权，执法机构要有足够的人员，充足的资源且

---

① 世界正义项目是一个独立、多学科的组织，致力于推进全世界的法制（世界正义项目，2014）。

能够充分反映自己服务的社区群体组成（世界正义项目，
2014）。

这项指数检查了 47 个指标，主要围绕 9 个核心主题：政府权
力的限制、消除腐败、政府的开放度、基本权利、秩序与安全、
监管机构执法、民事审判、刑事审判和非正式司法。

在法治指数涉及的 99 个国家中，哈萨克斯坦排名第 71 位，
乌兹别克斯坦排名第 73 位，吉尔吉斯斯坦排名第 78 位。这个指
数没有评估塔吉克斯坦和土库曼斯坦的情况。然而，鉴于地区环
境，我们有理由相信这两个国家的排名与其他三个国家不会差太
多，如果相差很大的话，那也是排名更低。

世界正义项目的法治指数显示，与其他国家相比，三个参与
调查的中亚国家在秩序与安全方面的指数都非常高，而其他方面的
指数则有相当大的差异（参考附录三）。在中高等收入国家中，哈
萨克斯坦的秩序与安全排名位居四档位指数的第一档，但在政府权
力的限制与开放政府方面，排名靠近最后一档。在低等收入国家
中，吉尔吉斯斯坦的秩序与安全和监管机构执法排名位于第一档，
而在消除腐败和刑事审判方面，排名靠近最后一档。在中低等收入
国家中，乌兹别克斯坦的秩序与安全排名也在第一档，但政府权力
的限制和基本权利的排名靠后。此外，在这些指数排名垫底的领域，
没有一个中亚国家显现改善的趋势。这些结果与全球治理指标及贝
塔斯曼转型指数一致，确认了中亚在建立国家地位方面相对成功，
而建立国家地位最起码需要秩序与安全。同时，这些指标也显示，
对政府权力的限制和打击腐败仍是巨大的挑战，如果这两项不能获
得积极解决，都可能削弱国家的合法性。

法治指数是"完全依据初始数据……从普通人如何体验法治的

角度测算国家坚守法治的程度"（世界正义项目，2014）。在参与评估的 99 个国家中，每个国家有一千位市民和专家就这些问题接受了调查。这个指数观察的范围并不局限于成文法的结果，而是就国家如何运行以及人民如何评价法治情况，提出了一套简单连贯且普遍接受的框架。这个方法考虑了各个国家文化差异的问题，力图使其适用于各种社会政治背景，特别是法治指数几乎没提国家角色或民主问题，把重点放在国家是否遵守其所采用的法律上面。法治指数的目标是：为决策者、企业、非政府组织和其他机构提供可靠、独立的数据源，以评估一个国家法治的程度……通过与类似国家比较，发现一个国家的优缺点，追踪其随着时间发生的变化（世界正义工程，2014）。贝塔斯曼基金的研究项目包括中亚五国，并讨论了法治指数涉及的很多问题。总体来说，评估的结果是中亚五国在创建和坚守法治方面做得很差。具体问题如下：

- 在政府能做什么和怎么做方面，缺乏编纂成文的规章制度；
- 严格限制公民抗议政府行为的能力，以及公民散布反政府或反精英集团成员的内容或向他们索赔的能力；
- 严格限制公民集会结社的权利和言论自由；
- 司法判决基于谁付的钱多；
- 很难履行契约；
- 财产权"虽然是法律规定的一种权利，但没有得到保护或……没有获得足够的保护"（贝塔斯曼基金，2014e），财产经常因为精英集团的利益受到侵占；
- 司法机构被作为"惩罚工具，用于惩罚那些挑战现状或要求政府承担更多责任的人"（贝塔斯曼基金，2014a）；
- 中亚五国，每个国家的行政机构几乎完全主导所有的决策；

- 中亚国家的立法权相对薄弱，仅仅是流于形式地走程序；
- 中亚国家倾向于把所有异见者视为社会稳定的破坏者，一有抗议活动发生，立马部署安全部队。

总之，这些分析说明了中亚五国的公民缺乏有效的法律和程序保护，来反对国家和精英的行动。

从实际出发，我们可以做些什么来改善这个状况？外部观察人士的劝告不太可能奏效。有些分析人士认为，中亚五国当前普遍的重点是统一和稳定，这个观点是可以理解的，但具有局限性[①]。在某时某刻，我们预计中亚人民会要求自己有更多的话语权以及政府承担更多的责任。中亚五国最好都能预见和满足人民的这些渴望。外部观察人士无法详细说明这个过程何时以及如何发生。和反腐一样，创建改革的动力必须来自国家内部，而改善政府部门的制衡机制可能会是各国工作的关键。这项工作将采取何种形式是国家的内部问题。

国家行政体制的效率和有效性

第三个需要迫切关注的制度领域是所有五个中亚国家在公共管理与行政方面都有诸多弱点。贝塔斯曼基金经过研究，发现几个严重问题：

- 土库曼斯坦的公共行政被认为有"严重缺陷"，政策和执行不一致，高度腐败，很多职位是通过行贿获得，而不是根据人的培训或经验（贝塔斯曼基金，2014d）。

[①]　很可能，阿拉伯之春事件、激进伊斯兰的兴起，以及在吉尔吉斯斯坦尝试以选举改变政权的后续事件，只是说服了中亚地区的领导人需要加强维护稳定而压制不满。

- 吉尔吉斯斯坦政府的经济管理被认为非常差——极其低效、非理性、政治化（贝塔斯曼基金，2014b）。吉尔吉斯斯坦人"几乎需要为社会服务的所有方面支付正常和非正常收费"。政府"欠缺制定政策和计划的能力"。行政机构"未能执行……（且）……迎合政党领袖"。

- 哈萨克斯坦的行政体系被认为相对较好（贝塔斯曼基金，2014a）。尽管有"缺陷"，却是中亚国家中排名最高的。即便如此，"国家改革仍受阻于严重的精英阶层腐败"。省级和市级政府的权威远不及中央官员，但贝塔斯曼转型指数认可政府在放权改革和改善公共行政方面做出的努力。

- 塔吉克斯坦的行政体系被认为非常薄弱（贝塔斯曼基金，2014）。官员被调动的频率很高，且调动时不太考虑他们的专业领域。政策制定被认为很差，政策执行更差，而监管与评估是所有领域中最差的。积极性不被鼓励。侵吞预算资金的行为非常广泛。想要从早期阶段把优秀的候选人招募到公务员系统中被认为是不可能的。所有行动"服从于国内安全和政权的生存"。总统独揽大权。贝塔斯曼转型指数认为，塔吉克斯坦没有利益冲突规则，基本没有审计制度，也没有透明的采购程序。

- 乌兹别克斯坦的行政系统也被认为薄弱（贝塔斯曼基金，2014e）。公务员的选择既不是通过竞争方式，也不是基于资历。地方政府机构资源匮乏。在一些领域，基本服务的资金来自当地商人所谓的"自愿"缴纳费用。贝塔斯曼转型指数认为公共服务的数量和质量总体下降，原因在于国内制度的倒退以及改革的政治意愿不足。

尽管对中亚当前行政能力的评估总体悲观，但我们认为有效改善这个领域的可能性要高于打击腐败或加强法制。原因如下：首先，即便不能迅速获得解决，但至少可以通过教育和培训来应对一部分问题。哈萨克斯坦在这个领域排名领先，部分是因为该国投入大量资源，让很多中高级公务员接受整体教育和专业培训（通常是去国外）。教育和培训本身不能克服政策制定不善、工资标准不合理、腐败等问题，但大量投资于这些因素，是改善公共管理体系的一项必要步骤。培训如何加强专业技能？如何改变观念并创建新的社会风气？新加坡就这些问题提供了一个很好的范例（框 11-3）。

框 11-3　新加坡的公务员制度改革

新加坡的公务员体系被公认为是世界上最高效、最廉洁的体系之一。政府的运行原则是"纪律、效率、理性、能力"，它们已经成为政府"推动发展的主要制度工具"，包括制定、执行、协调国家的发展计划，以及向人民提供有效的服务。新加坡如何建立和维持这个具有活力的公共制度？中亚国家能够从新加坡的经验中学习什么？

自 1965 年独立后，新加坡制定了一套多管齐下的战略来改善公务员制度。第一，政府领导人制定并坚持对任何形式腐败零容忍的严格政策，包括对任何一个公务员和任何一个政治领导人。第二，精英治理理念。公务员招聘只基于资历，以考试和严格的履历考核方式进行。

加薪也是基于对绩效的客观评估。比如，考虑晋升时，非政治性质的机构会评估候选人是否具有晋升所需的技能、观念和潜力。第三，领导层时刻面临压力，比如"从社会层面传播善治的核心价值和原则，而非正式地通过机构组织传播"。领导力自上而下；所有的政府部长和高官都认同这个以能力和廉洁政府为核心的社会风气，并在公共实践中一以贯之。第四，新加坡公务员的工资很高且制度非常灵活。基本工资与私营部门的普遍水平相当，而模范公务员还能获得丰厚奖金。

新加坡领导人认为观念转变与政策、程序、技术等一样重要，甚至更重要。新加坡的公务员体系已经实现了计算机化运作，采取最佳的结构和程序，并在提高绩效方面积极创新以提高组织效率和服务水平。然而，新加坡成功的最关键因素是精英治理理念，该理念以正直、实现国家发展目标和服务公众为基础，让所有公务员共同认可这套理念。这个理念体系建立和维持的基础是严格的入职培训和频繁的在职培训，领导层信守这个理念的模范作用，以及激励人们遵守这个理念的精神和物质奖励。

新加坡政府建立了一个政治研究中心，为高级公务员提供课程，改变他们的观念并"提高他们对制约地方发展因素的关注"。这些培训现在已经并入新加坡公共服务学院的现行教学课程。

来源：作者。

　　第二，行政改革不像反腐计划那样容易遭受非议。大多数
政府不愿承认在打击腐败问题上没有取得成效，更不用说在反腐
方面向外界寻求持续、大力的援助。相对来说，用于提高管理水
平的项目就不那么敏感了。一些由外国机构提供资金和援助的
项目已经在中亚五国运行，这些机构包括欧盟、经济合作与发展
组织、欧洲安全与合作组织、国际金融机构以及一些双边援助机
构。它们提供了一些管理方面的一般培训和特殊培训。因此，对
于中亚改善公共管理的前景，我们可以在一定程度上保持谨慎乐
观的态度。

　　新加坡的成功可以在其他地方被复制吗？新加坡是一个地理
面积和人口数量都很小的国家，拥有努力工作和企业家精神的传
统。国家在政治上是统一的，这使得执政党可以专注于行政工作，
而非政治运作（这也使得人们批评新加坡并不是一个完全民主的
国家）。新加坡的经济成功为其改革方法提供了所需的资源，其公
务员工资位居世界最高水平。国家早期领导人扮演了重要角色——
李光耀、吴庆瑞、拉惹勒南都坚信，高效、有能力、受到尊敬的
公务员体系能发挥重要作用，并为建立与维持这么一套体系提供
了必要的政治力量。

　　如果中亚国家想要在这方面模仿新加坡，必须深化当前的工
作，改善公共行政体系的激励与监管制度。中亚国家必须启动并
维持一系列项目，包括改善公务员的选拔、工资、评级、培训，
减少高级行政官员从非公务员队伍选拔的人数，提高人事管理体
系的独立性和客观性。然而，更难、更重要的任务是非技术性
的——中亚国家需要改变某些人的观念与行为，而这些人正是公
务员标准的制定者。领导层必须首先做出实际和持久的承诺，愿

意实行新加坡式的善治原则，然后再将其传播到行政管理队伍并使其扎根。

政治演变

苏联的政治体制具有中央集权、个人化、专制统治的特点，中亚五国都在试图从这种体制向以法治为基础的问责型政治体制转型，但各国转型的程度有所差异，有几个国家甚至在倒退。非政府组织自由之家（Freedom House）每年发布世界 195 个国家的政治与选举权和公民自由状况的排名。根据该组织的评估，吉尔吉斯斯坦在地区中表现最佳。由于吉尔吉斯斯坦对政治集会和自由表达采取容许和相对提倡的态度，以及实行相对公开的选举过程，该国在 2015 年被评为"部分自由"[1]，是中亚唯一一个被评为这个等级的国家，也是唯一一个总统更迭采取竞选方式的国家。2014 年自由之家的一份报告认为吉尔吉斯斯坦"拥有中亚最具活力的政治体系"。

中亚其他国家的状况却没有那么好。自由之家把哈萨克斯坦和塔吉克斯坦评为"不自由"。乌兹别克斯坦和土库曼斯坦在政治与公民权利方面的排名居最差行列——世界一共七个国家属于这个行列，而中亚就占两个。中亚的排名与他们的亚洲邻国没有根本性的区别（除了蒙古国被评为"自由"）[2]，但他们与中东欧的前社会主义国家有极大的区别，后者在自由之家的排名几乎都很靠前，包括爱沙尼亚、拉脱维亚、立陶宛、波兰、匈牙

---

[1] 自由之家将各国排名，国家总分决定了各国将属于四种主要类别中的一个：自由、部分自由、不自由、极糟（自由之家，2015）。

[2] 其他国家为乍得、赤道几内亚、沙特阿拉伯、苏丹、叙利亚。

利、斯洛伐克、捷克共和国、斯洛文尼亚，以上国家全都被评为"自由"。

不能回避的一点就是，可能除了吉尔吉斯斯坦，没有其他中亚国家在这个领域做得不错。地区的政治制度绩效被认为是有缺陷的（不仅只是自由之家的评估），且总体没有往积极的方向发展[①]。

这个问题有多重要？一些地区领导人认为这些国家深受苏联制度的影响且社会经济环境长期面临困难，在经济变得更稳固和国家获得更广泛认同前，政府必须采取一种推迟和淡化政治改革的政策。这个战略简要来说就是经济先行，政治在后。这个观点认为政治自由化最终会进行，但如果被迫提前，将不利于社会稳定。

毫无疑问，吉尔吉斯斯坦过去的政治事件强化了这个观点。1993 年后，这个国家更换了 8 部不同的宪法、4 个总统、5 个议会、25 个政府。2010 年又发生了严重的民族冲突，民众周期而持续地集会抗议政府的低效和腐败以及联合议会的崩塌，这些事件令人担忧。贝塔斯曼基金的结论是"吉尔吉斯斯坦仍乌云密布，因为导致社会不稳定的可能性仍存在"（贝塔斯曼基金，2014，《吉尔吉斯斯坦国家报告》）。

支持政治改革缓行的人还指出，一些成功实现高经济增长率和国家建设的亚洲国家，它们在自由之家评分都曾经很低（部分国家现在仍很低），比如韩国、马来西亚、印度尼西亚、新加坡。支持者认为，如果这些国家能够在不完全实施选举民主的情况下实现持续经济增长、社会和平、经济融合，为什么要冒险引发社会不稳定呢？这样一来代价不就超过好处了吗？

[①] 法制指数和贝尔曼转型指数都指向类似的结果。

2014 年至 2015 年间俄罗斯经济下行，导致地区贸易以及中亚移民向移民输出国国内的汇款双双减少。此外，乌克兰和克里米亚的局势，以及俄罗斯总统普京的声明——俄罗斯将保护境外俄罗斯人的安全 ①——增加了人们的政治关切。这些经济和政治问题削弱了所有五个中亚国家的经济，并降低了它们开启任何形式的社会试验的意愿。

这个现实政治立场其实有相当大的说服力。五个中亚国家都很年轻，实行现代化公共管理的时间不长，也没有这方面的传统。它们的周边环境非常复杂，处在两个非常强势的大国之间，这两个国家都用武力支持过自己的领土要求。因此，中亚国家有理由认为它们不能一边走钢丝，一边开启政治实验，且政治实验的回报不明确。

这个立场也有一些严重的缺点。第一，虽然一些国家声称经济先行，政治在后，但实际这个"后"是指"非常后"甚至"不"的意思。所有中亚政府都坚称加强政治和公民权利在议事日程上，但实施主要改革的明确时间却一拖再拖。例如，哈萨克斯坦的总统纳扎尔巴耶夫明确表示"实现国家现代化和提高国家竞争力的唯一途径是逐渐走向政治自由化之路"（2012）。哈萨克斯坦（及中亚其他国家）多次宣称要加强政治参与机制，提高政策的开放性与有效性，有一些措施受到肯定，但是几乎所有的外部观察人士都认为实施的步伐太过缓慢，且迄今为止收效甚微 ②。其他三个

---

① 据估计，在哈萨克斯坦有 350 万俄罗斯母语人士可能受到这种"保护"。其他中亚国家的人数和百分比相比之下则低很多。

② 自由之家的评估在这方面是最关键的，但是欧洲安全与合作组织民主制度和人权办公室也认同这一观点，后者在本区域也很活跃。

中亚国家的进展要更慢。在任何国家，没有实际行动的所谓"政治自由化"时间越长，公众变得愤世嫉俗和不满的可能性也就越大。

第二，亚洲新兴国家奠定经济转型基础的时间是 20 世纪 70 年代至 80 年代，而那个时期信息技术还未爆发、信息流动也还未实现全球化。鉴于过去三十年媒体、网络、手机技术的爆炸性发展，现在世界上极少有国家不了解主要的国际趋势和国内政府大大小小的不足之处。信息获取能力的提高加上分享技术的实现导致了各种形式的大规模政治运动。在相同的发展节点，为什么亚洲四小龙面临的民众要求扩大政治参与度的压力要小于当前的中亚政府？信息获取能力的改变是主要原因。我们不能预测一国民众是否或者何时会基于他们的信息、认知、共同的不满采取行动，但阿拉伯之春事件说明，即便是长期稳定、看似获得认可的政府，也会面临动乱性的抗议活动，而且抗议以一种急速而至的方式发生。

从广义上说，外部观察人士不能也不应该就各国政府如何处理这一系列复杂政治问题提供具体意见。然而，基于对当前中亚国家形势的评估以及掌握的知识——在其他类似国家能有效扩大政治参与度，又能保持政策连续性和社会稳定的措施，我们认为下面的指导意见值得参考：

- 领导层换届是危险时刻。高度中央集权和个人化的领导层是中亚的普遍模式，而这种形式的领导层在更替之际容易出现问题。一个常见的后果就是政治不稳定，这是因为各个精英派系要竞争空缺的高层职位。另一种结果是社会保持稳定，但只能通过忽略法定的领导层换届机制（如土库曼斯坦 2005—2006 年的换届[1]）。在这两种情况下，精英小团体决策重要问题，而更为广大的公众群体被排除在重要问题之外，无法参与其中。中亚国家如果能更为明确地面对公众对构建领导层换届程序制度的需求，就能避免各种问题。转型程序制定得越清楚、被越多人了解和认可，发生问题的可能性就越低。

- 政府只要致力于改善经济表现和增加透明度，就不可能出错。新加坡的例子尤其具有启发性。20 世纪 60 年代至 70 年代，新加坡还是一个又小又穷、民族分化的城市国家，几乎没有什么资源，公务员体系中的腐败非常猖獗，未来前景一片黯淡。总理李光耀及其副手提出一种不同的治理体系，以他们倡导的"亚洲价值"为基础，如正直、勤奋、服从权威、重视教育、维护家庭等。统治集团成功地把这个价值体系灌输到全社会之中，尤其是通过协同培训措施灌输到公务员体系之中。新加坡缓慢但稳步地转变成了一个统一、富裕、具有生产力、包容性经济（但不包括政治）的国家，人均收入在 2013 年达到 5.5 万美元。腐败问题被彻底根除，"透明国际"连续多年把新加坡评为世界排名前十的廉洁国家。新加坡成功转型的关键因素是重视政府的效率、效用和诚信。中亚国家可以从新加坡的经验中受益。

总之，如果中亚国家想要实现自己的雄伟目标，就必须重视转型，转向以法治为基础的问责型政治制度。

---

[1] 根据土库曼斯坦宪法，在总统去世后，议会议长将成为临时总统，直到选举产生新总统。

结论

中亚五国当前的制度状况远不能达到实现设定目标所需的水平。如果想要实现 2050 宏伟前景设定的诸多社会经济目标（参考第四章），所有五个国家都需要遵循一些能够指导未来行动的原则，以在这块多样化的地区适应快速变化的世界。实现 2050 宏伟前景所需的制度建设战略，毫无疑问将随着时间发生演变，且必须针对各国的具体情况。然而，中亚国家后独立时代的经验和其他国家（尤其是亚洲）的教训表明[1]，以下五个原则是指导未来的关键：

1. 大力打击腐败。全球治理指标的各种正式指数和各国首都的非正式腐败"流言"说明，大多数中亚国家的腐败程度在过去十年有所增加。腐败问题从长期来说对民众与政府之间的互信是致命的，而这种信任正是合法性的基础。想要树立民众对法治的信心，就必须从实际成效和民众观感层面来实现反腐。要求所有人都遵守当前的法律是一个很好的起点。

2. 每个人都要恪守法治。法治被普遍认为是社会良好运作的关键特征，可以提升人民的幸福感[2]。如果有人凭借优越的社会关系而免受惩罚，必然会引发民众的愤怒，并导致国家的合法性被削弱。因此，建立法治以及平等对待所有成员——包括那些身居高位的人——是经济增长和政治稳定的关键。从实际出发，这意味着各国必须建立一套诚信且公平的体系，包括司法系统、警察

---

[1] 本节主要使用了《2050 年的亚洲》中的《治理和制度的改革》一章（考利，夏尔马，索德，2011）。

[2] 见《联合国和法制》（联合国，2015）。

部队、税务管理、公务员体系。选拔独立且合格的法官与警察会是一个很好的起点。

3. 建立关注能够发挥功效的行政体系。建立问责制的第一个步骤是重视政府运作的功效。建立问责制的政治机制可能发展很慢，且具有文化特殊性。然而，它们全都需要制度发挥功效，为日益壮大的城市与中产人口提供他们所需的公共服务。可持续的政治领导可以创建这种能力，新加坡是一个很好的例子。此外，明确的目标和有效的执行力可以建立民众的信任，也是构建问责制的基石。

4. 提高透明度。建立问责制的第二个步骤是提高透明度，首先是在制定目标和利用资源领域。政府应该公开目标、透明利用资源、监督结果，这些措施不仅有助于实现期望的结果，而且也是建立问责型政府的第一步。公开预算拨款、采购决定以及行政与议会官员的资产信息是一个很好的起点。

5. 认识到基于信任的政治合法性比基于恐惧更具有可持续性。能够提供这种信任的政治体系有好多种，但必须以某种形式让政治领导人为结果承担责任。民众能够认识到国家强大对他们有利，并认同强力国家的约束，但这样的共识有一个前提，就是领导人能够对结果承担责任。

第十二章 结语——未来之路

结语——未来之路

拉贾特·M. 纳格（Rajat M.Nag）

可借鉴的经验教训与 2050 宏伟前景

中亚地区悠久的历史值得人们细细品读。回顾中亚的过去，不仅是为了了解过去发生了什么，更重要的是要了解中亚地区到底可以成为什么。中亚在充当"文明交流的十字路口"时，达到了该地区的鼎盛时期。那时，中亚曾集聚并改变着跨大陆贸易、经济、文化的各种力量，而不仅仅只是被动作为"文明交流的十字路口"而存在。的确，中亚在当时成为世界经济发展、技术、制造业以及精神文化生活的领导者。当时的中亚开放、热情，乐于学习并适应外来事物。那个时期通常被称为黄金时代（公元1100 年到 1600 年）。

我们没有理由认为中亚不能再取得黄金时代的辉煌。中亚当时实行"开放的区域主义"政策，一代又一代人建立起了合作的基础。即便当地区受到跨区域紧张局势和侵略的冲击时，中亚人仍保持开放。

在这样的前提下，我们有理由设想，未来的中亚地区既面临巨大的机遇，同时也面临挑战。考虑到未来的潜力与威胁，本研究主要展望了中亚地区蓬勃的未来（2050 宏伟前景）。本设想希望中亚地区能在 2050 年时达到区域内的普遍繁荣并能够提升民众的生活水平，大多数中亚人将会成为中产阶层，能够获得合理的薪水并拥有较高的生活质量。同时，人均收入将从 2014 年的 1 万美元上升到 2050 年的 5 万美元（按购买力平价换算）。社会、机构、治理指标将实现与此相匹配的提高，至少要达到韩国和中欧各国目前的水平。

中亚国家需要持续采取大胆的措施以实现这一设想。不过，本研究得出的结论是：实现这一设想可能存在一定的合理性，但并不是一定能够获得成功。鉴于中亚各国目前状况及环境均存在差异，因此各国的工作纲领、趋同的途径及速度都将各不相同。

从现在到实现 2050 宏伟前景，中亚各国需要同时做出四项转变：从农业社会转变为城市社会；从资源依赖型社会转变为经济多元化社会；从国家指挥控制经济体制转变为以市场为主导的经济体制；从苏联体制转变为更具包容性和责任感的体制。

实现 2050 宏伟前景需要中亚地区经济稳定增长。然而，仅经济增长是不够的，还需要具有更强的包容性。比如，社会成员必须能够参与到增长过程中并能从中受益。同时，经济增长在环境层面和体制层面上都是可持续的。

为了实现提高经济增速和生产力、促进包容性与民众福祉、保证可持续发展这三个互补目标，本研究为政策制定者提供了八个需要予以关注的政策领域，分别是：能源发展与使用的效率及可持续性；现代化农业；将多元化的知识性经济逐步扩展到制造业与服务业；人类发展；应对气候变化；扩大合作以促进与邻国乃至世界的经济一体化；政府良好的管理和政治透明度以及负责任的高效机构以支撑上述发展；与上述都有联系的如何处理好越来越紧张的水资源问题。

八大政策领域的各项工作

尽管中亚地区能源丰富，但当地人开发使用这些能源的方式仍和苏联时代一样效率极低。为了实现 2050 宏伟前景的目标，中亚最紧迫的挑战在能源领域。因而，为实现"能源转型"的目标，中亚各国需要采取合适的政策并建立适当的机构。对于所有中亚国家来说，短期内的首要任务是对能源价格和补贴进行持续改革。而中长期最大的挑战则是建立有能力、灵活、透明的监管机构。

未来，中亚如考虑采用新能源技术，特别是可再生能源技术，将会有所裨益。到 2050 年，世界可能将会决定性地从传统的化石燃料转向太阳能和风能。在太阳能和风能领域，中亚具有相当大的优势。水电也是中亚的重要能源。但是，使用水电需要上游国家建设大型的水库用以发电并出口，同时还需要最优化地管理河流流动。为了达成这一目标，上游国家（塔吉克斯坦和吉尔吉斯斯坦）需要同下游国家达成合理的水域共用协议。从宏观角度讲，这一举措还将有助于中亚国家同世界上的发达经济体一起解决全球气候变化问题。

中亚的农业将得益于技术创新以及新兴中产阶层对更加多样、高质量食物的需求。由于当地农业气候条件适宜，棉花和小麦仍然是中亚的重要农作物。但是，决定种植数量及种植地点需要以合适的市场投入（水，劳动力）价格及产出价格为基础。在供应方面，中亚有文化的农村年轻劳动力应该更加欢迎技术进步，乐于并且能够在农业综合经营与生产率更高的产业中发现新的机会。

实现 2050 宏伟前景的目标需要发展同欧亚大陆地区及全球供应链融合的生产行业。同时，实现这一目标也需要信息与通信技术、交通、物流等领域协同合作，为整个经济体提供更有效的商业与金融服务，共同提升现代服务业水平，从而更好地适应本国民众和国际客户日益增长的多元需求。许多关键因素将决定中亚实现设想目标的能力。整体而言，主要经济要素包括商业环境、教育技能、沟通程度、强健的宏观经济与金融基础。另外，同制造业和服务业领域相关的特定因素是城市发展、创新以及政府有目的的支持。

为了支持特定的制造业和服务业活动，中亚各国需要关注发展效率最高、最智能的几个城市，并意识到较贫困的国家受资源和产能有限的制约问题。

同样，所有中亚国家可以并应该制订计划帮助公司和农场获取知识和技术。这些计划应扩大获取宽带技术及外国投资的机会，并支持研发活动。但是，需要谨慎采用意在扶持特定行业发展的工业政策，一般情况下应该避免支持特定公司的行为。

不可否认的是，尽管中亚致力于发展教育和医疗，并已经在上述领域实行了重要改革，然而提升人力资源水平的任务还是很艰巨。为了接近于发达国家的教育及医疗水平，中亚国家仍有很长的一段路要走。改革、公共投资和私有投资都需要持续下去。只要中亚国家能贯彻政治承诺并彻底实施本研究中所列举的一系列改革措施，过去十年的改革成果让人们有理由对取得更快的进步和趋同发展满怀希望。

中亚地区农业的主要外部挑战是气候变化。虽然中亚地区农业将受到全球变暖及气候变化不确定性加大的威胁，但北边较冷的哈萨克斯坦可能会因此从中受益。

新兴市场不能忽视气候变化。中亚地区未来的繁荣有赖于对机会的把握，对向低碳经济转变中带来的风险的管理，减排的有效程度，以及号召其他国家采取类似措施的能力。

鉴于未来可能面临新的气候变化的影响，中亚国家需要制定适应气候变化的战略。长期的气候变化主要取决于世界各国为缓解现状所做出的努力。为了自身利益，中亚国家在推动全球减排时扮演着重要的角色。

由于临近的亚洲市场繁荣，中亚地区拥有巨大的机会。中亚位于迅速融合的欧亚经济区中心地带，拥有推动区域内经济一体化的潜力。但是，中亚地区的边界壁垒严重阻碍了该区域内的交通贸易，而中亚各国国境内的商业条件也抑制了私人投资和贸易。

中亚经济体同世界其他地方持续的合作将会促使中亚从世界市场的规模经济和其他机会中获取额外收益。鉴于独特的地理、人口和经济条件，中亚地区的全球化需要采用"开放的区域主义"战略。"开放的区域主义"是指中亚五国融入全球市场一体化的过程，以及同欧亚邻国（地区间一体化）实现经济一体化和各国国内的经济一体化（地区内一体化）。

实现 2050 宏伟前景需要现代化的经济和政治机构，然而不幸的是，中亚地区如今并没有这样的机构。机构发展的过程需要以下五个原则作为基础：大力铲除腐败；依法而治适用于每个人；建设专注于取得成果的行政部门；增加行政透明度；认识到建立在信任之上的政治比建立在恐惧之上的政治更具有可持续性。毋庸置疑，建设这样的机制既不简单也不可能一蹴而就，但这是实现 2050 宏伟前景所必要的步骤。

中亚国家经过长久以来对至关重要的水资源的有效治理，水资源已经成为该地区经济、社会和政治的决定因素，且在今后很长的一段时间内也将如此。正如本研究所述，水资源管理是有效能源政策的必要组成部分，对于农业发展、可持续的有效城市化、适应气候变化以及中亚各国的和平关系进展等都十分重要。

然而，实行有效水资源管理的挑战十分严峻。第一，匮乏的水资源常被浪费或是没有被有效使用，废水也没有得到很好的治理，从而导致生产力急剧下降与环境污染。第二，中亚各国之间缺乏有效的合作与信任，使得河流全流域的最佳水资源管理方式受到阻碍，威胁了该区域的和平发展，并且阻碍了有助于区域整体发展的投资。第三，气候变化可能会加剧已面临严峻挑战的中亚水资源管理的问题。这需要区域内各国一致的行动和努力，以及邻国的支持和国际组织的帮助。框 12–1 总结了各国应该考虑的一些关键举措。

中等收入陷阱

应对上述挑战以实现 2050 宏伟前景无疑将需要广泛的行动及改革。应对挑战失败，可能导致中亚国家陷入中等收入陷阱，那样它们就无法向发达国家靠拢了。这样的代价对中亚地区而言是相当大的。

据估计，在这样的下行形势下（被称为中等收入陷阱的情

框 12-1　中亚地区改善水资源管理应实行的举措

在国家层面上，提升水资源管理首先涉及水政策、投资以及机构管理能力。中亚五国都需要做以下的工作：

- 在所有用途中，包括农业、工业、居民使用，水定价应当正确地反映其稀缺的价值；

- 投资基础建设以高效存储、运输并分配水资源于灌溉、工业、居民使用。有效地处理废水，从而减少对环境的破坏；

- 建设制度性基础设施，有效、透明、整体地管理国家水资源，并恰当地让水资源的使用者、社区以及当地政府参与进来。

在区域层面上，中亚各国政府需要相互开展合作，确保潜在的跨区域投资能够获利，利用上流水域储水进行水力发电的潜能，通过区域内电力出口获利并共享利益。这些工作需要：

- 制定综合性的、技术含量高的、独立的评价体系来评估收益、成本与风险；

- 建立有效的机构体制，确保该区域各国政府致力于公平分享和分担投资收益与成本，并共同应对所有风险；

- 合作政府之间建立基本信任，任何一方都不会违背承诺。这可以通过国际机构及合作伙伴的保证来加强；

● 寻求国内、国际的私人及公共资助。

这些在国家以及区域层面上的工作执行起来并不容易。错误的水资源使用模式、既得利益、体制乏力以及邻国间缺乏信任等问题业已根深蒂固。如果各国想要实现 2050 宏伟前景的目标，中亚黄金时代的经验之一就是这些挑战可以解决，也必须得到解决。

来源：作者。

形），人均收入将以每年低于 2% 的速度增长，到 2050 年只能达到大约 20,500 美元，少于期望的一半（2011 年以美元的购买力平价计算）。由于世界其他区域发展较快，中亚人均收入将会从 2015 年世界平均水平的 75% 下降到 60%。在这样的情形下，中亚大多数人的美好愿望将难以实现。

未来之路——贯穿各项工作的原则

"2050 宏伟前景目标"抑或中等收入陷阱，这两种情形中的哪一个将会成为现实，当然取决于数个外部因素，中亚领导人和民众对这些因素几乎没有发言权。但是，有些重要因素将是该区域内生性的，并取决于该区域各国的独自做法或集体做法。这些就是本研究关注的地方。

在评估多种多样的挑战和选择的时候，中亚各国领导人可能面临并会追求几个普遍原则，这些原则可以有效指导他们未来的行动。根据艾特扎诺娃（Aitzhanova）及其他几位研究者 2014 年所发表的文章，这些原则可用关键性的八条进行简要总结（见表12-1）。

表 12-1：八个指导未来行动的普遍原则

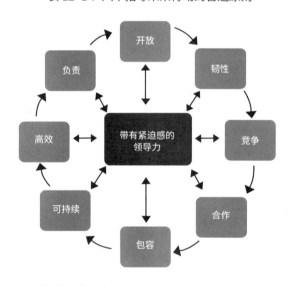

来源：艾特扎诺娃等（2014）。

下面的简要描述尽管无法完全概括这八个普遍原则，但这八条原则还是能为该区域实现 2050 宏伟前景的目标该付出哪些努力作出指导。

第二章中提到过的"可借鉴的过去"给了我们一个重要提示，那就是中亚地区繁荣的时候恰恰是该地区以开放的态度欢迎大胆想法、充满包容、崇尚智慧、宗教多元化之时。事实上，中亚在17 世纪中期开始衰落就是因为变得越来越不开放。因此，中亚地区必须在贸易、投资、观念方面保持对世界其他地区开放。

但是，中亚地区若想在开放的环境中生存并取得切实的繁荣，就必须保持韧性及竞争力，从而应对由开放带来的不可避免的外部冲击。更强的竞争力需要建立在广泛的基础之上，要么是技术更精湛、知识水平更高、生产能力更强的劳动力，要么是更友好的商业环境、更紧密的相互联系以及更高效的经济。

尽管中亚各国都应该努力同世界以及区域内其他国家展开公平竞争，然而中亚国家也需要更加团结，通力合作。中亚各国都需要以中亚地区及全球公民的身份承担各自的责任，而不应执行"以邻为壑"的政策。互相合作的中亚各国政府应该能够更好地在各国间开展合作，建立伙伴关系，使所有中亚国家在区域合作倡议中取得双赢，即便在有些利益及成本分配无可避免地不成比例时也是如此。

贯穿本研究的一项主题是中亚国家在实现 2050 宏伟前景的目标时，需要实现具有包容性和可持续的增长。为了使增长具有包容性，中亚人民需要接受教育或技术培训，获得医疗保障，才能参与到增长过程并能从中受益。接受教育、健康卫生、就业机会以及社会保障便成为建立包容性社会的几个关键因素。各个机构也需要包容，这样人民才能通过平等、公平、透明的途径获取信息、正义和机会。

本研究也考察了可持续性两个截然不同的方面：第一，怎样保证环境的可持续发展，特别是如何缓解并适应气候变化；第二，如何建立灵活且可持续的机制。前者在提高农业及能源业效率从而减少碳排放并提高经济竞争力的时候已经讨论过。通过使用可持续能源推动使用绿色能源是一个重点。机构的可持续性需要建立起现代化、可信任、持久的经济机制，以及良好的法治原则。正如艾特扎诺娃等人（Aitzhanova et al.，2014）所述，对经济和社会发展而言，"自然、环境、人类、机构资产及其提供服务的可持续性……是策略取得长期成功的关键因素"。

许多政策和计划执行起来常常并非一帆风顺。因此，本研究中提到的政策及项目的有效实施对于实现 2050 宏伟前景的目标至关重要。有效的跟进、充分的监管和评估以及中期的修改调整都是确保计划有效实施不可缺少的部分。但这常常是许多国家的弱点所在，中亚国家也并不例外。因此，实现 2050 设想的目标的关键在于能否有效的实施并给予最大程度的关注。

最后一个普遍原则，也许是最重要的，这便是这一系列举措和行动中的问责制。实行可持续发展要求人们承担相应责任并对后果负责。因而，各个层面都需要问责，从最高层开始，但不限于此。领导人和政治家需要对人民负责；官员要对公众负责；商界领袖需要对顾客及股东负责。但是问责不仅仅是自上而下的过程。个人必须对自己的责任和行动负责。好的治理既需要个人拥有权利，也同样需要他们承担各种责任。

"行动的轮子"最终能完整地运转起来，需要利益相关者（该词最广义的含义而论）能在彼此之间问责。当然，只有秉持开放的态度，期望并需要责任制，并且对未能执行的措施及其相应后果予以关注，这种问责制才能有效实行。

但是，在这八个关键原则之下，有一项整体因素，即领导力，需要特别强调。有效实干的领导集体能够切实地执行决策方案，实现具有包容性且能够保证可持续增长的政策。优秀的领导者能够实现管理机制现代化，提高政治透明度，并且实行问责制，但同时也需要高度的互信互认，致力于实现中亚民众的福祉。

本研究提到的许多政策和机构改革都需要时间进行设计并予以执行。中亚地区的领导人将以个人或集体的方式实现 2050 宏伟前景的目标。

实现 2050 宏伟前景的目标之路并非一马平川，但是本研究的作者们作为中立的观察者，坚信中亚可以实现这些宏伟的目标。虽然 2050 宏伟前景的目标并不一定全能实现，但它仍是合理的且有可能实现的。

附录

经济情景

哈保尔·考利（Harpaul Kohli），安妮·贾米森（Anne Jamison）

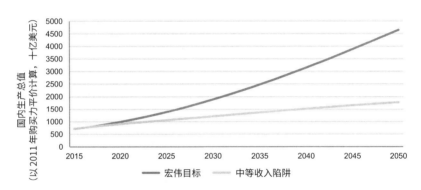

图1：2015—2050年中亚国内生产总值（以购买力平价计算）

来源：圣坦尼国际集团（2015）。

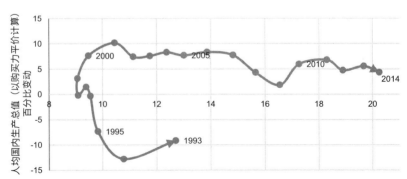

占美国人均国内生产总值（以购买力平价计算）的百分比

图2：1993—2014年中亚的趋同发展

来源：圣坦尼国际集团（2015）。

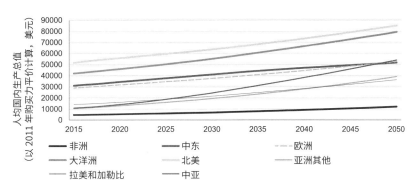

图3：2015—2050年"宏伟目标"情景地区人均国内生产总值（以平价购买力计算）

来源：圣坦尼国际集团（2015）。

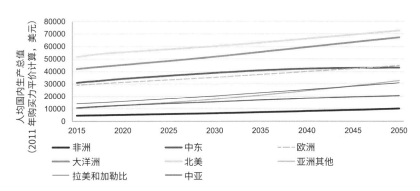

图4：2015—2050年"中等收入陷阱"情景地区人均国内生产总值（以购买力平价计算）

来源：圣坦尼国际集团（2015）。

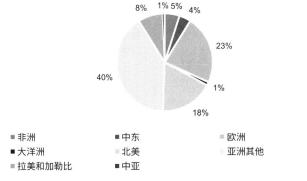

图5：2015年各地区占全球国内生产总值（以购买力平价计算）比例

来源：圣坦尼国际集团（2015）。

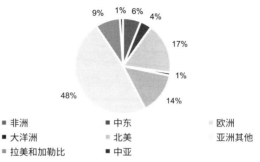

图 6：2030 年"宏伟目标"情景各地区占全球国内生产总值
（以平价购买力计算）比例

来源：圣坦尼国际集团（2015）。

图 7：2030 年"中等收入陷阱"情景各地区占全球国内生产总值
（以平价购买力计算）比例

来源：圣坦尼国际集团（2015）。

图 8：2050 年"宏伟目标"情景各地区占全球国内生产总值
（以平价购买力计算）比例

来源：圣坦尼国际集团（2015）。

图 9：2050 年"中等收入陷阱"情景各地区占全球国内生产总值
（以购买力平价计算）比例

来源：圣坦尼国际集团（2015）。

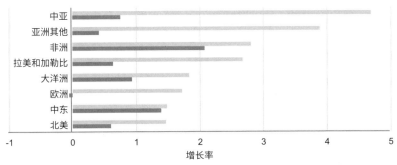

图 10：2015—2050 年"宏伟目标"情景人均
国内生产总值（以购买力平价计算）和人口的年均增长率

来源：圣坦尼国际集团（2015）。

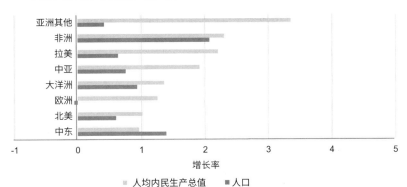

图 11：2015—2050 年"中等收入陷阱"情景人均
国内生产总值，（以购买力平价计算）和人口的年均增长率

来源：圣坦尼国际集团（2015）。

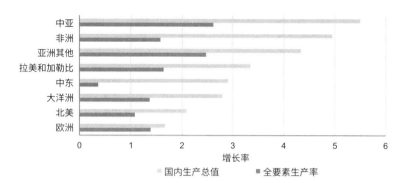

图 12： 2015—2050 年"宏伟目标"情景国内生产总值
（以购买力平价计算）和全要素生产率的年均增长率

来源：圣坦尼国际集团（2015）。

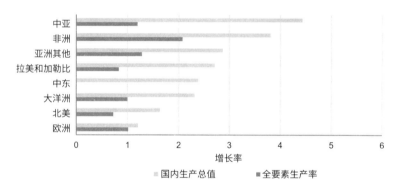

图 13： 2015—2050 年"中等收入陷阱"情景国内
生产总值（以购买力平价）和全要素生产率的年均增长率

来源：圣坦尼国际集团（2015）。

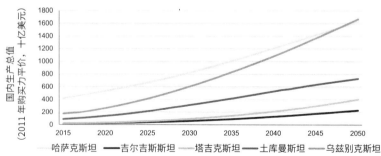

图 14：2015—2050 年"宏伟目标"情景各国国内生产总值（以购买力平价计算）

来源：圣坦尼国际集团（2015）。

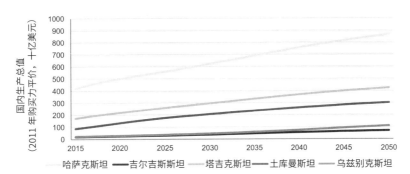

图 15： 2015—2050 年"中等收入陷阱"情景各国国内生产总值（以购买力平价计算）

来源：圣坦尼国际集团（2015）。

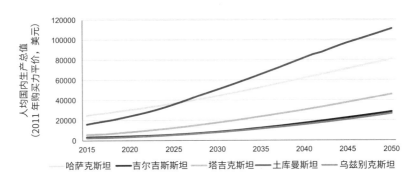

图 16： 2015—2050 年"宏伟目标"情景各国人均国内生产总值（以购买力平价计算）

来源：圣坦尼国际集团（2015）。

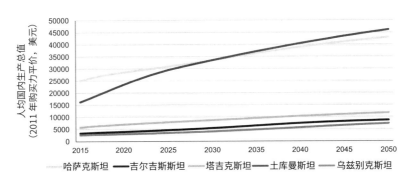

图 17： 2015— 2050 年"中等收入陷阱"情景各国
人均国内生产总值（以购买力平价计算）

来源：圣坦尼国际集团（2015）。

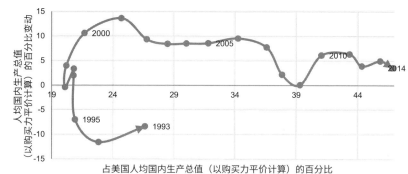

图 18：1993—2014 年哈萨克斯坦的趋同发展

来源：圣坦尼国际集团（2015）。

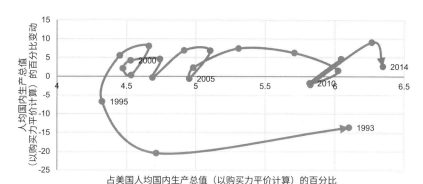

图 19：1993—2014 年吉尔吉斯斯坦的趋同发展

来源：圣坦尼国际集团（2015）。

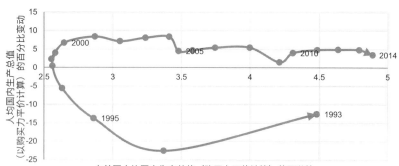

图 20：1993—2014 年塔吉克斯坦的趋同发展

来源：圣坦尼国际集团（2015）。

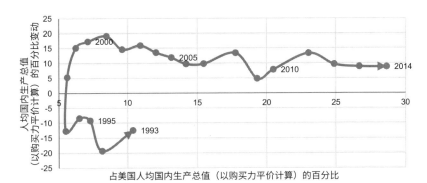

图 21：1993—2014 年土库曼斯坦的趋同发展

来源：圣坦尼国际集团（2015）。

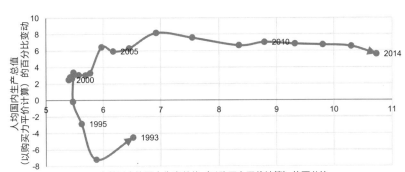

图 22：1993—2014 年乌兹别克斯坦的趋同发展

来源：圣坦尼国际集团（2015）。

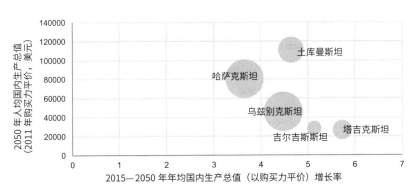

图 23："宏伟目标"情景 2050 年各国人均国内生产总值（以购买力平价计算）规模

来源：圣坦尼国际集团（2015）。

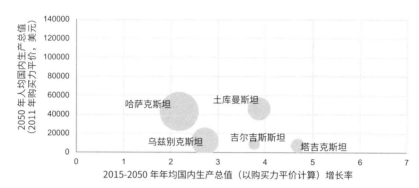

图 24："中等收入陷阱"情景 2050 年各国人均国内生产总值 (以购买力平价计算) 规模

来源：圣坦尼国际集团（2015）。

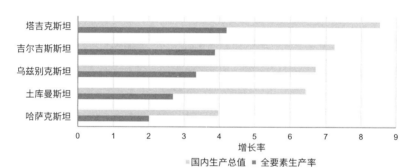

图 25："宏伟目标"情景 2015—2050 年国内生产总值
（以购买力平价计算）和全要素生产率年均增长率

来源：圣坦尼国际集团（2015）。

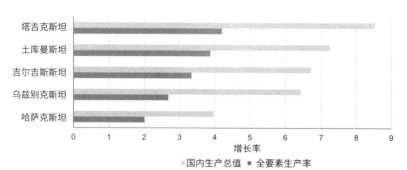

图 26："中等收入陷阱"情景 2015—2050 年国内
生产总值（以购买力平价计算）和全要素生产率年均增长率

来源：圣坦尼国际集团（2015）。

图27：1990—2015年全要素生产率水平和增长率

来源：圣坦尼国际集团（2015）。

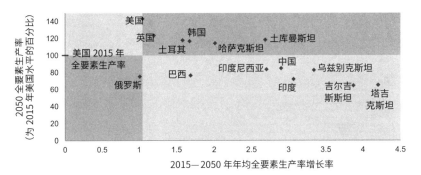

图28："宏伟目标"情景2015—2050年全要素生产率水平和增长率

来源：圣坦尼国际集团（2015）。

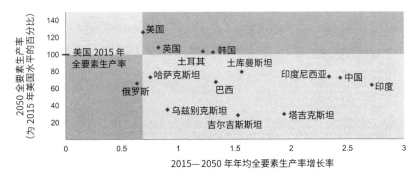

图29："中等收入陷阱"情景2015—2050年全要素生产率水平和增长率

来源：圣坦尼国际集团（2015）。

附录二 能源

乔纳森·沃特斯（Jonathan Walters）

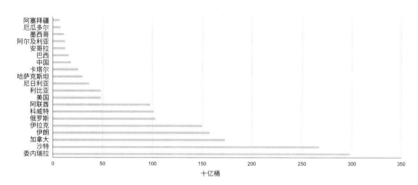

图 1：2014 年已探明石油储量（十亿桶）

来源：BP 石油公司，《2015 年数据年鉴》。

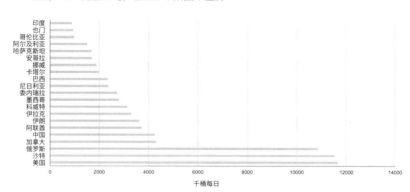

图 2：2014 年石油生产量（千桶每日）

来源：BP 石油公司，《2015 年数据年鉴》。

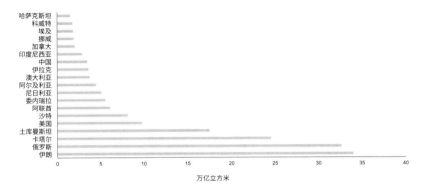

图 3：2014 年已探明天然气储量（万亿立方米）

来源：BP 石油公司，《2015 年数据年鉴》。

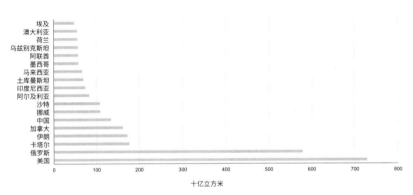

图 4：2014 年天然气产量（十亿立方米）

来源：BP 石油公司，《2015 年数据年鉴》。

附录三 # 制度

西奥多·阿勒斯（Theodore Ahlers）

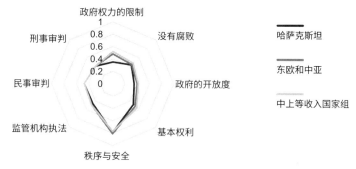

图1：哈萨克斯坦在世界正义项目法治指数中的单项得分

来源：世界正义项目的法治指数。

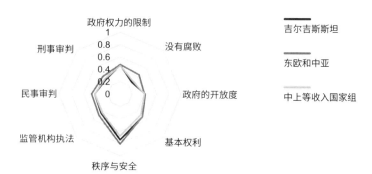

图2：吉尔吉斯斯坦在世界正义项目法治指数中的单项得分

来源：世界正义项目的法治指数。

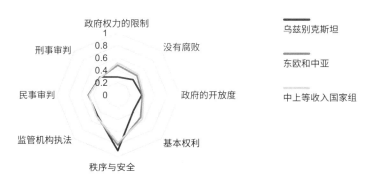

图3：乌兹别克斯坦在世界正义项目法治指数中的单项得分

来源：世界正义项目的法治指数。

表1：哈萨克斯坦在世界正义项目法治指数中的得分

	分数	区域内排名	收入排名	全球排名
总分	0.47	9/13	23/29	71/99
政府权力的限制	0.35	11/13	27/29	93/99
没有腐败	0.43	6/13	20/29	60/99
政府的开放度	0.35	13/13	27/29	87/99
基本权利	0.48	9/13	21/29	74/99
秩序与安全	0.79	5/13	7/29	35/99
监管机构执法	0.46	7/13	22/29	63/99
民事审判	0.47	9/13	19/29	66/99
刑事审判	0.4	7/13	17/29	61/99

来源：世界正义项目的法治指数。

表 2：吉尔吉斯斯坦在世界正义项目法治指数中的得分

	分数	区域内排名	收入排名	全球排名
总分	0.45	12/13	6/16	78/99
政府权力的限制	0.47	6/13	8/16	70/99
没有腐败	0.27	13/13	15/16	96/99
政府的开放度	0.41	10/13	6/16	73/99
基本权利	0.52	7/13	6/16	66/99
秩序与安全	0.74	10/13	2/16	52/99
监管机构执法	0.44	11/13	3/16	68/99
民事审判	0.42	12/13	8/16	74/99
刑事审判	0.33	13/13	11/16	85/99

来源：世界正义项目的法治指数。

表 3：乌兹别克斯坦在世界正义项目法治指数中的得分

	分数	区域内排名	收入排名	全球排名
总分	0.45	10/13	15/24	73/99
政府权力的限制	0.29	13/13	24/24	97/99
没有腐败	0.35	9/13	16/24	81/99
政府的开放度	0.39	11/13	17/24	78/99
基本权利	0.36	13/13	24/24	95/99
秩序与安全	0.9	1/13	1/24	5/99
监管机构执法	0.47	6/13	8/24	59/99
民事审判	0.48	8/13	10/24	58/99
刑事审判	0.41	6/13	9/24	59/99

来源：世界正义项目的法治指数。

参考文献

References

Acemoglu, D. (2005). Politics and economics in weak and strong states.*Journal of Monetary Economics*, 52, 1199–1226.

Acemoglu, D. & Robinson, J. (2012).*Why nations fail: The origins of power, prosperity, and poverty*. New York: Crown.

Acemoglu, D. & Yared, P. (2010). Political limits to globalization. *American Economic Review*, 100(2), 83–88.

Acharya, A. (2011). Can Asia lead? Power ambitions and global governance in the twenty–first century. *International Affairs,* 87(4), 851–869.

Adle, C. & Habib, I. (Eds.). (2003). *History of civilizations of Central Asia— Development in contrast: From the sixteenth to the mid–nineteenth century* (Vol. V). Paris: UNESCO.

Aitzhanova, A., Linn, J., Katsu, S., & Yezhov, V. (2014). *Kazakhstan 2050: Toward a modern society for all*. New Delhi:Oxford University Press.

Ajwad, M.I., et al. (2014a). *The skills road: Skills for employability in the Kyrgyz Republic*. Washington: World Bank.

——. (2014b). *The skills road: Skills for employability in Tajikistan*. Washington: World Bank.

——. (2014c). *The skills road: Skills for employability in Uzbekistan*. Washington: World Bank.

Al–Ghazali. (1997). *The incoherence of the philosophers* (M. Marmura, Ed.). Provo, Utah: Brigham Young University Press.

Aminjonov, F. (2013). Central Asia's natural gas: The pitfalls of energy diversification. *Central Asia Security Policy Briefs, OSCE Academy,* (13).

Antràs, P., & Caballero, R. (2009). Trade and capital flows: A financial frictions perspective. *Journal of Political Economy,* 117(4), 701–744.

ADB Institute. (2014a). *Connecting Central Asia with economic centers: Interim report.* Tokyo: ADB Institute.

——. (2014b). *ASEAN 2030: Toward a borderless economic community.* Tokyo: ADB Institute.

ADB. (2006). *Central Asia: Increasing gains from trade through regional cooperation in trade policy, transport and cus toms transit.* Manila: ADB.

——. (2008). *Emerging Asian regionalism—A partnership for shared prosperity.* Manila: ADB.

——. (2010). *Institutions for regional integration: Toward an Asian economic community.* Manila: ADB.

——. (2013). *Private sector assessment update: The Kyrgyz Republic.* Manila: ADB.

——. (2014a). *Asia SME Monitor 2013.* Manila: ADB.

——. (2014b). *From landlocked to linked in: The Central Asia Regional Economic Cooperation Program.* Manila: ADB.

——. (2014c). *Central Asia regional economic cooperation corridor performance measurement and monitoring: A forward–looking retrospective.* Manila: ADB.

——. (2014d). *CAREC transport and trade facilitation strategy 2020.* Manila: ADB.

——. (2014e). *Innovative Asia: Advancing the knowledge–based economy. Highlights of the forthcoming study report.* Manila: ADB.

——. (2014f). *Key Indicators for Asia and the Pacific.* Manila: ADB.

——. (2015). Statistics and Databases. Retrieved from http://www.adb.org/data/statistics.

Bahl, R., Linn, J., & Wetzel, D. (2013). *Financing metropolitan governments in developing countries. Cambridge,* MA: Lincoln Institute of Land Policy.

Baldwin, R. (2014, February 11–12). Multilateralizing 21st century regionalism. *Global forum on trade on the theme of reconciling regionalism and multilateralism in a post–Bali world. Paris*: Lecture conducted from OECD.

——. (2011). Trade and industrialization after globalization's 2nd unbundling: How building and joining a supply chain are different and why it matters, *NBER Working Paper,* (17716). Cambridge, MA: National Bureau of Economic Research.

Barthold, W. (1928). *Turkestan down to the Mongol invasion.* London: Munshiram Manoharlal.

Becker, G. (1964). *Human capital: A theoretical and empirical analysis, with special reference to education.* Chicago:University of Chicago Press.

Becker, S. (2000). Russians and the Concept of Empire. *Ad Imperio*, (3–4), 329–342.

Bertelsmann Stiftung. (2014a).*BTI 2014 — Kazakhstan country report.* Gütersloh, Germany: Bertelsmann Stiftung.

——. (2014b).*BTI 2014 — Kyrgyzstan country report.* Gütersloh, Germany: Bertelsmann Stiftung.

——. (2014c).*BTI 2014 — Tajikistan country report.* Gütersloh, Germany: Bertelsmann Stiftung.

——. (2014d).*BTI 2014 — Turkmenistan country report.* Gütersloh, Germany: Bertelsmann Stiftung.

——. (2014e).*BTI 2014 — Uzbekistan country report.* Gütersloh, Germany: Bertelsmann Stiftung.

——. (2014f). *Bertelsmann Stiftung Transformation Index 2014.* Retrieved from http://www.bti–project.org/bti–home/.

——. (2015).*Bertelsmann Stiftung Transformation Index.* Retrieved from http://www.bti–project.org.

Birkman, L., Kaloshnika, M., Khan, M., Shavurov, U., & Smallhouse, S. (2012). *Textile and apparel cluster in Kyrgyzstan.* Cambridge, MA: Harvard University Kennedy School and Harvard Business School.

Blanchard, O., & Kremer, M. (1997). Disorganization. *Quarterly Journal of Economics*, 112(4), 1091–1126.

Bloch, P. (2002). Agrarian reform in Uzbekistan and other Central Asian countries, *Working Paper*, (49), Land Tenure Center, University of Wisconsin.

Bloom, D., & Williamson, J. (1998). Demographic transitions and economic miracles in emerging Asia. *World Bank Economic Review*, 12, 419–455.

Bouvat, L. (1912). Les Barmecides d'après les historiens Arabes et Persans. *Revue Du Monde Musulman*, 20, 1–131.

Brockman, J. (2002). *The next fifty years: Science in the first half of the twenty-first century.* New York: Vintage Books.

Brockman, M. (2011). *Future science: Essays from the cutting edge.* New York: Vintage Books.

Brooks, J. (2014). Policy coherence and food security: The effects of OECD countries' agricultural policies, *Food Policy,* 44, 88–94.

Brown, K. (2014, November 18). The new Silk Road: China reclaims its crown. *The Diplomat.*

Brugier, C. (2014). China's way: The new Silk Road. *ISSUE Briefs, European Union Institute for Security Studies*, (14).

Burkitbayeva, S. & Kerr, W. (2013). The accession of Kazakhstan, Russia and Ukraine to the WTO: What will it mean for the world trade in wheat?, *Canadian Agricultural Trade Policy and Competitiveness Research Network.* Retrieved at http://www.catrade.org.

CAREC. (2011). *CAREC 2020: A strategic framework for the CAREC program 2011– 2020.* Manila: ADB.

Carlin, W., Schaffer, M., & Seabright, P. (2012). Soviet power plus electrification: What is the long–run legacy of communism?. *Explorations in Economic History*, 116–147. Retrieved from http://idei.fr/doc/by/seabright/soviet_final_version_sept_2012.pdf.

Centennial Group International. (2015). Unpublished data. Washington, DC: Centennial Group International.

Center for Economic Research. (2011). *The industrial policy of the Republic of Uzbekistan: Criteria for selecting priority sectors and products.* Tashkent:

Center for Economic Research.

——. (2013). Urbanization and industrialization in Central Asia: Looking for solutions to key development problems. *Development Focus*, (4). Tashkent: Center for Economic Research.

Central Asian Countries Initiative for Land Management. (2010). *Central Asia atlas of natural resources*. Manila: ADB.

Chandler, T. (1987). *Four thousand years of urban growth: An historical census*. Lewiston, NY: St. David's University Press.

Chayes, S. (2015).*Thieves of state: Why corruption threatens global security*. New York: W. W. Norton & Company.

Clark, P. (2014, July 18). Troubled waters: The Mekong River crisis. *Financial Times Magazine*.

——. (2015, May 21). Kingdom built on oil foresees fossil fuel phase-out this century. *Financial Times*.

Clemens, M. (2011). Economics and emigration: Trillion-dollar bills on the sidewalk? *Journal of Economic Perspectives*, 25(3), 83–106.

Coady, D., Parry, I., Sears, L., & Shang, B. (2015). How large are global energy subsidies? *IMF Working Papers*, 15(105).

Cornia, G. (2014). Uzbekistan's development strategies: Past record and long-term options. *Working Papers—Economics*, Universita' Degli Studi Di Firenze, (26).

Coulibaly, S. (2012a). *Eurasian cities: New realities along the Silk Road*. Washington: World Bank.

——. (2012b). Shifting comparative advantages in Tajikistan: Implications for growth strategy. *Policy research Working Papers*, (6125). Washington: World Bank

Critchlow, J. (1991). *Nationalism in Uzbekistan: A Soviet republic's road to sovereignty*. Boulder, Colorado: Westview Press.

Daly, J. (2014, December 8). Energy-rich Turkmenistan slashes subsidies to consumers. *Silk Road Reporters*.

Das, R. (2012). *Regional economic integration in Central Asia*. Bangkok: United

National Economic and Social Commission for Asia and the Pacific.

Das, S., Menon, J., Severino, R., & Shrestha, O. (Eds.). (2013). *The ASEAN economic community: A work in progress*. Singapore: ISEAS Publishing.

Davis, K. (2009). Institutions and economic performance: An introduction to the literature.*New York University Law and Economics Working Papers*, (202). New York: New York University School of Law.

de la Vaissiere, E. & Ward, J. (2005). *Sogdian traders: A history*. Leiden: Brill.

Deichmann, U. & Gill, I. (2008, December 1). The economic geography of regional integration. *Finance and Development*. Washington: IMF.

Di Gropello, E., Kruse A., & Tandon, P. (2011). *Skills for the labor market in Indonesia*. Washington: World Bank.

Dries, L., Germenji, E., Noev, N., & Swinnen, J. (2008). Farmers, vertical coordination, and the restructuring of dairy supply chains in Central and Eastern Europe, *World Development*, 37(11), 1742–58.

Dutta, S., Lanvin, B., & Wunsch–Vincent, S. (Eds.). (2014). *The Global Innovation Index 2014: The human factor in innovation*. Geneva: Cornell University, INSEAD, and World Intellectual Property Organization.

Easterly, W., Kremer, M., Pritchett, L., & Summers, L. (1993). Good policy or good luck? Country growth performance and temporary shocks. *Journal of Monetary Economics*, 32, 459–484.

Economist Intelligence Unit. (2015). *Prospects and challenges on China's 'one belt, one road': A risk assessment report*. London: The Economist Group.

EBRD. (1999). *Transition report 1999: Ten years of transition*.

——. (2009). *Transition report 2009: Transition in crisis?*.

——. (2012). *Transition report 2012: Integration across borders*.

——. (2014). *Transition report 2014: Innovation in transition*.

——. (2015). *Forecasts, macro data, transition indicator*.

European Commission. (2015). *Eurostat*. Retrieved from http://ec.europa.eu/ eurostat.

Fay, M., Block, R. & Ebinger, J. (2009). *Adapting to climate change in Eastern*

Europe and Central Asia. Washington:World Bank.

Fedorenko, V. (2013). The new Silk Road initiatives in Central Asia. *Rethink Paper*, (10). Rethink Institute.

Felipe, J. & Kumar, U. (2010). The role of trade facilitation in Central Asia: A gravity model. *Levy Economics Institute of Bard College Working Paper*, (628).

Foderaro, L. (2014, September 21). Taking a call for climate change to the streets. *The New York Times.*

Freedom House. (2014). *Nations in transit 2014.* Washington: Freedom House.

——. (2015). *Freedom in the world 2015.* Washington: Freedom House.

Ghemawat, P., & Altman, S. (2014). *DHL global connectedness index 2014.* Retrieved from http://www.dhl.com/content/dam/Campaigns/gci2014/ downloads/dhl_gci_2014_study_high.pdf.

Gill, I. & Kharas, H. (2007). *An East Asian renaissance*: *Ideas for economic growth.* Washington: World Bank.

Gill, I., Izvorski, I., Van Eeghen, W., & De Rosa, D. (2014).*Diversified development: Making the most of natural resources in Eurasia.* Washington: World Bank.

Glewwe, P. & Kremer M. (2006). Schools, teachers and education outcomes in developing countries. In E. Hanushek & F.Welch (Eds.), *Handbook of the economics of education* (Vol. 2). New York: Elsevier.

Global Water Partnership. (2014). Integrated water resources management in Central Asia: The challenges of managing large transboundary rivers. *Global Water Partnership Technical Focus Paper.*

Goodhart, C., & Erfurth, P. (2014, November 4). Demography and economics: Look past the past. Retrieved from http://www.voxeu.org/article/ demography–and–economics–look–past–past.

Gordon, R. (2012). Is U.S. economic growth over? Faltering innovation confronts the six headwinds. *National Bureau of Economic Research Working Papers*, (18315). Retrieved from http://www.nber.org/papers/w18315.pdf

——. (2014). The turtle's progress: Secular stagnation meets the headwinds. In *Secular stagnation: Facts, causes, and cures* (pp. 47–59). London: Centre for

Economic Policy Research.

Granit, J., et al. (2010). Regional water intelligence report Central Asia: Baseline report. *Regional Water Intelligence Reports*, (15).

Griffiths, D. & Feuerbach, A. (1999). Early Islamic mGeranufacture of crucible steel at Merv, Turkmenistan. *Archaeology International.*

Grunwald, S. (2012). *Central Asia Regional Economic Cooperation: Power sector regional master plan.* Stuttgart: Fichtner GmbH & KG.

Hakimov, A. (2003). Arts and Crafts in Tansoxonia and Khurasan. In *History of Civilizations of Central Asia* (Vol. 4). Paris: UNESCO.

Hanushek, E. & Rivkin, S.G., (2006). Teacher Quality. In Hanushek, E. & Welch, F. (Eds.), *Handbook of the economics of education* (Vol. 2). Amsterdam.

Heath, T. (2014, December 22). China's big diplomacy shift. *The Diplomat.*

Heckman, J. (2008). The case for investing in disadvantaged young children. In *Big ideas for children: Investing in our nation's future*, 49–58. Washington: First Focus.

Heckman, J., Pinto, R., & Savelyev, P.S. (November 2012). Understanding the mechanisms through which an influential early childhood program boosted adult outcomes. *NBER Working Paper*, (18581).

Hegay, S. (2013). Diversity of beans grown in Kyrgyzstan and marker–aided breeding for resistance to bean common mosaic virus and anthracnose, *Doctoral Thesis No. 2013:35.* Alnarp: Faculty of Landscape Planning, Horticulture and Agricultural Science, Sveriges lantbruksuniversitet.

Hepburn, C. & Ward, J. (2010). Should emerging market economies act on climate change, or wait? *Global Meeting Emerging Markets Forum.*

——. (2011). Self–interested Low–carbon Growth in G–20 Emerging Markets. *Global Journal of Emerging Market Economies,* 3(2), 195–222.

Hix, S. (2010). Institutional design of regional integration: Balancing delegation and representation. *ADB Working Paper Series on Regional Economic Integration*, (64).

Hsiang, S., Meng, K., & Cane, M. (2011). Civil conflicts are associated with the global climate. *Nature*, (476), 438–441.

Huelser, S. & Heal, A. (2014). Moving freely? Labor mobility in ASEAN. *Asia–Pacific Research and Training Network on Trade Policy Brief*, (40).

Huntington, S. (1968). *Political order in changing societies*. New Haven: Yale University Press.

Index Mundi. (2015). *Index Mundi*. Retrieved from: http://www.indexmundi.com/ .

International Crisis Group. (2002). Central Asia: Border disputes and conflict potential. *Asia Report*, (33).

——. (2005). The curse of cotton: Central Asia's destructive monoculture, *ICG Asia Report*, (93).

——. (2014). Water pressures in Central Asia. *Europe and Central Asia Report*, (233).

IPCC. (2014). *Fifth Assessment Report (AR5)*. Geneva: IPCC.

——. (2015). *Climate change 2014: Synthesis report*. Geneva: IPCC.

International Energy Agency. (2014a). *Medium–term coal market report 2014*. Paris: International Energy Agency.

——. (2014b). *Technology roadmap: Solar photovoltaic energy*. Paris: International Energy Agency.

——. (2014c). *Technology roadmap: Wind energy*. Paris: International Energy Agency.

IMF.(2013a). *Energy subsidy reform: Lessons and implications*. Washington: IMF.

——. (2013b). Kyrgyz Republic: 2013 Article IV consultation and fourth review under the three–year arrangement under the extended credit facility, request for waiver of nonobservance of a performance criterion, and request for modification of performance criteria—Staff report, public information notice and press release on the executive board discussion; and Statement by the Executive Director for the Kyrgyz Republic. *IMF Country Report No. 13/175.*

——. (2013c). Republic of Uzbekistan 2012 Article IV consultation. *IMF Country Report No. 13/278.*

——. (2014a). IMF staff concludes 2014 Article IV mission to Tajikistan. *Press Release No. 14/527.*

——. (2014b). *Regional economic outlook: Middle East and Central Asia.*

——. (2014c). Republic of Kazakhstan 2014 Article IV consultation—Staff report; Press release. *IMF Country Report No. 14/242.*

——. (2015a). Direction of Trade Statistics (DOTS) online data base.

——. (2015b). *Financial soundness indicators*, Retrieved from http://fsi.imf.org/ Default.aspx.

Jaganjac, N. & Sergeyev, B. (2011). *An assessment of the HIV/AIDS epidemic in Central Asia and the Central Aisa AIDS control project.* Washington: World Bank.

Jakubowski, E. & Arnaudova, A. (2009). *10 health Questions about the Caucasus and Central Asia.* Geneva: World Health Organization.

Jones, C. & Romer, P. (2009). The new Kaldor facts: Ideas, institutions, population, and human capital. *National Bureau of Economic Research Working Papers*, (15094). Retrieved from http://www.nber.org/papers/ w15094.

Kageyama, E. (2003). Use and Production of Silks in Sogdiana. Retrieved from http://www.transoxonia.org/Eran/Articles/kageyama.html.

Kalemli–Ozcan, S. & Nikolsko–Rzhevskyy, A. (2010). Does trade cause capital to flow? Evidence from historical rainfalls. *NBER Working Paper*, (16034).

Kaminski, B. & Mitra, S. (2010). *Skeins of silk: Borderless bazaars and border trade in Central Asia.* Washington: World Bank.

Kaminski, B. & Raballand, G. (2009). Entrep.t for Chinese consumer goods in Central Asia: Re–exports through Kyrgyzstan–a statistical puzzle, *Eurasian Geography and Economics*, 50, 581–90.

Kandiyoti, D. (Ed.). (2007). *The cotton sector in Central Asia: Economic policy and development challenges.* London: The School of Oriental and African Studies.

Keefe, P. R. (2015, January). Corruption and revolt. *The New Yorker.* Retrieved from http://www.newyorker.com/magazine/2015/01/19/corruption–revolt.

Khasanova, N. (2014). Revisiting water issues in Central Asia: Shifting from regional approach to national solutions, *The Central Asia Fellowship Papers*, (6).

Kochnakyan, A., et al. (2013). *Uzbekistan: Energy/Power sector issues note.* Washington: World Bank.

Kohli, H. (2011). Model for developing global growth scenarios. In *Asia 2050: Realizing the Asian Century* (pp. 305–309). New Delhi: Sage Publications.

Kohli, H., Sharma, A., & Sood, A. (2011).*Asia 2050: Realizing the Asian century.* New Dehli: Sage.

Kohli, H., Szyf, Y., & Arnold, D. (2012). Construction and analysis of a global GDP growth model for 185 countries through 2050. *Global Journal of Emerging Market Economies,* 4(2), 91–153.

Kose, M., Prasad, E., Rogoff, K., & Wei, S. (2009). Financial globalization: A reappraisal. *IMF Staff Papers,* 56(1), 8–62.

Krane, J. (2014, December 19). Guzzling in the Gulf. *Foreign Affairs.*

Kutzin, J., Jacab, M., & Cashin, C. (2010). Lessons from health financing reform in Central and Eastern Europe and the former Soviet Union, *Health Economics, Policy and Law,* 5(2), pp.135–142.

Laruelle, M. & Peyrouse, S. (2015). *Globalizing Central Asia: Geopolitics and the challenges of economic development.* New York: Routledge.

Lerman, Z. (2009). Land reform, farm structure, and agricultural performance in CIS Countries, *China Economic Review*, 20(2), 316–26.

Lerman, Z. & Sedik, D. (2008). The economic effects of land reform in Tajikistan, *Policy Studies on Rural Transition.*

Lerman, Z., Csaki, C., & Feder, G. (2004). Evolving farm structures and land use patterns in former socialist countries, *Quarterly Journal of International Agriculture*, 43(4), 309–335.

Leschenko, N. & Troschke, M. (2006). Fiscal decentralization in centralized states: The case of Central Asia. *Working Papers, Osteuropa–Institut München*, (261).

Lewis, B. (1975). *History—Remembered, recovered, invented.* Princeton: Princeton University Press.

Liefert, O., Liefert, W., & Luebenhusen, E. (2013). *Rising grain exports by the former Soviet Union region.* Washington: United State Department of Agriculture.

Linn, J. (2004, September 13). Economic (dis)integration matters: The Soviet collapse revisited. *Transition in the CIS: Achievements and Challenges.* Lecture conducted from Academy for National Economy, Moscow.

——. (2011). Regional cooperation and integration. In *Asia 2050: Realizing the Asian century* (pp. 245–272). New Delhi: Sage Publications.

——. (2012). Central Asian regional integration and cooperation: *Reality or mirage? In Eurasian Integration Yearbook 2012.* Almaty: EurADB.

Linn, J. & Pidufala, O. (2008) The experience with regional economic cooperation organizations: lessons for Central Asia. *Wolfensohn Center for Development Working Paper*, 4. Washington: The Brookings Institution.

Lioubimtseva, E. & Hennebry, G. (2012). Grain production trends in Russia, Ukraine and Kazakhstan: New opportunities in an increasingly unstable world? *Frontiers of Earth Science*, 6(2), 157–66.

Lively, R. (1955). The American system: A review article. *Business History Review,* 29(1), 81–96.

Lobell, D., Schlenker, W., & Costa–Roberts, J. (2011). Climate trends and global crop production since 1980. *Science,* 333(6042), 616–620.

Lockheed, M. (January 2014). Teachers' opinions of performance incentives: Evidence from the Kyrgyz Republic, *World Bank Policy Research Working Paper* (6752).

Lucci, P. & Martins, P. (2013). Labor migration in the post–2015 development agenda. *In Migration and the United Nations post–2015 development agenda* (pp. 21–52). Geneva: International Organization for Migration.

Maas, P. (2005, August 21). The breaking point. *The New York Time Magazine.*

MacDonald, S. (2012). Economic policy and cotton in Uzbekistan, *Report from the Economic Research Service CWS–12h–01.*

Maddison, A. (2010). Maddison project. Retrieved from http://www.ggdc.net/ maddison/maddison–project/home.htm.

Madhur, S. (2012). Asia's role in twenty–first century global economic governance. *International Affairs*, 88(4), 817–833.

Madhur, S., Wignaraja, G., & Darjis, P. (2009). Roads for Asian integration: ADB's contribution to the Asian highway network. *ADB Working Paper*

Series on Regional Economic Integration, (37).

Marat, E. (2014, October 22). Following the new Silk Road. *The Diplomat*.

Martin, P. (2013). Labor migration and development indicators in the post–2015 global development framework. In *Migration and the United Nations Post–2015 Development Agenda* (pp. 67–92). Geneva: International Organization for Migration.

Mason, G. (2012). *Science, engineering and technology technicians in the UK economy*. London: Gatsby Charitable Foundation.

Masson, V. (1966). *Strana tysiachi gorodoc*. Moscow: Izdatel'stvo "Nauka".

Michel, C. (2014, September 3). Putin's chilling Kazakhstan comments. *The Diplomat*.

Migration and Remittances Team, Development Prospects Group, World Bank. (2013). Migration and remittance flows: Recent trends and outlook, 2013–2016. *Migration and Development Brief*, (21).

——. (2014). Migration and remittances: Recent trends and outlook— Special topic: Forced migration, 2013–2016. *Migration and Development Brief*, (23).

Mincer, J. (1974). *Schooling, experience and earnings*. Chicago: University of Chicago Press.

——. (1980). Human capital and economic growth. *National Bureau of Economic Research Working Paper No.803*. Cambridge, Mass.

Mitha, F. (2001). *Al–Ghazali and the Ismailis: A debate on reason and authority in medieval Islam*. London: I.B. Tauris.

Mitra, P. (2002). *Transition, the first ten years: Analysis and lessons for Eastern Europe and the former Soviet Union*. Washington: World Bank.

——. (2009). Transition economies. In *The Princeton encyclopedia of the world economy* (Vol. 2). Princeton: Princeton University Press.

Mitra, S., Kaminski, B., & Kholmatov, M. (2009). *Bazaars and Trade Integration in CAREC Countries*. Washington: World Bank.

Mogilevskii, R. & Akramov, K. (2014). Trade in agricultural and food products in Central Asia, *University of Central Asia Institute of Public Policy and Administration Working Paper*, (27). Bishkek.

Moraga, J. & Rapoport, H. (2014). Tradable immigration quotas. *Journal of Public Economics*, 115, 94–108.

Moretti, E. (2015). Are cities the new growth escalator? In *The urban imperative: Towards competitive cities*. New Delhi: Oxford University Press.

Mosello, B. (2008). Water in Central Asia: A prospect for conflict or cooperation. *Journal of Public and International Affairs*, 19, 151–174.

Nazarbayev, N. (2012). Address by the President of the Republic, Leader of the Nation, N.A. Nazarbayev: Strategy Kazakhstan 2050, New Political Course of the Established State. Astana.

OECD. (2009). *PISA 2009 Results: What Students Know and Can Do—Student Performance in Reading, Mathematics and Science* (Vol. 1). Paris: OECD.

——. (2011). *Agricultural policy monitoring and evaluation 2011: OECD countries and emerging economies*. Paris: OECD.

——. (2013a). FDI regulatory restrictiveness index, 2013. Retrieved from http://www.oecd.org/daf/inv/ColumnChart–FDI_RR_Index.pdf.

——. (2013b). *Review of agricultural policies*, Kazakhstan 2013. Paris: OECD.

——. (2015). Strengthening agricultural co–operatives in Kazakhstan. *Private sector development policy handbook*.Paris: OECD.

OECD Development Centre. (2014). *Perspectives on global development 2014: Boosting productivity to meet the middle–income challenge*. Paris: OECD.

OECD, WTO, & World Bank. (2014). *Global value chains: Challenges, opportunities, and implications for policy*. Sydney: G20 Trade Ministers Meeting.

Olcott, M. (2012). *Tajikistan's difficult development path*. Washington: Carnegie Endowment for International Peace.

Ormsby, E. (2008). *Ghazali: The revival of Islam*. Oxford: Oneworld.

Petrick, M., Wandel, J., & Karsten, K., (2011). Farm restructuring and agricultural recovery in Kazakhstan's grain region: An update, *Leibniz Institute of Agricultural Development in Transition Economies (IAMO) Discussion Paper*, (127).

Peyrouse, S. (2009). The multiple paradoxes of the agriculture issue in Central

Asia, *EUCAM Working Paper*, (6). Brussels and Madrid: EU Central Asia Monitoring.

Pomfret, R. (2002). State–directed diffusion of technology: the mechanization of cotton–harvesting in Soviet Central Asia, *Journal of Economic History*, 62(1), 170–88.

——. (2006). *The Central Asian economies since independence*. Princeton: Princeton University Press.

——. (2008a). Kazakhstan. In K. Anderson & J. Swinnen (eds.), *Distortions to agricultural incentives in Europe's transition economies*. Washington: World Bank

——. (2008b). Tajikistan, Turkmenistan and Uzbekistan. In K. Anderson & J. Swinnen (eds.), *Distortions to agricultural incentives in Europe's transition economies*. Washington: World Bank.

——. (2014). Trade Costs and Agricultural Trade in Central Asia, *Leibniz Institute of Agricultural Development in Transition Economies (IAMO) Discussion Paper* (146), Halle, Germany.

Pomfret, R. & Christensen, G. (2008). Kyrgyz Republic. In K. Anderson & J. Swinnen (eds.) *Distortions to agricultural incentives in Europe's transition economies*. Washington: World Bank.

Pomfret, R. & Sourdin, P. (2014). Global value–chains and connectivity in Central and West Asia, *ADB Working Paper Series on Regional Economic Integration*, (143). Manila: ADB.

Poverty Reduction and Economic Management Unit, Europe and Central Asia Region, World Bank. (2013). Beyond oil: Kazakhstan's path to greater prosperity through diversifying. *Kazakhstan Country Economic Memorandum*, (78206).

Punkari, M., Droogers, P., Immerzeel, W., Korhonen, N., Lutz, A., & Ven.l.inen, A. (2014). Climate change and sustainable water management in Central Asia. *ADB Central and West Asia Working Paper Series*, (5).

Rastogi, C. & Arvis, J. (2014). *The Eurasian connection: Supply–chain efficiency along the modern Silk Route through Central Asia*. Washington: World Bank.

Riboud, M. (2014). Inclusive human development. In A. Aitzhanova, et al. (Ed.), *Kazakhstan, Towards a Modern Society for All, 2050*, pp. 73–104. Oxford:

Oxford University Press.

Rieber, A. (2014). *The struggle for the Eurasian borderlands: From the rise of early modern empires to the end of the First World War*. London: Cambridge University Press.

Risky Business. (2015). Co–chairs. Retrieved from http://riskybusiness.org/about/cochairs.

Rtveladze, E. (2012). *Velikii Indiiskii Put*. St. Petersburg: Nestor–Istoriia.

Ruby, A. (2012). *Design & implementation of education reforms in Post–Soviet Kazakhstan: a beta–testing strategy*. Mimeo.

Rywkin, M. (1988). *Russian colonial expansion to 1917*. London: Mansell.

Sachau, E. (1887). *Alberruni's India (2 vols)*. London: Rupa & Co.

Sargsyan, G. (1973). Drevnii tsentreaziatskii gorod. *In Drevnii vostok; Goroda i torgovlia*. Yerevan: Izd–vo AN Armianskoi SSR.

Schultz, T. (1971). *Investment in human capital: The role of education and of research*. New York: The Free Press.

Schwab, K. & Sala–i–Martin, X. (Eds.). (2011). *The Global Competitiveness Report 2011–2012*. Geneva: World Economic Forum.

Schwab, K. (Ed.). (2014). *The Global Competitiveness Report 2014–2015*. Geneva: World Economic Forum.

Shirley, M. (2008).*Institutions and development*. Cheltenham, UK: Edward Elgar.

Shtaltovna, A. & Hornidge, A. (2014). A comparative study on cotton production in Kazakhstan in Kazakhstan and Uzbekistan. Bonn: Center for Development Research (ZEF), University of Bonn.

Skaff, J. (2003). The Sogdian trade diaspora in East Turkestan during the seventh and eighth centuries. *Journal of the Economic and Social History of the Orient*, 46(4), 475–524.

Smith, O. & Nguyen, N. (2013). *Getting better—Improving health system outcomes in Europe and Central Asia*. Washington: World Bank.

Starr, S. (2008). In defense of Greater Central Asia. *Central Asia–Caucasus Institute Silk Road Studies Program Policy Paper*.

———. (2013). *Lost enlightenment: Central Asia's golden age from the Arab conquest to Tamerlane*. Princeton: Princeton University Press.

Statistics Division, UN Department of Economic and Social Affairs. (2014). UN Comtrade Database.

Stern, N. (2007). *The economics of climate change: The Stern review*. Cambridge: Cambridge University Press.

———. (2014, December 14). UN agrees way forward on climate change – but path is unclear. The Guardian.

Stevens, P. (2000). Pipelines or pipe dreams? Lessons from the history of Arab transit pipelines. *Middle East Journal,* 54(2), 224–241.

———. (2009). *Transit troubles: Pipelines as a source of conflict*. London: Chatham House.

Strategic Foresight Group. (2013). *Water cooperation for a secure world: Focus on the Middle East*. Mumbai: Strategic Foresight Group.

Summers, L. (2014). U.S. economic prospects: secular stagnation, hysteresis, and the zero lower bound. *Business Economics,* 49(2), 65–73.

Sustainable Energy for All. (2015). Tracking progress.

Swinnen, J. & Heinegg, A. (2002). On the political economy of land reforms in the former Soviet Union. J*ournal of Inter national Development*, 14(7), 1019–1031.

Swinnen, J., Vandeplas, A., & Maertens, M. (2010). Liberalization, endogenous institutions, and growth: A comparative analysis of agricultural reforms in Africa, Asia, and Europe. *World Bank Economic Review*, 24(3), 412–445.

Tay, J. (1999).*Public service Reforms in Singapore*. New York: United Nations Development Programme.

Taylor, A. & Wilson, J. (2006). International trade and finance under the two hegemons: Complementaries in the United Kingdom 1870–1913 and the United States 1920–30. *NBER Working Paper*, (12543).

Tekeli, S. (1986). The oldest map of Japan drawn by a Turk, Mahmud of Kashgar. In *Turk Kulturnden Goruntuler* (Vol. 7). Ankara: Atatürk Culture Center.

Teulings, C. and R. Baldwin (eds.) (2014). *Secular stagnation: Facts, causes, and cures*. London: Centre for Economic Policy Research.

The Economist. (2013, October 12). Capital: just in case. *The Economist*.

———. (2014, November 29). The new Silk Road: Stretching the threads. *The Economist*.

———. (2015, January 17). Special report: energy and technology. *The Economist*.

The Global Commission on the Economy and Climate. (2014). *Better growth, better climate: the new climate economy report*. Washington: The Global Commission on the Economy and Climate.

The New Climate Economy. (2015). The Project Team. Retrieved from http://newclimateeconomy.net/content/project–team.

Thomas, V., Albert, J., & Hepburn, C. (2014). Contributors to the frequency of intense climate disasters in Asia–Pacific countries. *Climatic Change, 126*(3–4), 381–398.

Tiezzi, S. (2014, November 6). The new Silk Road: China's Marshall Plan? *The Diplomat*.

Tilekeyev, K. (2013). Productivity implications of participation in export activities: The case of farmers in Talas Oblast of Kyrgyzstan, *Institute of Public Policy and Administration, Working Paper No.17*. Bishek: University of Central Asia.

Trachtman, J. (2009). *The international law of economic migration: Toward the fourth freedom*. Kalamazoo, Michigan: W.E. Upjohn Institute for Employment Research.

Transparency International. (2014). *Corruption Perceptions Index 2014*. Berlin: Transparency International.

Turganbaev, T. (2013). Democratic changes in Kyrgyzstan and strategic partnership with Europe. Retrieved from http://eptoday.com/democratic–changes–in–kyrgyzstan–and–strategic–partnership–with–europe/.

UN. (2012).*World Population Prospects: The 2012 Revision*. New York: United Nations.

———. (2014).*World Urbanization Prospects: The 2014 Revision*.New York: United Nations.

——. (2015).*United Nations and the Rule of Law*. Retrieved from http://www.un.org/en/ruleoflaw/.

UNCTAD. (2014a). UNCTAD Statistics. Retrieved from http://unctad.org/en/Pages/Statistics.aspx.

——. (2014b). *World investment report 2014*. New York: United Nations.

UN Department of Economic and Social Affairs. (2014). *United Nations e-government survey 2014: E-government for the future we want*. New York: United Nations.

UNDP. (2005). *Central Asia human development report: Bringing down barriers: Regional cooperation for human development and human security*. Bratislava: UNDP, Regional Bureau for Europe.

——. (2008). Decentralization in the Europe and CIS region. *Discussion Paper, Governance Practice, UNDP Bratislava Regional Centre*.

——. (2014). *Trade and human development: Central Asia human development series*. Bratislava: UNDP, Regional Bureau for Europe.

UN Economic and Social Commission for Asia and the Pacific. (2014). *Economic survey for Asia and the Pacific: Regional prosperity for shared prosperity*. Bangkok: United Nations Economic and Social Commission for Asia and the Pacific.

UNICEF. (2014). *The state of the world's children 2015*. New York: United Nations Children's Fund.

——. (2015). *UNICEF Statistics*. New York: United Nations Children's Fund.

USAID. (2014). *TVET models, structures and policy reforms—Evidence from the Europe and Eurasia region*. Washington: World Bank.

van Bladel, K. (2010). The Bactrian Background of the Barmakids. In A. Akasoy, C. Burnett & R. Yoeli-Tlalim (Eds.), *Islam and Tibet: Interactions Along the Musk Route* (pp. 43–88). Farnham, UK: Ashgate Publishing.

Vanishing Act. (2015, June 1). *National Geographic*.

Voloshin, G. (2014). Hidden dragon: The Chinese era in Central Asia. *Global Asia*, 9(4).

von Richthofen, F. (1877). *China: Ergebnisse eigner Reisen und darauf gegruendeter Studien (5 vols.).* Berlin: Dietrich Reimer.

Walters, J. (2015). Central Asia's energy transition – institutions matter most. *Global Meeting Emerging Markets Forum.*

Ward, J., Hepburn, C., Anthoff, D., Baptist, S., Gradwell, P., Hope, C., & Krahé, M. (2012). Self–interested low–carbon growth in Brazil, China, and India. *Global Journal of Emerging Market Economies,* 4(3), 291–318.

Ward, R., Hope, C., Mastrandrea, M., Tol, R., Adger, W., & Lorenzoni, I. (2006). Spotlighting impacts functions in integrated assessment. *Tyndall Centre Working Papers*, (91).

Weigand, C. (2011). *Wheat import projections towards 2050.* Arlington, Virginia: US Wheat Associates.

WGI. (2015). World Governance Indicators. Retrieved from http://info.worldbank. org/governance/wgi/index.aspx#home.

Wittfogel, K. (1956). The Hydraulic Civilizations. In W. Thomas (Ed.), *Man's role in changing the face of the earth.* Chicago: University of Chicago Press.

WJP. (2014). *World Justice Project—Rule of Law Index 2014.* Washington, DC: World Justice Project.

Wooden, A. (2014). Kyrgyzstan's dark ages: framing and the 2010 hydroelectric revolution, *Central Asian Survey*, 33(4), 463–81.

World Bank. (1992). *Kazakhstan, country economic memorandum. 10976–KK* (1, 2). Washington: World Bank.

———. (2001). *A profile of living standards in Turkmenistan.* Washington: World Bank.

———. (2002). *Irrigation in Central Asia: Where to rehabilitate and why.* Washington: World Bank.

———. (2005a). *Republic of Tajikistan: Health sector note.* Washington: World Bank, Human Development Unit, Europe and Central Asia Region.

———. (2005b) *Republic of Uzbekistan, public expenditure review*, Washington: Poverty Reduction and Economic Management Network, Europe and Central Asia Region.

———. (2006). *Where is the wealth of nations: Measuring capital for the 21st.*

century. Washington: World Bank.

———. (2009a). *Republic of Uzbekistan—Assessment of the primary health care reform: transparency, accountability and efficiency*. Washington: World Bank.

———. (2009b). *World Development Report 2009*: *Reshaping economic geography*. Washington: World Bank.

———. (2010a). *Republic of Tajikistan: Feasibility study for results–based financing in the health sector*. Washington: World Bank.

———. (2010b).*Fighting corruption in public services: Chronicling Georgia's reform*. Washington: World Bank.

———. (2011a). Education reform in the Kyrgyz Republic: Lessons from PISA. *Knowledge Brief*, (40).

———. (2011b). *Quality of child health services in Tajikistan*. Washington: World Bank, Human Development Sector Unit, Europe and Central Asia Region.

———. (2011c). *Republic of Tajikistan country economic memorandum: Tajikistan's quest for growth: Stimulating private investment*. Washington: The World Bank.

———. (2011d).*The changing wealth of nations: Measuring sustainable development in the new millennium*. Washington: World Bank.

———. (2011e).The *Migration and Remittances Factbook 2011*. Washington: World Bank.

———. (2011f). Wealth of Nations dataset. Retrieved from http://data.worldbank. org/data–catalog/wealth–of–nations.

———. (2012a). *Capital for the future: Saving and investment in an interdependent world*. Washington: The World Bank.

———. (2012b). *Kyrgyz Republic—School autonomy and accountability*. Washington: World Bank.

———. (2013a). *Interim strategy note for Turkmenistan for the period FY14–15*. Washington: World Bank.

———. (2013b). *Kyrgyz Republic—Early childhood development*. Washington: World Bank.

——. (2013c). *Republic of Uzbekistan—Improving early childhood care and education*. Washington: World Bank.

——. (2014a). *Doing Business 2015: Going beyond efficiency*. Washington: World Bank.

——. (2014b). *From volume to value: Managing water in Central Asia*. Washington: World Bank.

——. (2014c). Global Rankings. Retrieved from http://lpi.worldbank.org/international/global.

——. (2014d). *Kyrgyz Republic: public expenditure review policy notes, 88978*. World Bank, Education Poverty Reduction and Economic Management Unit, Europe and Central Asia.

——. (2014e). *Tajikistan: Higher education sector study*. Washington: World Bank.

——. (2014f). *Tajikistan Partnership Program Snapshot*. Washington: World Bank.

——. (2014g). *Uzbekistan modernizing tertiary education*. Washington: World Bank.

——. (2015a). Education Statistics – All Indicators.

——. (2015b). World development indicators.

World Health Organization. (2014). *World Health Statistics 2014*. Geneva: World Health Organization.

WTO. (2014). *World trade report 2014*. Geneva: World Trade Organization.

Xichao, Y. (2014). China's rise in Central Asia: Implications for EU interests. *EU–Asia at a Glance, European Institute for Asian Studies*.

Yale Center for Environmental Law & Policy. (2015). Country Rankings. Retrieved from http://epi.yale.edu/epi/country–rankings.

Zhang, H. (2014). China is marching west for food, *RSIS Commentaries* (14023).

Zhiping, P. (2014). *Silk Road economic belt: A dynamic new concept for geopolitics in Central Asia*. Beijing: China Institute of International Studies.

编者与作者简介

About the editors
and authors

|编者|

拉贾特·M. 纳格（Rajat M. Nag）

拉贾特·纳格是印度（德里）国家应用经济研究理事会特聘研究员、华盛顿特区新兴市场论坛高级研究员。他还担任印度商会东方理事会主席，马尼拉亚洲管理学院斯蒂芬·裕利发展管理研究生院客座教授。此外，他还担任多家企业的顾问和董事会成员。纳格先生近期任亚洲开发银行（ADB）管理总干事。凭借在亚洲的丰富经验，他在战略和业务方向上为亚洲开发银行发挥了关键作用，帮助发展中成员国解决贫困问题，改善民众生活质量。纳格先生在可持续发展、基础设施融资、公私合作伙伴关系和区域经济一体化等关乎亚洲的重大问题上卓有广泛洞见，并且致力于加强在亚洲及其他地区的区域合作和一体化进程，弥合该地区蓬勃发展的经济和百万贫困人口之间的差距。他毕业于印度理工学院（德里）和加拿大萨斯喀彻温大学，获得工程学位和萨斯喀彻温大学 MBA 学位和伦敦经济学院的 M.Sc（经济）学位。

约翰内斯·F. 林（Johannes F.Linn）

约翰内斯·F. 林任新兴市场论坛高级驻会学者、华盛顿特区布鲁金斯学会客座高级研究员。在世界银行三十年的职业生涯中，他曾担任财政政策和资源调动副理事长和欧洲与中亚地区副理事长等高级职位。主要起草 2004—2005 年度联合国发展计划署中亚地区人类发展报告。他曾（与维尔纳·赫尔曼）主编《中亚和高加索地区：21 世纪欧亚大陆的十字路口》（2011）并参编《2050 年的哈萨克斯坦：走向现代社会》（2014）。

哈瑞尔达·S. 考利（Harinder S.Kohli）

哈瑞尔达·S. 考利是新兴市场论坛的创始人、行政总裁，圣坦尼国际集团（总部华盛顿特区）的创始人、主席兼首席执行官。同时任《新兴市场经济体》杂志主编。在此之前，他曾在世界银行担任高级管理职位超过 25 年。在亚洲、拉美、非洲等新兴市场经济体，及其金融发展、私人资本流动以及基础设施方面颇有著述。他是《2039 年的印度：一代人的富裕社会》（2010）、《全球金融危机中的亚洲韧性》（2010）、《伊斯兰金融》（2011）、《2050 年的亚洲：实现亚洲世纪》（2011）、《墨西哥 2042 的新设想：实现共同繁荣》（2012）的作者及编者。他带领圣坦尼集团的团队协助亚洲发展银行和 CAF 制定长期合作战略。目前正在进行一项关于全球新兴市场经济体长期前景与挑战的一年期新兴市场研究。

作者

西奥多·阿勒斯（Theodore Ahlers）

西奥多·阿勒斯是一位在欧洲与中亚，中东与北非及撒哈拉以南非洲地区有着丰富经验的经济学家。他是新兴市场论坛的高级成员。过去的25年间，他曾在世界银行担任经济学家及一系列高级管理职务，包括欧洲和中亚地区事务战略与运营总监（2007—2012年），马格里布部门主任（2002—2007年）、非洲战略及运营总监（2000—2002年），贝宁、尼日尔、多哥国家事务主管（1996—2000年），西非及中非地区事务首席经济学家（1994—1996年）。作为战略和运营总监，他负责为非洲、欧洲和中亚的50多个国家提供世界银行的分析与财政支持，制订区域战略，并担任区域副理事长。作为国家事务主管和首席经济学家，他组织中低收入国家展开经济高层政策对话，指导结构性改革问题的分析性工作，并监督世界银行的贷款。他毕业于美国塔夫茨大学弗莱彻学院，并获得发展经济学博士学位。

卡梅隆·赫本（Cameron Hepburn）

卡梅隆·赫本是牛津大学马丁学院新经济思维学院经济可持续发展项目主任。他也是史密斯商业与环境学院环境经济学教授、牛津大学新学院研究员、伦敦政治经济学院格兰瑟姆研究所教授级研究员。

他曾获法律和工程学位与经济学博士学位，专业涉及能源、资源和环境领域。他在经济学、公共政策、法律、工程、生物学和哲学方面均有同行评审论文发表。他的文章曾被《经济学人》、《金融时报》等多家期刊引用。他还接受过多个国家电视电台的采访。

他曾为中国、印度、英国、澳大利亚政府和世界诸多国际机构，如经济合作与发展组织（OECD）、联合国多家组织就能源和环境政策问题献计献策。同时，在企业领域，他成功地合作创建了三家企业——奥罗拉能源研究（Aurora Energy Research）、环保桥（Climate Bridge）、生动经济学（Vivid Economics），并投资了多家创业公司，如普博思公司（Purpose）。

胜茂夫（Shiego Katsu）

1979 年，胜茂夫作为一名青年专业人员加入世界银行。1985 年被任命为世界银行驻贝宁代表。1989 年秋至 1991 年末被借调到日本进出口银行任国家经济政策分析部副主任。1992 年至 1995 年担任东亚及太平洋地区中国区工业与能源业务司首席运营官，随后被任命为司长，世界银行特派地区任务驻阿比让、科特迪瓦国家事务主管。1999 年，他担任非洲经济委员会（ECA）地区区域总监，协助管理该区域的运营并与总部中心开展区域联络工作。2003 年 8 月，他成为非洲经济委员会（ECA）地区副主席并在这一职位上工作了六年。随后，他担任了世界银行常务董事特别顾问，并于 2009 年 12 月从世界银行退休。

哈保尔·阿尔贝托·考利（Harpaul Alberto Kohli）

哈保尔·阿尔贝托·考利任圣坦尼国际集团和新兴市场论坛信息分析经理，负责所有建模、统计、数据库和技术管理工作。他毕业于哈佛大学并获得数学与哲学荣誉学位。在上学期间，兼任学生物理学会与数学俱乐部主席，并被选为终身年级代表。此后，他还获得了乔治城大学心理学、金融市场、公共政策方向的 MBA 学位。他还是一位微软认证技术专家。加盟圣坦尼国际集团之前，他曾在厄瓜多尔和美国马萨诸塞州监狱学校任教，在瑞银（UBS）和美国国会任研究员，2004年美国大选时任场地组织人员，并在韦斯利·克拉克总统竞选初选时任通讯职员。

斯里尼瓦沙·马德哈尔（Srinivasa Madhur）

斯里尼瓦沙·马德哈尔自 2015 年 5 月起任柬埔寨政府经济与财政司高级经济顾问。2012 年 4 月至 2015 年 3 月，他在一家独立政策研究机构即柬埔寨发展资源研究所（CDRI）（金边）任研究主任。1994 年 8 月至 2011 年 1 月，他就职于亚洲开发银行，最后成为区域经济一体化办公室高级主管。此前，他曾是印度政府经济顾问（1987 年 7 月至 1994 年 7 月），并在国家公共财政与政策研究所（印度新德里）任经济学研究专家（1978 年至 1987 年）。1991 至 1993 年，他是印度总理经济顾问委员会成员。2011 年，他在首尔国立大学国际问题研究生院任客座教授，并在韩国国际经济政策研究所（首尔）担任客座研究员。马德哈尔博士的研究工作主要集中在国际宏观经济学、计量经济模型、全球治理、亚洲经济发展政策和区域经济一体化。他 1985 年毕业于德里经济学院（印度新德里），获经济学博士学位。1988 年在耶鲁大学经济系任富布赖特博士后研究员。

普拉迪·米特拉（Pradeep Mitra）

普拉迪·米特拉是世界银行欧洲和中亚地区前首席经济学家。他曾在世界银行各部门工作三十余年。在被任命为首席经济学家之前，米特拉先生曾担任脱贫与经济管理处主任，主要负责欧洲和中亚地区经济管理、解决贫困问题和公共部门机构改革工作。他曾任世界银行俄罗斯国家运营部门主管。在转向欧洲和中亚地区之前，他是南亚地区首席经济学家。他在公共经济学、宏观经济学和发展经济学领域发表了众多文章并就欧洲、中亚地区和南亚地区问题为世界银行撰写了数篇报告。在世界银行任职之前，米特拉在国际应用系统分析协会（奥地利）担任英国皇家学会研究学者，曾任印度德里经济学院的经济学客座教授，并在伦敦大学任经济学讲师。米特拉毕业于牛津大学，获经济学和哲学博士，曾任贝利奥尔学院罗德学者。

约翰·内利斯（John Nellis）

约翰·内利斯在国际发展领域有丰富的工作经验。他曾任世界银行顾问以及福特基金会在北非的研究员。他曾是坦桑尼亚、肯尼亚、玻利维亚、塞尔维亚政府顾问，在美国大学和加拿大大学任教授，任肯尼亚研究所和华盛顿的全球发展中心研究员，并担任经合组织、亚洲开发银行和非洲开发银行顾问。他还在瑞典、加拿大、英国和美国的援助机构任研究员。他主要从事设想、实施、管理和评估社会经济发展研究工作，并在超过五十个国家［非洲（包括北非）、亚洲、拉丁美洲、欧洲和中亚国家］进行专业监测，评估公共部门经济管理、私有化项目、私营部门的发展。他就发展问题发表过六十多篇文章和专著。他曾获得锡拉丘兹大学马克斯韦尔学院政治经济学博士学位。

亚历山大·菲佛（Alexander Pfeiffer）

亚历山大·菲佛正在牛津大学攻读地理学与环境哲学博士，研究方向是滞留碳资产的研究及其对金融市场的影响。他曾获得德国曼海姆大学的工商管理硕士学位。菲佛硕士阶段的研究重点是企业融资、资产评估和金融市场。他的硕士论文分析了市场流动性等相关股市的措施以及卖空禁令在短时间内的影响。

在牛津大学攻读哲学博士之前，菲佛在 2011 年至 2014 年在德国麦肯锡公司工作，主要从事可再生能源和能源效率领域（主要是光伏发电和 LED 照明）的工作。他还曾任职于毕马威会计师事务所（交易咨询）和瑞银投资银行（固定收益销售部），还是全球委员会经济和气候的"新经济气候项目"的志愿者。

他的研究领域是：滞留碳资产和碳泡沫、能源政策、碳税和碳排放交易制度气候政策对金融市场的影响。

理查德·庞弗雷特（Richard Pomfret）

理查德·庞弗雷特任澳大利亚阿德雷德大学经济学教授，兼任约翰·霍普金斯大学博洛尼亚中心访问教授。此前，他曾就职于中国南京的"约翰·霍布金斯－南京大学"以及约翰霍布金斯大学华盛顿校区，并且在加拿大、德国高校从事研究工作。他目前担任经济合作组织和世界银行哈萨克斯坦农业项目顾问。他的主要研究领域是经济发展和国际经济研究，已发表和出版了 100 多篇论文和 21 本专著。他的最新著作《平等的时代：二十世纪的经济视角》由哈佛大学出版社出版。

米歇尔·里布（Michelle Riboud）

米歇尔·里布是一位经济学家，曾任职于巴黎第一大学、西班牙阿比让大学、奥尔良大学和巴黎政治学院，并且曾在芝加哥大学做访问学者。1988 年末，她加入了世界银行，主要从事教育、劳动力市场、公共财政和社会保障问题的工作，先是研究拉丁美洲，后研究苏联和南亚地区。目前，她负责阿富汗、巴基斯坦、孟加拉国、印度、尼泊尔、不丹和斯里兰卡的教育分析研究工作。她获得了巴黎第一大学经济学博士学位并获得美国芝加哥大学经济学博士学位。

史蒂芬·弗雷德瑞克·斯塔尔（S. Frederick Starr）

史蒂芬·弗雷德瑞克·斯塔尔是中亚高加索研究所和丝绸之路研究项目的创始主席，曾在与位于华盛顿的约翰·霍普金斯大学保罗·尼采学院高级国际问题研究院联合的跨大西洋研究中心任研究型教授，并在斯德哥尔摩安全与发展政策学院任职。他的研究主要集中在大中亚问题、中亚历史、发展开发、内部动力，以及美国对该地区政策，并已就相关研究出版和发表了 22 部著作以及 200 多篇文章。此外，他还对俄罗斯历史和时事有着广泛研究。他最近的著作有《费尔干纳峡谷》《中亚的中心和失落的启蒙：中亚黄金时代，从阿拉伯征服到帖木儿》。关于这一主题的文章《再说中亚》（《威尔逊季刊》，2009 年夏刊）被列入克里斯托弗·希钦（Christopher Hitchin）的年度十佳文章，并荣获纽约时报专栏作家大卫·布鲁克斯（David Brooks）2009 年度西德尼奖。斯塔尔博士是中亚地区事务常任评论员，并在期刊（如《外交事务》《外交政策》《国家评论》和《远东经济评论》）和杂志专栏发表文章。在美国和国际报纸（如《纽约时报》《华尔街日报》《华盛顿邮报》《国际先驱论坛报》《基督教科学箴言报》和《洛杉矶时报》）发表过多篇文章。在过去十年中，他曾多次打通欧亚大陆交通，使其穿过中亚和阿富汗，认为这是阿富汗能否成功的一项关键挑战。关于这个问题他发表了一系列文章并撰写了一部著作《新的丝绸之路》，并于 2007 年出版。《成功的关键在阿富汗》（与 A. 库钦斯等（Kuchins et al.）合著）、《阿富汗：超越国家建设的迷雾：给经济战略一个机会》《把事做完：快速启动阿富汗的经济》[与阿迪·法哈迪（Adib Farhadi）合著]（于 2011 年出版）等著作已经对政策制定产生了一定影响。斯塔尔博士曾任华盛顿凯南研究所（Kennan Institute）的创始主席，并担任美国杜兰大学副校长、阿斯本研究所所长、奥伯林学院院长（1983—1994 年）。他密切参与中亚大学和阿塞拜疆外交学院的规划，并任哈萨克斯坦纳扎尔巴耶夫大学的董事。他曾获得普林斯顿大学历史学博士学位、剑桥大学国王学院硕士学位、耶鲁大学学士学位，并拥有四项荣誉学位。

乔纳森·沃特斯（Jonathan Walters）

乔纳森·沃特斯是独立经济学家，研究方向为能源改革、可再生能源、气候金融、区域一体化。他曾在世界银行任职26 年，研究区域覆盖了苏联、中东、北非、撒哈拉以南非洲和亚洲。在此期间，沃斯特先生被借调到英国石油公司（BP）两年，在那里他专注于国营石油和天然气公司的工作。在加入世界银行之前，他曾任斯威士兰政府私营部门经济发展顾问。沃特斯先生现在是欧洲复兴开发银行（EBRD）、伊斯兰开发银行、非洲开发银行、地中海联盟、卡斯塔利亚战略（Castalia Strategy）、圣坦尼集团以及多家太阳能企业的顾问。他曾获得伦敦大学经济学硕士学位和英国牛津大学的政治学和哲学硕士学位。